ビル・アッシュクロフト／ガレス・グリフィス／ヘレン・ティフィン 著
Bill Ashcroft, Gareth Griffiths and Helen Tiffin
木村公一 編訳

ポストコロニアル事典
Key Concepts in Post-Colonial Studies

南雲堂

Key Concepts in Post-Colonial Studies

©1998 Bill Ashcroft, Gareth Griffiths and Helen Tiffin
All Rights Reserved.
Authorised translation from English language edition published by
Routledge, a member of the Taylor & Francis Group.
Japanese translation rights arranged with Taylor & Francis Books Ltd.,
London through Tuttle-Mori Agency, Inc., Tokyo

編訳者まえがき

　本事典は、Bill Ashcroft, Gareth Griffiths and Helen Tiffin: *Key Concepts in Post-Colonial Studies* (Routledge, 1998) の全訳だけでなく、ポストコロニアル国家の社会的・文化的諸事情に関心を寄せる読者のことを考えて、巻末に内外の文献と小論文をも掲載してある。原著者のビル・アッシュクロフト、ガレス・グリフィス、ヘレン・ティフィンらは、それぞれオーストラリアのニュー・サウス・ウェールズ大学、ウェスタン・オーストラリア大学、クイーンズランド大学で教鞭をとるポストコロニアル研究の第一人者たちである。共同で仕事をすることが多く、本事典以前にも、ポストコロニアルの文学に関する案内書として、映画のタイトル『帝国の逆襲』(*The Empire Strikes Back*)を捩ってサルマン・ラシュディ (Salman Rushdie) が『タイムズ』紙で用いた表現をそのまま書名に当てた、『ポストコロニアルの文学』(*The Empire Writes Back*, Routledge, 1989) や、『ポストコロニアル研究読本』(*The Post-Colonial Studies Reader*, Routledge, 1995) を出版している。そして、本事典はこれらの先行書に頻出する重要な基本用語を集大成したもので、この三冊を相互参照することにより、ポストコロニアル研究の歴史的経緯やそれの目指すところのものがさらに明瞭に把握できよう。

　『ポストコロニアル研究読本』でも取り上げられたように、大英帝国の絶頂期でもあった1910年の下院議会で、英国のエジプト駐留に対する数々の異議申し立てに際して、アーサー・ジェイムズ・バルフォア (Arthur James Balfour) が帝国の基盤たる「知」と「権力」をしかと擁護すべく答弁に立った話はいろいろな機会によく引き合いに出される。帝国の最もおそるべき武器は、「周辺」の「他者」を「知る」ということだった。それは帝国の政治的・経済的支配を確固たるもの

にするとともに、「周辺」の「他者」にその従属民たる地位を自覚させるにあたっての必然的な方法だったからである。こうした方法を通じて、文明化への使命の一端として、莫大な先住民遺産の隠蔽と引き換えに、西洋の「知」が植民地に持ち込まれることになった。だが、多様な浸透力を発揮した帝国の植民地主義にも不測の事態が生じ始め、やがて帝国の驚異的な「知」を拒み、衰退させ、時には乗っ取ろうとする植民地抵抗を通じて、帝国言語と地元体験との混交の結果たるポストコロニアル活動が花開くのである。

　「ポストコロニアル」(post-colonial) という用語はここ10年ほど前から日本でも通用し出したが、世界的に見れば、特に大英帝国による植民地化の過程に長年晒されてきたオーストラリア、インド、ニュージーランド、カナダ、アフリカ諸国、カリブ海周辺国、マレーシア、南太平洋諸国、パキスタン、スリランカ、シンガポール、バングラデシュ、マルタなどのポストコロニアル国家に起きた社会的・文化的諸活動を分析する研究動向を指す概念として、1970年代後半には既に「ポストコロニアル研究」(Post-Colonial Studies) なる用語が用いられていた。しかし、植民地が宗主国から独立する前と、独立した後を分割する歴史的な境界を明示するこの「ポスト」という接頭辞の厳格な定義を巡って、ポストコロニアル研究者の間では激しい論争がずっと繰り返し行われてきた。宗主国からの独立もこうした問題の解決にはなっていない。「ポストコロニアル」といった用語が曖昧さや複合性を孕み、植民地化の始まりから独立後の今に至る過程のあらゆる事象に関わっていることから、この用語を単に「独立以後」といった状況を指すことに限定してよいかどうかといった重要な問題が生起してくるのは当然である。それというのも、移住者植民地もしくは占領植民地のほとんどが何らかの形で新植民地主義の抑圧を受けていて、独立後にあっても、その国の政治的・経済的基盤の弱体化に伴い、植民地時代から抱えてきた数々の負の遺産は決して消滅することがないままに、その内にしかと温存されてきたからである。

　したがって、本事典の用語リストからも明らかなように、ポストコロニアル研究は、例えば、国外移住、奴隷制度、言語表現、人種、民族、ナショナリズム、ジェンダー、場所、歴史、哲学、出版、教育な

どの分野にわたって、かつての宗主国の支配的言説を始め、それらの言説が発生した歴史的状況下における数々の発言や記録物や創作への被植民者側の対抗的姿勢を取り上げるだけでなく、独立後の社会にみられる諸制度の支援による新エリートの成長、人種的、言語学的、宗教的差異に基づく内的分裂の危機、先住民に対する継続的な不等差別などといったことをも明らかにしようとする。本事典には、これらのポストコロニアル体験に関わる基本用語が収集され、個々に当を得た解説が施されているものの、それらは相互に密接な繋がりを有していることから、どの項目から読み始めても他項目との相互参照が欠かせない。ポストコロニアル研究に伴うこうした複合的視点の必要から、本書の題名を『ポストコロニアル事典』とした。

　ところで、ポストコロニアリズムについて言えば、それが西洋社会におけるポストモダニズムの勃興とその時期を同じくしていたこともあり、両者の混乱や重複がみられることとなった。その混乱は、西洋文化にみる中央集権化された物語の脱構築といったポストモダニズムの基本的な考え方が、帝国言説にみる「中心」(centre)／「周辺」(periphery) の二項対立主義の超克といったポストコロニアル理論の戦略に酷似していたことがそのひとつの原因に挙げられる。何よりもポストコロニアル理論の最大の特徴は、文明と未開、植民者と被植民者、白色人種と有色人種、主人と奴隷、西洋と東洋などといった現実に根ざす二項対立概念を、善と悪、聖と俗、真と偽、美と醜という倫理的な二項対立構造の内に封じ込める帝国主義の言説に基づき構築された主体(「中心」) とそれに対立する他者 (「周辺」) の双方を分析し、ひいてはそれを超えようとすることに基本的な戦略拠点が置かれていた。こうした拠点に立つ主要なポストコロニアル理論家として、エドワード・サイード (Edward Said)、ガーヤットリー・スピヴァック (Gayatri Spivak)、ホミ・バーバ (Homi Bhabha)、チヌア・アチェベ (Chinua Achebe)、フランツ・ファノン (Frantz Fanon) などが挙げられるが、中でも、リーダー格のサイードはその大作『オリエンタリズム』(*Orientalism*, 1978) において、19世紀以来、ヨーロッパの帝国言説が西洋の権威化と東洋の隷属化を提唱することで、人種主義や民族主義

やナショナリズムなどにみられる思想的かつ感情的な基盤ともなった「われわれ」('we')と「彼ら」('they')という二分法を編み出したことを明らかにしている。

　さらには、ポストコロニアル理論の提起する、言説の偏心化、体験の構築に際しての言語や文学作品の重要性、模倣やパロディやアイロニーなどによる権力言説の転覆的戦略などといったこともポストモダニズムに遠からず当てはまることから、こうした混乱は起きたのである。換言すれば、デカルト的主観主義の拒絶、意味の不安定化、言語や言説による主体性の位置づけ、権力の躍動的機能性の把握などといったポスト構造主義の方法がポストコロニアリズムの内に様々な偽装を凝らして入り込み、被植民者の政治的活動を支えていたことにその原因が挙げられよう。かと言って、ポストコロニアリズムは単に政治学を加味したポストモダニズムなどではない。先にも述べたように、それは植民地社会もしくは新植民地社会にみる帝国的操作への関心を維持するとともに、その物質的、散漫的効果を無効にする戦略を孕んでいた。依然として、世界を第一、第二、…といったように分割し、ポストコロニアル社会をすべての点で低開発国と決め込む西洋中心主義に基づく帝国的方法が陰に陽に機能し続けている状況で、西洋のポストモダニズムにみる巧妙な政治的作用を否定すべくもないが、ポストコロニアリズムは絶えずこうした現実と連れ添ってきた。理論的にどれほど類似点が見出されようと、両者は本質的に別物である。つまるところ、ポスト構造主義がその慣例においてどれほど偶像破壊に訴えようと、その本質的衝動は正典への復帰、ロマン主義思想という中心への回帰を目論んでいると言えなくもない。斬新な理論や手法と実験的な言語を駆使した縦横無尽な作品分析も、畢竟、伝統的な文学批評への苦渋に満ちた密かな回帰とも受け取れよう。これとは対照的に、ポストコロニアリズムの中核に宿る思想はまさにいかなる正典への回帰にもその道は通じてはいない。ポストコロニアリズムの「ポスト」は、ポストリアリストもしくはポストナショナリストの「ポスト」を意味すると言ってもよく、ポストモダニズムを特徴づける国家的範疇を超えて、空間開拓的、混成的、国家横断的姿勢に基づき文化的真正性への猶予と絶えざる異議申立てを発信するのである。

だが、人種、民族、ジェンダーなどの点からみて少数派に属する「周辺」の他者たるポストコロニアル作家や理論家にとって、帝国の慣例といった手強い相手を攻略する作業は決して単純ではない。とりわけ、V. S. ナイポール (V. S. Naipaul) や グギ・ワ・ジオンゴ (Ngugi wa Thiong'o) のような文学者に代表されるように、「周辺」の他者たる存在を肝に銘じながら、文化的「中心」に受け入れられることを願って「中心」を模倣し、そこに同一化を果たそうとする諧謔的で重層的な親密さや、人間としての存在価値や集団の文化的価値をあくまで土着語を通じて確認しようとする姿勢を始め、支配者・植民者と被支配者・被植民者の関係にみる相互依存や主体性の相互構築といった「雑種化」こそ、政治的・文化的・言語学的・人種的活性化を計る上での欠かせない戦略だとするバーバやリンダ・ハッチオン (Linda Hachton) のような議論などをその視野に収めることができよう。特に、バーバの場合、その寄稿論文「模倣と人間——植民地言説の両価性」('Of mimicry and man: the ambivalence of colonial discourse', 1984) にみられるように、『黒い肌、白い仮面』(*Black Skin, White Masks*, 1952) のファノンの視点を踏襲して、帝国の「中心」たる支配者の適切な模倣と、嘲りや茶化したパロディー的混乱を生み出す不適切な模倣という相反する力の作用を通じて「脅威」を引き出すことで、二項対立主義の枠組みを撹乱し、覆そうとしている点で注目に値しよう。さらには、ミシェル・フーコー (Michel Foucault) の「脱中心化」やジャック・デリダ (Jacques Derrida) の「脱構築」、それにミハイル・バフチン (Mikhail Bakhtin) の「多声」などをその有効な武器として、正典たる文学や芸術の審美的世界にみる既成の表現様式やレトリックを見直し、組み替え、編纂し直すことで、それらの内に内在させてきた普遍的価値が植民地言説によって如何に巧妙に捏造されたものであるかを明らかにしてゆく。

　こうした戦略からもわかるように、主体と言語に関する問題はポストコロニアル研究の根幹に横たわっている。そもそも言語は、民族の存続に関する一番の客観的基準であり、彼らの存在にとって重要な拠り所となっている。個々の民族が母国語にこだわるのも、特定のアイデンティティや独自の思考は基本的に言語によって継承されてゆくか

らである。少数民族の言語が公用語或いは近隣の大言語によって吸収され、危機に晒されてきた状況の中で、ポストコロニアル社会にあっては、言語の巧妙な生存戦略が計られてきたとも言えよう。帝国のイデオロギーは、植民地における実用的な言語教育といった段階に止まらず、「周辺」の他者や空間を地図上に再記入してゆく上での道具たるイングランド南東部の標準英語 (English) や英文学の流布を通じて、土着民の文化や人格を意識的にも、無意識的にも抑圧し、彼らを土地から根こぎにした。だが、言語を奪われた「周辺」の他者にとって、この事態を回復するには、標準英語やそれに支えられた「中心」の文化を占有することで、みずからの新たなる小文字の「英語」(englishes) を生み出すしか有効な手立てはなかったのである。『ポストコロニアル研究読本』の序文にも述べられているように、ポストコロニアル文化はまさに「周辺」の風俗や習慣や風土などの特殊性に根ざした複数形としての小文字の「英語」の獲得に向けての闘いでもあるのである。

ところで、ポストコロニアル研究は、民族、性、場所、歴史、教育、出版、言語といったものに対する統制的影響力に満ちた帝国的言説や発話への反応や議論を含んでいることから、西洋の植民地主義を支えてきた歴史的事実にしかと根ざしていることは本事典からも窺い知れよう。それにもかかわらず、ここ数年にわたって、現代世界の文化的、経済的、政治的諸慣例を記すのに「ポストコロニアル」という用語がきわめて無造作に使われ、例えば、米ソ冷戦構造崩壊後の東方諸国の独立に伴う離散民族のアイデンティティの所在を巡って、時にはまったく異なる文脈で用いられることがよくある。そればかりか、この用語をただ周辺国に関するすべての問題に便宜的に適用しようとする傾向が見られ、西洋の歴史的過程に基盤を置く植民地主義の前提が崩れることさえ懸念される。

しかし、植民地主義がそもそも人類の歴史を通じて、ある強国の政治集団による他の社会や民族の支配を意味するものである以上、ポストコロニアル研究も支配を受けた民族や社会を等しく対象にすべきで、ヨーロッパ列強中心的なものであったり、帝国主義国家間の関係だけに焦点を当てたものであってよいはずはなかろう。米ソはもとよ

り、日本を始めとするその他の強国による支配形態が、どのようにアジア・中近東・ラテンアメリカ・東方諸国などの政治、経済、文化の影響を受け、それぞれの地でそれらの社会や民族がどのような変化を遂げていったか、また遂げつつあるかといった側面からの帝国主義研究も提唱されていることから、今後、ポストコロニアル研究はますます多角的にならざるを得ず、世界強大国だけでなく、こうした被支配地域はもとより、それ以外の小国や小民族も研究の対象としなければならなくなろう。それはとりもなおさず、世界史という枠組みの中で、19世紀末から20世紀初頭にかけての植民地主義なるものへの本質的理解を深めるとともに、ヨーロッパ列強中心主義を超えて、まさに真にグローバルな視野でそうした現象を新たに捉え直そうとする姿勢を導き出すことで、今後の歴史研究の国際化に貢献することにもなろう。

　最後に、翻って日本民族の特異性について少し考えてみれば、幸か不幸か、先にも述べた近代合理主義の定式たる二項対立的形式こそ、今日に至るまで私たちに強要されてきたものだということである。グローバリズム／ローカリズム、新ナショナリズム／新インターナショナリズムという今日的な選択肢を俟つまでもなく、以前から、資本主義／共産主義、世界主義／ナショナリズム、暴力革命／平和革命、戦争／平和といった二者択一的で短絡的な思考習慣を身に付けさせられてきた。もっとも、こうした形式が私たちにとって先進的なものと見なさざるを得ないような諸情況が歴史的に存在してきたことは事実である。大化の改新以来、日本の革命は外国への憧憬と依存とによって、まさに様々な文化を占有し、江戸三百年の大平の夢を破った黒船も、当初はかなりの恐怖を与えたにしろ、アジアの他国と違って、日本だけは植民地化されることもなく、独立をそのままに特恵待遇を与えられた。西洋の植民地主義も明治日本にとっては格好の手本となり、文明国はとりもなおさず指導者として通用し、ひいては敗戦後から今日に至る政治革命のエネルギーの源泉をもそこから得てきたのである。
　要するに、私たちにとって、世界主義かナショナリズムかの選択は紛れもなく外部から与えられたものであり、自家製の世界主義など編

み出せはしなかったのである。自家製の世界主義を生み出せないものが、それに見合うだけのナショナリズムを押し出せるはずもない。世界主義か民族主義かの二者択一に際して、世界主義を採用して惑わぬ国があるとすれば、それは同時にみずからのナショナリズムの方向を満足させ得る国家でもあろう。歴史的に見ても、孤立し、鎖国してきた私たち日本人に真のナショナリズムを育まねばならない非常時はほとんどなかったといってもよく、幸か不幸か、白無垢のままでいられたのである。やがて小国の劣等感を克服すべく大国の仲間入りを果たし、彼らを敵に回わせる自信がついた時、その結束は高々思い上がった射幸心の産物に過ぎなかった。強国からの圧迫が大きければ大きいほど、自国のナショナリズムと思えたものは、島国で逃げ道を断たれた昔ながらの奴隷根性と非業の内に終息する宿命とを背負ったものでしかなかった。かと言って、西洋合理主義の結実とも言えるこうした二項対立的世界の限界を勝手に決め付け、その克服と称して易々と東洋回帰を果たそうとしたところで何ら問題が解決する訳でもない。こうした私たち日本人のアイデンティティの所在なさを今後どのように扱えばよいのだろうか。

　ところで、本事典でも取り上げられている「根こそぎにする」('deracinate')という用語は、かつて日本でもよく取り沙汰されたが、この言葉によって触発される精神的疎外感こそ、今日の私たちの常態的感覚と化していよう。今や、生まれた国の性格的なものを失い、個性的なものを失い、もうこれ以上何も奪われるものがないといったところに私たちは身を置いている。しかし、反面、日本は自由で、贅沢の許される能天気なビジネス国として存続している。だが、一旦、世界に目を転ずれば、依然として脱植民地化闘争の余波ともおぼしき混乱やテロや地域紛争は跡を絶たない。中東・アジア・東方諸国、さらにはラテンアメリカ諸国やアフリカ社会などにみる理想分裂の激しさはもとより、それに呼応するかのように地球の東西南北で理想と現実の裂け目が露呈し続けている。これからも果たしてそうなのだろうか。差別や憎しみや敵視が止む気配は一向にない。「平和共存」、「国際連合」、「世界政府」、「共生的世界」といった標語には何万回繰り返したところで応じ切れない願いが、込められている。だが、今のところ、

平和はただ次の戦争までの準備期間、立ち直るための疲労回復の時間であるばかりか、そのための兵備を充実し、それをいかに正義と平和の名において闘うかを第三者に宣伝し、納得させるための名目を捏造する期間でしかないようだ。こうした時にも、人間は密かに爪を磨き、牙を研いでいる。世界宗教平和会議が今後もその開催の回数を増やしてゆけば、この情況は今世紀には食い止められるのだろうか。「できる」とも「できない」とも言い切ることはできない。文化なるものが、ましてや宗教さえもが現実の国家的利益の盾ともなって機能している時代にあって、ポストコロニアルの戦略もまたそうした怨嗟の声のひとつに過ぎないのだろうか。ポストコロニアルの闘争後には一体何が生まれるのだろうか。

　国家・民族・宗教間の対立は、その成り立ちからして同罪であり、その帰属集団の一人一人に責任が掛かっていることは言うまでもない。ただひとつだけ言えるのは、白人たちがエリートである限りは、世界の平和は虚偽で、キリストを「出し」に使い、帝国拡張なる企み事を逞しくした商人や御用軍人や宣教師たちはもとより、その教えの下で今も陰に陽に引き続き行なわれている数々の罪悪を決して看過できるものではないということである。歴史の惨たらしさとともに、人間存在の矛盾から目をそらさず、少しはこれらの前に立ち止まって考えるに際して、本事典が参考になれば幸いである。

　さらに言えば、本事典は、植民者であると同時に被植民者としての複合的アイデンティティを引き受けざるを得ない原著者たちに固有の両価的感情に深く根ざし、その葛藤の中から生み出されたところにその特色が窺える。白人系オーストラリア人としての文化的エネルギーに読者を巻き込もうとする戦略を孕んでいるのは明らかである。また、本事典のキーワードがアボリジニ (aborigine) で始まっているのも興味深い。キャプテン・クック (Captain Cook) によって発見される以前の「未知なる南方の大陸、テラ・オーストラリス」の支配者たるアボリジニの遺産に思いを馳せるとともに、その後、アングロ・サクソンによって植民地化され、近代国家として脱植民地化の過程に晒されてきたオーストラリアの歴史を紐解く気持ちに誘われることにもなろう。

ところで、事典であれ、解説書であれ、基本図書たることの第一条件として、まったく不案内の人にもその内容が分かり易く伝達されていることや、常に身近な問題から一般的な法則が引き出され、その理解から他の多くの現象もうまく説明されていることなどが挙げられよう。正直なところ、こうした条件から少々掛け離れていると思われるこの分野の作品の訳出に際して、特に、一般読者のことを考え、訳者はみずからの規範に従い、できるだけ読み易くしたつもりである。しかし、日本のポストコロニアル研究者に多少とも共有されているキーワードの既成の訳語についてはあえて改変する勇気も持ち合わせていないので、そのまま採用させて頂いたことをお断りしておく。なお、付録として、「オーストラリアのポストコロニアル状況」と題する、本事典の背景的問題をいろいろと取り上げた興味深い論文を収めてあるので、本事典と読み合わせてもらえれば幸いである。また、本事典に関連した参考文献リストの作成にあたって、早稲田大学の佐和田敬司先生にお手伝い願ったことを書き添えておく。最後に、本事典の出版の機会を与えて頂いたばかりか、完成まで辛抱強く、温かく見守って下さった南雲堂編集部の原信雄氏にはことのほか厚く御礼を申し上げる次第である。

　　2008年1月　　　　　　　　　　　　　　　　　　木　村　公　一

目 次 (英・和タイトル)

編訳者まえがき

A
aboriginal / indigenous people 先住民 / 土着民　17
abrogation 破棄　18
African-American and post-colonial studies アフリカ系アメリカ人とポストコロニアル研究　19
agency 活動　21
allegory 寓話　22
alterity 他性　24
ambivalence 両価性　26
anti-colonialism 反植民地主義　28
apartheid 人種隔離政策　31
appropriation 占有　33
authentic / authenticity 真正の / 真正性　35

B
binarism 二項対立主義　37
Black Studies / black consciousness 黒人文化研究 / 黒人としての (政治的) 自覚　41

C
cannibal 食人者　44
Caribbean / West Indian カリブ海域諸島 / 西インド諸島　46
cartography (maps and mapping) 地図作成 (法) (地図と地図作成)　46
catachresis 混用、濫喩　49
catalysis 接触反応　50
centre / margin (periphery) 中心 / 周辺 (周縁)　52
chromatism 色彩幻覚　53
class and post-colonialism 階級とポストコロニアリズム　53
colonial desire 植民地的欲望　56
colonial discourse 植民地言説　57

colonial patronage 植民地支援　*59*
colonialism 植民地主義　*61*
Commonwealth コモンウェルス　*67*
Commonwealth Literature コモンウェルス文学　*67*
comprador 仲介人　*71*
contrapuntal reading 対位法的解釈　*72*
counter-discourse 対抗言説　*72*
creole クレオール　*73*
creolization クレオール化　*74*
critical Fanonism 批判的ファノン主義　*76*
cultural diversity / cultural difference 文化の多様性 / 文化の差異　*77*

D
decolonization 脱植民地化　*80*
dependency theory 属国理論　*84*
deracinate 根こそぎにする　*85*
diaspora 国外離散　*86*
discourse 言説　*88*
dislocation 転移　*91*

E
ecological imperialism 生態学的帝国主義　*94*
essentialism / strategic essentialism 本質主義 / 戦略的本質主義　*95*
ethnicity 民族(性)　*98*
ethnography 民族誌　*103*
ethno-psychiatry / ethno-psychology 民族精神医学 / 民族心理学　*108*
Euro-centrism ヨーロッパ中心主義　*109*
exile 追放、異境生活　*111*
exotic / exoticism 異国の / 異国風　*113*
exploration and travel 探検と旅行　*115*

F
Fanonism ファノン主義　*119*
feminism and post-colonialism フェミニズムとポストコロニアリズム

121
filiation / affiliation 親子関係、血縁関係 / 養子関係、連帯関係　*125*
frontier 辺境、境界　*128*

G
globalization グローバル化　*131*
'going native'「原住民化」　*136*

H
hegemony ヘゲモニー　*138*
hybridity 雑種性　*139*

I
imperialism 帝国主義　*145*
independence 独立　*151*

L
liminality 限界性　*153*

M
magic realism 魔術的リアリズム　*155*
Manicheanism マニ教主義　*157*
marginality 周辺性　*158*
mestizo / métisse メスティーソ / メティス　*159*
metonymic gap 換喩的間隙　*161*
metropolis / metropolitan 大都市 / 大都市の住民　*162*
mimicry 模倣　*163*
miscegenation 異種族混交　*166*
modernism and post-colonialism モダニズムとポストコロニアリズム
　　　168
modernity 現代性　*169*
mulatto 白人と黒人の混血児　*172*

N

nation language 国民言語　*173*
nation / nationalism 国家 / ナショナリズム　*174*
national allegory 国家的寓話　*181*
national liberation movements 民族解放運動　*182*
native 原住民　*183*
nativism 土着主義　*185*
négritude ネグリチュード　*187*
neo-colonialism 新植民地主義　*189*
New Literatures 新文学　*190*

O

orality 口述性　*192*
Orientalism オリエンタリズム　*194*
Other / other 他人 / 他者　*197*
othering 他者化　*199*

P

palimpsest 重ね書き羊皮紙　*202*
pidgins / creoles ピジン語 / クレオール語　*204*
place 場所　*206*
post-colonial body ポストコロニアル身体　*212*
post-colonialism / postcolonialism ポストコロニアリズム /《ポストコロニアリズム》　*215*
post-colonial reading ポストコロニアル解釈　*222*
post-colonial state ポストコロニアル国家　*224*
primitivism 原始主義　*226*

R

race 人種　*229*
Rastafarianism ラスタファリ主義　*238*
rhizome リゾーム　*239*

S

savage / civilized 野蛮な / 文明化した　*241*
settler 移住者　*243*
settler colony 移住者植民地　*243*
slave / slavery 奴隷 / 奴隷制度　*245*
subaltern サバルタン　*248*
subject / subjectivity 主体、主観 / 主体性、主観性　*253*
surveillance 監視　*260*
syncretism 混合主義　*264*
synergy 相乗効果　*264*

T

testimonio 証言　*265*
Third World (First, Second, Fourth)　第三世界 (第一世界、第二世界、第四世界)　*266*
transculturation 文化移植　*268*

U

universalism / universality 普遍主義 / 普遍性　*270*

W

world systems theory 世界システム理論　*273*
worlding 世界化　*276*

参考文献　*279*
付録
　　オーストラリアのポストコロニアル状況 (佐和田敬司)　*331*
人名索引　*373*

アフリカ系アメリカ人と
　ポストコロニアル研究 19
異境生活 111
異国の 113
異国風 113
移住者 243
移住者植民地 243
異種族混交 166
親子関係 125
オリエンタリズム 194

階級とポスト
　コロニアリズム 53
重ね書き羊皮紙 202
活動 21
カリブ海域諸島 46
監視 260
換喩的間隙 161
境界 128
寓話 22
クレオール 73
クレオール化 74
クレオール語 204
グローバル化 131
血縁関係 125
限界性 153
原始主義 226
原住民 183
「原住民化」136
言説 88
現代性 169
口述性 192
国外離散 86
黒人としての（政治的）
　自覚 41
黒人文化研究 41
国民言語 173
国家 174
国家的寓話 181
コモンウェルス 67
コモンウェルス文学 67
混合主義 264
混用 49

サバルタン 248
雑種性 139
色彩幻覚 53
周辺（周縁）52
周辺性 158
主観 253

主観性 253
主体 253
主体性 253
証言 265
食人者 44
植民地言説 57
植民地支援 59
植民地主義 61
植民地的欲望 56
人種 229
人種隔離政策 31
新植民地主義 189
真正性 35
真正の 35
新文学 190
生態学的帝国主義 94
世界化 276
世界システム理論 273
接触反応 50
先住民 17
占有 33
戦略的本質主義 95
相乗効果 264
属国理論 84

対位法的解釈 72
対抗言説 72
第三世界（第一世界、
　第二世界、第四世界）266
大都市 162
大都市の住民 162
他者 197
他者化 199
他性 24
脱植民地化 80
他人 197
探検と旅行 115
地図作成（法）46
仲介人 71
中心 52
追放 111
帝国主義 145
転移 91
独立 151
土着主義 185
土着民 17
奴隷 245
奴隷制度 245

ナショナリズム 174

二項対立主義 37
西インド諸島 46
ネグリチュード 187
根こそぎにする 85

破棄 18
白人と黒人の混血児 172
場所 206
反植民地主義 28
批判的ファノン主義 76
ピジン語 204
ファノン主義 119
フェミニズムとポスト
　コロニアリズム 121
普遍主義 270
普遍性 270
文化移植 268
文化の差異 77
文化の多様性 77
文明化した 241
ヘゲモニー 138
辺境 128
本質主義 95
ポストコロニアリズム 215
ポストコロニアル解釈 222
ポストコロニアル国家 224
ポストコロニアル身体 212

魔術的リアリズム 155
マニ教主義 157
民族（性）98
民族解放運動 182
民族誌 103
民族心理学 108
民族精神医学 108
メスティーソ 159
メティス 159
モダニズムとポスト
　コロニアリズム 168
模倣 163
野蛮な 241

養子関係 125
ヨーロッパ中心主義 109

ラスタファリ主義 238
濫喩 49
リゾーム 239
両価性 26
連帯関係 125

A

aboriginal / indigenous peoples 先住民 / 土着民

　土着民とは「ある場所、もしくはある地域に生まれた」['born in a place or region'、『オックスフォード英語辞典』(*OED*)] 人たちのことである。ヨーロッパの探検家や冒険家や船乗りなどが出会った様々な場所の土着民を記すのに、「アボリジナル」('aboriginal') という用語が早くも 1667 年に生み出された。「アボリジナル」や「アボリジニ」('aborigine') といった用語は、数多くの **移住者植民地 (settler colonies)** の土着民を記すのに、時折、使われてきたが、オーストラリアの土着民の表記に関しては、往々にして「オーストラリア・アボリジニ」('Australian Aborigine') の短縮形として用いられている。だが、「アボリジニ」という用語は、軽蔑的な連想をいろいろ孕んでいると多くの人に思われていることから、「アボリジナル」という形容詞が最近では総称名詞としてよく使用される。さらに言えば、白人入植者が「アボリジニ」として一括した種々様々な先住民を、その用語によって分類したり、差別したりするようなことはもはや不可能だといった気持と、それらの先住民に固有の現地用語、及び (もしくは) 南東オーストラリア (South-Eastern Australia) のクーリ (Koori) やクイーンズランド (Queensland) のマリ (Murri) や西オーストラリア (Western Australia) のニューンガ (Nyoongah) などの言語を擁護しようとする気持とがせめぎ合ってきた。しかし、どの言葉遣いもこれまで一つの総称語として、すべての関係者に受け入れられた試しはなかった。今ではとにかく、植民地化以前の土着民の子孫を表わすのによく使われる総称語は、「オーストラリア先住民」('Australian Aboriginal peoples') である。

　アメリカ大陸でも、「アボリジニ」という用語は、オーストラリアにおけるのと同じように、土着民を表わす一つの総称語として通用していたが、オーストラリアの「アボリジナル」のように軽蔑的な意味

を孕む「インディアン」('Indian') や後の「アメリカインディアン」('Amerindian') といった用語が、移住者‐侵入者 (とその子孫) によって使われ出した。だが、20 世紀に入って、「ファーストネーション」('First Nations') や「ネイティブアメリカン」('Native Americans') のような土着民自身によって生み出された用語が、移住者‐侵入者の付けた名称に取って代わった。また「アボリジニ」といった用語は、マレーシアやインドネシアのボルネオ (カリマンタン (Kalimantan)) に住む「オラン＝アズリ」('orang asli') とか、今では「指定部族」('scheduled tribes') やアンダマン島民 (Andaman Islanders) と称されるインド亜大陸の原住民のような最初期住民の子孫を記すのに依然として使われている。
(**settler colony** 移住者植民地 と **Third World** 第三世界 の項を参照。)

abrogation 破棄

　破棄とは、ポストコロニアルの作家たちによって、ある階級とかある集団の使用する「正確な」('correct')、もしくは「標準的な」('standard') 英語と、それに対応する下位の「方言」('dialects')、もしくは「周辺的異形言語」('marginal variants') の規範的概念が拒絶されることを言う。こうした概念は、英語が常に新たな環境に取り込まれてゆく過程を表わす**占有 (appropriation)** という用語との関連で使われ、すべての言語は多かれ少なかれ一つの「異形言語」('variant') [その意味では、ある種の架空の基準に照らして「周辺的」('marginal')] だとするポストコロニアル仮説の重要な要素となっている。したがって、破棄とは、明確化されようがされまいが、また、意識化されようがされまいが、一つの有力な政治的姿勢であり、それによって言語を真に占有することができるのである。

　英語によるすべての表現形式の等価性を認めようとする議論にあって、破棄という考えは、植民地主義者の言語を使用することにより、被植民者が植民者の概念的パラダイムの内にどうしようもなく閉じ込められてしまうといった見解――「主人の家を当人の道具で取り壊すことなどできない」――に対抗するものとなる。それは主人の家がいつでも改修可能であり、その家の道具にしても、概念上の変更や解放

の一手段となり得ることを暗示している。

「破棄」という用語は、ポストコロニアル文学にあって標準言語の拒絶を目的として使われてきたが、**占有**という言葉と同様に広範囲にわたる文化的、政治的活動——映画、演劇、歴史書、政治組織、思想や議論の諸形式——を表わすのにも用いられている。これらの活動に参加する個人は、「正しい」('correct')、もしくは標準的な活動方法にみられるいかなる中央集権的な考えをも破棄し、そうした活動を異った背景の下に定義し直せるのである。

African-American and post-colonial studies
アフリカ系アメリカ人とポストコロニアル研究

アメリカ合衆国の学者たちによる最近のポストコロニアル研究は、ポストコロニアル理論とアフリカ系アメリカ文化の分析 [デュ・キレ (Du Cille), 1996 年] との関わりに焦点が絞られている。実際、アフリカ系アメリカ文化の代表的研究者たちは、必ずしも批判的でないとは言えなかったものの (**critical Fanonism 批判的ファノン主義**の項を参照)、ファノン (Fanon) のような古典的なポストコロニアル理論家たちと往々にして深く関わってきた。アフリカ系アメリカ人研究は最近の知的、社会的、政治的諸活動の中でも最も注目に値する一分野であり、合衆国ばかりか、それ以外の場所にあっても、人種差別の抑圧に苦しむ多くの人々に影響を及ぼしてきた。それはポストコロニアル研究とはまったく別に広範囲にわたり発展したもので、その記述の仕方も複雑で曖昧である。

この問題に取り組んでいる大抵のポストコロニアル理論家たちは、世界の主たる**国外離散** (diasporas) の一研究例として、アメリカにおける黒人文化研究を検証してきた。この点で、アフリカ系アメリカ人の歴史には、抑圧された他の離散民族にみる種々の移動と共通した特徴が窺える。多くの民族が、16 世紀以来のヨーロッパ領土拡張政策の波に乗って発展した様々な帝国社会の経済的要求に応えるために、意志に反して故国を離れたのである。こうした民族移動に関する比較研究は、最近のポストコロニアル理論にみる発展的成果の一つであり、とりわけ、個々の民族に対するこのような大規模な事件の様々な影響が

考察されている。

　アメリカ合衆国を始め、その他の国々における初期のアフリカ系アメリカ人研究の成立には、アフリカにその起源を有する文化とそれらを受け入れた社会との複雑な関係が反映している。というのも、それらの研究はアフリカ人 (négritude ネグリチュードの項を参照) の連れて行かれた新たな地域における様々な影響力と相互に作用し合っているからである。**奴隷制度 (slavery)** 下にあって大多数のアフリカ人が輸送されたという事実から、そうした制度と広範囲にわたる帝国主義の様々な慣例との関係が、アフリカ系アメリカ文化の起源を理解する上での重要な要素であることが納得できるばかりでなく、帝国主義という洗練されたレトリックの背後に往々にして潜伏している暴力までが明るみに出されるのである (デュ・キレ、1996 年)。しかし、こうした抑圧や暴力の原初的事実を超えて、新たに国の支配を脱した数々のアメリカ社会やかなり広範囲に及ぶ黒人の離散運動、それにアフリカの現代的な独立運動などの間にみる様々な関係が依然として錯綜した状態で存続している。

　歴史的にみて、アフリカ系アメリカ人による民族自決を求める闘争は、離散したアフリカ人のかなり広範囲にわたる独立闘争と絡み合っている。例えば、ジャマイカ (Jamaica) 生まれのマーカス・ガーヴィー (Marcus Garvey) などは、アメリカ人による民族自決を推し進める闘争にあってその中心的な役割を担った。彼の始めた「アフリカへの復帰」('Back to Africa') 運動は、現代の西インド諸島民 (West Indian) の**ラスタファリ主義 (Rastafarianism)** 運動とも連携し、ガーヴィーの海運会社ブラック・スター (Black Star) のシンボルマークである一つ星を今でもその国旗に描いているリベリア (Liberia) の建国に際して、顕著な影響力を及ぼすとともに、特に、自由の身となった黒人奴隷を「生国の」('native') 大陸に帰還し易くさせたのである。その他にも、かつての奴隷であったアレクサンダー・クラメル (Alexander Crummell) のような初期の指導的なアフリカ国家主義者たちの多くは、アフリカ系アメリカ人の自由を求める闘争の中で自分たちの思想を創り上げていった [デ・モラエス＝ファリアス (de Moraes-Farias) とバーバー (Barber)、1990 年、アピア (Appiah)、1992 年などを参照]。

また、アフリカ系アメリカ人研究が合衆国社会における具体的な人種差別化の歴史やその継続的影響にしかと関わっているのは言うまでもない。この点で、アフリカ系アメリカ人研究は、人種差別を受けてきたチカーノ族 (Chicano) を始めとする合衆国の他の諸民族とも共有するような問題を調査することになる。こうした研究は、まったく異なる歴史的背景を荷ったアメリカインディアン (Native American Indians) やイヌイット族 (Inuit peoples) のような**土着の** (**indigenous**) 民族の解放運動にも直接、関与してゆく (前者は侵入的入植に伴う犠牲者で、後者は奴隷と国外追放者である)。しかし、これらの民族と、言語学的かつ人種的に差別されているチカーノ族のような民族とは区別して考える必要がある。もちろん、チカーノ族の中には、現在の支配的なアングロ・サクソン族よりずっと昔に合衆国のいろいろな場所に住んでいた人々の子孫も含まれているが、その大部分はかなり近年になって押し寄せた移民の一部である。また、合衆国社会におけるその歴史と待遇がチカーノ族とではかなり異なっているとは言え、フランス人と黒人の混血児の子孫から成る他の民族については、ある点で、スペイン語を話すチカーノ族に次ぐ地位を占めている。したがって、これらを始めとする様々な理由で、批評家たちは往々にしてアフリカ系アメリカ人研究、もしくはこれらのどの民族に関する研究をも単純にポストコロニアル理論の内に統合させることを躊躇している。ポストコロニアル理論は有益な洞察力をいろいろと提示してくれるものの、特殊で独自の目的を抱え、変遷を重ねてきたアフリカ系アメリカ人研究とかアメリカ先住民研究、もしくはチカーノ族研究などを、明確な政治的、社会的闘争を伴う独自の学問的分野として、その内に取り入れることはしないのである。

　[さらに、デュ・キレ (Du Cille)、1996 年を参照。]

agency 活動

　活動とは、ある行動を起こしたり、遂行したりする能力のことである。それは現代の理論では、個人が勝手に自由な行動を起こし得るのか、それとも、個人の様々な行動は、ある意味でそのアイデンティテ

ィが構築されてきた方法によって決定されるのかといった問題に掛かっている。活動は、ポストコロニアル理論にあって特に重要な問題である。というのも、帝国権力に積極的に関与するにせよ、抵抗するにせよ、ポストコロニアル住民たちが行動を引き起す力を有していることをそれは示しているからである。この用語は、**主体性(subjectivity)** に関する様々なポスト構造主義理論の成果の一つとして、近年、論争を呼んでいる。人間の主体性はイデオロギー［アルチュセール(Althusser)］とか言語［ラカン (Lacan)］、もしくは言説［フーコー(Foucault)］などによって構築されることから、当然、ポストコロニアル住民によって遂行されるいかなる行動も、ある程度、これらの成果たらざるを得ないのである。主体性に関して多分にポスト構造主義者の立場に立つバーバ (Bhabha) やスピヴァック (Spivak) の植民地言説理論にとっても、活動は依然としてやっかいな問題である。しかし、何より政治的行動の重要性を説く数多くの理論では、活動は当然のこととして受け入れられている。ポストコロニアル住民にとっても、「構築する」('construct') 側の勢力の影響力から逃れるのは困難だとしても、それは不可能ではないことをこれらの理論は暗示している。そうした勢力の何たるかを理解することは、それを撤退させることにも通じていよう。

　［さらに、バーバ (Bhabha)、1994 年、ファノン (Fanon)、1952 年、パリー (Parry)、1987 年、1994 年、スレモン (Slemon)、1994 年などを参照。］

allegory 寓話

　寓話というものをごく簡単に定義すると、それは説話の進行に必要とされる特徴が、作中人物のある行動や状況を象徴的に表わす上ですべて揃っているような「象徴的な説話」('symbolic narrative') のことである。寓話は、世界中の神話的な文学作品にみる際立った特徴であることから、特に、伝統的な物語や古典的リアリズム、それに一般的な帝国的表象などを混乱させる方法として、ポストコロニアル作家にとって重要視されている。寓話は、帝国言説において大事な役割を果してきたが、往々にして、絵画や彫刻も帝国権力の寓話として創られてきた。結果的に、これに対するポストコロニアル側の反応は、帝国

支配の寓話的表現に応じるために寓話を**占有し** (**appropriate**)、それを利用することだった。

　フレデリック・ジェイムソン (Frederic Jameson) は、「多国籍資本主義の時代における第三世界の文学」('Third World Literature in the era of multi-national capitalism'、1984年) の中で、第三世界のすべての文学、実際には第三世界のすべての文化的構築物は「必然的に」('necessarily') **国家的寓話** (**national allegories**) たらざるを得ないとする論争的提案を打ち出した。アイジャズ・アマド (Aijaz Ahmad) はそれらの陳述の均質性を激しく批判した [アマド (Ahmad)、1992年を参照] が、スティーヴン・スレモン (Stephen Slemon) は、寓話に関するヨーロッパ中心の文学的概念を単に植民地社会に適用したところに、その提案の実際上の誤りがあると述べ、寓話というものをむしろ「ポストコロニアル形成状況」('conditions of post-coloniality') の一作用と見なすべきだと反論した。その理由は、寓話が常に一つの支配的な植民地的表現形式であったことから、結果的に、それはポストコロニアル文学が**対抗言説** (**counter-discourse**) といった表現形式を導き出す上での貴重な一形式ともなるからである。

　まず第一に、このことはポストコロニアル文化が植民地主義のテクストを「解釈する」('read') にあたって、寓話の利用も可能であることを意味している (スレモン (Slemon)、1987年 a、11頁)。植民地主義によって、被植民者の生活の大半が構築され、比喩的に「記述されてきた」('written') ことから、寓話はそうしたテクストに疑義を差し挟む一つの方法たり得るのである。寓話がポストコロニアル作家たちによって利用されてきた例は数多くある。例えば、アイ・クウェイ・アーマ (Ayi Kwei Armah) の「アフリカの寓話」('An African fable') といった一群のポストコロニアル寓話は、植民地主義者やヨーロッパ中心の歴史観に対抗しているし、ラミング (Lamming) の『わが土着の性』(*Natives of My Person*) やクッツェー (Coetzee) の『野蛮人を待ちながら』(*Waiting for the Barbarians*) のようなテクストにあっては、寓話形式が植民化の過程で役立つ方法であることを明らかにするために寓話が用いられている。したがって、クッツェーのテクストでは、名もない帝国の境界で孤独な暮らしを営み、境界の向こう側の民族と平穏な関係

を続けている行政長官も、名うての秘密警察官の訪問により、その民族が「野蛮人」('barbarians')として再び差別されるに及んで、混乱に陥ってしまう。行政長官は、このことによって初めて自分の生きている社会の真実を隈なく知るようになる。これらのテクストは特殊な植民地状況を直接扱っているわけではないが、その基礎を成す植民地のイデオロギーに関する一つのすぐれた寓話を提供している。

さらに、ランドルフ・ストウ (Randolph Stow) の小説『トルマリン』(*Tourmaline*) やコフィ・アウーノー (Kofi Awoonor) の小説『この大地、わが同胞』(*This Earth My Brother*) では、寓話形式を用いることで、単一的な伝統に代わる異文化間の共存主義を追求している。例えば、ストウの小説では、トルマリンという西オーストラリア (Western Australia) の小さな炭坑町が一つの舞台として、遠い昔の夢想的なオーストラリア先住民文化の伝統的風景の内に広がっている。小さな白人町というその限られた世界は、作品の単なる背景としてばかりでなく、人間と自然の関わりや自然世界をこれまでになく一層親和的に描く上での象徴としての広大な砂漠や空によって縁どられている。これらの小説では、「ポストコロニアル」('post-colonial') 寓話が、「発展」('development') や「進歩」('progress') や「文明」('civilization') の必然性、年代記的歴史観の支配、それに「現実世界」('the real') に対するヨーロッパ中心の考え方といったような植民地主義にまつわる物語的仮説と競い合い、それを混乱させてもいるのである。「現実の」('real') 事件が様々な意味の地平を占めるという事実に力点を置くことで、ポストコロニアル寓話はポストコロニアル・テクストにあっても、抵抗のための共通の戦略となるのである。

[さらに、アマド (Ahmad)、1992 年、ジェイムソン (Jameson)、1986 年、スレモン (Slemon)、1987 年 a などを参照。]

alterity 他性

この用語は、ラテン語の他者性 (*alteritas*) に由来し、「他の異なる状態、多様性、他者性」('the state of being other or different ; diversity, otherness') などを意味する。この用語の派生語として、「交互の」(alternate)、「どちらか一方の」(alternative)、「交替」(alternation)、「他我」

(alter ego) などがある。変化 (*alterité*) はフランス語の中でもよく使われ、その反意語として、同一性 (*identité*) が挙げられる [ジョンソン (Johnson) とスミス (Smith)、1990 年、18 頁]。

　この用語は、意識と世界との関係についての西欧的な認識における変化を表すために、「他者性」('otherness') に代わるものとして用いられるようになった哲学用語である。デカルト (Descartes) 以来、個人的な意識がいわゆる意識の特権的な出発点と見なされ、「(ポスト啓蒙主義) 哲学では、「他者」("other") という用語が、概念化された「他者」として、つまり認識論的問題として現れていた」(ジョンソンとスミス、1990 年、19 頁)。すなわち、すべてのことが「我思う、故に我あり」('I think, therefore I am') という命題から生じてくる人間観にあって、他者に関する重要な点は、「私はどうやって他者を知ることができるのか？」('How can I know the other?')、「他者はどうやって認識され得るのか？」('How can other minds be known?') といった問題に答えることにあった。ところが「他性」という用語の出現により、分析の焦点は、これら哲学的な他者性の問題——「認識の対象としての他者」('epistemic other')、つまり、どの程度認識し得るかによってのみ重要度が決まってくる他者なるもの——から離れ、もっと具体的な「倫理的他者」('moral other') ——政治的、文化的、言語的、宗教的状況のうちに現実的に位置付けられる他者——へと移行していった (ジョンソンとスミス、1990 年、19 頁)。これは **主体性** (**subjectivity**) の概念の変化に見る大きな特徴ともなっている。というのも、イデオロギー的にも、精神分析学的にも、ディスコース的にも、主体の「構築」('construction') は、その主体にとっての他者の構築と不可分の関係にあるからである。

　一般的に、文学理論家たちは、「他性」という用語の最も効果的な使い方を、作者と作中人物の同一化を避けようとするミハイル・バフチン (Mikhail Bakhtin) の手法の内に確認しようとする。(トドロフ (Todorov)、1984 年)。言わば、小説家は作中人物を内面的に理解するだけでなく、彼らを一人の他者として、つまり、その独特な他性を有するものとして、作中人物の創造者とは掛け離れた存在としても認めねばならない。重要なことは、対話というものが「他者」('other') と

のみ可能だということである。したがって、バフチン流に言えば、他性とは単なる「排他状態」('exclusion')を指しているのではなく、文化差や性差や階級差を始め、他の様々な社会的範疇の壁を乗り越えたり、それらの間に留まるといった対話の前提条件とも言うべき個別性を意味しているのである。この用語は、作者が作中人物を創造するにあたっての前提条件、つまり、単なる異質性とは違って、対話それ自体の前提条件とも言うべき「外部性」('exotopy')とか「局外性」('outsideness')といったバフチンの考え方と関連している。

ポスト・コロニアル理論では、その用語は他者性や差異といった言葉と交互によく使われる。だが、他者性と他性との基本的な使い分け——哲学的問題としての他者性と物質的かつ散漫的に位置付けられるのがその特徴である他者性との使い分け——は、特にポスト・コロニアル言説にとって必要とされる。植民者の自己同一性、実際には帝国文化のアイデンティティは、植民地化された他者にみる他性、つまり、スピヴァック (Spivak) によれば、**他者化 (othering)** の過程によって確定される他性と分かち難く結び付いている。人種的にも、文化的にも、他者間に対話が成り立つ可能性があるとすれば、それは「他性」という用語に関して、その数々の同意語とは一線を画するような使い方ができるかどうかといったことが依然として重要なポイントになっている。

 [さらに、バーバ (Bhabha)、1984 年 b、ジョンソン (Johnson) とスミス (Smith)、1990 年、スレモン (Slemon)、1987 年 b、タウシッグ (Taussig)、1993 年、トドロフ (Todorov)、1984 年などを参照。]

ambivalence 両価性

ある一つのものを欲する気持ちと、それと正反対のものに惹かれる気持ちとが絶えず入れ替わることを説明するのに、精神分析で最初に使われるようになった用語。また、この用語は、その対象が人であれ、人の行動であれ、それに惹かれる気持ちと憎む気持ちとが同時に起きることを意味してもいる [ヤング (Young)、1995 年、161 頁]。ホミ・バーバ (Homi Bhabha) はその用語を植民地言説理論に取り入れ、植民者と被植民者の関係を特徴付ける愛憎共存状態を説明している。こう

した両者の関係は両価的である。というのも、植民者は被植民者の単なる敵対者ではないからである。したがって、被植民者の中には、「共謀的な」('complicit') な者もいれば、「反抗的な」('resistant') な者もいるという風に決めてかかるよりも、この用語が暗示しているように、共謀と反抗の気持ちが植民地住民の内に変動的に共存していると考えた方がよい。また、この用語は、植民地言説と被植民者との関わり方をも特徴付けている。なぜなら、それは搾取的かつ養成的だからである。特に、両者の関わり方それ自体が養成的なこととして提示され得るからである。

だが、バーバの理論で最も大事な点は、こうした愛憎共存状態が植民者と被植民者の単純な関係を妨げるが故に、植民地支配における明確な権威を混乱させることである。したがって、植民者にとって、それは植民地言説の歓迎すべからざる側面となる。植民地言説の孕む問題は、植民地言説がそれ自体の様々な仮説や習慣や価値の再生産者、すなわち、植民者を「真似る」('mimic') 従順な被支配者を生み出そうとはしても、実のところ、嘲りとさほど違わない**模倣 (mimicry)** のできる両価的主体を生み出してしまうことにある。両価的状態とは模倣と嘲りの変動的な関係のことだと言ってもよく、根本的に植民地支配を揺るがすものである。この点で、それは植民地住民にとって必ずしも無力な状態ではなく、両─価的 (ambi-valent)、もしくは「二―倍の」('two-powered') 状態にあるものとして理解できよう。こうした両価的状態 (愛憎並存) は、結果的に植民地言説の権威を根底から撹乱することになる。

したがって、バーバの理屈からすれば、植民地関係は常に両価的であるが故に、そこに自滅の種が発生するといった一つの論争命題が引き出されることになる。こうした論争が起きるのも、被植民者側のいかなる抵抗や反乱にもかかわらず、植民地関係の破綻がそこにみる両価的状態によって暗示されているがためである。バーバの主張によれば、実際、植民地言説は植民地住民に植民者の生き写しとなってもらいたくはないのをその旨としているが故に、両価的にならざるを得ないのだが、このことがまた脅威をもたらすことになる。例えば、彼はチャールズ・グラント (Charles Grant) を引き合いに出している。チャ

ールズは 1792 年にインド人にキリスト教を教え込もうとしたが、これが却って、「自由を熱狂的に求める」('turbulent for liberty') 気持ちを彼らに起こさせるのではないかと心配した [バーバ (Bhabha)、1994 年、87 頁]。グラントの解決法は、英国的風習の空疎な模倣を誘発するような「部分的改革」('partial reform') を引き起こすために、キリスト教の教義と区分的階級制度の様々な慣例とを結び付けたことだった。バーバによれば、これが間違いなく自滅の原因ともなる帝国主義それ自体の矛盾を示す例だとしている。こうして一枚岩的権力の仮説を打ち砕く両価的状況が生まれざるを得ないことになる。

　ロバート・ヤング (Robert Young) は、帝国言説に逆捩を食わせるバーバの方法論こそまさに両価性理論に他ならないと述べている。中心部によって「国境地帯、周辺地域、未分類地域、不定地域」などと見なされる周縁地域は、逆に中心部を「曖昧で、限界のない、不確定な両価的場所」として位置付けることで対応する [ヤング (Young)、1995 年、161 頁]。これは単に二項対立構造を逆転させただけのものではない。というのも、バーバによれば、植民者も被植民者も共に植民地言説にみる両価性を体現しているからである。この概念が**雑種性 (hybridity)** といった考え方と関連しているのも、両価的状態が権威を権力の座から「引き摺り下ろす」('decentre') ように、権威もまた他の様々な文化と関わったり、往々にして、それらによって屈曲させられるような植民地状況に据えられると、雑種化してしまうことになるからである。例えば、チャールズ・グラントの上述の提案にみる雑種性は両価的特性を備えていると言えよう。この点で、植民地言説とその支配下にある植民地化された文化とが結び付くことで、まさに一枚岩的支配を阻止する両価的状態が生まれることになる。

　[さらに、バーバ (Bhabha)、1984 年 a、1985 年、ヤング (Young)、1995 年などを参照。]

anti-colonialism 反植民地主義

　植民地主義に固有のイデオロギーや慣例に対する被植民者側の政治的闘争 (**decolonization 脱植民地化**の項を参照) を指す。反植民地主義とは、政治的、経済的、文化的諸制度にみる植民地主義の作用に対する

一つの抵抗体として、様々な対立形式が明確化されることを意味している。それは植民地権力に抵抗し、地元勢力の回復の必要性を強調する。逆説的に言えば、反植民地主義者による運動は植民者の様々な制度から借用された諸形式を占有したり、転覆したりすることの内にその意味を見出すことによって、それらに背を向けるのである。したがって、こうした闘争は往々にして、その抵抗の徴として現代ヨーロッパの民族国家形式を取り入れるべきだとする反植民地の「ナショナリズム」('nationalism') 言説によって明確化される (**nation / nationalism 国家 / ナショナリズム** の項を参照)。時々、植民地支配に伴う恣意的な手配——公共行政の組織作りや地元の政治的声明のための公開討論会——によって、自己主張の場がいろいろと生ずることになり、そこでは反植民地のナショナリズム言説に関心が注がれ、ポストコロニアル民族国家としての自立への要請が引き出されるのである [アンダーソン (Anderson)、1983 年、チャタジー (Chatterjee)、1986 年、1993 年]。

　植民地状況に似合った反植民地主義が生まれる。エドワード・ウィルモット・ブライデン (Edward Wilmot Blyden) やジェイムズ・アフリカヌス・ホートン (James Africanus Horton) (彼らのイデオロギーは **ネグリチュード (négritude)** のような 20 世紀に起きた様々な運動の前兆と見なされよう) のような 19 世紀の西アフリカのナショナリストたちは、民族解放のイデオロギーを訴えたのに対し、単一の国家独立運動の内に、様々な宗教的、民族的アイデンティティを有する少数民族の統合を目指すインド国民会議のような場では、広範囲にわたる多様な文化上の差異を認知することへの要請が伴っていた。

　20 世紀後半の 50 年間で、反植民地主義は往々にして急進的なマルクス主義者の解放運動論を始めとして、国際主義者や反エリート主義者によるマルクス主義の要請をその時代のナショナリストの感情に結び付けようとした様々な解釈や、C.L.R.ジェイムズ (C.L.R.James)、アミルカル・カブラル (Amilcar Cabral)、フランツ・ファノン (Frantz Fanon) (**Fanonism ファノン主義**と **national liberation movements 民族解放運動**の項を参照) などの初期の民族解放主義者である思想家たちの作品と理論によって明確なものとなった。そうした反植民地民族解放運動が革命の骨組みについてのマルクス主義者の考えを発展させたことか

ら、反植民地闘争にあって、ヨーロッパの (植民地の) 教養ある知識人階級の果たすべき重要な役割が何であるかがわかったのである。カブラルの大げさな公式からすれば、有産階級のエリート集団は農民や無産階級を同化するような地元の大衆的な社会的慣例を発展させることによって、「自滅する」('commit suicide') に至ることから、——地元や国家との様々な連帯関係を通じて——後者が解放という一つの慣例を手に入れることになる、とこれらの運動は主張した。

特に、カブラルは、ポスト・スターリン主義者が説くマルクス主義の一層厳正にして正統的な慣例を徹底させた点で、ポストコロニアル政治に固有の際立った一つの特徴として、地元に権能を与えるとともに、それを認知する必要性についての考え方を発展させた。だが、独立後の新たな有産階級のエリートたちにみる後のナショナリストの公式とは違って、理想的な植民地化以前の状態への感情的、もしくは神話的な執着はそこには見出せない。地元は必然的に歴史的変遷の過程に巻き込まれることで、完全に矯正され得るものと見なされるのである。

> 自分たちの村や地域の境界を越えて移動したことのない文盲の労働者集団である農民が、他の集団と接触するようになり、他の社会の民族集団との関係を保つことでみずからを拘束していた様々な固定観念から自由になる。彼らは闘争の内に自分たちの重要な役割を果たす。彼らは村落との絆を断ち切り、差別を撤廃して、徐々に自分たちの国はもとより、世界に溶け込んでゆく...。したがって、武装化による解放闘争は文化的発展への真に必要な行進なのである　　　　　　　　　　　[カブラル (Cabral)、1969 年 1 月]

[何人かの現代のポストコロニアル・ナショナリストたちの退行的な論述とは対照的とも言える、これら初期の反植民地主義者たちによるナショナリズムについての進歩主義的な論述として、エドワード・サイード (Said)、1993 年、264 頁) の解説も参照。]

もっとも、植民地意識の形成に関するカブラルの理論は、有力な反植民地言説の創造にこの上もなく貢献した理論の中に含まれるもの

の、彼の貢献がファノン (Fanon) のそれと比べるとさほど認められていないのも、おそらくは政治的実践の面でさほど進展が見られなかったためである。反植民地主義において、抵抗というものは往々にして、和解不可能な対立状態にある植民者と被植民者の固定的かつ決定的な関係の所産と見なされている。その意味で、反植民地主義はそれ自体として、例えば、**土着民 (indigenous peoples)** の抑圧にあたって、一層明らかな共謀関係が植民地権力と移住者の間に生起するような**移住者植民地 (settler colonies)** にさほど特有のものではなかった。植民地文化の強力で完璧な**ヘゲモニー (hegemony)** を確立するために、移住者植民地ではさらに数々の類縁的な文化的表現形式の力が明示されることになる。したがって、植民地関係にみる根本的な経済的、政治的差別を明確にするための闘争、すなわち、植民地や植民地権力には限られた連帯関係しか存在しないことをしかと認識することが、移住者植民地のいかなる反植民地運動にとっても重要なことである。移住者植民地にあって、文化的慣例レベルでの抵抗はその政治的重要性が明確にされるか、もしくは認識される以前に起こり得るのである。

［さらに、カブラル (Cabral)、1973 年、デイヴィッドソン (Davidson)、1994 年、ファノン (Fanon)、1961 年、グギ (Ngugi)、1981 年 a、スレモン (Slemon)、1990 年などを参照。］

apartheid 人種隔離政策

「隔離」('separation') を意味するこのアフリカーンス語 (Afrikaans) は、1948 年以後のナショナリスト政府によって遂行された政策を表わすのに南アフリカで使われ、「隔離促進政策」('policy of separate development') といった大げさで無味乾燥な文句で英語に翻訳された。人種隔離政策が施行されるまでに、13％の使用用地を黒人農夫に認めた土地法 (Land Acts) が 1913 年と 1936 年にそれぞれ制定された。しかし、1948 年になって、すべての民族集団の構成員の登録が義務付けられる住民登録法 (Population Registration Act)、人種を分類して様々な公共施設に隔離する混合施設法 (Mixed Amenities Act)、特定人種専用として郊外地域を分割する集団地域法 (Group Areas Act)、白人と黒人の結婚を認めない不品行法 (Immorality Act)、それにいわゆる黒人自治区 (Bantustans)、つまり、かなりの割合の黒人を対象とするホームランド

の設立を含む人種隔離法 (Apartheid laws) が制定された。

　理論的には、黒人自治区の設立は、異なった民族が一国内で個々に発展してゆけるような一連の選定地域やホームランドを提供することで、南アフリカの民族的緊張に一つの解決策を提供するように思われた。だが、少数の白人が大半の土地を始めとして、肥沃で鉱物資源に恵まれた地域を含む、経済的に活用可能なすべての地域を事実上、保有していたことから、それは白人至上権を制度化し、保持するための一手段だったことに変わりはなかった。また、経済的な理由から、かなりの数の有色人種から成る労働者が安い労働力を提供できる白人地域に近接して住むことになったために、集団地域法により、ヨハネスバーグ (Johannesburg)南西部に位置する悪名高いソウェト (Soweto, South West Townships の略称) のような低価格住宅の立ち並ぶ特定民族隔離地区が開発された。同じ法の下に、アフリカ人を始め、ケープ (Cape) 地方の混血人種、それにインド人の子孫たちは、何世代にもわたって住んできた市街地域から強制的に退去させられた。ケープタウン (Capetown) の中央部にある周知の未再建 6 地区 (District Six) がその法の下に、ブルドーザーで平地化され、混成民族が一掃されたが、それはこうした人種隔離政策の一面を物語る代表例としてよく引き合いに出される。

　人種隔離政策は社会の至る所にまで及び、公共輸送機関や公共場所や海浜地帯を始めとする他の多くの施設にあっても差別が行われた。人種隔離政策はさらに通行許可法 (Pass Laws) によって維持されることになった。そのため、有色人種は身元確認の通行許可証を携帯しなければならず、しかも、そこに労働許可印がなければ白人地域に入ることは許されなかった。その政策にみる人種差別の根本原理が、黒人、有色人種、インド人、白人などに個人を再分類する政府の再三にわたる人種再編成計画におけるほど露骨に示されたこともなければ、その適用についても、それほど奇想天外なことはなかった。だが、予期したように、これらの再分類政策は白人の強要した人種階層制の中で衰微していった。**異種族混交 (miscegenation)** を禁止する法律を制定する必然性にも似て、このような人種分割が確定的なことなのか、それとも絶対的なことなのかを提案するといった擬制的精神がそうした経緯

から窺えるのである。「人種上の純血」('racial purity') を守る、いわゆる「不品行法」は、何百年にわたって、文化的にも人種的にも数多くの社会が混在しながら存続し続けてきた南アフリカの現実を書き改めたいとする方向を目指していた。

　「人種隔離政策」という用語は、広範囲にわたって反響を巻き起こし、人種差別が法律によって制度化されるような多様な状況を明示するのに、南アフリカ社会以外でも一般的に使われるようになった。極端な一例として、ポスト構造主義者である哲学者兼文化批評家のジャック・デリダ (Jacques Derrida) が影響力に満ちたエッセイの中でその言葉を使ったことから、それは一つの象徴的な用語として反響を呼び、20世紀後半の地球文化にあって差別と偏見を示す原型的用語となった [デリダ (Derrida)、1986年]。

　[さらに、ラッピング (Lapping)、1987年、プライス (Price) とロスベルク (Rosberg)、1980年、ウッズ (Woods)、1986年などを参照。]

appropriation 占有

　この用語は、帝国文化がそれ自体の社会的、文化的アイデンティティを明確化するに際して役立つ様々な側面——言語、創作形式、映画、演劇、それに合理主義や論理や分析などのような思考様式や論争方法——が、ポストコロニアル社会に取り込まれてゆく様を記すのに使われる。この過程は、時には支配的な帝国権力が他の領土や文化を検分し、侵入してゆくことで、それらをみずからの内に取り込もうとする戦略を記すために引き合いに出される [スパー (Spurr)、1993年、28頁]。それとは違って、ポストコロニアル理論では、支配された文化であれ、植民地化された文化であれ、政治的もしくは文化的支配力に抵抗するために支配的な言説をどのように道具として利用するかということに焦点が置かれるのである。

　「占有」という用語は、様々な文化的領域における強奪行為を記すのに用いられることはあるが、言語や文章表現の分野で最も効果的に使われる。これらの分野では、広範囲にわたる様々な文化的体験を表現するにあたり、また、出来るだけ多くの読者の耳に届かせるためにこうした体験を支配的な表現形式の内に取り込むにあたって、特に支

配的な言語とそれに基づく散漫な諸形式が占有されることになる。チヌア・アチェベ (Chinua Achebe) は [ジェイムズ・ボールドウィン (James Baldwin) の言葉を引き合いに出して]、使い古しの言語は「今一つの体験の重みに耐える」('bear the burden of another experience') ことが可能だと述べている。これはポストコロニアル言説の占有力を示す最も名高い言明の一つとなった。しかし、グギ・ワ・ジオンゴ (Ngugi wa Thiong'o) のように、英語で執筆できる作家として成功した後に、ギクユ語 (Gikuyu) で小説や戯曲を書くために旧植民者の言語を放棄した作家たちは、まさに植民地言語の使用に反対したのである (グギ (Ngugi)、1981年a)。それにもかかわらず、グギは小説形式それ自体を占有し続けたが、英語を放棄するという政治的戦術が成功したのも、実は英語で執筆できる作家としての名声に依ったのだと言われている。

英語を母国語としない他の多くの作家たちが英語を使って作品を書いているのは、母国語を不適切な言語と見なしているからではなく、植民地言語が実用的な表現手段であるばかりか、読者を出来るだけ多く獲得できるからでもある。だが、グギのような作家たちは、主として教養のあるエリートがポストコロニアル社会では英語に接触できることから、こうした「多方面にわたる」('wider') 読者はその社会の内部にあっては**仲介人** (**comprador**) 階級に限られることになる、と論じている。この議論はずっと持続していて、決着のつかないままになっている。

英語を表現の一手段として選択するという政治的効果に基づくこれらの議論は、言語それ自体が他言語の話し手には理解できないような方法で文化というものを包含しているといった今一つの主張と往々にして抵触することになる。旧植民地言語の使用にあたって、それらを占有している批評家や作家たちの言い分によれば、いわゆる言語によって、地元のアイデンティティが形成され得るような強力な感情的情況を生み出すことは可能であることから、共同体の人々にとって、非土着言語の使用が、土着言語への執着に比べて**真正の** (**authentic**) ようには思えないとしても、根本的に異質なテクストの構築とは無縁の非土着言語を、反植民地テクストの構築に際しての力強い意見の表明の

ために占有してもよいことになる。また、非土着言語の使用によって、土着言語のテクストでは容易に生み出し得ないような成果がいろいろともたらされることも可能であり、文化的ヘゲモニーに対してこれまでとは異なるポストコロニアル抵抗姿勢が提示されることになろう。

　帝国言語を始めとして、その散漫的形式や表現形式を占有することで、ポストコロニアル社会は支配的な言説に易々と介入したり、それ自体の様々な文化的現実を改変したり、また、支配的な言語を通じて、それらの現実を広範囲にわたり読者に伝達したりすることが可能となる。しかし、多くの作家たちは、様々なポストコロニアル社会で使用されるすべての言語の翻訳 (土着言語を英語や他の土着言語に翻訳することを含めて) を奨励するだけでなく、都市圏の学者にこれらの土着言語の学習や、使用を勧めることで、都市圏の様々な制度や文化的慣例を土着テクストに向けて解放する必要性を主張し続けるのも重要なことだと感じている。

authentic / authenticity 真正の / 真正性

　真正な文化といった考え方は、ポスト・コロニアルの文化所産に関して、ここ数年来の幾多の論争で取り上げられてきた。特に、**脱植民地化 (decolonization)** 計画にみる植民地時代の影響を拒否する要求によって、ある種の形式や風習は「真正でない」('inauthentic') とする考えが打ち出されるとともに、自治を認可されつつある国々の中には、植民地化以前の真正な伝統や慣例の復活に賛成の意を表する国がある。文化的真正性へのそうした要求に関する問題点は、定着した風習を紛れもなく**土着の (indigenous)** ものとして偶像化し、それ以外のものを雑種的であるとか、汚染されているとか決め付けて排除する**本質主義者 (essentialist)** の文化的姿勢に、そうした要求が往々にして引き込まれてしまうことである。そのために、様々な文化が状況に応じて発展したり、変化したりする可能性が無視されるという危険が生じるのである。

　重要なのは、これがマルクス主義者の文化的模型に基づいて仕事をする初期の反植民地主義の作家たちの作品に共通した特徴ではなかったことである (**anti-colonialism 反植民地主義**の項を参照)。また、後の

ポスト構造主義者たちの模型にとって、上述した論点を通じて、元来、記号というものに付き物の不安定さはもとより、客観的で物質的な余得の散漫的「空間」('space') に数々の体系を「基礎づけること」('grounding') の根っからの困難さを力説することで、物質的慣例の確固たる素地を見出そうとするような政治的問題を思案し、それを解決するのはかなり困難であったことは間違いない。理論上、文化的**本質主義 (essentialism)** はいくつかの点で問題があるものの、帝国権力に対抗するための戦略的な政治的立場として採用されることは可能であろう。ある種の風習がある文化にだけ特有のものであるのは明らかであって、それらはアイデンティティを確認する上で重要なものとして役立つとともに、抑圧に抵抗し、数々の世界勢力による均質化に反対する手段となり得よう。

　しかし、文化を固定的かつ類型的に表象することが危険であることに変わりはない。それ自体の内に多くの変異を含み得るような文化に対して総称的な記号表現をいろいろと用いようとするのは、そこに出現する実際の差異を無視してしまうことになりかねない。文化的差異の様々な標識こそ真正な文化的記号表現と見なされようが、真正性に対して上述したような要求があることは、そのような文化が不変的であることを暗示してもいよう。真正性を表す記号表現をいろいろと用いるのは、様々な社会的、文化的変化によって必然的に影響を受け、雑種化してゆく多くの下位社会にとって、その正当な持続的存在を主張する上できわめて重要なことである。だが、支配的集団が画定中の文化の境界を管理下に置いたり、認可したりするのにそうした記号表現を用いる場合のことを考えて、真正な文化なるものを厳密に定義付けることは抑圧に対する抵抗力を弱めることになろう (グリフィス (Griffiths)、1994 年、6 頁)。

　[さらに、フィー (Fee)、1989 年、グリフィス (Griffiths)、1994 年などを参照。]

B

binarism 二項対立主義

　一対、二つ、二元性などといった二つのものの組み合わせを意味する「二要素から成るもの」('binary') の派生語 [『オックスフォード英語辞典』(*OED*)] として、この用語は様々な分野で独特な意味を持った言葉として広く使われているが、ポストコロニアル理論にあってはさらに特別な意味合いを有している。

　二項対立主義に最初に関心を抱いたのは、フランスの構造主義学者、フェルディナンド・ドゥ・ソシュール (Ferdinand de Saussure) であり、個々の記号に意味というものが生じるのは、現実の事物を単に言い表すことによってではなく、他の記号との対比によってであると考えた。個々の記号はそれ自体、「信号」('signal') とか言葉の音像といった記号表現と、信号の意義とかその概念、もしくは個々の記号が喚起する心的イメージといった記号内容との二項対立構造を孕むことになる。ソシュールの考えによれば、記号表現と記号内容との関係は恣意的である (すなわち、「犬」('dog') という言葉と表現された犬との間に必然的な関係は本質的に存在しない) が、一旦、その関係が成立すると、その言葉を話す人にとってそれが固定化されることになる。

　個々の記号に意味が生じるのは、他の記号との差異によってであるが、二項の対立——太陽／月、男性／女性、生／死、黒人／白人など——こそ、そうした差異を示す極端な例である。個々の対立がそれぞれ二項対立系を示しているが、こうした対立は現実の文化的構築に際してきわめて一般的なものである。このような二項対立系の問題点は、対立項目間の曖昧な間隙的空間が隠蔽されてしまうことにある。したがって、例えば、男性／女性、子供／大人、友人／敵対者などの対立項目間に発生し得る重複領域は、二項対立論理からすればすべて存在しなくなり、それは社会的体験における禁制領域となる。

今日のポスト構造主義者や**フェミニスト** (feminist) による様々な理論は、個々の対立項目にあって、女性よりも男性、死よりも生、黒人よりも白人などのように、常に一方の言葉が支配的となるような度し難い階層性をこうした二項対立構造が生み出していることや、実際には、二項対立構造それ自体がそうした支配を確立するために存在していることを明らかにしてきた。これは二項対立構造に適合しないすべての活動状態が抑圧されたり、非難の的になることを意味している。例えば、子供と大人との間の間隙的段階 ――「青春期」('youth') ――は、かなりの疑惑と不安に駆られる通過儀式期間といった恥辱な範疇として見なされる。続いて起きることは、植民者と被植民者との二項対立状態が、**模倣** (mimicry) とか文化的精神分裂症とかアイデンティティへの多面的執着とかに明らかな極端な両価性を明示することになるか、もしくは英国中心主義 (Anglo-centrism) とかナショナリズムとかいった二項対立のどちらか一方を堅固たるものにするのに力を注ぐことになろう。

帝国主義 (imperialism) にみる二項対立論理は、支配関係を確立させる二項対立という視点から世界を捉えようとする西欧の一般的な思考傾向が発展したものである。中心 / 周辺、植民者 / 被植民者、大都市 / 帝国、文明 / 原始といった単純な区別化こそ帝国主義の基盤になるとともに、帝国主義によってその永続化が促されることになる一方的な階層性をきわめて効果的に示している。二項の対立は構造的に相互に関連していて、植民地言説にあって根本的な――植民者 / 被植民者といったような――二項対立のバリエーションが生まれたことから、他のいかなる特殊なテクストにあっても、次のような二項対立が再度、取り上げられることとなった。

　　　　植民者 / 被植民者
　　　　白人 / 黒人
　　　　前進 / 遅延
　　　　善 / 悪
　　　　美 / 醜
　　　　人間 / 獣
　　　　教師 / 生徒

医者 / 患者

　二項対立にあっては、対立項目間に禁制領域となるような恥辱的な範疇が構築されることになるが、同時に重要なことは、この構造が横断的にだけでなく、垂直的にも解釈できることである。つまり、植民者、白人、人間、美などは全体として、被植民者、黒人、獣、醜などに対立するからである。二項対立は一般的にイデオロギー的な意味の構築に際してとても重要であり、帝国的イデオロギーを生み出すにあたってきわめて有用であるのは言うまでもない。二項対立構造はその基礎をなす二項対立を相関的にいろいろと含むとともに、「搾取し」('exploit')、「文明化する」('civilize') 衝動といった根本的な二項対立的衝動を帝国主義の内に用意することになる。したがって、二項対立に基づく支配構造の比較的安易な延長線上に、植民者、文明、教師、医者対被植民者、原始、生徒、患者といった対立関係が生まれ得るのである。だが、よく考えてみると、実際にはこの単純な二項対立構造が暗示する以上に複雑な仕方で、一方が他方に従属することになる。前者の範疇にみる「文明化する使命」('civilizing mission') が、その対立物たる後者をあからさまに取り込むための口実になるとともに、コンラッド (Conrad) の『闇の奥』(*Heart of Darkness*) でもありありと描かれたように、前者の範疇は往々にして後者のそれを隠蔽し、正当化しようとするからである。

　二項の区別は必ずしも支配欲によって動機付けられているわけではない。デイヴィッド・スパー (David Spurr) は『言語の起源に関するエッセイ』(*Essay on the Origin of Language*) の中で、ルソー (Rousseau) がアラビア語やペルシャ語のような東洋言語の「生命や温かさ」('life and warmth') をどのようにして検証しようとしたかを論じている [スパー (Spurr)、1993 年, 103 頁]。ルソーは西欧の創作にみる「論理と正確さ」('logic and precision') を駆使して仕事を進めているうちに、結局、それらの言語に疑問を呈するようになった。というのも、それらの言語には合理的な秩序や文化が原初的に欠けていたからである。彼はそれらの言語を称賛する仕事に取り掛かったものの、ヨーロッパの科学、知識、産業、文書などと東洋的原始主義や非合理性との二項対立性を首尾よく確認することに終った。

ポスト植民地理論の勢力範囲が、「禁制」('taboo') 領域——帝国的二項対立間の重複領域、つまり、両価性、交種性、複合性などによって絶えず帝国的論理の堅牢さが混乱させられる領域——であることはよく言われる。間隙的空間を照らし出すとは別に、ポストコロニアル理論は、例えば、医者 / 患者、教化者 / 被教化者などとともに、文化 / 原始、人間 / 獣などといった二項対立系の根本的矛盾を明らかにすることで、そこにみる構造的関係を混乱させる。こうしてポストコロニアル理論は、被支配者たちを卑しめ、理想化し、悪魔化し、春画化し得るような経済的、文化的、政治的構造が孕む根深い両価性を暴露するのである。

　おそらく、帝国主義によって永存化させられる最も悲惨な二項対立系の一つに組み入れられたのが、**人種** (**race**) の概念である。植民地化された社会の内部やそれらの社会間にみられる複雑な現実的、文化的差異を単純に黒色人種 / 褐色人種 / 黄色人種 / 白色人種といった範疇に還元することは、支配・被支配の関係を擁護する白人 / 非白人の二項対立主義を確立しようとする一つの戦略に他ならない。したがって、営々として存在し続ける民族的変異の広漠たる連続体を閉じ込め、民族性、人種交合、文化的特異性などの領域を禁制とか他者性といった範疇に分類することで、帝国主義は人種という概念をそれ自体の権力論理を反映する一つの二項対立系に組み入れたのである。反植民地抵抗にとっての危険は、こうした対立関係が逆転し、「黒人」('black') とか「被植民者」('the colonized') が支配的な用語と化す時に生じる。抵抗計画が帝国言説によって提唱される記号論的対立構造の内に封じ込められることになるからである。

　今日の大抵のポストコロニアル理論は植民地主義と帝国主義を分析することで、様々な二項対立系を崩壊させようとしてきた。例えば、ガイアナ人 (Guyanese) 小説家兼批評家のウィルソン・ハリス (Wilson Harris) による二項対立的言語構造の崩壊の試みは、ポスト構造主義者たちのヨーロッパ理論にみる努力に先んじている。したがって、例えば、『オマイへの坂道』(*Ascend to Omai*) のような小説では、この過程が以下の引用にもみられるように、ありありと描かれている。

「あなたは覚えていますか？」('Do you remember?') と裁判官は一組のトランプに隠されたペルソナ(personae)、ぼやけた顔、もしくは未来に遡ろうと肩越しに覗き込んでいる読者に語り掛け、プロの賭博師のように、時という通貨の表裏を使って自分の本の頁をパラパラとめくった。表側は裁判官 (judge)、裏側は裁かれる者 (judged)。また、表側は父親 (father)、裏側は息子 (son)。さらに、表側は古代 (ancient)、裏側は現代 (modern)。[ハリス (Harris)、1970年、86頁]

　帝国の様々な二項対立系をこのように混乱させることから生じる重要な結果として、植民地的遭遇にみる相互作用的で弁証法的効果が特に強調されることとなった。帝国の二項対立主義は常に一方向への運動を想定している——つまり、植民者から被植民者へ、探検家から被探検家へ、調査者から被調査者への移動である。しかし、ポストコロニアル・アイデンティティが植民地的遭遇にみる両価的空間に出現するように、変化の原動力は決して一方向にあるのではない。実際、それは**通文化的** (**transcultural**) であって、両者間を行きつ戻りつ効果的に循環するのである。というのも、様々な植民地への関与が帝国社会の機構にとって、また、帝国社会がみずからを理解するにあたってますます重要な要素となったからである。

Black Studies / black consciousness
黒人文化研究 / 黒人としての (政治的)自覚

　黒人文化研究は、植民地化によって影響を受けた人たち、特に**植民地主義** (**colonialism**) や**奴隷制度** (**slavery**) の下にあって、輸送奴隷となったり、離散させられたアフリカ人を文化横断的に研究した最も初期の模型の一つである。それは主にアメリカ合衆国で発展した。19世紀にあって、合衆国に移住したジャマイカ人 (Jamaican) のマーカス・ガーヴィー (Marcus Garvey, 1887-1940年) を始めとして、フレデリック・ダグラス (Frederic Douglas, 1817-1895年？) やブッカー・T.ワシントン (Booker.T.Washington, 1856-1901年) や W.E.B.デュ・ボワ (W.E.B.Du Bois, 1868-1963年) などの知的な黒人系アメリカ人たちが、

Black Studies / black consciousness 黒人文化研究 / 黒人としての (政治的) 自覚

数々のテクストや教育機関 (特に、後のハワード大学 (Howard University) の前身であるカレッジの設立はよく知られている) を生み出し、黒人教育と黒人文化の発展に寄与した。これらの知識人たちは、黒人系アメリカ人やカリブ人 (Caribbean) の社会にみられるアフリカの特異な文化的要素を調べ上げることを主張した。1960 年代にみる市民権行動主義 (Civil Rights activism) の提唱に引き続き、黒人 (アフリカ系アメリカ人とかアフリカ系カリブ人なども含まれる) 文化研究が広範囲にわたって行われるようになり、アフリカ系黒人の**国外離散 (diaspora)** に関するありとあらゆる側面を調査するために、合衆国の教育機関の内に一つの強力な模型として位置付けられることとなった。それはアメリカ人やカリブ人の語法や文化的慣例 (**creole クレオール** の項を参照) の起源をアフリカにいろいろと探ることを奨励するとともに、19 世紀にあって、リベリア (Liberia) やシエラ・レオーネ (Sierra Leone) で解放奴隷の植民地建設に大いに貢献したアレクサンダー・クラメル (Alexander Crummell, 1819-1898 年) やエドワード・ウィルモット・ブライデン (Edward Wilmot Blyden, 1832-1912 年) のようなアメリカやカリブの知識人たちのアフリカ自体への文化横断的な影響を検証したのである。また、フランス語を話す人たちによる**ネグリチュード (négritude)** を守る運動によって一部影響を受けたものの、黒人文化研究はその運動に先んじたばかりか、それよりも長続きした。1960 年代にあって、黒人文化研究は**ファノン主義者 (Fanonist)** によって発展させられた思想の多くを受け入れ、黒人としての (政治的) 自覚を呼び掛ける運動によって、奴隷状態や人種差別の長い歴史を通じて黒人の内に出来上がった否定的な自己イメージを払拭しようとした。もっとも、そうした人種差別は、ファノンが述べたように、黒人たちにも明らかな「差異」('difference') としてしかと人間の眼で確認できることから、免れ難いものだったのである [「肌が黒いという事実」('The Fact of Blackness')、ファノン (Fanon)、1952 年、109-140 頁]。

　世界の様々な場所における幾多の黒人解放運動には、例えば、オーストラリアやニュージーランドでの黒人としての (政治的) 自覚を呼び掛ける計画にみられるような諸要素も含まれていた。その両国にあって、オーストラリア先住民 (Australian Aboriginal) やマオリ族 (Maori)

は「肌の黒さ」('blackness') を一つの民族的記号表現として用いてきたし、また、古いヨーロッパの都市圏にあってますます増えている離散した「有色民族」('people of colour') の間では、新たなる**民族 (ethnicity)** を確認するために「黒人」('black') という用語が使われている [ホール (Hall)、1989年]。

[さらに、ブラッシンゲイム (Blassingame)、1971年、マーサー (Mercer)、1994年。モイカブ (Moikabu)、1981年。ホワイト (White)、1985年などを参照。]

C

cannibal 食人者

　人肉を食べる者を指すこの用語は、ヨーロッパ列強の植民地拡張に伴う道徳的問題の正当化や被植民者との区別化の過程を明らかにしようとするポストコロニアル研究にとって、特に興味深いものと言えよう。『オックスフォード英語辞典』(*OED*) によれば、「食人者」('cannibal') は次のように定義されている。「人肉を食べる者 (特に野蛮人)。人を食う者、人食い人種。元来、正確な名称はアンティレスの人食いカリブ人」['A man (esp. a savage) that eats human flesh; a man-eater, an anthropophagite. Originally proper name of the man-eating Caribs of the Antilles', ヒューム (Hulme)、1986 年、16 頁]。この定義はまた植民地言説にみる「食人者」についての二通りの定義付けとほぼ類似している。つまり、「文明人」('civilized') と「野蛮人」('savage') の差別化と、こうした差別を定着させる上での「食人風習」('cannibalism') という概念の重要性である。今日に至る迄、食人風習に関する初期からの記録の大半が、実際には客観的「事実」('fact') よりもむしろ帝国主義の修辞的戦略を証拠立ててきたにせよ、食人風習は依然として西欧世界による原始性の主たる表現であり続けている。

　ピーター・ヒューム (Peter Hulme) によれば、「食人者」('canibales') という用語の最初の記録はコロンブスの日記に見当たり、そこには地元のアラワク族 (Arawaks) が一つの特別な島をこの上ない戦慄でもって眺めていたことが書き留められている。

　　この土地はとても広大で、そこには額に一つ目のある人々と、彼らが「食人者」('canibales') と呼ぶ人たちが住んでいた。コロンブスによれば、「食人者」に対して、彼らは恐怖を覚え、進路を阻まれるようなことがあると口がきけなくなったという。とい

うのも、「食人者」に食われるばかりか、彼らがきわめて好戦的だったからである。　　　　　　　(ヒューム Hulme、1986 年、16-7 頁)

　この日記 ——「遺失原文の複写からの抜粋を筆写したもの」—— の信頼性に纏わる問題とは別に、コロンブスの「記録」('record') は、「食人者」('canibales') と呼ばれる人々が他民族を食ったというみずからの観察に基づいたものではない。それはコロンブスには前もって何の知識もない言語で語られた、額に一つ目のある人々の存在に関する明らかに疑わしい報告、つまり、他民族の言い伝えを記録したものである。

　何故、「食人者」('canibales') がそれほど容易に人を食う者として受け取られたのだろうか？　何故、「食人者」('cannibal') という用語が、人肉を食う者を記す表現としての「人食い人種」('anthropophagite') に難なく取って代わったのだろうか？　ピーター・ヒュームの核心をついた説明によれば、ヨーロッパ人の意識の内に新世界のあるべき姿を巡って一つの葛藤が一般的に存在するように、コロンブスの日記の中にもそれが暗に描かれているというのである。つまり、それは東洋文明と野蛮状態との間の葛藤であり、また、理想化や堕落や卑しめといった修辞的な言葉のあやにみられる一つの葛藤でもある。「食人者」('canibales') の報告とともに、日記作者としてのコロンブス自身による野蛮な功績に関する言説によれば、「人食い人種 (Caniba) はグランド・カーン (Grand Khan) の人々のことである」——つまり、理想的な東洋文明は食人者の典型的な原始主義に置き換えられ、「素朴な」('primitive') **他者 (other)** の悪鬼化は帝国言説にあって当然のこととして採用されていった (この瞬間からそうなったと言ってもよい)。「食人者」('cannibal') と「原始人」('primitive') を事実上の同義語として見なすことが、帝国言説による「他者化」('othering') の卓越さを示す一つの証拠として今日にまで受け継がれている。

　臨終とか破戒、もしくは儀式の場合に人肉を食べることが、多くの社会における一つの特色として時折、記録されているが、「食人者」('cannibal') という言葉の出現は特に帝国のレトリックにみる示唆的特徴だった。「食人風習」という言葉が、「人食い風習」('anthropophagy')

といった表現に取って代わったことは、人肉を食う風習を言い表わす上での一つの単純な変化などではなく、記述語が存在論的用語に置き換えられたことを意味している。コロンブスの時代以来、「食人者」('cannibal') はヨーロッパ人の「他者」として、野蛮人や原始人と同様に卑しめられた存在と見なされ続けたことから、その用語は、帝国支配を道徳的に正当化する上で重要な役割を果たすようになった。

[さらに、ヒューム (Hulme)、1986 年、キルグール (Kilgour)、1993 年、オベイセスケア (Obeyseskere)、1992 年、サンデー (Sanday)、1986 年、スレモン (Slemon)、1992 年などを参照。]

Caribbean / West Indian カリブ海域諸島 / 西インド諸島

「カリブ海域諸島」や「西インド諸島」という用語は、カリブ海 (Caribbean Sea) の島国を始めとして、(ガイアナ (Guyana) やベリーズ (Belize) のような) その周囲に位置する南アメリカや中央アメリカの主要都市地域をも指して、しばしば互換的に使われる。だが、もっと正確に言えば、前者がその海域のすべての島国 (とガイアナやベリーズ) を指すのに対して、後者は、ジャマイカ (Jamaica)、トリニダード (Trinidad)、バルバドス (Barbados)、セント・ルシア (St Lucia)、セント・ヴィンセント (St Vincent)、アンティグア (Antigua)、ドミニカ (Dominica)、ガイアナ (そして時には、ベリーズ) といった英国の旧植民地だけを指す。

これら二つの用語の語源も異なっている。スペイン語の「食人者」('caribal') の転訛である「カリブ人」('Caribbean') という用語は、一般的にはアメリカインディアン (Amerindian) の使っていたある言葉の「聞き違い」('mishearing') と考えられている。「西インド諸島」('West Indies') という用語は、コロンブスが 1492 年にカリブ海を「発見した」('discovered') 時、本来の目的地であったアジアの「香料諸島」('spice island') である「東インド諸島」('East Indies') の対照語として生まれた。(**cannibal 食人者**の項を参照。)

cartography (maps and mapping) 地図作成 (法) (地図と地図作成)

　地図や地図作成は文字通りに言っても、比喩的に言っても、植民地文化やポストコロニアル文化にみられる支配的な風習である。植民地化それ自体は往々にして「発見」('discovery') への旅の結果であり、「未発見の」('undiscovered') 土地をこの世に存在させることを意味した。発見の方法は地図の作成によって強化された。地図作成は他者の空間をテクスト化したり、名付けたりするだけでなく、とりわけ、記号や文字による一方的支配や抑制を通じて様々な空間を改名する上での一つの手段だった。土着民の名前や言語が新たな名前と入れ替わるか、もしくは地図作成者や探検家によって新たなヨーロッパ的形式に転訛させられることで、植民地化された土地は文字どおり再登録され、塗り替えられた。これは植民地主義にみる一貫した特徴であり、未知の遠隔地に限られたことではなかった。アイルランド人劇作家のブライアン・フリエル (Brian Friel) はこうした状況を『翻訳』(*Translations*) という作品の中で図式的に明らかにしているが、その作品は、土着のアイルランド [ゲール人の (Gaelic)] 文化がイギリス帝国主義によって文字通り塗り替えられた方法として、19 世紀におけるイギリス軍による西アイルランドの地図作成と改名行為を扱っている。

　また、地図には場所の名称以外に、領土に対するみずからのイデオロギーが書き込まれた。初期の地図にみる空白個所は文字通り誰のものでもない土地 (terra nullius)、つまり、ヨーロッパ人の想像力を掻き立てるとともに、ヨーロッパ人の (普通は男性の) 探検家が必ずや侵入したくなるような、人の心をそそる (未開拓の) 広々とした空間を表わしている。そのような空白個所には、大抵の初期の地図に念入りに描かれた怪物や動物に近い**野蛮人 (savages)** が文化的上書きとして必要とされた。想像上の転位は常に起こるのである。したがって、オーストラリアの初期の地図 (初めてヨーロッパの地図にオーストラリアの北部海岸線が載った 17 世紀にあって、その国は 未知の土地 (*Terra Incognita*) とか、未知の南の土地 (*Terra Incognita Australis*) として知られていた) には、象やピグミー族の住んでいる奥地が書き込まれたばかりか、いわゆるインド諸国 (Indies) の**食人者 (cannibals)** [カリブ人 (Carib peoples) を意味するスペイン語のなまりから生じた用語] は、ア

フリカ奥地の地図にもよく登場した。鼻に骨を刺した黒人のような食人者によって宣教師が鉢で蒸し焼きにされている場面が数多くの漫画で描かれたことからもわかるように、実際、20世紀初頭まで、この用語は、大衆文学やユーモアに出てくるアフリカ人とほとんど同じ意味で使われていた。

　こうした奥地探検に伴う「発見」の過程にあって様々な話をでっち上げることは、土着の案内人が果たす重要な役割だった。だが、こうした脚色された話やこれらの探検に関する記述の内に多かれ少なかれ残っていたその土地に纏わる知識も、地図の作成作業を通じて故意に無視され、文字通り葬り去られた。というのも、**土着民 (indigenous people)** の声は、地図作成法によって暗示される科学的測定や記述によるテクストといった新たな言説の内に取り入れられることもなければ、その存在すら認められなかったからである。その存在が認められたとしても、それは――野蛮人、食人者、もしくは怪物として――挿し絵に登場したに過ぎなかった。空間の寓話化(階層化)は数々の地図の作成によって、つまり、他の土地に対してある土地－空間が特権化されるに伴い、適切な投影図法の採用と北－南軸の作定に基づき、土地を気候頂地域や人口密度、それに多分に自然資源といった「客観的」('objective') 範疇に分割する特別な地図を数多く作成することによって明確にされたのである。

　また、地図は搾取のための (寓話的な) 道具として役立った。メルカトル (Mercator) の地図帳を分析したホセ・ラバサ (José Rabasa) は、ヨーロッパ地域を世界階層制度という概念を生む上でのきわめて重要な判断基準として定義するとともに、世界というものに対するヨーロッパ人の態度を地理学的事実として具体的に表現することで、投影地図が**ヨーロッパ中心主義 (Euro-centrism)** の主たる道具となったことを明らかにしている [ラバサ (Rabasa)、1993年]。ヨーロッパの地図が今日の地理学上にみる世界的現実を作り上げたことは間違いない。だが、様々な文化を温和な気候基準に照らして、熱帯的であるとか、人口密度が高いとか低いとか、資源が豊富であるとか乏しいとかいった定義を下すことは、本質的に差別であって、搾取や支配を目標として掲げることになる。また、こうした技術が「開発」('development') 研究の

ような現代の支配的な言説の特徴となっていること自体、地図作成法や地図作成に関する科学が過去数世紀にわたって、世界秩序の度重なる確立にしかと貢献してきたことを物語っている。

民族誌 (ethnography) [「原始の」('primitive') 民族や文化を客観的かつ科学的に記述していると思われる] は往々にして、植民地化に伴う主たる知的言説として反植民地攻撃の矢面に立たされてきたが、地理学や地理学者、それに地図作成法に関する科学などが少なくとも植民地事業の目的や価値を実証する点で重要な役割を果たしたことは注目に値しよう。王立地理学協会 (Royal Geographical Society) は世界中の「未発見の」地域を帝国の支配下に置く上での動議提出機関だった。キプリング (Kipling) の『キム』(Kim) の中で描かれたように (情報機関長のクライトン閣下 (Creighton Sahib) はインド測量局長でもある)、植民地の地図作成者や調査者は往々にして、帝国支配にみる最大の遍在的人物であった。

[さらに、カーター (Carter)、1987 年、ラバサ (Rabasa)、1993 年などを参照。]

catachresis 混用、濫喩

この用語は、ある事柄の意味が正確に提示されていない場合に使われる [『オックスフォード英語辞典』(*OED*)]。元来、文法的な「誤用」('misuse') を指すこの用語は、**占有 (appropriation)** に近い意味で、ガーヤットリー・スピヴァック (Gayatri Spivak) によって使われている。この用語は、帝国文化の一特徴として伝統的に存在する議会制民主主義といったようなものを被植民者が取り上げ、再登録する過程を意味している。例えば、スピヴァックは、「議会制民主主義を混用する」[スピヴァック (Spivak)、1991 年、70 頁] 底辺層の能力について述べる時、それは「議会制民主主義の出現に関する正確な経緯に文字通り当て嵌まらないようなものを挿入し、再登録すること」(スピヴァック 1991 年、70 頁) を意味している。すなわち、議会制民主主義がヨーロッパに固有の歴史や文化から生まれたとする一方で、例えば、土着の議会制民主主義の伝統を植民地化される以前から受け継いでいるとの主張に基づき、ポストコロニアル社会が議会制民主主義を採用したり、もしくはそれに順応することになれば、サバルタンにとって自決権へ

の道が切り開かれることになろう。今一つの可能な一般的混用は、「ズールー部族」('Zulu nation')、「アボリジニ部族」('Aboriginal nation')、「スー部族」('Sioux nation') などの植民地化以前に存在していた社会集団への「国家」('nation') という用語の適用である。

[さらに、スピヴァック (Spivak)、1991 年を参照。]

catalysis 接触反応

　新世界 (New World) の社会にみる人種上の変化や混合の過程を記すために、ガイアナ人 (Guyanese) 小説家兼批評家のデニス・ウィリアムズ (Denis Williams) によって用いられた用語だが、「人種のるつぼ」('melting-pot') という言い方の向こうを張って案出された。ウィリアムズによれば、接触反応を引き起こすものは、「いかなる変化もみずから蒙ることなく、周囲の実態を変革する一つの統一体」[ウィリアムズ (Williams), 1969 年、10 頁] である。彼にとって、アメリカ社会は「潜在能力を多かれ少なかれ孕んだ様々な触媒が機能するるつぼ」(ウィリアムズ、1969 年、10 頁) である。こうした新世界の社会における接触反応は、まさに人種の純血性やそれとは正反対の「異種族混交」('miscegenation') といった概念に挑戦することになる。というのも、接触反応を通じて独自な社会が形成されるとともに、純血種の家系を盲目的に崇拝する旧世界 (Old World) の文化には欠けている能力をその社会は獲得し得るからである。

　こうした接触反応が他のどの新世界よりもガイアナ社会において「著しく見られる」('dramatically marked') として、ウィリアムズは次のように述べている。接触反応にあっては、

　　精虫は絶えず新たな皮膚、新たな仮面をまとっている。各世代にあって、精虫がどのような形式で存在するのかはまったく保証の限りではない。旧世界の社会にみる文化とは違って、今日の私たちの文化は生来的に精虫の継続的純血を検査したり、保護したりするような自制的諸制度、つまり、家系の継続を守り、保証する種族的、宗教的、社会的、精神的禁忌を欠いている。新世界の個人は自分の子供が人種的にどうあって欲しいかということに対す

る絶対的な確信などまったく持てなくなっているだろう...。新世界にはアフリカ人など一人もいない。接触反応の種々の段階にアフリカ人の精虫が存在するだけである。世界中の他のすべての人たちと私たちとの差異を生むのはまさにこの接触作用だけである。　　　　　　　　　　　　　　　(ウィリアムズ、1969年、11-2頁)

　ウィリアムズによれば、こうした接触反応は「新世界の人間」('the New World man') にみる一つの際立った特徴であるばかりか、「独自のエネルギーを解放させる」(ウィリアムズ、1969年、14頁) 上での核ともなっている。当人にとって、新世界の哲学はこうした張り詰めた緊張の中から生まれてくることは間違いない。それは他者に対する自己のイメージの限定化や低下を目論む数々の人種集団の圧力によって引き起こされる相互の不安的状況から生じるのである。一見したところ、これは否定的な事態のように思われるが、生み出されるエネルギーは偉大なる創造的能力の源泉である。「結果として巻き起こる不安、精神的衰退感、自己に対する疑問」(ウィリアムズ、1969年、14頁) などが、やがては新たな全体を導き出す一つの接触反応を引き起こすのである。

　ウィリアムズの見方からすれば、こうした自己のイメージの限定化過程は、新世界の文化を旧世界のそれと区別する今一つの特徴である「古代の地の神々との一体感のなさ」(ウィリアムズ、1969年、14頁) といったこととも関連している。彼はさらに新世界のアメリカ社会と、旧世界の模型に基づく類縁的社会とみずから見なしているところのオーストラリアやニュージーランドの社会とを区別している。

　ガイアナやその他の新世界の社会にとっての「現実」('reality') は、「無限の接触反応の過程にある人間という事実に依存している」(ウィリアムズ、1969年、35頁) ことから、必然的に現在そのものに重点が置かれることになると、ウィリアムズは結論付けている。「今日の文化的状況を評価したり、それを今日の芸術作品の内に実現する上で私にとって重要に思えるのは、変動する個人の意識で捉えられた現在というものの微細な性質であり、それの定義である」(ウィリアムズ、1969年、35頁)。したがって、接触反応は、歴史的に決定された植民

地の人種的、文化的「混合」('mixing') はもとより、こうした「交流」('exchanges') による創造的成果を含んでいるものの、**クレオール化 (creolization)**、**雑種化 (hybridization)**、**文化移植 (transculturation)** などとは異なっている。

[さらに、ウィリアムズ (Williams)、1969 年を参照。]

centre / margin (periphery) 中心 / 周辺 (周縁)

　これはポストコロニアル言説にあって最も物議を醸し出す考え方の一つだが、植民地時代の結果として、様々な民族を表現する際に生じたことを、また、民族間の関係の内に起きたことを定義しようとするいかなる試みの核心にも宿っている。植民地主義は、世界が**二項の (binary)** 対立関係の内にあるという前提の下に成立し得るのである。帝国の確立は、被植民者が植民者の文化の**他者 (other)** として位置付けられるような安定した階層的関係に依っている。したがって、野蛮人という考えは、それに対立する文明人という概念があってこそ生まれてくるのである。このようにして、まさに差異を表わす地理が出来上がるのだが、そこには様々な差異が書き込まれ [**地図作成 (法) (cartography)**]、地理上の定着ではなく、権力の固定を示す隠喩的風景の内にそれらが配置されることになる。

　いずれにせよ、ヨーロッパ帝国は物理学的にも形而上学的にも、地理学における「中心的存在」('centre') として定義されるようになった。中心から離れた所に存在するものはことごとく、文化や権力や文明などの周辺とか周縁にあるものと見なされた。周辺を文明化した中心の影響範囲内に持ち込もうとする植民地的使命は、特に、19 世紀中頃に始まる植民地主義に基づく経済的、政治的開発の必要から正当化されるに至った。

　中心 / 周辺といった模型の永続化を目指して、様々な定義付けが試みられてきたことから、こうした考え方は異論を生み出すことになる。事実、このような二項対立構造を壊すことが単に周辺の独立を主張する以上の役割を果たすばかりではなく、中心といったような考えを徹底して退けることで、他者のそれとは違った秩序の単一性や不変性へのヨーロッパ植民者の要求を打ち砕くことにもなるのを示すために、

ポストコロニアル理論家たちはこうした模型を常に利用してきたのである。この意味で、中心／周辺(周縁)といった二項対立から成る文化的模型を壊すことによって、純粋で固定化した同質の価値観を所有しようとするいかなる文化の要求も疑問視され、ひいては、矯正可能な歴史的構築物に過ぎないものとしてその正体が暴かれることになる。

chromatism 色彩幻覚

「一つの色、もしくはいくつかの色の。一つの色、もしくはいくつかの色に属する」['of or belonging to colour or colours'、『オックスフォード英語辞典』(*OED*)] といった意味の「彩色の」('chromatic'、1603年) という単語の派生語であるこの用語は、色に基づく本質的な人種差別を表わすために用いられる。時々、この用語は、生物学上の明らかな差異に基づく男女間の差別を示す「生殖主義」('genitalism') という用語とも関連して使われる。**人種** (**race**) や性に関して類型的な差別を易々と生み出そうとするのは誤った考えであるのを明示するとともに、これらの範疇における差異範囲が散漫な解釈や表現の問題であることを暗示するのに、この二つの用語が用いられる。

class and post-colonialism 階級とポストコロニアリズム

「性差」('gender') や**人種** (**race**) のように、階級の概念もいろいろと肝心な点で、植民地支配に伴う様々な文化的意味合いと交差する。もっとも、帝国主義にあって経済的支配が最優先されることはないにしても、それは見過ごせないことであり、植民地化された社会の経済的、社会的資源の再構築を含んでいることは明らかである。しかし、階級も植民地主義の重要な要素である。というのも、被植民者が、まずは被植民者 [原住民層 ('natives')] の様々な集団や部族に対して、次いで、自分たちの社会の変化してゆく様を記すのに植民地の文化的言説を用い始めるに応じて、みずからの内に植民者の態度を構築する必要があったからである。しかし、階級のような範疇がヨーロッパとの文化的差異の調停にあたって、深刻な修正を蒙ることなく、植民地化された社会の記述子としてどの程度用いられたかはさほど明らかでない。

最初に解決すべき論点は、ポストコロニアル社会にみられる数々の

不公平、不正行為、排除、抑圧などが階級という観点から単純に説明がつくといった考え方である。だが、被植民者自身が文化的に個別化されることなく、国際的無産階級のような一般的範疇に分類され得るように、彼らの状況を単に階級的認定といった普遍的概念に当て嵌めることは果たして可能であろうか。このような論点の根本に**ヨーロッパ中心的 (Eurocentric)** で、**普遍主義者 (universalist)** 的な考えが横たわっているのは明らかである。しかし、多くの点で、無産階級対有産階級といった**二項対立主義 (binarism)** は、**周辺 (margin)** に対する**中心の (centre's)** 認識や処遇の模型であるとともに、植民地内部での帝国的権威の行使のあり方に関する一つの模型ともなっているのである。

19 世紀のヨーロッパ思想界にあって、階級や人種に関する思想が、都市部での新たな中産階級の台頭によって生じた道徳的退廃に対する恐怖のせいで、人種と堕落の理論を築き上げた「現代の人種差別の父」('the father of modern racism') と、時折呼ばれたゴビノー (Gobineau) のような人物と深く関わっていたという事実を持ち出せば、上に述べたことも決して驚くに当たらないだろう [ビディス (Biddiss)、1970 年]。ゲルマン人やゴール人 (Germanic and Gallic) の起源に纏わる神話が当時の階級闘争において、それぞれの立場を正当化するために用いられたように、人種の起源に訴えることで、社会政治的 (階級集団の) 関心を正当化することが 19 世紀のフランス思想界の大きな特徴だった。同じような事情が 19 世紀のイギリス思想にも多分に見られた。貴族と新たに出現した中産階級との間のさほど激しくはないにせよ、似たような論争の特徴として、文学テクストを手掛かりにノルマン人 (Norman) やサクソン人 (Saxon) の血統に訴えるようなことが行われたからである。

イングランドにおける製造工業の集中化と原料の源泉地としての植民地の利用は、植民地社会が「生産手段」('means of production') に対して何の支配権も持ち合わせていなかったことを意味している。しかし、現代の階級分析は単に古典マルクス主義に基づく分析とは違い、生産手段の所有者や賃金労働者の独自性を明らかにすることに止まらない。それは植民地化への資本投資の結果として発生する特殊で複雑な階級利益や連帯的な人間関係を確認してゆく。また、それ自体のよ

り古い社会・経済組織を含む新たな社会・経済構造体において、往々にして居場所の交差の結果により生じる社会的役割を荷った「原住民」('native') 資本家や労働者が目立って出現することで、数々の資本主義システムが被植民者自身によってどのように模造されるかが、その分析によって提示されるようになる。

　植民地社会における階級の問題は、一般的な経済的範疇と交差する様々な文化的特殊性によって、一層複雑化する。エンゲルス (Engels) と同様に、マルクス (Marx) も前資本主義社会を封建的とか「アジア的」('Asiatic') とか見なして一般的に区別したのは、実際に非ヨーロッパ社会における社会的・政治的集団の詳細にわたる分析をあらかじめ除外する方が効果的だったからである。したがって、マルクス自身が説明もせず、また、おそらくは実際に説明できなかったことの一つは、みずから生み出した様々な社会模型に紛れもなくヨーロッパ中心的な志向が与えられていたにせよ、文化が資本蓄積の線に沿って周到かつ巧妙に再構築される場合にも、階級の方はそう易々と文化間を横断することはないという事実だった。

　例えば、伝統的なカースト制度が代々引き続いて、経済的、社会的不利益を繰り返して蒙ることで、現代のポスト産業勢力と交代することになるかもしれないようなインド社会にみる「階級制度」('class') に対する考え方を分析するには、労働者階級、もしくは資本家階級が往々にしてさらに古い様々なカーストの境界をどのように横断したり、それらと衝突したりするのかを考慮しなければならない。同一性と差異が同時に確認されるような場合には、古典マルクス主義者の分析によって強調されるような様々な特権や抑圧が強化されることになろう。他のどの植民地にもまして、現存する英国の階級構造を模造しているように思えるオーストラリアのような**移住者** (**settlers**) 社会においてさえ、そうしたことが不自然な形で起きているのは間違いない。したがって、そのような社会は帝国の中枢的側面をいろいろと再現することで、みずからがその中枢と類縁的に関わっているのを認めているにせよ、しばしばそれに対立する民主的で無階級的特質を有する独自の神話を創り上げたり、もしくは公式に承認している「本国」('Mother Country') のそれとは根本的に異なる志向を孕む [例えば、「ア

イルランド人のカトリック信仰表明」('Irish Catholic convictism') のような]、人種的もしくは宗教的に認められた差異に基づく内在的な境界線に沿って機能したりするのである。万人平等主義とか民主主義といった神話が経済的真実を反映していないのは明らかである。というのも、富の不公平性がこうしたすべての植民地的状況に浸透しているからである。だが、そうした神話は、新たな国民の神話体系やアイデンティティの構築に際しての重要な側面である自己の価値についてのイメージを反映していると言えよう。

最近のポストコロニアル理論は**人種**や**民族** (ethnicity) に関する諸問題を始め、植民地主義者の自己確認やそれとは逆の被植民者の自己認識にみられる性差についての諸問題を程度の差はあれ詳しく扱う傾向にあることから、階級問題については軽視しがちである。そればかりか、人種や性差や階級などの範疇が、歴史を通じて、また、現代の慣例の中でどのように交差し、共存してきたかということについても分析を怠っている。したがって、これらの分析に着手する上で、さらに経済構造の重要性を明確化し得る方法を見つけ出すことがますます必要となっている。そのため、階級分析は複雑ではあっても、ポストコロニアル言説にあって、表現と物質的慣例との結び付きを確かなものとする上で欠かせないのである。いずれにせよ、こうした分析が求められるのも、表現手段と生産手段は植民地社会やポストコロニアル社会の複合的状況を構築するにあたり、共にその本来の機能を発揮するからである。

[さらに、アマド (Ahmad)、1992 年などを参照。]

colonial desire 植民地的欲望

ロバート・ヤング (Robert Young) は最近の研究でこの用語を用いることによって、植民地主義者の言説には性に関する問題がどれほど浸透しているかを明らかにしている [ヤング (Young)、1995 年]。植民地化それ自体の考えが、強姦や姦通や妊娠などに関する性的言説に根ざしている一方で、植民者と被植民者のその後の関係は往々にして、性的な異国情緒を暗示する言説の内に認められる。したがって、**オリエンタリズム** (Orientalism) のような言説にみる植民地姿勢の肯定的特徴

でさえも、根本的に魅惑的な性的幻想を反映している。植民者が (女性の場合にはさらに) 危険を冒してまでも「原住民」('native') の魅惑的で気力を喪失させるような世界に屈服したくなるという考えは、**他者 (other)** の誘惑とともに脅威をもその内に含む**原住民化 (going native)** といった形態を生み出すことになる。ヤングの示したように、植民地主義の言説には限界を超えた性行動のイメージを始めとして、雑種性や異種族混交や人種間の性行為に対する考え方や執拗な幻想への強迫的イメージが浸透している。性的世界というものが、初期の植民地での様々な遭遇を扱った商業的言説にみられるように、疑う余地のない遺産であるとともに、商業上の取引であり、相補的かつもつれ合った性的交換の世界だと彼は結論付けている。

> 立派な慣習である結婚という範例にあっても、実利的な取引と性的な交換とがその当初から相互に密接に関連し、一対となっていた。「商業」('commerce') という言葉の意味を遡れば、性的交渉における商品と肉体の交換が含まれている。したがって、性的かつ文化的伝播によって生じる激しく拮抗する権力関係を取り込む性的交換とそれに伴って生まれる異種族混交が、植民地主義にみる過激な経済的かつ政治的な不正取引を孕む支配的範例となったのはまったく理に適っていた。 (ヤング、1995 年、181-2 頁)

[さらに、ヤング (Young)、1995 年を参照。]

colonial discourse 植民地言説

この用語は、「植民地風のもの」('colonial') と称される慣例の範囲を体系的に示す上で、フーコー (Foucault) の**言説 (discourse)** という考え方を貴重なものと見なしたエドワード・サイード (Edward Said) によって広く用いられるようになった。サイードが『オリエンタリズム』(*Orientalism*) の中で、植民地言説が権力の道具としてどのように機能するかといったことの検証を通じて、植民地言説理論なるものを最初に打ち出したことで、1980 年代になって植民地言説は一つの研究分野として確立されるに至った。また、サイードとは別に著名な植民地言説理論家であるホミ・バーバ (Homi Bhabha) は、植民地言説に固有の

脆弱さを明らかにするのに**雑種性**（hybridity）や**両価性**（ambivalence）や**模倣**（mimicry）などといったある種の無能状態に陥らせるような様々な矛盾律を植民地関係の内に仮定した。

　フーコーが理論付けているように、言説とはその内にあって世界が理解され得ることになる論述体系である。それは社会の支配的集団が様々な知識や訓練や価値観を被支配集団に押し付けることによって、真理という分野を構築する上で欠かせない体系なのである。一つの社会的形成物として、それは表現の対象である客体に対してばかりでなく、それが依存する共同体を形成する被支配者に対してもある種の現実を構成するために機能する。したがって、植民地言説は植民地関係の内に社会的生活状況や社会的再生を組織化する様々な記号や慣習から成る複合体である。

　植民地言説はヨーロッパの中心的思想、ひいては、**現代性**（modernity）の特徴ともなっているような歴史、言語、文学、「科学技術」（'technology'）などに関する仮説とこの上もなく絡み合っている。したがって、植民地言説は植民地や植民地住民を始めとして、植民地化勢力、それにこれら両者間の関係に関して生み出される論述体系である。つまり、それは植民地化行動が起こる世界に関する知識や信念の体系である。それは植民者の社会と文化の内に発生するが、そうした言説を通じて、被植民者はみずからを理解するようになる。少なくとも、それは世界に対する他の知識（また知識のようなもの）と衝突するが故に、被植民者の意識の内に深く激しい葛藤を生み出すことになる。包摂と排除の規則は、植民者の文化、歴史、言語、芸術、政治的構造、社会的因習などが優先されるという仮説と、植民地での接触を通じて被植民者は「養成される」（'raised up'）べきだとの主張に基づいて機能する。特に、植民地言説はヨーロッパ帝国主義の到来とともに出現した人種の観念に依っている。被植民者の社会的体系や文化的歴史がどのようなものであれ、植民地言説はこうした特徴を通じて、被植民者を「原始人」（'primitive'）として提示し、植民者を「文明人」（'civilized'）として表明するのである。

　もちろん、植民地言説は被植民者の資源搾取や植民地化勢力の政治的地位の確定、それに帝国の発展に関する国内政治の重要性などについ

いてはさほど取り上げていない。これらは植民地との様々な絆を維持する上で認めざるを得ない問題であろう。それにもかかわらず、植民地言説は、被植民者の劣等性、他の**人種 (races)** の原始的性格、植民地化された社会にみる野蛮的堕落、ひいては、植民地社会にあってのみずからの再生とともに、貿易、行政、それに文化的、道徳的改善を通じての植民地文明の発展に対する帝国権力の義務などに関する論述の内に、こうした問題を隠蔽するのである。植民地言説の力はそのように巧妙に機能することから、個々の植民者は往々にしてみずからの立場の二面性に気付かない。というのも、植民地言説は被植民者と同様、植民者をも構築することになるからである。植民地言説に矛盾する論述が現われれば、罰則を受けるか、それともそれらを生み出す個人こそ風変わりで異常な人物だと見なされることになろう。

[さらに、バーバ (Bhabha)、1994 年、サイード (Said)、1978 年、スピヴァック (Spivak)、1987 年などを参照。]

colonial patronage 植民地支援

「支援」('patronage') とは、文化的諸制度・諸形式を生み出し、それらを評価して促進させる経済力、もしくは社会的権力を意味する用語である。支援は、金持ちによる芸術作品の購入とか委託とかのような単純で直接的な取引という形を取ったり、文化の産出に影響を与える様々な社会制度の支援や認知という形式を取ったりする。ある特定の社会がある種の文化的活動だけを認め、保証し得るといった点から見れば、支援制度はある意味で完全に社会的な産物だと言えよう。このようなことは特に植民地的状況にあって明らかである。そこでは、被植民者の文化的アイデンティティにとって重要であるばかりか、被植民者に高く評価される文化的諸活動も、支配的な植民地制度によって認知されなくなるか、もしくは認知されてもことごとく過小評価されてしまう。だが、それがまさしく植民地化する社会と植民地化される社会との際立った差異である。

他文化の植民地化が行われた 19 世紀にあって、当事のロマン的で進歩的な人文主義者の仮説とも言える、ヨーロッパ文化から生まれたある種の民族中心的な思想の優勢により、重要な文化的成果だけが個

人の関心を呼んだばかりか、それらは個人によって創出されるものだとする考え方も促進されたことで、共有の文化的諸制度は隠蔽されてしまった。ポストコロニアル文化がそのような隠蔽に抵抗するのも、ある種の文化的形式だけを認め、その他の形式の正当性を否定するような様々な植民地制度やイデオロギーや支援制度の力を認識することなくして、ポストコロニアル社会の文化を論ずることは不可能になったからである。植民地勢力は、彫刻、絵画、彫像、織物芸、陶芸などといった芸術——これらは記述的表現の範囲を超えた物質的記入の技量が求められる——に対してばかりでなく、**口頭の (oral)** 演技的芸術に対しても創作やその他の記入的芸術を特権化することで、その標準的見本を提供した。

　植民地勢力は口述的形式よりも、記述的形式を好み奨励する支援制度を通じてこのような特権を慣例化した。宣教師から成る初期の支援者にとって、読み書き能力は文明の徴表と考えられ、「文明化された」('civilized') 状態への育成は救済の絶対的な前提条件ではないとしても、それに付随したものだった。こうした文化的階層制度は植民地教育制度 (Colonial Educational System) や植民地文学局 (Colonial Literature Bureaux) によって強化された。後者の仕事は、植民地形式による社会的、芸術的な作品創造に喜びを見出すような植民地階級の発展を促すために、先住民言語や植民地言語で書かれたテクスト——新聞や雑誌、それに様々な種類の物語——のような伝達形式を発展させることだった (**hegemony ヘゲモニー**の項を参照)。文学の創造には援助が与えられる一方で、口述的表現は原始的なことだと考えられ、無視されるか、積極的に取り上げられることはなかった。植民地行政部の中には、先住民言語による創作を認め、奨励した箇所もあるが、それは往々にして地元の文化的産出の形式を変更し、地元に対するヨーロッパの風習の優秀さを被植民者に受け入れさせるような方法で行われたのである。例えば、北ナイジェリア (Northern Nigeria) のハウサ語 (Hausa) は、西アフリカの英国行政部が支持する「間接支配」('indirect rule') 政策に従って、一つの形式言語として、その地域の植民地文学局によって奨励された。伝統的で宗教的な形式が遠ざけられ、短編小説のような現代の創作形式が積極的に認められた。移入されたヨーロッパの文化

的慣例が地元のそれに取って代わる「現代化」('modernization') といった植民地政策と符合すると考えられたからである。

　出版社がある種の表現形式をその他の形式にもまして積極的に奨励したことも手伝ってか、ポストコロニアル文化も支援制度のおかげで、独立時代はもとより、その後にあっても発展し続けることとなった [ルフェヴェール (Lefevere)、1983 年、グリフィス (Griffiths)、1996 年などを参照]。いずれにせよ、宣教師による圧力や植民地文学局の支配は、外国人所有の出版社とかその他のメディア特約店によって、また、評価の高い雑誌がかつての都市部に備えられることで機能する支援のさらなる潜在能力によって、まさに効果的に行き渡った [ミッチェル (Mitchell)、1992 年]。言語の選択に関する論争は、内外の選定された様々な「市場」('markets') におけるテクスト版権所有を巡る管理上の問題と同じく、こうした支援や統制が孕む諸問題ともしばしば連動している。文化がどんどん商品化されるにつれて、委任や認可や分配などの代理権を所有することは、材料の価格設定やその利用に関してはもとより、積極的に奨励される芸術形式やジャンル、それに作品の主題や文体などの選択といったことにまで強い影響が及ぶようになる。

　[さらに、アルトバック (Altbach)、1975 年、グリフィス (Griffiths)、1996 年、ルフェヴェール (Lefevere)、1983 年、ヴィシュワナータン (Viswanathan)、1989 年などを参照。]

colonialism 植民地主義

　この用語は、過去 400 年間にわたるヨーロッパの拡張とともに発展した特定の文化的搾取形態を定義するのによく使われる。初期の多くの文明国が植民地を所有し、それらの国々が植民地との関係を、粗野で二義的な未開文化を有する周縁部に対する中心部の絶対的支配権 (*imperium*) の観点から認識していたにもかかわらず、ルネサンス以後、**帝国主義 (imperialism)** の様々な慣例を構築するにあたって、数多くの重要な要素が参入した。エドワード・サイード (Edward Said) は次のように定義している。「「帝国主義」とは、遠方の地域を領有せんとする支配的な大都市中心部の慣例や理論や姿勢などを意味する。「植民地主義」とは、帝国主義の一つの結果と言ってもよく、遠方の領土に定住区を築くことである」[サイード (Said)、1993 年、8 頁を参照]。

ルネサンス以後のヨーロッパ社会の拡張に伴う植民地開発の規模とその多様性を考えれば、「植民地主義」という用語が、何故、帝国主義というより一般的なイデオロギーの特徴を示す決まり文句と見なされるようになったかがわかるのである。イデオロギーとしての権力志向とそれの実践を定義するのに、「帝国主義」や「植民地主義」という用語を使うサイードの方法は有効だとされているものの、ルネサンス以後の世界にみるヨーロッパの植民地主義は歴史的にも充分特殊化された形態の帝国的拡張であったことから、今日では独特な政治的イデオロギーを示すものとして「植民地主義」という用語が一般に用いられている。

　ルネサンス以後のヨーロッパにみる植民地拡張が経済的交換に関する現代の資本主義システムの発展と完全に重なり合うという事実(**world systems theory 世界システム理論**の項を参照)は、何よりも植民地勢力の経済を急速に発展させる上での素材提供のために植民地が建設されたという見方がこの上もなく重要視され、制度化されたことを示唆しているばかりでなく、植民者と被植民者の関係が、経済的であれ、文化的であれ、社会的であれ、公明正大に入れ替ることに強い抵抗を示す厳格な差異の階層に閉じ込められたことを意味してもいるからである。

　異なった人種から成り立つ植民地、もしくは少数の土着民が存在する植民地にあって、人種に関するイデオロギーはまた異文化間に独自な関係を作り上げ、それを土着化する上で重要な役割を果たした。差別や偏見を伴う**人種 (race)** という言葉自体が、同じくルネサンス以後の所産であることは間違いなく、16世紀後半から大西洋中央航路の**奴隷 (slave)** 貿易が発展した後に奴隷となった人たちの取り扱いを正当化するための用語となった。こうした状況にあって、植民地世界といった概念は、歴史や文明の外部世界のことではなく、遺伝学的にあらかじめ下等だとされる民族のことを指すようになった。彼らの服従は利益や便宜のためばかりでなく、生来の義務と考えられた。社会進化論(Social Darwinism) をそのまま適用した「人類の進化」('evolution of mankind') や適者生存という考え方は、19世紀末に進化した帝国主義理論と手を結ぶこととなった。

これらの言説にみる性差別主義的な排他性 [男 (man)、男性(mankind) など] は、多くの解説者が述べているように、家長的慣例と思想上の類似性を示している (**feminism and post-colonialism フェミニズムとポストコロニアリズム**の項を参照)。これらの新たな考え方の結果として、植民地化は教育や父子主義的養育を含む道徳上欠かせない「文明化する」('civilizing') 仕事として (再度) 提示されることになった。その一例として、1899 年のフィリピンでの反スペイン戦争以後に、フィリピン人自身の反植民地模型に従い、彼らに独立と国家を提供するよりも、むしろ「白人の重荷をこそ受け入れるべきだ」('Take up White Man's Burden') といったキプリング (Kipling) のアメリカに対する訓戒が挙げられよう [キプリング (Kipling)、1899 年、323-4 頁]。この時期にあって、植民地主義者はこれらの理由から曖昧な正当化に根差すイデオロギーを発展させることで、本質的にみて不正で暴力的とも言えるその様々な手順を、文明化する「仕事」('task') や父子主義的「発展」('development') や「援助」('aid') などといった続々と張り巡らされる自由主義的煙幕の背後にうまく隠蔽するようになった。「保護領」('Protectorates')、「信託統治地域」('Trust Territories')、「被共同統治国」('Condominiums') などのような領土指定用語の出現は、これらの地域が市場と原料を求めて激しい闘争を繰り広げる西欧の産業国家にとっての転位現場と化している事実を隠蔽することになるばかりか、植民地主義者の方法の継続を正当化する上で役に立ったのである。

　移住者植民地 (settler colonies) における土着民以外の住民にとって、「白人」('white') 移住者という概念を構築する場合にも人種差別が行き渡っていることから、文化的劣等性という考え方は単なる田舎者の無骨性といった考え方に勝ることとなった。したがって、西インド諸島 (West Indies) の白人子孫 [ブラスウェイト (Brathwaite), 1971 年] や、独特の限られた植民地的特質 (荒っぽく勇敢な行為や運動能力) を発展させただけで、それ以外のこと (文化的、社会的洗練さ) には目もくれなかったカナダやオーストラリアの移住者植民地の白人は往々にして、他人種との接触により完全に堕落した [**原住民化した (gone native)**] 移住者と見なされた。「植民地の」('colonial') 人たちを、世間知らずとか偏狂者とか生来の堕落者とか呼び慣わすことで特色付けようとするお座

なりの慣例 [例えば、ヴィクトリア朝時代の大英帝国内での差別用語の一つでもあった「アイルランド人らしさ (言動の支離滅裂なこと)」('Irishness') という言葉は、植民地主義者によるアメリカとオーストラリアの建設にあたっても使用された] は、20世紀初頭にあっても依然として英語のテクストに登場した。

　19世紀後半にあって、産業化以後のアメリカが自活力を得て、全体として世界の権力的立場に急激に移行したにもかかわらず、こうした状況はアメリカ人自身にも当て嵌った [例えば、コナン・ドイル (Conan Doyle) のシャーロック・ホームズ (Sherlock Holmes) シリーズやショー (Shaw) の『人と超人』(Man and Superman) のような、19世紀後半と20世紀初頭の英語のテクストにアメリカ人がそのように描かれている]。したがって、自己の否定的構築は、人種はもとより、異国の文明とか朽ち果てた文明に対する考えが植民地差別の一つの特徴ともなるような占領植民地におけるのと同じく、移住者植民地にあっても自己表現の一つの重要なポイントだった (カナダは1870年代に独立的地位を獲得し、オーストラリアは1900年に連邦化を達成したが、これらの移住者植民地の住民は帝国中枢部への絶えざる依存を強調する象徴的な絆を数多く保持した。例えば、オーストラリア人は1946年まで個別のパスポートの所持が許されなかった)。19世紀末までに、植民地主義が発展して超歴史的範疇に組み込まれ、ある種の社会や文化は本質的に劣等なものと見なされるようになっていた。

　ヴィクトリア朝社会がますます異議や不和を孕むようになったことから、英国はもとより、それ以外の国でも、19世紀末までには帝国を機能させる上での国内計画が現われていたのは確かである [ディズレーリ (Disraeli) の「二つの国」('Two Nations')]。新帝国主義 (New Imperialism) の理念は多くの点で、英国が豊かな国と貧しい国、産業国と非産業国といった二国に分裂することになるという認識に対するディズレーリ (Disraeli) の返答だった。大英帝国は階級やその他の社会的区分を横断する主たるイデオロギー的統一体となった。それは産業革命以後の英国社会にみる階級不安や変革がもたらす広範囲にわたる社会的脅威に直面して、国家的統一を計る上での主たる偶像になろうとしていた。まずは植民者を定義するにあたって、さらには階級や富

によって生じる差異の下に富を増大させる産業都市生活者と、伝統的な田舎の生活に引退してゆくその受益者とにますます両極化してゆく中で、統一感を築くにあたって、主たる手段として、**他者** (**other**)、つまり、「被植民者」が必要とされたのである。植民地主義者の体系は、親／子、木／枝という比喩を通じて、劣等な植民地住民も何時かは植民者としての地位が獲得できるという、被植民者の向上・改善に関する非現実的な考えを認めていた。だが、実際にこうした未来は永遠にやって来る気配はなかった。

　大事なことは、いかなる植民地社会も民族自決を求める激しい内的闘争によって、もしくはごく一般には長期にわたる被植民者の積極的な抵抗によって誘発されるまで、不本意ながら植民地権力を撤退させようとしただけで、植民地システムから完全に開放されていたわけではなかった。植民地の独立認可は、英国国民側にみる先を見越した慎重な啓蒙政策、つまり、英国の植民地主義を質の悪い一層強欲なヨーロッパのそれとを区別する政策の結果だったというのは、特に近代の英国植民政策史にみる一つの偉大なる神話である。もちろん、そのような解釈は19世紀後半の帝国主義に関するイデオロギー構築の一端を担ってはいるが、キプリングが積極的に、また、コンラッド (Conrad) がかなり曖昧な方法で描いたように、文学的表現がその点において重要な役割を果たした。コンラッドのある作品には反帝国的傾向が窺われるにもかかわらず、彼は「その背後に一つの理想を孕む」英国式植民地主義と帝国主義者による「より劣った品種」（'lesser breeds'）の帝国主義にみる単なる強欲性との違いを積極的に描き続けた。これらのまことしやかな区別は、強欲なスペイン人征服者の物語の内にも投影された。もっとも、ヴァージニア (Virginia) のインディアンに対する英国人の扱いは、その残忍さの程度というよりも、その被害者の量の凄さにおいてスペイン人のそれとは違っていたが [ヒューム (Hulme)、1986年]。

　自治領としての認可とか、白人移住者文化の限定的容認といったことは、長期にわたる立憲的、政治的闘争の結果ではあったが、みずからの用務を執り行い、みずからの司法と統治の組織を発展させる権利を植民地社会に対して制限する君主との法律上、体制上の絆の保持の

上に成り立っていた。もちろん、これらの新たな体制的模型の下にあっても、そのような社会の先住民にはほとんど市民権が認められなかった。例えば、西オーストラリア (Western Australia) では 1920 年代でさえも、先住民問題 (Aboriginal affairs) を抱えていた政府は、漁場 (Fisheries) や森林 (Forests) や野生生物 (Wildlife) を始めとして、アボリジニ (Aborigines) を専門に扱う政府と呼ばれた。身代わりの山羊としての植民地「移住者」('settlers') に植民地政策の罪を「擦り付けよう」('offload') とする近年の試みは、大都市の統治政策が地元の移住者のそれよりも啓蒙的だった時代のやり方を彷彿させる。だが、一般的にそのようなイデオロギー上の差別は、これらの植民地を建設した大都市の植民地勢力の精神といかなる意味においても異なるわけではないし、連邦もしくは自治領としての認可以後も、「故国」('home') の一部に対するこうした本質的な差別姿勢に変化が生じたわけでもなかった。大半の人種差別は植民地政策の直接の延長上にあるとともに、第二次世界大戦に至るまでの時期と戦後を通じて、新勢力たるアメリカだけでなく、旧植民地勢力によっても内密に、また、公然と支援されていたのである。

　こうした人種差別政策は、初期の植民地の様々な差別政策にその起源を有するが、南アフリカの人種隔離政策に至って、その頂点に達した [デイヴィッドソン (Davidson)、1994 年]。人種因子がそうした内政上の差別的分類化によって容易く決定されることのない社会の場合には、人種差別の重要性は一層明白なものとなった。例えば、英国人やヨーロッパ人の支配するインドやアフリカの植民地では、独立を勝ち取るのに長期にわたって異議を唱えては抵抗し、しばしば反乱を起こすなどの血なまぐさい過程を経ねばならなかった。また、最も長期にわたりヨーロッパ型の植民地権力が温存したポルトガル植民地でもそうした状況がよく起き得たし、アミルカル・カブラル (Amilcar Cabral) 自身も述べているように、実際には植民地政府がどの程度、「より広範に及ぶ帝国主義」('broader imperialism') の前線基地であるかということに応じて、抵抗や反乱への士気が鼓舞されたのである (**anti-colonialism 反植民地主義**の項を参照)。同様に、南アフリカにあってナショナリストによる政府が生き残れたのも、支配体制に対立するように思

える国々の投下資本による支援を受けたからだった。したがって、**植民地主義**は時代が進むにつれて消えてゆくどころか、しばしば修正を施されて、独立後の時期にみる**新植民地主義 (neo-colonialism)** へと発展していった。

[さらに、イーストン (Easton)、1964 年、フェロ (Ferro)、1997 年、フィールドハウス (Fieldhouse)、1981 年、ハヴィンデン (Havinden) とメレディス (Meredith)、1993 年などを参照。]

Commonwealth コモンウェルス

かつての英連邦 (British Commonwealth of Nations)、すなわち、大英帝国 (British Empire) によって構築された政治共同体で、連合王国 (United Kingdom) とその属国、それに現在では独立国となっている旧植民地などから成る。

Commonwealth Literature コモンウェルス文学

一般的に言って、英国の文学はもとより、かつての大英帝国とコモンウェルスの文学を指す。しかし、実際にこの用語はイングランドの文学を除き、(英語で書かれた) 植民地文学を始めとする、(インドを含む) 旧植民地や英国の属国の文学を指している。[この用語には、ウェールズやスコットランドやアイルランドの文学などはもちろんのこと、「地元の」('local') 言語で書かれた文学や口頭表現も含まれることがある。]

(英国以外の国々における) 英語で書かれた文学の研究については、「アメリカの」('American') 文学 (すなわち、合衆国の文学) 研究をもってその始まりとされた。だが、コモンウェルス文学として一括的に研究されるようになったそれらの文学は、1940 年代後半からそれらを生み出した国々にあって注視され始めた。しかし、英国研究における個別の学問領域としての「コモンウェルス文学」といった概念は、1960 年代初頭に合衆国とイングランドで出来上がった。合衆国にあって、それはジョーゼフ・ジョーンズ (Joseph Jones) の『テラングリア：英語で書かれた世界文学』(*Terranglia: The Case for English as a World Literature*, 1965 年) に収められた「世界」('world') 語による文学研究と

か、南アメリカやオーストラリアの文学に関するかなりの基礎知識が数多くの初期の英米文学者によって示唆的だと評価された、R.G.ホワース (R.G. Howarth) にささげられた A.L.マクラウド (A.L. McLeod) の『コモンウェルスの作家』(*The Commonwealth Pen*、1961 年) にあって練り上げられた。雑誌『英語で書かれた世界文学』(*World Literature Written in English*) が 1966 年に発刊され、1971 年まで定期的に刊行された。その先駆的な雑誌である『CBC 回報』(*CBC Newsletter*) は、1962 年から 1966 年にかけて出版された。また、「現代英語協会」(MLA) 機関紙 (「合衆国と英国を除く国々における英語で書かれた世界文学」('World Literatures in English outside the United States and Britain') という民族中心的な題名が付いている) が 1960 年代初頭に発行された。イングランドでは、最初の国際コモンウェルス文学会議 (Commonwealth Literature Conference) が 1964 年にリーズ (Leeds) で催されるとともに、コモンウェルスの文学と言語研究協会 (Association for Commonwealth Literature and Language Studies) が発足した。[リーズでの会議以後、ウガンダ (Uganda) のマケレール (Makerere) では外国語としての英語について、また、イングランドのケンブリッジでは英文学を海外で教えることに関する会議が開かれた。] さらに、『コモンウェルス文学ジャーナル』(*The Journal of Commonwealth Literature*) が 1965 年に発刊され、コモンウェルス文学の理論と批評だけを扱った三番目の主要雑誌『クナピピ』(*Kunapipi*) が 1979 年に出版された (その後、この雑誌はポストコロニアル文学という用語を定着させた点で重要視された)。

今日のポストコロニアル研究は、コモンウェルス文学研究と**植民地言説理論 (colonial discourse theory)** と称される理論世界との横断的研究を含んでいる。ピーター・ヒューム (Peter Hulme) が「破壊活動体としての群島」('Subversive Archipelagoes'、1989 年) というエッセイで述べたように、「エドワード・サイード (Edward Said) の『オリエンタリズム』(*Orientalism*) 以後に出版されたこの領域の大半の仕事の手本とも言えるものは、もっと昔からあったに違いないが、植民地言説こそ、その作品で最初に取り上げられた概念領域を明示する上でおそらくは最も合点のゆく新たに広まった言語表現である」。

植民地言説理論の発展を促した『オリエンタリズム』と同じく、様々な論文が 1964 年のリーズ会議で発表された。特に、D.E.S.マクスウェル (D. E. S. Maxwell) の「風景と主題」('Landscape and Theme') は、その後 10 年間にわたってコモンウェルスのポストコロニアル批評と理論を左右するいくつかの用語を提出した。だが、リーズ会議で起きたことの大半は、コモンウェルスの国々のナショナリストたちによる (文学) 運動や文化批評の伝統的発展、つまり、植民地主義者による支配の一手段として大英帝国にあって行われていたような、英文学を意図的かつ付加的に利用することへの理解に基づく発展を確認したに過ぎなかった。それでも 1960 年代にあって、ナショナリストの文化的感情が湧き上がってくることで、コモンウェルスの数多くの大学にアメリカ文学コースが設置され、英文科のカリキュラムにみるこれまでの紛れもなき英文学中心の考え方とともに、その大半の研究が依拠していた「文学の普遍性」('literary universality') といった基本的概念が撤廃された。リーズ会議を始めとして、1960 年代にみるそうした英国中心の様々な仮説に対する異議申し立ても、1930 年代と 1940 年代の黒人運動がその顕著な例であったように、植民地の (人種的) 抵抗と批判の歴史に遡ることができよう。

　ヨーロッパ大陸の哲学よりも植民地言説理論家の方に惹かれているコモンウェルスのポストコロニアル理論家たちは、何よりもコモンウェルスの国々の英語による創造的作品を、イングランド (もしくはせいぜい連合王国) における文学研究という様々な仮説や原理や権力などがしかと備わっている一学問分野に導入することに力を注いだ。ナショナリストである批評家たちは、その様々な根拠や持続力が文化的、(もしくは) 政治的に帝国主義中心の不屈の考え方に依存する学問的権威者集団の内にポストコロニアル・コモンウェルスの作品を認知させる闘いにあって、また、その様式や主題がそうした権力の代表的な記号や象徴であるような学問分野——英文学の授業にあっては、絶えず植民地関係が具体的に再考され、何度も頭に叩き込まれることになった——にあって、英文学の批評世界で用いられる専門用語を駆使するなどして、ゲリラ戦を闘うことを余儀なくされた。そうした闘いの中で、彼らはまずリーヴィス殺し (Leavisite) や (もしくは) 新批評 (New

Criticism) にみる様々な方法論を採用し、ポストコロニアル・テクストを広義のヨーロッパ近代主義者の伝統の枠内で解釈した。だが、そうした伝統が徐々に衰退してゆくことは、文学テクストそれ自体に対する反植民地的圧力によって保証されていた。新批評的秘伝がそのような地元の反植民地圧力によって一つの社会的・文化的特異性を付与されることで、コモンウェルスのポストコロニアリズムは地元の特色を引き出そうとする方向、及び、一般的にみてますます理論的な方向を辿ることによって、どのような理論が植民地言説理論と「同類的」('sister') 傾向の発展を見せるかといったことに一層の関心を寄せるようになった。

　コモンウェルスのポストコロニアリズムは帝国の記録や言説に多大の関心を注いできたとは言え、何よりも文学のテクストに執着し続けている。実際、リーズ会議以後にあって、それは主として国家中心的な観点に立ちながらも、相対的な視点を保持するようになった。1970年代を通じて、それは反植民地主義に一層傾斜してゆく中で、英国中枢部の正典や規範に挑戦し、英文学の教育に一貫してみられる質問攻め効果といった重要な問題をも提起したが、そうした反植民地主義的議論には国民文学、もしくは地域文学を制度として導入することへの呼び掛けが必然的に伴っていたのである。最も重要なことは、コモンウェルスのポストコロニアリズムは英国植民地主義にみる様々な規則や慣例 (またそれらへの抵抗) にその歴史的基盤を置くとともに、帝国主義やレジスタンス、それにポストコロニアルの諸問題を理解する上で重要な移住者植民地に関する研究をその内に抱え込んできたことから、この問題に関する論争が今後いろいろと巻き起こることが考えられよう。

　これとは対照的に、概してヨーロッパの哲学や政治にその基盤を置くポスト構造主義批評家や植民地言説理論派は、かつての被植民者による作品や学問的権威者集団内の反植民地教育にみる政治学にはあまり関心を示してこなかった。創造的作品 (英国の帝国的作品は別として) にはさほど目を向けてこなかったと言えよう。とりわけ、彼らが哲学的な基礎知識に基づいて、国民意識を「偽りの意識」('false consciousness') として退け、それをコモンウェルス文学との闘いの内に持

ち込んだのは確かだとしても、コモンウェルス文学にみる初期の反植民地的主要作品の大半は、植民地独立後にも厳存する英国側の質問攻勢に対する返報として、脱植民地化を求める国民意識に必然的に根差していたのである。

[さらに、アッシュクロフトとその他 (Ashcroft *et al*)、1989 年、ベイマー (Boehmer)、1995 年、ヒューム (Hulme)、1989 年、ジョーンズ (Jones)、1965 年、キング (King)、1974 年、1996 年、ニュー (New)、1975 年、ラザフォードとその他 (Rutherford *et al*)、1992 年などを参照。]

comprador 仲介人

「買い手」('purchaser') を意味するポルトガル語で、元来、外国の生産者と地元の市場との間で仲買人として活躍する地元商人を指して用いられた。マルクス主義者にとって、特にこの用語は、その特権的立場を外国製品の専売業に負っているが故に、植民地業務にみる一つの権益を保持している地元の中産階級を指して使われてきた。ポストコロニアル理論では、この用語がさらに広い意味で使われ、植民地権力に依存し、一体化することによって自立が危うくなるような知識人――学者や創造的作家や芸術家――などをも指すようになった。

資本家とか知識人階級といった概念はもとより、仲介人階級という概念のあること自体、紛れもなく文化的、物質的関係から成る階層構造が存在していることを示している。というのも、植民地化された社会にあっては、誰もが植民地と新植民地の文化的勢力の影響を免れることなど到底できないからである。しかし、ポストコロニアル社会にあっては、テレビのような大衆文化メディアとかコカ・コーラのような消費物に「接触」('access to') できるのは決して中産階級だけではないことから、仲介人階級とその他の階級との差異は必然的で、それをしかと確認できるのだとする仮説は少々疑わしくなる。この用語は、植民地支配によって導入された国際通信業務に従事するためのかなり高度な能力を保持していながら、地元の文化的、政治的独立を求めての闘いに立ち上がろうとはしない裕福で教養のある比較的特権的立場にいるエリートを意味するのにずっと用いられている。

contrapuntal reading 対位法的解釈

　エドワード・サイード (Edward Said) によって生み出されたこの用語は、英文学のテクストが帝国主義や植民地化の過程に深く関わっていることから、その解釈の仕方を指している。音楽の領域から借用されたこの用語は、対位法的視点を通じて、さもなくば隠蔽されたままで終ってしまうような様々な植民地的含意を暴き得る鋭いテクスト解釈を示唆している。ジェイン・オースティン (Jane Austin) の『マンスフィールド・パーク』(*Mansfield Park*) を一例に取ると、英国上流階級の特権的な生活も西インド諸島 (West Indian) の大農園を始め、暗には被植民者の搾取から得た利益に基づいて成立していたという読みが可能となる。このようにテクストにみる様々な横の繋がり、つまり、英文学や正規の基準との縦の繋がりよりも、社会的、文化的現実にその起源を有する横の繋がりを強調することで、サイードはテクストでほんの少ししか触れられていない文化的、政治的含意を暴露するのである。「文化的古文書を振り返る時、単声的にではなく対位法的にそれらの再解釈に取り掛かることになる」[サイード (Said)、1993 年、59 頁] とサイードは述べている。この一節が孕む重要な意味は、英国の社会や文化が帝国主義のイデオロギーや慣例にどれほど根ざしていたかということである。

　[さらに、サイード (Said)、1993 年を参照。]

counter-discourse 対抗言説

　この用語は、象徴的な抵抗に関する理論と実践を特徴付けるために、リチャード・ターディマン (Richard Terdiman) によって生み出された。ターディマンは 19 世紀のフランス人の作品を分析することで、「転覆への志気なるものを無視、もしくは同化する既成言説の能力」[ターディマン (Terdiman)、1985 年、13 頁] に真の変化をもたらす手段を考察し、「構成された現実を転覆させるための闘いを、まさに文化的、歴史的変化の起きる地点」(ターディマン、1985 年、13 頁) と見なしている。

　ターディマンの仕事はフランス文学に限られているが、彼の用語の方は、支配的もしくは既成の言説 (特に、帝国中心の言説) に対する

数々の挑戦が、帝国や新帝国の言説にみる「吸収能力」('absorptive capacity')を絶えず認知している周辺部からどのような複雑な形で起きてくるのかを記すために、ポストコロニアルの批評家たちによって採用されてきた。また、対抗言説はポストコロニアリズムの一つの慣例として、歴史的過程や文学運動の観点からというよりも、特定のテクストや植民地主義者の教育制度で使用されたテクストによって繰り返し教え込まれ、しかと保持された帝国イデオロギーへの挑戦を通じて理論化されてきた。

　したがって、ポストコロニアリズムにみる対抗言説の概念は、正規のテクストの転覆とその転覆過程での再登録の必然性といった問題を引き起こすことにもなる。だが、この問題に対するターディマンの一般的提言は、これらの正規のテクストが移植された支配力としてどのように機能するのかといったことの調査を通じて、それらの「偶発性や浸透性」('contingency and permeability')が露呈されるのを示唆している点でも有用である。かくして、そうした挑戦は単にこれらのテクストに対して向けられるだけでなく、植民地化された諸情況にあって、帝国のテクストが——人類学的にであれ、歴史的にであれ、文学的にであれ、法律的にであれ——役に立つような植民地主義者の散漫な活動領域全体に及ぶことにもなる。

　[さらに、スレモン (Slemon)、1987 年 a、ターディマン (Terdiman)、1985 年、ティフィン (Tiffin)、1987 年などを参照。]

creole クレオール (pidgins / creoles ピジン語 / クレオール語の項を参照)

　この用語は、「原住民」('native') を意味するポルトガル語のクリオルル (*Criolulu*) [スペイン語のクリオロ (*criollo*)] に由来し、「土着の」('indigenous') を意味するフランス語の クレオル (*créole*) を経て出来上がった。「クレオール」('Creole') はもともと熱帯植民地で生まれ育ったヨーロッパ人子孫の白人 (男性) のことだった。それは後になって、土着民やヨーロッパ育ちでない他民族をも広く指すようになった。ひいては、この用語は、カリブ海域諸島 (Caribbean) や西アフリカのクレオールによって話される言語を始め、一般的には類似した環境で生ま

れた類似形態の諸言語にも適用されることになった [ロメイン (Romaine)、1988年、38頁を参照]。

しかし、17世紀から19世紀にかけて、この用語は英語として最も一般的に使用されたが、それは白人であれ、黒人であれ、「西インド諸島生まれの者」('born in the West Indies') を意味していた。したがって、そこには「有色人という意味は含まれていなかった」['no connotation of colour'、『オックスフォード英語辞典』(*OED*)] が、ヨーロッパ人の目からみれば、この用語はますます「植民地の異種族混交の脅威」('threat of colonial miscegenation') を想起させた。

歴史的にみれば、この用語は今日では社会によってまったく異なった使われ方をしている。カリブ人歴史家であるエドワード・ブラスウェイト (Edward Brathwaite) は次ぎのように述べている。

> この用語は、ペルーでは、新世界 (New World) 生まれのスペイン人子孫を、ブラジルでは、地元生まれの黒人奴隷をそれぞれ指す。ルイジアナ (Louisiana) では、フランス語を話す白人を指す一方で、ニューオーリンズ (New Orleans) では、白人と黒人の混血児を指す。シエラ・レオーネ (Sierra Leone) では、かつての新世界の子孫や脱走奴隷の子孫 (Maroons)、特に、フリータウン (Freetown) の海岸地帯に再定住し、アフリカ人とは異なる社会人エリートとなった英国出身の「貧乏黒人」('Black Poor') などを指す。トリニダード (Trinidad) では、主に東インド移民と区別された黒人奴隷の子孫のことである。他の土着民集団に対して用いられる場合には、形容詞の接頭語——フランス人クレオール、スペイン人クレオールなど——が必要とされる。ジャマイカ (Jamaica) やかつての英国植民地では、クリオロというスペイン語本来の意味で使われ、生活領域に定着し、土着の白人や黒人、また、自由人や奴隷などを指して用いられた。[ブラスウェイト (Brathwaite)、1974年、10頁]。

creolization クレオール化

文化的に混在したクレオール社会を生み出そうとする過程のことで

ある。クレオール化は世界中で進行していると言ってもよいが、この用語は通常、「新世界」('new world') [特に、カリブ海域諸島 (Caribbean) や南アメリカ] の状況を示しているが、さらにはヨーロッパの植民地化の一所産でもある民族的、人種的混在をその特徴とするポストコロニアル社会の状況にも漠然と適用されてきた。エドワード・ブラスウェイト (Edward Brathwaite) によれば、クレオール化は「ある社会にみる個人の [新たな] 環境に対する、また、相手に対する互いの刺激／反応に基づくところの文化的——肉体的、心理的、精神的——作用である。こうした反応や相互作用の範囲とか性質は社会の基盤や構成の情況に左右されるものの、まったく新たな構築物を生み出すことになる」[ブラスウェイト (Brathwaite)、1971 年、11 頁]。

　ブラスウェイトはクレオール化が一つの所産ではなく、文化移入と文化相互移入といった双方の側面を取り入れる過程であることを強調する。つまり、「前者はある文化が他文化によって吸収される過程であり、後者は互恵的な活動であって、相互に混在し豊かになってゆく過程である」[ブラスウェイト、1971 年、11 頁]。彼はジャマイカ (Jamaica) の事例研究で、奴隷制度の結果たるクレオール化が何を生み出したのかを次のように跡づけている。

　　　したがって、最初、白人と黒人、つまり、ヨーロッパ人とアフリカ人はそれぞれ優秀と劣等といった固定的な関係で捉えられていたが、クレオール化により新たなカリブ海域諸島の環境に白人と黒人の文化が移入されるとともに、奴隷制度の期間やその様々な事情のために、白人の規範に黒人文化が浸透することになった。しかし、また同時に、これらの両文化間に文化相互移入が起きたことも忘れてはならない。　　　(ブラスウェイト、1971 年、11 頁)

ブラスウェイトの言うクレオール化は、カリブ人の歴史と社会に特異なものであり、それらとの関連において最もよく理解されよう。一般的に、クレオール化を巡ってさらなる独自の討論が繰り広げられてきたものの、クレオール化に関する彼の模型は「雑種化」('hybridization') と比較し得るし、また、その「雑種化」というテーマの下に論議され

たクレオール化の課題を多少なりとも扱っている。ロバート・ヤング (Robert Young) は、「抗争よりも融合という新たな形式を生むような創意に満ちた「**無意識的雑種性**」('unconscious **hybridity**') や、二つもしくはそれ以上の文化が一つの新たな様式に溶け込む認知不可能な過程でもある「フランス風の異種交配」('the French métissage')」(ヤング (Young)、1995 年、21 頁) を、かなり「論争を呼ぶような」('contestatory') バフチン風 (Bakhtinian) の雑種性とは対照的に、クレオール化と名付けている。

[さらに、ブラスウェイト (Brathwaite)、1971 年、ヤング (Young)、1995 年などを参照。]

critical Fanonism 批判的ファノン主義

　この用語は、すべての植民地的抵抗を代表する護符としてフランツ・ファノン (Frantz Fanon) の理論を見境なく用いることに反対するために、ヘンリー・ルイス・ゲイツ・ジュニア (Henry Louis Gates Jnr) によって生み出された。特に、「反抗的他性 ... 理論上の第三世界」('alterity in revolt ... the Third World of Theory itself') [ゲイツ (Gates)、1991 年、467 頁] を表現するにあたって、まったく異質な知的追求や広範囲にわたる多様な批評的立場のためのトーテムやテクストとして、ファノンという名前が引き合いに出されることに反対している。こうした過程にあって、ファノンの個人的特異性が「実際には民族誌的な構築物といった合成形態」(ゲイツ、1991 年、459 頁) に置き換えられてしまうことから、結局、ゲイツは「ファノンなる人物を中身のない世界理論家と見なす」(ゲイツ、1991 年、459 頁) のである。ゲイツはサイード (Said) やバーバ (Bhabha) やスピヴァック (Spivak) のような**植民地言説 (colonial discourse)** 理論家によって描かれたファノンと、アルベール・メミ (Albert Memmi) によって分析されたこの上なく悩める複雑なファノンとを比較している。後者のファノンは「現実の第三世界」('actual Third World') にその居場所を定めない、アルジェリア革命 (Algerian revolutionaries) へのでしゃばり者としての一ヨーロッパ人でしかなかった。ゲイツの結論は、ファノンの理論が帝国主義に関する世界理論の正典として認められているのは不当だとしている。しか

し、ファノン自身の主体的立場にみる両価性こそ、ポストコロニアル言説それ自体の多面的で複雑な性質を示していて、彼の作品は反植民地的抵抗の中でその独創性が認められてきたとする別の見解も見受けられる。

[さらに、ゲイツ (Gates)、1991 年、メミ (Memmi)、1965 年などを参照。]

cultural diversity / cultural difference 文化の多様性 / 文化の差異

　一般的に、これらの用語は、いろいろと異なった文化の取り合わせを指すとともに、文化に関する普遍的で規範的な定義を回避するために、そうした取り合わせを認知する必要性を示すにあたって互換的に用いられる。しかし、ホミ・バーバ (Homi Bhabha) は「理論への傾倒」('The commitment to theory', 1988 年) というエッセイで、文化を表わす二つの方法の違いを示すのに、これらの用語を対照的に用いている。様々な行動や態度や価値観に関して、個々に異なる体系の範囲を認知するに過ぎないような文化的多様性を表現する記号を記録するだけでは不十分だ、とバーバは指摘している。このような観点に立てば、帝国主義的民族誌にも暗に示されているように、そうした差異はあくまでも変則的であるとか、**異国的** (exotic) であると見なされ続けることになろう。「前もって与えられた文化的『内容』や『習慣』」('pre-given cultural "contents" and "customs"') という仮説に基づく文化的多様性に言及することは、多文化主義とか文化交換とか人文文化にみる新味のない自由な概念をいろいろと生むのである。

　他方、文化の差異とは、文化的権威なるものが一連の固定的で限定された多様な対象物の内にではなく、これらの対象物がどのようにして認知され、存在するに至るかといった過程の内にあることを示唆する言葉である。このように認知されるに至る過程とは、何かが生み出される過程であるとともに、「文化に関する陳述と文化に対する陳述」('statements *of* culture or *on* culture') とが識別され、また、それらを整理する上での参考分野の著作物に権威が付与される過程だと言ってよい。「文化の差異」という用語は、文化を全体として認知するとともに、認知し得る過程をも強調することで、「様々な文化的象徴や偶像の均質的効果」('homogenising effects of cultural symbols and icons') に対

する認識を高め、「一般に文化的統合が孕む権威」（'the authority of cultural synthesis in general'）への疑いの姿勢に力点を置くのである［バーバ（Bhabha）、1994年、20頁］。

バーバがここで力説している「差異」とは、すべての植民地言説に欠かせない要素として、彼の説く急進的な**両価性 (ambivalence)** と関連しているのは言うまでもない。両体系の関係の内に意味が生じるためには「第三空間」('Third Space') が必要とされることから、こうした両価性は文化的解釈それ自体の内に含まれざるを得ない、と彼は主張する。この空間はポスト構造主義にみる猶予の観念のようなものである。記号に意味が生じるのは、他の記号との差異を通じてである（したがって、一つの文化は他文化との差異によって、その何たるかが明らかにされる）、とソシュール（Saussure）が述べた一方で、デリダ（Derrida）は「差異」もまた「猶予される」('deferred') のだと提案している。つまり、「差異」('différance') という新たな言語によって二元性なるものを定義したのである。その「第三空間」は猶予と可能性の空間に喩えられる（したがって、文化の差異は単純で、静止的なものでは決してなく、両価的で変化に富んでいて、常に様々な解釈を受け入れようとする）。つまり、これは**雑種性 (hybridity)** そのものの空間であり、様々な文化的意味やアイデンティティが常に他の意味やアイデンティティの痕跡を含んでいる空間である。したがって、バーバの主張したように、「文化の独創性や純粋さを受け継ごうとする要求が支持されなくなり、結局、雑種性を明らかにする経験主義的な歴史的実例に私たちは赴くことになる」（バーバ、1994年、20頁）。

この意見は、急進的で革命的な土着の知識人の発展に関するファノン（Fanon）の考えと矛盾しない。実際、それは具体的には、文化の多様性という要約的で規制的な比喩の内に位置付けられるに過ぎない**仲介人 (comprador)** 階級とか**新植民地主義者 (neo-colonialist)** といった土着のエリートに対立する急進的な土着の知識人の明確な条件として打ち出される。土着のエリートは変わることのない固定的な**土着主義者 (nativist)** の形式を打ち出すものの、支配的文化の統制にはっきりと異を唱えることなどできない。というのも、彼らは文化というものを固定化した進展のないものとして捉えているからである。だが、皮肉にも

ファノン主義者 (Fanonist) の考えに認められるように、土着の知識人集団の構成員の態度に革命的変化をもたらし得るものがあるとすれば、それはまさに彼らのそうした中間的立場に他ならないと言えよう。「ファノンにとって、革命的な文化交換によって生産的な変動状態を生み出そうとする開放的な「人民」("people") は、みずから雑種的アイデンティティを持ち運び … 現代西洋の情報技術や言語や衣裳に翻訳された国家テクストを基にして、みずからの文化を構築し … 植民地遺産の持つ意味を未来の自由人が有する開放的記号に (変更する)」(バーバ、1994 年、38 頁)、とバーバは述べている。数多くのポストコロニアル議論にバーバが干渉しているにもかかわらず、「文化の多様性」や「文化の差異」といった用語は、この項目の始めに定義したように、互換的に用いられ続けている。

[さらに、バーバ (Bhabha)、1994 年を参照。]

D

decolonization 脱植民地化

　脱植民地化とは、植民地主義者の権力をありとあらゆる方法で明らかにし、それらを打倒する過程のことを言う。政治的独立後にあっても、植民地主義者の権力をずっと温存させてきた制度上、文化上の諸勢力にみる隠蔽された側面を解体することをもそれは含んでいる。元来、植民地化された世界の多くの場所における抵抗は、植民者の文化の用語や制度を占有することによって行われた。このことは当然のことながら予想できた。というのも、初期のナショナリストたちはヨーロッパの政治制度や文化様式を受け継ぐ者たらんとする教育を受けていたからである。こうしたことは、植民地の白人エリートがその制度の直接の所産でもあるような**移住者植民地 (settler colonies)** においてばかりか、占領植民地においてさえ起きたのである。マコーリー (Macaulay) はその悪名高い、1835年の「インド人教育に関する覚書」(Minute on Indian Education) の中でインド人の文化よりヨーロッパ人のそれを高く評価する教育を受けた「褐色の白人たち」('brown white men') の階級をインドにあって故意に生み出すことを提案した。これは**ヘゲモニック (hegemonic)** な統制の標準例 (*locus classicus*) だが、別の例も他の植民地の慣例に数多く見受けられる。

　19世紀と20世紀初頭のインドであれ、アフリカであれ、西インド諸島 (West Indies) であれ、初期のナショナリストたちは現代化主義者でもあって、彼らの計画は植民地主義者の文化を拒絶するというよりも、その慣例をいろいろと採用することだった。こうした政治的、文化的「仲介」('brokerage')——歴史家によってはこのような呼び方をする者もいる——には、自由な代理人としてそこから抜け出すことが求められるような帝国権力との深い共謀関係にあるこれらの初期の脱植

民者たちが含まれていた。彼らの一般的な態度や慣例には、近代の文明国家の人間として教え込まれた文化的、社会的価値が必然的に染み込んでいた [デ・モラエス・ファリアス (de Moraes-Farias) とバーバー (Barber)、1990年]。したがって、政治的独立と言っても、被植民者が植民地主義者の価値観から完全に解放されたわけではなかった。というのも、これらの価値観は様々な政治的、経済的、文化的様式とともに、植民地独立後も数多くの場面で顔を出したからである。

多数派の文化、もしくは他の様々な文化が植民地主義者の慣例によって侵害され、抑圧され、また軽視された植民地では、これらの仮説に抵抗して、それらを打ち壊す過程がさらに進行した。地元のエリート、もしくは**仲介人 (comprador)** 階級による新たな世界支配の企てを意味する**新植民地主義 (neo-colonialism)** という力強い名称は、ガーナ人 (Ghanaian) 独立指導者クワメ・エンクルマ (Kwame Nkrumah) によって生み出された [エンクルマ (Nkrumah)、1965年]。一人の社会主義者として、エンクルマは新植民地の帝国主義的操作を西洋にみる世界資本主義の機能に結び付けて考えた。

現代の世界経済にみる**グローバル化 (globalization)** は、政治的独立によって、初期のナショナリストたちの期待していたような変化が経済的、文化的統制の内に生まれなかったことを意味している。植民地権力が内的差別と主導的な教育上の実践を通じて、それ自体の利益のために古典的な植民地模型と結びついた植民地支配の様々な側面を維持しようとして、犠牲を払うこともなければ、非難の的となることもなく、エリート**(仲介人)** 階級を生み出すまで植民地独立の許可を与えなかったことについては、最近、何人かの解説者によって取り上げられている。

直接的かつ間接的な経済統制だけでなく、様々な**ヨーロッパ中心的 (Eurocentric)** 文化様式の継続的影響によって、土着民よりも移民、地元言語よりも植民地言語、口述的表現よりも記述的表現 それに他の記入的文化 [往々にして「民族文化」('folk culture') と称される舞踏やグラフィック＝アート] よりも言語学的文化に特権が与えられた。植民地化以前の文化的慣例をこのように封じ込めたり、過度に凝った文体で表現することに対して、数多くの脱植民地計画が企てられてきた。

これらの中でも注目に値するのは、地元の言語を復活させ再評価しようとする計画である。世界経済の圧迫のおかげで、エリートによる伝達は旧植民地言語、まさに英語という新たな「世界語」('world language') の使用によって行われている。そうした「世界語」として英語が勢力を得たのは、それが近代の様々な帝国の中でも最大の帝国を横断して歴史的に使用されてきたことと、合衆国で用いられてきたことに依っている。

　様々な選択肢の存在するポストコロニアル社会では、土着言語への回帰によって、地元文化や土着文化への見直しが行われるとともに、主に母国語を使用する大半の住民との交流がさらに効果的に伸展することが示唆されてきた。したがって、土着言語への回帰を主張する脱植民地化は、文化を全体に行き渡らせる社会的計画とともに、文化の回復や再評価をもその内に含んでいた。アフリカにあって、グギ・ワ・ジオンゴ (Ngugi wa Thiong'o) の作品はこうした脱植民地化模型を代表するものであった [グギ (Ngugi)、1891 年 a、1986 年、1993 年]。植民地時代を通じて、地元の言語や文学的伝統が保持されていたインドでも、この作品はかなりの好評を博したばかりでなく、母国語で生み出された文学や芸術を再評価しようとする要求が近年になって強まってもいる [アマド (Ahmad)、1992 年、デヴィ (Devy)、1992 年]。もっとも、こうした文化についてまったく論及されずにいたわけではないが、実際、今や小説、散文作品、戯曲、雑誌、それにテレビの感傷的なオペラなどのような様々な形式がこれらの文化の内に参入していることから、まさに支配的慣例が強烈な挑戦を受けているのがわかる。

　最も極端な脱植民地化に窺われるように、脱植民地化計画こそ植民地化以前の文化を原初的な形式で回復し得るのである (**nativism 土着主義**の項を参照)。だが、さらに近年になって、何人かのポストコロニアル批評家であるアフリカ人たち [アピア (Appiah)]、ギカンディ (Gikandi)]、ムディムベ (Mudimbe)] は、そのような極端な脱植民地化計画が構築された基盤に疑問を抱き、ムディムベの言葉を借りれば、「知識を基礎としてアフリカ世界を築き上げた」[ムディムベ (Mudimbe)、1994 年] 体系は常に複合的で多様であり、知識に関して地元の慣例と同様、植民地やヨーロッパのそれとも深く関わっている

ことを多種多様な視点から論じている [アピア (Appiah)、1992 年、ギカンディ (Gikandi)、1992 年、ムディムベ、1994 年]。ケニア人 (Kenyan) 批評家であるサイモン・ギカンディ (Simon Gikandi) の主張しているように、脱植民地化に伴う慣例の多くが、「アフリカ人の文化や自己は植民地主義によって抑圧されてきたものの、脱植民地化の時期にあって、(しかるべき言語や語りが発達さえしていたら) アフリカの作家によって義務的に復活させられたような、自然で全体的な実体だとする仮説」(ギカンディ、1992 年、378 頁) の上に成り立っていたのだが、「今や、脱植民地化の物語を構築しているイデオロギー上の様々な基盤に疑問を抱く必要に駆り立てられている」(ギカンディ、1992 年、378 頁)。

　ギカンディの分析は、国家的語りと脱植民地化過程を単純に同一視することを批判し、**ナショナリズム (nationalism)** と国家解放に関する言説 (ずっと後の様々なテクストに収められた、そのような国家的語りやナショナリストの言説には失望させるような弱点が見受けられる) が、植民地独立後の問題や矛盾を分析するばかりか、それらを解決する適切な方法ではなくなってきていると論じている。ギカンディにとって、今やアフリカの作家や多くのポストコロニアル社会の作家たちが暗に直面する仕事は、「... 権力と国家に関する問題を ... 適切に理論化すること」(ギカンディ、1992 年、379 頁) である (**post-colonial state ポストコロニアル国家**の項を参照)。したがって、グギの小説『マティガリ』(*Matigari*) にみられるような脱植民地化の公式は、「変質したポストコロニアル時代にあって、脱植民地化の語りが呼び起こされる時に様々な問題が生じるといったことの兆しであるとともに、時代遅れの国家的語りが孕む問題点の具体例」(ギカンディ、1992 年、379 頁) だとギカンディは述べている。

　「国家横断的」('transnational') アイデンティティの容認の上に立って、今日のポストコロニアル国家を批判しようとするサルマン・ラシュディ (Salman Rushdie) のような作家の考えは、脱植民地化過程に貢献していないという理由であまり歓迎されない。だが、これは脱植民地化と国家やナショナリズムの語りとが紛れもなく隣接しているのを想定させることから、ギカンディのような議論の方が疑問に付される

のは間違いない。事実、ポストコロニアル国家の境界やイメージは、多国籍企業や世界の貨幣制度を絶えず統制せんとする**新植民地主義** (**neo-colonialism**) によって好き勝手に構築される虚構物なのだと言えよう。脱植民地化はそれがどのようなものであれ、**独立** (**independence**) の瞬間に自動的に達成される現象というよりも、むしろ継続的で複合的な作用なのである。

移住者植民地 (**settler colonies**) にあって、脱植民地化にはまた別の状況が伴うことになる。移住者植民地は比較的早く英国の伝統的模型に基づき、政治的独立が認められたものの、それは名ばかりの「独立」で、「文化的へつらい」('a cultural cringe') に過ぎないといった、オーストラリアの著名な批評家 A.A.フィリップス (A.A.Phillips) の機知に富む表現が示唆しているような卑屈さから抜け切れず、苦しみ続けたのである [フィリップス (Phillips)、1958 年、1979 年]。同様に、移住者植民地はそれ自体の社会制度や文化的姿勢にみる植民地主義者の要素を除外するにあたって、他の植民地ほどには成功しなかった。ある程度、これは「帝国の息子や娘たち」('sons and daughters of Empire') という文句によって念を押されるような、帝国中枢部との**親子関係** (**filiative**) から生み出される独特のヘゲモニー的威力のためである。このような関係によって、移住者植民地は土着民の諸権利の認可をいつも犠牲にして、植民地の主人の前掛けの紐にしがみ付いたのである [ドッカー (Docker)、1978 年]。

[さらに、アマド (Ahmad)、1992 年、アピア (Appiah)、1992 年、デヴィ (Devy)、1992 年、ドッカー (Docker)、1978 年、ギカンディ (Gikandi)、1992 年、デ・モラエス＝ファリアス (de Moraes-Farias) とバーバー (Barber)、1990 年、ムディムベ (Mudimbe)、1994 年、グギ (Ngugi)、1981 年 a、1986 年、1993 年、エンクルマ (Nkrumah)、1965 年、フィリップス (Phillips)、1979 年などを参照。]

dependency theory 属国理論

低開発状態というのは内部的に生じるものではなく、世界資本主義それ自体の構造的条件であることから、属国理論によれば、植民地化された「第三世界」('Third World') の国々が絶えず貧困に晒されることになる。したがって、それは発展過程にみる初期的状態というよりもむしろ世界支配構造の必然的結果として低開発を説明している点

で、**世界システム理論**（world systems theory）と似たような議論を提出している。通常、そうした「低開発の」（'underdeveloped'）諸国というのは、世界資本主義勢力によって、その独立的発展が現実に阻止されているようなかつての植民地を指している。産業化した大都市中心部のための原料や食料を生産するために植民地を築くといった、植民地化に伴う経済上の原理はそうした地域の産業化や開発を大いに妨げることになった。

　こうした歴史に目を向けることで、属国理論は、意欲、企業家精神、創造性、問題解決能力などの特質が「低開発の」社会には欠けているといった観点から低開発状態を説明する現代化理論の様々な仮説に挑戦する。アンドレ・ガンダー・フランク（André Gunder Frank）のような作家は、低開発が内的な諸勢力によって引き起こされる自然な状態だと説く現代化理論の議論を問題にせず、「第三世界」の低開発状態が続くのは、西洋における資本主義の発展のせいだとしている（フランク（Frank）、1979年）。

　しかし、属国理論は、開発国と低開発国との関係を静態的に分析しようとする傾向があるとして批判されてきたが、確かに、東南アジア（South-East Asia）にみる「タイガー」（'Tiger'）経済のような現象に関しては納得のゆく説明を与えていない。そうは言っても、この理論は、現代化理論にみる民族中心的基盤を明らかにするとともに、世界資本システムのせいで、周辺国の経済がそれぞれの文化や価値観に見合った方法で発展できずにいることを示唆している点で重要なのである。

　[さらに、ブロムストロム（Blomstrom）とヘトネ（Hettne）、1984年、フランク（Frank）、1979年、シアーズ（Seers）、1981年などを参照。]

deracinate 根こそぎにする

　文字通り、引きむしったり、根こぎにしたり、根絶したり、抹殺したりすることである。したがって、語源は「人種」（'race'）とは直接、関係ないが、英語では「国家的もしくは社会的環境から追い立てられる」（'uprooted from one's national or social environment'）[フランス語では故郷を喪失した（*déraciné*)] といった意味にその力点が移ったので、この用語は、ますます人種的アイデンティティを連想させるようにな

った。ヨーロッパの奴隷貿易や大農園の奴隷制度はアフリカ人をその母国的環境から追い立てたばかりでなく、何百年にもわたって組織的に人種評価を下落させることにより、奴隷となったアフリカ人からその人種的特質を剥奪した。[合衆国とカリブ海域諸島 (Caribbean) で20世紀中頃に起きた、「黒人は素晴らしい」('Black is beautiful') をその標題に掲げる運動は、大農園奴隷制度の必然的結果として、故国喪失を強いられたことへの黒人の組織的な抵抗活動だった。]

diaspora 国外離散

　この用語は、「分散する」('to disperse') [『オックスフォード英語辞典』(*OED*)] という意味のギリシャ語に由来する。故国から新たな地域に人々が自発的に移住したり、もしくは強制移住させられるといった国外離散は、植民地化に伴う重要な歴史的事実である。植民地化により過激な離散が起り、何百万ものヨーロッパ人が、一時的にであれ、永久にであれ、全世界に移り住んだ。[**生態学的帝国主義 (ecological imperialism**) といった用語もあることから] これらの移住に伴う影響は地球的規模で続いている。移住者の「定住した」('settled') 地域の多くが、歴史的にみて、大都市の人々の食糧を調達する大農園とか農業植民地として発展したことから、地元人だけでは応じ切れない大規模な労働需要が生じたのである。

　この結果、主としてアメリカを始めとして、南アフリカにみられるような**奴隷制度 (slavery)** に基づく経済が発展した。事実、アメリカの大農園植民地の奴隷は、様々なヨーロッパ沿岸の貿易孤立領土を通じて西アフリカから船で輸送された。また、東アフリカでのアラブ人による広範囲にわたる奴隷売買の中には、インドやモーリシャス (Mauritius) のような英国植民地に売却される奴隷もいたが、メラネシア人 (Melanesian) やポリネシア人 (Polynesian) の奴隷化は、「奴隷売買」('blackbirding') といった口語的表現が通用していたクイーンズランド (Queensland) の砂糖きび農場での労働力確保のために、南太平洋 (South Pacific) 地域で行われていた。

　奴隷貿易の後で、奴隷制度が19世紀の最初の10年間にヨーロッパの諸勢力によって非合法化された時、植民地の大農園経済における安

い農業労働力に対する需要が、年季奉公による労働制度の発達によって満たされることになった。これには年季契約のもとに、インドや中国のような人口の多い地域から大農園のある地域へと輸送されるかなりの数の貧しい農業労働者も含まれていた。したがって、奴隷制度と年季契約は植民地への世界的規模の離散を生み出すこととなった。インド人は西インド諸島 (West Indies)、マラヤ (Malaya)、フィジー (Fiji)、モーリシャス、それにアフリカ東部と南部の植民地にあっては、現在と同様、実質的に少数派か多数派だった。少数派である中国人は、これらのすべての地域はもとより [現在のインドネシア (Indonesia) がその一部でもあったオランダの東インド植民地を含めて]、東南アジア (South-East Asia) を横断し、スペイン人からアメリカ人支配へと移ったフィリッピン (Philippines) にまで進出した。

　植民地主義の所産とも言える国外離散に伴い、移住者の子孫たちは往々にして、オリジナルの文化の痕跡が見受けられる特異な文化を育んだ。彼ら自身の保有する様々な慣例の混在化が進み、接触する土着文化を結果的に修正することになった (また修正されることにもなった)。国外離散による文化の発展は必然的に**本質主義者 (essentialist)** の模型に疑問を呈し、統一的で「自然な」('natural') 文化的規範にみるイデオロギー、つまり、**中心 (centre) / 周辺 (margin)** という植民地主義者の言説模型を支えるイデオロギーを糾弾することとなった。それはまた**脱植民地化 (decolonization)** が植民地化以前の社会の回復とか再建によって果たされ得ることを示す、一層単純な**土着主義 (nativism)** 理論に疑問を投げ掛けることにもなった。社会的にきわめて重要な近年にみる国外離散は、被植民者が大都市中心部に戻ってゆくというものである。だが、英国やフランスのような国では、実際、旧植民地の離散者は今や少数派である。最近になって、「離散者のアイデンティティ」('diasporic identity') という概念が、多くの作家たちによってみずからの雑種性を積極的に主張するのに採用されている。

　[さらに、ブラウン (Brown) とコエーリョ (Coelho)、1987 年、カーター (Carter)、1996 年、コモンウェルス研究所 (Institute of Commonwealth Studies)、1982 年、ミシュラ (Mishra)、1996 年 a、1996 年 b、ネルソン (Nelson)、1993 年、ラジャン (Rajan) とモハンラム (Mohanram)、1995 年、トムプソン (Thompson)、1987 年などを参照。]

discourse 言説

　この用語については、現代理論の中でも特にポストコロニアル批評では、フーコー (Foucault) に固有の使い方にならい、**植民地言説 (colonial discourse)** といった用いられ方をするのが普通である。元来、この用語は 16 世紀以来、あらゆる種類の演説や談話や会話などを指して使われてきたが、より形式的な演説や物語、もしくは主題の如何を問わず、詳細な論述や論文や学位論文、それに説教の印刷物などを指すことが多くなった。さらに近年になって、言語学的には、一文以上の構成単位の話し言葉ならどのようなものをも指して用いられている。

　しかし、この用語のフーコー的な意味について言えば、それは従来の意味での話すという行為とはほとんど関係がない。フーコーにとって、言説とはあくまでも限定された社会的知識のことであり、そこにあって世界が理解され得るような陳述体系である。この用語に関する重要な特徴として、世界は語られるために「そこに」('there') 存在しているのではなく、言説それ自体を通じてのみ存在し得るのである。言説を通じて、話し手や聞き手や、また、作家や読者は自分自身のことを始めとして、相互関係や世界におけるみずからの位置についても理解するようになる [**主体性 (subjectivity)** の構築]。「社会的生存や社会的再生を組織化するのは、様々な記号や慣例の複合体」[フーコー (Foucault)、1971 年] なのである。

　言説の内にどのような陳述が生まれ、もしくは生まれ得ないかを判断するにあたって、ある種の暗黙の規則が存在する。そして、これらの規則によって、その言説の性質が決定されるのである。事実、無数の陳述が様々な体系的規則の下で生まれ得ることから、その言説を特徴付けるとともに、フーコーのような分析家の関心をそそるのは、これらの規則である。では、ある種の陳述だけが、その下で生まれ得るような規則とは一体どのようなものであろうか？　どのような規則がこれらの陳述を整頓することになるのだろうか？　どのような規則がある個人を作家と見なし得るのだろうか？　これらの規則は、言説によって権能を与えられるとともに、明確に記述される世界に関する知識の分類、整頓、分配などといったことに関係しているのである。

言説の好例が医学である。陳腐な言い方をすれば、医学は単に病んだ肉体の治癒に関わっているに過ぎないように思われる。だが、医学は肉体、病気、世界などに関して構成され得る一つの記述体系を象徴している。こうした体系にみる様々な規則によって、治癒過程や病人のアイデンティティに対する見方や、事実、肉体と世界との正常な関係の達成方法が決定される。この体系内で機能する排斥と包含に関するいくつかの原理が存在することになる。つまり、表現可能な事柄とそうでない事柄が存在するのである。実際、「西洋の」('Western') 医学と「中国の」('Chinese') 医学といったような異種の学問間の区別をすることなく、医学については何も語れない。というのも、これらの二つの言説にあって、肉体はもとより、肉体と世界の関係が異なっているばかりか、事実上、両立し難いからである。このことは、肉体に関する実証主義的な考えと一致しない治療形式に対する西洋医学側の大いなる抵抗を物語っている。鍼術や薬草治療は「科学的な」('scientific') 陳述に取り入れられ、西洋医学の実証主義的枠組みに組み込まれるまで、山師主義とか迷信だとして拒絶された (それらは「真理」('truth') とは見なされなかった)。言説を完全なものにしているそうした排斥規則の修正は徐々にしか行われない。というのも、言説は世界に対するある種の理解に固執しているからではなく、実際には世界自体を保持しているためである。そうした排斥規則の修正が早急に行われるようなことにでもなれば、それは言説の権威に対するとても大きな脅威となり得よう。

したがって、言説は権力と知識を結合させるが故に重要なのである。権力者というものは、知られている事柄や知られている方法を手中に収めている。そうした知識の所有者は、それを所有していない者に権力を揮うのである。権力と知識との絆は、植民者と被植民者の関係を考える上で特に重要であり、**オリエンタリズム (Orientalism)** に関する論述の中で、エドワード・サイード (Edward Said) によって広範囲にわたり綿密に取り上げられるとともに、「オリエント」('Orient') を知る方法、つまり、言説こそオリエントに対する権力を維持する一つの手段であることが指摘された。サイードの作品は、その関心がさらに広範囲にわたる様々な社会制度の検証に及んでいるフーコーのそれより

も、他者を表現する過程で創作や文学テクストの重要性を一層強調している。植民地主義者の言説を助長する上で、文学の果たす役割を重要視するサイードの主張はその後期の作品にあって念入りなものになっている [サイード (Said)、1993 年]。19 世紀の小説が帝国の形成物の一部と化すことで、帝国主義をその時期の支配的イデオロギーとして確立させるにあたり、反射的に帝国的統制力を発揮することになる、と彼はその作品の中で論じている。こうした力説のおかげで、ポストコロニアル文学と文学理論に関心のある人にとって、この作品は特に興味深いものとなっている。

　言説は、**現代性 (modernity)** そのものにみる主要な特徴だとフーコーが論じて以来、言説の役割に対する彼の見方はサイードのそれに比べて広く行き渡っている。というのも、発言の内容、つまり「言明される」('enunciated') 内容が、発言、すなわち、「言明」('enunciation') に比べて重要だとされる時に現代性に関する言説が生まれるからである。古典的な時代では、知的な権力は修辞学や聴衆に「演説する」('discoursing') 話し手の説得力によって保持されていた。だが、次第に「真理への意志」('will to truth') が言説を支配するようになり、様々な陳述に関してそれらの真偽を判断することが要求された。このようなことが起きると、重要になるのはもはや言説の作用ではなく、その主題であった。ポストコロニアル理論にとって決定的な事実というのは、権力と知識が結託するように、「真理への意志」が「権力への意志」('will to power') と結び付いていることである。世界を支配的に統制しようとするヨーロッパ諸国の意志は帝国を成長させたが、そこには功利性や合理性や学問などに関するヨーロッパ的概念を真理として確立させる能力が伴っていた。

　今後、上述した話を展開させる上で、「ヨーロッパ中心の言説」('Eurocentric discourse') である「現代性に関する言説」('discourse of modernity')、つまり、歴史的起源を有するある種の仮説、偏見、無分別、洞察などは取り入れ、その他の正当と思われる陳述でもそれを有しないが故に排除してしまうような世界に関する陳述システムについていろいろと論じられるべきであろう。かくして、こうした陳述を始め、植民地言説に含まれる陳述はことごとく「真理」という名目の下

に保護されることになる。

[さらに、フーコー (Foucault)、1971年、マクホウル (McHoul) とグレイス (Grace)、1993年、サイード (Said)、1978年、1983年などを参照。]

dislocation 転移

この用語は、帝国による占領の結果として起きる転位といった出来事とそれに関連する様々な体験を指して用いられる。こうした現象は奴隷制度とか監禁、また、侵略や植民行為などによる他国への移住の結果として、つまり、既知の国から未知の国への強制的もしくは自発的移動の結果として生じるのだと言えよう。帝国「本土」('Home') から植民地周辺部への自発的な移住者の体験を記すために使われるこの用語は、植民地主義の結果として、ある意味では植民地の**ヘゲモニック (hegemonic)** な慣例により、言語や語りや神話を通じて「再発見される」('reinvented') べき立場に置かれたすべての人たちに影響を与えた。転移の体験を記す上で往々にして使われるのは、時には「不気味な」('uncanny') とか「不気味さ」('uncanniness') と翻訳されることもある、ハイデッガー (Heidegger) の 落ち着きの悪い (*unheimlich*) とか 落ち着きの悪さ (*unheimlichkeit*)——文字通り、「宿なし」('unhousedness')、もしくは「居心地の悪さ」('not-at-home-ness') を意味する——といった言葉である。

19世紀のオーストラリアの作家たちはこの転移過程を行動によって示している。例えば、小説家のマーカス・クラーク (Marcus Clark) はオーストラリアの風景にみる「葬儀の陰鬱」('funeral gloom') といった「不気味な性質」('uncanny nature') について述べているし、詩人のバロン・フィールド (Barron Field) は「人間生活にみられるすべての切実な寓話が幼児、春の貧弱な草原、夏にみる過剰な暗黒さ、秋の黄色くなった枯葉などと密接に関わっている...したがって、私はオーストラリアの群葉に親しみを感じることはできない」[カーター (Carter)、1987年、43頁]。フィールドの言葉が意味していることは、帝国言説にみる様々な仮説から判断して、オーストラリアが「現実の」('real')、もしくは「正常な」('normal') 体験外に存在していて、言語による統制を受けるまでは未知の国だったというのである。だが、植民地化さ

れていない「空間」('space')が植民地化された「場所」('place')へと転換される中で、転移がしかと体験されるのはこのオーストラリアにおいてである。新たな場所を記す適切な言葉が初期の移住者によってもたらされた言語の中に見つからないが故に、新たな用語がいろいろと生み出されたのは当然である。実際、必然的な転移は発明の母なのである。転移という「方向を見失った」('disorienting')分裂的体験こそ、ポストコロニアル文化の再生的活動力に繋がると言えよう。

同様に、奴隷制度にみる肉体的、社会的、個人的転移の極端な形式のおかげで、ウィルソン・ハリス (Wilson Harris) やエドワール・グリッサン (Edouard Glissant) のような何人かのカリブ人 (Caribbean) 批評家たちは、転移こそが、独特の文化的活動力の解放に繋がる鍵だと述べている。ハリスはカリブ人のリンボー・ダンス ('limbo dance') とか「〈成功に至る〉道」('gateway') といった記号を用いているが、推測してみるに、そのダンスは新世界に特有の**接触的 (catalytic)** 文化を育んだ崩壊と再生の過程を記すにあたって、奴隷船倉という拘束状態での文字通り強制的な奴隷の肉体的転移を再現していると言ってもよい。こうした再構築によって、アフリカにその起源を有する新たな「アダムの」('Adamic') 回復や再生の可能性をもたらしてくれるような力強い新たな文化が生まれるのである [ウォルコット (Walcott)、1974 年]。強制的、もしくは自発的な移住によって形成される**離散者の (diasporic)** 共同体は、またこうした転移と再生の過程を取り込むことになるが、このことについては、離散体験や移住体験のある最近の何人かの批評家によってしかと議論されてきた [ラジャン (Rajan) とモハンラム (Mohanram) のエッセイ、1995 年を参照。]

結局、ある意味で、転移とはすべての移住者植民地にみる一つの特徴でもある。というのも、土着民の文化とか初期の文化は廃止されなかったにせよ、往々にして文字通り転移させられたり、その領土から立ち退かされたりしたからである。いくらよく評価されても、それらの文化の様々な慣習や価値は植民者側の文化の価値や慣例のために退けられ、それらを軽視する位階制の内に転移させられ、そこに位置付けられた。数多くのポストコロニアル・テクストは、こうした文化的侮辱によってもたらされる心理的、個人的転移を認めているが、まさ

にこうした文化の転移過程に対して**脱植民地化 (decolonizing)** 闘争がいろいろと打ち出されることになるのである (**Fanonism ファノン主義**の項も参照)。

[さらに、グリッサン (Glissant)、1989 年、ハリス (Harris)、1981 年、ラジャン (Rajan) とモハンラム (Mohanram)、1995 年などを参照。]

E

ecological imperialism 生態学的帝国主義

　この用語は、植民地化された社会の環境がその占領体験を通じて物質的にどのように変更したかを記すために、アルフレッド・W.クロスビー (Alfred W.Crosby) [クロスビー (Crosby)、1986 年] によって生み出された。彼の論点によれば、帝国主義は植民地の文化的、政治的、社会的構造を変化させただけでなく、そこの環境や伝統的な生存様式をも破壊したのである。クロスビーはヨーロッパ帝国主義が成功したのも、それが何より「生物学的、生態学的要素」('biological and ecological component') を有していたからだと述べている。ヨーロッパの様々な疾病が知らず知らずの内に (ほとんど意図的ではなく)、地球の他の地域に運ばれ、そこの先住民の命を奪うことで、結果的にヨーロッパの軍事的、技術的征服を容易にした。さらに重要なことは、持ち込まれた作物や家畜は征服軍隊や植民者を支えただけでなく、クロスビーが「新ヨーロッパ」('the Neo-Europes') [**移住者植民地 (settler colonies)**] と呼んでいるように、必然的に土着民を不利な立場に追いやり、彼らの文化 (時には彼らの生活) が依存していた土着の植物群や動物群を絶滅させたり、絶滅の危機に追い込むことで、侵略した土地の全生態系を徹底的に変化させたのである。異質で多種多様な生物相を育んでいたとは言え、ヨーロッパの気候にとても近い、(カナダ、合衆国、オーストラリア、ニュージーランド、アルゼンチン (Argentina) などの) 北半球と南半球の気候圏に位置する「新ヨーロッパ」は、すぐにヨーロッパの食糧作物の主要な輸出国となった。「今日、地球上の他のどの国にもまして、ヨーロッパにその起源を有する多くの食糧——穀物や肉——を輸出するそれらの地域は、5 百年前には小麦、大麦、ライ麦、豚、羊、山羊などといったものを保有してはいなかった」(クロスビー、1986 年、7 頁)。このことによって、世界がこれまでに体験したことの

ないようなきわめて深刻な生態学的変化がもたらされたことはほぼ間違いない。

サハラ砂漠以南のアフリカでの今日の飢饉は、不毛知らずの伝統的な作物輪作の代わりに、大都市中心部向けの換金作物の執拗な開発をヨーロッパが押し付けてきたことと直接に関連している。ヨーロッパの空間化にあたっての主要な形式として、また、社会的、地域的支配の最も効果的な手段として、生態学的帝国主義を過小評価することはできない。その意味の範囲は、新植民地の土俵にまで及び、**第三世界** (**'third world'**) の動植物種に対する今日の西洋の [もしくは「多国籍の」('multinational')] 専売特許化を始め、また、(西洋とアジアの企業の様々な後援による) 世界的規模での多雨林破壊が行われることとなった。

最近になって、今日の西洋の生態学的認識は帝国 (Empire) にその起源を有していることが論じられている [グローヴ (Grove)、1994 年]。インドやカリブ海域諸島 (Caribbean) に移住したヨーロッパ人は、自分たちのそれとは根本的に異なる自然世界への様々な接し方に遭遇し、自然を敬うにせよ、物活的な考え方をするにせよ、概して「資源保護論者」('conservationist') となった。植民地におけるヨーロッパ人の政策は、往々にして自然世界に対する自分たちとは異なる姿勢との間に妥協点をいろいろと見出さねばならなかった。

[さらに、クロスビー (Crosby)、1986 年、グローヴ (Grove)、1994 年などを参照。]

essentialism / strategic essentialism 本質主義 / 戦略的本質主義

本質主義とは、様々な集団や範疇や等級に分類された人たちの内に、一つ、もしくはそれ以上の明確な特徴が共通して見受けられるという仮説である。例えば、人種とか性差に関する研究によって、人種間や男女間に本質的な差異上の特質が現われるように思われる。文化を分析することで、個人が本質的に文化的アイデンティティを共有しているというのは (概して疑う余地のない) 仮説であり、ポストコロニアル理論にみる熱烈な論争の主題でもある。18 世紀と 19 世紀の支配的な知的言説にみられるように、『我思う、故に我あり』(*Cogito ergo sum*) というデカルト派の (Cartesian) 主張は、個人の意識を強調する上で、

また、人間の主体の概念の重要性を考えるにあたっての基礎ともなった。だが、**主体性** (subjectivity) に対するポスト構造主義的な見方が、個人への啓蒙的関心に取って代わったことで、人間の言動に関するデカルト派の支配的な思考方法を変更せんとするかなりの圧力が今日の文化理論に掛けられるようになった。

植民地言説理論がこのことを強調するのは、植民地住民を劣等だと決めつけ、公私にわたる支配的な表現様式の統制を通じて、彼らを**ヘゲモニック** (hegemonic) に統括する必要から、**植民地主義** (colonialism) によって駆使されるその語り口や考え方に目を向ける時である。植民地言説理論は、ジャック・デリダ (Jacques Derrida) やジャック・ラカン (Jacques Lacan) やミシェル・フーコー (Michel Foucault) といったポスト構造主義者の言語批評を取り入れることで、本質主義者の文化的範疇にひびを生じさせることを強く説いている。また、こうした批判は、様々な作家によって、アイデンティティの自覚に繋がる**人種** (race) とか**国家** (nation) に対する考え方を個人の主体の内に形成し得るような諸制度にまで向けられた。ひいては、この批判が孕む政治的目的の一部は、植民地住民を支配的な植民地文化にみる「自己」(Self) に対立する**他者** (other) として表現する方法が偽りであるのを明らかにすることだった。

そこで、本質主義者によるアイデンティティの捉え方を置き換える過程が、自己信頼や差異意識を回復するために目論まれた地元の様々な行動計画にみる「人種」とか「国家」の概念の実用的利用に反することとなったのは皮肉である。1960年代と1970年代の**民族解放運動** (National Liberation Movements) の拠り所は、帝国言説や植民者言説によって損なわれた地元のアイデンティティや差異意識を回復、もしくは発展させる必要性を認識することだった。だが同時に、ポストコロニアル理論家たちは、そのような単純な二項対立構造が生み出された過程を批判することなく、被抑圧者と抑圧者の範疇をただ入れ替えるだけの危険について警告した。彼らはまたかつての植民地化勢力の**新植民地的** (neo-colonial) 傀儡として行動するに過ぎない新たな土着民エリートを生み出す危険についても警告したのである。

ガーヤットリー・スピヴァック (Gayatri Spivak) のような理論家たち

は、抑圧された人たちを**サバルタン** (**subaltern**) として構築する様々な言説によって彼らの本質的な主体性を束縛してきたばかりか、依然としてそうしていることに気づかず、彼らに発言を許しさえすればそれでよいのだと単純に決め込むことの危険性に注意を払った。「サバルタンは語ることができるか？」 ['Can the Subaltern Speak?', スピヴァック (Spivak)、1985 年 b] というスピヴァックの話題になった質問は、往々にして、サバルタンに語ることなど許されるはずがないという風に誤解された (**agency 活動**の項を参照)。スピヴァックの提言がそのように誤解されたことで、黒人と白人、植民者と被植民者、抑圧者と被抑圧者などといった二項対立的思考を政治的に維持する必要性を主張するベニタ・パリー (Benita Parry) のような批評家たちから反撃を食らったのも当然だった [パリー (Parry)、1987 年]。実のところ、スピヴァックの論文では、サバルタンの発言が認められたり、行動の媒体となったりすることの不可能性が断定されているのではなく、その発言を許しているような数々の言説や制度上の慣例との相互作用から、他ならない本質主義者の方法によって彼らが切り離されることになるという考え方を止めるべきだとの警告が与えられているのである。

　おそらく初期の作品への否定的な解釈に答えるために、また、みずからの理論に固有の政治力を再主張するにあたり、植民地や新植民地の抑圧の影響からの度重なる解放闘争の内に本質主義者の公式の有用性を認めた会見で、スピヴァックは戦略的本質主義を受け入れる必要性について語っている。「私たちはもう一度、戦略的に普遍的言説ではなく、本質主義者の言説をこそ選び取らねばならないと思う。私は脱構築主義者となって以来、そう思っている … そうした考えが捨てられないことから、私は特殊な人間だとも言えよう。実際、時には、間違いなく私は本質主義者なのだ」(スピヴァック、1984-5 年、183 頁) と述べているが、その同じ会見で再び、「本質主義の言説に逆らうことは … まったく的を得ていると思う … [だが]、戦略的に私たちには不可能だ」(スピヴァック、1984-5 年、184 頁) と発言している。

　この主張によれば、いろいろと異なった時期に本質主義者の考えを援用するのは、被植民者にとって植民地化以前の文化に対する価値観や誇りを回復する上で、また、新たに出現したポストコロニアル「国

家」('nation') が自己主張するにあたっての必然的な方法の一部ともなろう。しかし、エドワード・サイード (Edward Said) も述べているように、ファノン (Fanon) やカブラル (Cabral) やジェイムズ (James) のような初期の民族解放 (National Liberation) 理論家たちは、いつも本質主義に伴う危険を充分に理解していたし、現代の**ポストコロニアル国家 (post-colonial state)** の建設にあたって、ナショナリズムや人種に関する本質主義者の言説を適用することには批判的だった (サイード (Said)、1993 年)。

[さらに、パリー (Parry)、1987 年、サイード (Said)、1993 年、スピヴァック (Spivak)、1984-5 年、1985 年 b、1990 年などを参照。]

ethnicity 民族 (性)

　この用語は、人類が遺伝学的に決定された固定的な生物学的見本に分類されるという仮説に基づく**人種 (race)** といった疑わしい概念とは違って、文化、伝統、言語、社会型式、祖先などの観点から人間の多様性を説明するのに、1960 年代以降によく使われるようになった。この用語は、いかなる民族集団にもみられる数多くの性格的特徴の融合状態、つまり、共有価値、信仰、規範、嗜好、行動、経験、集団意識、記憶、忠誠心、などの合成体を指している [シェマホーン (Schermerhorn)、1974 年、2 頁]。一個人の属する民族集団は、アイデンティティというものをきわめて効果的に表わしている記号である。というのも、男性であれ、女性であれ、そこに留まることを選択する限り、アイデンティティが他者によって否定されたり、拒絶されたり、剥奪されたりすることはない。「人種」という用語が、遺伝学的な固定的基準に従って人間を識別することで、特に、ヨーロッパ人と「他者」('others') とを階層的に差別する一つの方法として出現したのに対して、「民族」という用語は、通常、民族集団の構成員に何がしかの利益をもたらすような自己イメージの表出との関連で用いられる。したがって、民族集団の構成員たる資格は様々な合意的基準に従って得られることになろう。もっとも、今後、こうした基準の性質や組み合わせはもとより、その重要性に関していろいろと討議がなされ、また、時間とともにそれらの問題点に変化も見られよう。

実際、それほど多様な方法によって用いられ、また、それほど数多くの定義を孕んだ用語はめったに存在しない。イサジョー (Isajaw) は、合衆国だけで 27 種類にも及ぶ民族の定義があると述べている [イサジョー (Isajaw)、1974 年]。これはおそらく民族集団というものが社会的には定義可能なように見えても、文化的基準からすれば、ある民族集団の内外にわたって別の様々な民族集団が存在するからである。ある「民族」('ethnicity') にみられる明確な諸特徴は、常にその集団の同一性を確認する目的によって決まるのである。したがって、どの民族集団も明確な諸特徴とも言えるものをすべて同じ程度に持ち合わせているわけではなく、そこにはそれらの多様な組み合わせが見られる。さらに、民族とその構成素は時と場所によって相対的であり、また、いかなる社会現象にも似て躍動的かつ流動的である。

　民族集団というものを最も単純に、おそらくはこの上もなく偏狭に定義すれば次のようになろう。

　　主として、文化的もしくは民族的特徴に基づき、他者とそこの構成員、他者或いはそこの構成員によって社会的に区別されたり、孤立させられたりする一つの集団。(イサジョー、1974 年、118 頁)

　実際、「民族」という言葉はギリシャ語のエスノス (ethnos) に由来し、「国家」('nation') を意味している。最も初期の英語の用法にあって「エスニック」('ethnic') という言葉は、暗示的な意味合いを帯びていて、文化的に異なる「異教の」('heathen') 国々を指して用いられた。今日的な用法として、民族は、バスク人 (Basques) のように多少の例外はあれ、民族と国籍の結び付きが正当化されているようなヨーロッパの様々な民族集団と同一視されている。民族起源の観点から最初に使われた民族集団という言葉は、20 世紀初頭にあって、南ヨーロッパや東ヨーロッパの国々から合衆国への大規模な移住の時期に広まった。民族集団を識別することになる名称については、元の国が存在していようといまいと、依然として [アルメニア (Armenia) のように] 元の国名を使用することが多い。しかし、「民族」という用語が事実上、広く行き渡ったのは、合衆国、カナダ、オーストラリア、ニュージー

ランドのような移住者植民地への移住にせよ、植民地中心部への被植民者の移動にせよ、植民地化の余波として起きるように、これらの「民族の」('national')集団がさらに大きな民族集団の中の少数派であることに気づいた時である。こうした移動のさらなる結果として、かつてのヨーロッパの国々はもはやある特定の民族集団と境界を共にする必要はなくなり、みずから雑多化し、ひいては、様々な移民集団からなる雑種的国家となったのである。

この「民族」という用語の用法にみる一つの特徴は、「エスニック」という言葉の最も初期の使い方に窺えるような周辺化といった明白な要素が、往々にして今日の用法の内にも残っていることである。それが本来は異教の国々を意味していたために、今日では主流でない集団、つまり、伝統的に支配的な国家的神話に共鳴しない集団を暗示している。したがって、大英帝国の**移住者植民地 (settler colonies)** にあって、支配的なアングロ・サクソン集団は民族集団とは見なされない。というのも、それは国家的アイデンティティといった神話を築き上げてきたからである。そのような識別によって、植民地体験ばかりか、国家的神話にみる「帝国主義的な」('imperialistic')性質や民族と国家との絆が孕む政治的意味合いも明らかにされるのである。

今日、「民族」という言葉が、移民という情況においてよく使われていることを考えれば、その今日的用法としてさらに次のように定義できよう。

> 共通した祖先や類似した文化的特徴、統一的集団への帰属感覚、移民としての背景やさらに大きな社会内での少数派、もしくは多数派としての地位を有する人々の集団、もしくは部類。(イサジョー、1974年、118頁)

現実的であれ、神話的であれ、共通の祖先に対する認識は、局外者による定義や民族集団による自己定義に際して重要なものである。マックス・ウェーバー (Max Weber) は民族集団を広義に解釈し、「——肉体上、もしくは風習上、或いはその双方の類似性、また、植民地化とか移住に対する記憶の類似性のせいで——それが血族関係に基づか

ない共同体的関係の継続にとっても重要なものだとする点で、自分たちの共通の家系に主観的な信頼を置く人間の集団」[ウェーバー (Weber)、1968 年 a, 389 頁] と見なした。

　民族の 27 通りの定義を調べたとされる、1974 年のある研究例によれば、1 個だけが特色ある「移民集団」('immigrant group') を取り上げていたが、12 個は「共通の国家的もしくは地理的起源」('common national or geographic origin') を、11 個は「同一の文化、もしくは慣習」('same culture or customs') を、10 個は「宗教」('religion') を、9 個は「人種、もしくは肉体的諸特徴」('race or physical characteristics') をそれぞれ扱っていた。しかし、その間の数十年間に、「民族」という用語の使われ方には大きな変化が生じた。構成員がみずからの民族の特性というものをどのように考えるかといった点で、宗教が最大の影響力を振うような民族集団はきわめて少なくなったことである。人種という概念——アフリカ系アメリカ人 (African-Americans) のような多少とも目立った例外はあるにしても——は、民族にみる特殊性のせいで、民族という概念とはますます異なったものになっている [もっとも「人種の」('racial') 集団もいくつかの民族集団を包含し得るが]。往々にして、民族性が最も話題になる社会では、移民集団としての民族の地位に伴う実用的、社会的意味合いの方が、共通の民族起源への様々な記憶よりもはるかに重要なものとなっている。

　民族集団は必ずしも周辺化された文化的集団ではないが、すべての民族集団を始めとして、民族それ自体の概念が強力な政治的機能を果たすようになったことが最近の研究で明らかである。特定集団といった地位にもかかわらず、民族性がその集団のさらなる政治的利益や発展のための重要な戦略となっている。集団の権力が常に個人の無力さへの好ましい解決法である限り、民族集団は一社会内にあって政治力を獲得せんがための突出した組織と化す。しかし、階級区分を超えようとする傾向とともに、それ自体の境界の不浸透性、つまり、その転入、並びに、実際にはその転出の困難さのせいで、民族集団は労働組合や政党のような他の政治的集団から切り離されるとともに、その政治的性質についてもあまり気づかれないままで済まされることが多い。それにもかかわらず、フィッシュマン (Fishman) の称する「民族

改革」('ethnic revolution') は、1960年代以降の文化的アイデンティティの利用と政治闘争にみる民族性の主張の結果だった [フィッシュマン (Fishman)、1985年]。

　民族の多様で複雑な社会的、文化的特徴を考慮に入れて、シェマホーンは次のようなさらに綿密な定義を下している。

> 現実もしくは推定上の共通の祖先を有する一つの大きな社会内の共同性 (つまり、様々な素性であれ、植民地化、移民、侵入、奴隷制度などのような歴史的体験であれ、共有する歴史的過去の記憶)。個々に名付けられた集団のアイデンティティに対する意識の共有。みずからの民族意識の典型として、一つ以上の象徴的要素に対する文化的関心。これらの特徴は、常時、体験される特定の時と場所にあって、躍動的に組み合わされ、意識するとしないとにかかわらず、その集団の政治的発展のために機能するであろう。
> 　　　　　　　　　　　　　　　　　(シェマホーン、1970年、12頁)

　以上の定義にみる重要な特徴は、民族に固有の帰属意識を規定し得る様々な「象徴的要素」('symbolic elements') の作用といった点にある。そうした象徴的要素の例として次のようなものが挙げられる。様々な血縁関係の模型、地勢上の隣接、宗教を基盤とした結び付き、言語もしくは方言形式、種族間の疑似類縁関係、国籍、肉体的特徴、文化的価値、それに芸術、文学、音楽などの文化的慣例がそうである。民族意識を規定するにあたり、これらの[「一つ以上の」('one or more')]要素の多様な組み合わせが時と場所に応じて特権化されることになる。

　この定義では、そのアイデンティティが民族的ばかりでなく、人種的な方針に沿って推定的に構築され得る黒人のアメリカ人や英国人の集団にみる複雑な地位が取り上げられている。1960年代の「民族革命」のおかげで、現代社会にあってますます弱体化の傾向を辿る民族に比べて、その出自からみて、政治に対してより意識的な多様で新たな民族がいろいろと誕生した (民族集団の形成)。実際、アメリカや英国での黒人の民族集団は白人のそれに見られる以上に、民族的正当性を訴

える過程で政治というものに一層複雑な形で依存している。

　したがって、民族のアイデンティティは文化の同化作用を超えて広く社会に行き渡るが、それに固執することが必ずしも伝統的文化の永続化に繋がるとは限らない。それでも、多くの場合、伝統的文化の明確な標準 (例えば、共通の祖先) が、民族のアイデンティティの周りに張り巡らされる「象徴的要素」として必然的に選び出されることで、その集団の構成員たらんとする個人はそれをほんの少しでも重んじねばならない。いかなる民族集団も完全な統一を維持しているわけでもなければ、個々の民族性に関して完璧な同意に達しているわけでもないし、また、いかなる本質的な特徴もその集団の構成員に見出されるわけでもないからだ。それにもかかわらず、移住化、世界化、雑種化が進行する時代にあって、こうした様々な同一的特徴の躍動的混交にこそ、アイデンティティの宿る一層有力な場所が見出されるのである。

[さらに、フィッシュマン (Fishman)、1985 年、ホール (Hall)、1989 年、イサジョー (Isajaw)、1974 年、シェマホーン (Schermerhorn)、1970 年、1974 年、ソラーズ (Sollors)、1986 年、1996 年、ウェーバー (Weber)、1968 年などを参照。]

ethnography 民族誌

　民族誌とは、民族の生活様式の直接的観察と報告に基づく人類学的研究の一分野である。それは文化人類学者にとっての基本的な研究方法であり、二つの段階から成り立っている。事実を観察し、記録する現地調査と研究対象の分析の結果としての現地報告である。歴史的にみて、民族誌は、観察者がみずから所属する社会以外の社会における人々の生活や習慣を主として記録する学問である。通常、地理的にも文化的にも西洋から遠く離れた現場にあって、ヨーロッパ文化の規範的視点からみて、異質だと見なされる事柄を扱う。人類学は、ヨーロッパの拡張に伴って生まれた開拓前線に沿って遭遇する様々な人々を研究する博物学に類似した学問である。

　したがって、人類学という用語は、その内に民族誌をも包含し得るような幅の広い学問領域を指して用いられる。この学問が起った時、既存のものに替わる文化は、ヨーロッパ文化とそれらを区別する**異国**

風 (**exotic**) といった概念を通じて、もしくは文化の階層を打ち立てる上で明らかに**植民地言説 (colonial discourse)** に有益な概念でもある、ダーウィンの (Darwinian) 人間「発達」('development') 段階説に基づく原始の概念を通じて、構築された。このために、人類学と民族誌言説は、原始的**他者 (others)** を構築する西洋言説の権力を示す古典的な例として、ポストコロニアル・テクストの中でしばしば批判されてきた。

他方、民族誌の支持者にとって、民族誌は「起こっていることを目撃し、話されていることに耳を傾け、様々な質問を投げ掛けることで、長時間に及び人々の公私にわたる日常生活に関わろうとする」[ハマースリー (Hammersley) とアトキンソン (Atkinson)、1983 年、2 頁] 民族誌学者による一つの社会的な研究方法であり、したがって、ある特定の社会的、文化的集団の理解へと導いてくれるものは、「現地で」('on location') 資料収集に当たる当事者の観察形式に他ならない。

しかし、民族誌に対する批判によれば、これらの活動——目撃し、耳を傾け、質問を発し、収集するといったこと——のいずれもが、価値観に拘束されない中立的な行動でもなければ、当事者自身の文化の**言説 (discourse)** の仮説や規定を越えたものでもないのである。知識それ自体の概念でさえ、価値観に拘束されないことは有り得ない。というのも、何が (*what*) 知られているかは、どのようにして (*how*) 知られているかということに依っているからである。つまり、文化的知識は民族誌によって「発見される」('discovered') というよりもむしろ「構築される」('constructed') からである。実際、民族誌はそれ自体、一つの「学問」('science') として、被観察者を特別な方法で位置付けるために、つまり、彼らをヨーロッパの他者として**尋問する (interpellate)** するために、歴史的に存在してきたのだとする酷評も見受けられる。また、それほどではないにしても、かなり辛辣な批判 [例えば、アサド (Asad)、1973 年] の中には、植民地化によって研究領域が広がるとともに、民族誌学者によって植民地行政に情報が提供されるといった点で、人類学は植民地主義の単なる申し子などではなく、「植民地主義の双子の一方」('colonialism's twin') [ファードン (Fardon)、1990 年、6 頁] だと判定しているものもある。人類学は、帝国言説それ自体によ

って動機付けられるとともに、排斥や搾取の対象として正当化されるような被植民者に関する様々な解釈を再生したのである。リチャード・ファードン (Richard Fardon) は人類学と民族誌の役割を次のように強く批判している。

> 人類学が略奪的なヨーロッパ文化の内に深く埋れた様々な仮説を再生したのは必然的なことだった…自像の倒置化が普及し、地形であれ、肌の色であれ、部族であれ、また、その他の何であれ、それらに基づいてある種の虚構的共同体が形成された。啓蒙的ヨーロッパと釣り合いを取るために、私たちはアフリカという暗黒の中心を生み出した。私たちの理性的で統制的な西洋に対して、非合理的で官能的なオリエントを対応させた。私たちの進歩的文明は、オリエントの独裁者たちがその臣民を導いてゆく歴史的袋小路とは異なっていた。私たちの成熟の度合も、人類の幼少時代にみる無知無学と対比してみると引き立った。とにかく、私たちには若さや活気があったために、私たちの文明は、その華麗さが過去のものとなっている東洋の様々な文明とは区別されたのである。
>
> 巧妙に、いやさほど巧妙にではないにしろ、まったく愚かなことに、私たちは典型的な他者を生み出した。だが、今や、私たちはみずから掲げる鏡を覗き込み、そこに写る自分の気に入った姿にもはや惑わされることがないのを誇りとしている。束の間の転位も、それが権力に奉仕する想像力の策略であることから、その正体がはっきりしてきた。　　　　　　　　(ファードン、1990年、6頁)

さらに近年になって、民族誌それ自体にみる研究方法に関して、様々な活気に満ちた論争が行われている。例えば、「実証主義」('positivism') と「自然主義」('naturalism') に関する様々な主張者間の論争や、民族誌学者が**主体 (subject)** としてのみずからの立場をどれほど意識しているかといった、再帰性を巡る論争がそうである。また、現象学的方法論、もしくは民族感覚的方法論を採用するにあたって、構造主義者と民族誌学者の間で論争もかなり起きている。民族誌それ自体

の仮テクスト性を暴露する今日的な摘発方法がいろいろと現われて以来、民族誌は、世界における人間生活の状況についての客観的で模範的な陳述を生む能力に関する初期の様々な主張間に、根本的な矛盾が見られないかどうかといった問題をますます取り上げるようになっている。これについては、表現者と被表現者との権力関係を必然的に反映するような、特殊であるが故に限られた表現を通じてのみ、人間生活が把握され得るのだとする議論と関連していることは間違いない。

こうした表現や権力に対する問題への有力な反応として、民族誌はそれ自体で一個の作品であり、そのテクスト性という視点から取り組まれるべきだとするジェイムズ・クリフォード (James Clifford) の主張が見受けられる。クリフォードの論点は、植民地主義が消え去ることで、「西洋はもはや他者に関する人類学的知識の驚くべき調達者ではなくなる」[クリフォード (Clifford)、1988 年、22 頁] というもので、『文化を書く』(*Writing Culture*) の中で、検討すべきは、人類学者たちの慣例、特に、彼らの作品なのだとするクリフォード・ギアーツ (Clifford Geertz) の提案を彼は取り上げている。そして、民族誌にみられる解釈の仕方や創作方法を支配する四つの主たる領域をクリフォードは挙げている。それらは「言語、修辞学、権力、歴史」(クリフォード、1986 年、25 頁) だが、彼は最初の二つを強調し、民族誌というものがどの言説にも似て、一連の規則、禁止、仮説といったものをみずから生み出すが故に、文学批評にお馴染みの数々の解釈技法によって検証され得る一個の作品なのだということを明らかにしてゆく。

結局、クリフォードは、西洋の認識論的遺産から自由になろうとする民族誌の孕む力について楽観的であり、『文化の窮状』(*The Predicament of Culture*, 1988 年) の中で、そうした力を有する何冊かの民族誌的作品を概観している。民族誌的作品は「二分法や本質論を利用する還元主義者の方法を避けて通れないものの、少なくとも、歴史に無関心の超然とした「他者」を意識的に取り上げないように努めることは可能であろう」(クリフォード、1988 年、23 頁)。植民地事業にあって、民族誌がその初期の役割を果たしたにもかかわらず、分散化した民族誌的慣例、つまり、植民地の歴史を始め、民族誌学者の主体的立場に関わる様々な障害を考慮し、克服する民族誌的な作品形式の

必要性をクリフォードは説いている。「それは様々な民族にとって、相互の複合的で具体的なイメージばかりでなく、知識や権力と彼らとの関わりについてのそうしたイメージをも形成するのが以前にもまして重要なことである」(クリフォード、1988年、23頁)。こうした見解にみる一つの帰結が、その過程への**監視** (surveillance) を妨害し、地元住民の視点から知識を生み出そうとする局地化された民族誌という一形式なのである (ファードン、1990年)。

今日の民族誌は、観察者の立場や監視といった問題を取り上げるにあたって、有用で複合的な「密度の濃い」('thick') 描写を生み出す能力を強く主張する。対立陣営との議論にあって、人類学者の中には、大胆にも、批評家間の「差異」('difference') よりも文化間のそれを考慮すべきだと説く者もいる。例えば、広範囲に及ぶ多様な社会的慣例の研究が必要とされているにもかかわらず、依然として、その意味的構造において記入や伝達といった西洋の文化的概念に類似、もしくは相似した形式に集中しがちな文化研究というテクスト的にかなり方向の定まった学問などよりも、様々な文化にみる物質的な記入的要素の方をしかと認めていることを彼らは強調するのである。

また、人類学は、その主題の目標と範囲を人類学的に定義するにあたり、ポスト構造主義者の極端な批評が表現や識別に関する様々な問題と構築的に関わることによって、すべての「現地調査」('fieldwork')にみられる停滞状態に打ち勝とうとしてきた。特に、人類学は、都市圏内の様々な分派や部門に分かれた文化研究に新たな方向付けを与えることで、社会学的に「私たちを」('us') 扱おうとしたり、人類学的に「彼らを」('them') 捉えようとする考え方を打ち砕こうとしている。かつては対立しがちだった社会学や心理学や言語学などの学問との絆を打ち立てることで、今日の文化人類学は、「現地調査」や民族誌的記述といった基本的作業を観察者自身の文化と親密な関係にある社会や下位集団にまで持ち込もうとする。過去数十年にわたる民族誌的研究例――北アメリカの都市部の非行少年、英国の田園地帯における性の問題、英国の学校にみる労働者階級の若者などの研究――をみれば、社会的、文化的現象を理解する手助けとなるような印象的で意義深い記述も可能であることが理解されよう。

それ故、今日の民族誌は、それ自体の視点や役割を認知する方法を通じて様々な文化を解説し、識別することに関心を示している。民族誌の最近の発展について言えば、他の多くの人類学者に混じって、ケニア人 (Kenyan)、ナイジェリア人 (Nijerian)、南アフリカ人 (South African)、インド人 (Indian)、ブラジル人 (Brajilian)、インドネシア人 (Indonesian)、メキシコ人 (Mexican) 人類学者たちによるすぐれた研究例の輩出によって、こうした学問分野がますます国際化していることである。このことが、民族誌の本質的で哲学的な基盤に関する批判への解答とはならないまでも、近年になって、この学問分野への重要な貢献が、かつての研究「対象」('target') である様々な共同体の人々によって行われてきたという事実から、現代の民族誌的方法論を駆使することで、さらなる「自己回帰的」('self-ascriptive') な社会的、文化的分析模型が生み出される可能性に注目されるようになった。

[さらに、アパデュライ (Appadurai)、1991 年、アサド (Asad)、1973 年、ブーン (Boon)、1982 年、クリフォード (Clifford)、1986 年、1988 年、ファードン (Fardon)、1990 年、インゴールド (Ingold)、1996 年、ニーダヴィン・ピータシェ (Nederveen Pieterse)、1992 年、ストッキング (Stocking)、1983 年、トマス (Thomas)、1994 年などを参照。]

ethno-psychiatry / ethno-psychology 民族精神医学 / 民族心理学

植民地的状況下の 1920 年代から特に発展した古典的な**民族誌 (ethnography)** は、被植民者の表現に際して否定的な影響を与えた。「土着精神」('native mind')、もしくは「原住民の個性」('native personality') の模型を生み出す上で、精神医学や心理学の理論を適用したのがその原因だった。被植民者を支配するにあたり、植民地の様々な目的に適った特質を強調する文化の科学的模型を作る上で、民族誌が利用されたように、植民地移住者のようには統制力を発揮したり、責務を行使したりできない精神的「歪み」('sets') が「原住民層」('natives') の内に根深く存在するのを、民族精神医学によって示唆されることは可能であろう。だが、この疑似科学的な構築形式は、人種の概念の基礎ともなる様々な仮説に根ざしていた。つまり、指摘される様々な肉体的特徴こそ、心理や知性や行動に及ぶ人種間の差異を包埋していたのである。

様々な人種模型を精神医学のような流行的な言説と結び付けること

は、移住者が長期にわたり植民地化を目指す過程で母国の政府と争う羽目になるような、ケニア (Kenya) やローデシア [Rhodesia、現在のジンバブウェ (Zimbabwe)] といった土着民が数多く住む植民地では特に効果があり、役立つことがわかった。こうした議論は、原住民に自治政府を作る「用意ができている」('made ready') (そうした時期には、たいていの植民地に対する英国とヨーロッパの公式的な政府の政策が出来上がっていた) のか、それとも白人の専門的技術や援助に依存し続ける (移住者の立場が優先される) のかということにもっぱら集中した。この種の精神医学模型を支持する考えが、ファノン (Fanon) のような後期の反植民地主義者の理論によって利用されたのは皮肉である。ファノンは「土着精神」といった考え方を取り入れ、植民地の混乱は、原住民を欠陥のある劣等人間だと決め付けた結果であることを示すためにそれを用いた。もちろん、ファノンは植民地の民族精神医学模型の基礎をなす**本質主義者 (essentialist)** の考えを認めず、「原住民」('native') は自然界の範疇に属するなどといった考えを斥け、アルジェリアの精神医学病棟 (Algerian psychiatric wards) の患者たちにみる精神的欠陥が、植民地行政部の人種差別主義者による政策の結果であることを論証した。

[さらに、キャロザース (Carothers)、1953 年、ダンドラーデ (D'Andrade)、1995 年、ファノン (Fanon)、1961 年などを参照。]

Euro-centrism ヨーロッパ中心主義

ヨーロッパとヨーロッパの文化的仮説が正常なもの、当然なもの、また、普遍的なものとして意識的もしくは無意識的に構築されたり、想定されたりする過程のことである。ホセ・ラバサ (José Rabasa、1993 年) が説明しているように、ヨーロッパ中心主義の最初にして、おそらくは最も決定的な徴候は、メルカトル・アトラス (Mercator Atlas) の製作に用いられた具体的な投影図法、つまり、寸法分布にあたって、ヨーロッパの温帯地域を大々的に取り上げたことだった。世界地図は、単に発見された大陸の輪郭を客観的に描いているだけでなく、世界の様々な地域を開発して占有するという「空間のイデオロギー的、もしくは神話的具象化」('ideological or mythological reification of space') でもある。「世界の人たち」('the world') は、様々な地域がヨーロッパ人によって記入された後に初めて場所なるものの意味を会得したばかりか、ヨーロッパを地球、もしくは地図の最良部分に位置付けるのとは別に、こうした記入によって始めてイデオロギーなるものを確立したのである。しかも、それに付随したテクストや様々な挿し絵を通じて、ヨーロッパは空間的、文化的意味の源泉として、また、その判定者として、しかと中央集権化されることとなった。

18世紀までに、世界のそれ以外の地域文化に対する優越性の証拠として、また、それとの対立の内に構築された集合的「ヨーロッパ」('Europe') という概念は不動のものになっていた。その後、今日にみられるような集合的構築が、ヨーロッパの個々の民族国家、並びに、それらに特有の文化を台頭させるナショナリズムに対するそれまでにない不安な相反する感情を駆り立てるような緊張関係の内に出現したのである。18世紀に加速化し、19世紀になってその頂点に達したヨーロッパ人による未植民地域の植民地化により、ヨーロッパ中心主義は探検や征服や貿易を通じて積極的に奨励され、易々と受け入れられていった。大都市中心部とともに、植民地周辺地域において帝国権力が誇示され、学校とか大学のような植民地主義者によって設立された公共施設や行政機関や法律規定を通じて知的権威が主張されることで、ヨーロッパの制度や価値観は土着民のそれよりも生来的に勝ったものとして確立された。

エドワード・サイード (Edward Said) の『オリエンタリズム』(*Orientalism*) は、ヨーロッパ中心主義が他文化にどのような影響を及ぼし、変更を加えるかといったことばかりか、現実に他の文化を作り出してもゆくことを詳しく述べている。**オリエンタリズム (Orientalism)** は、「ヨーロッパ人の西欧的体験にあるオリエントの特殊な地位に基づくオリエント」[サイード (Said)、1978年、1頁]、もしくは「オリエントを支配し、再構築し、そこに権威を及ぼすための西欧的様式というものに片をつける一つの方法」(サイード、1978年、3頁) である。サイードの意見によれば、こうした権威はポスト啓蒙主義時代にあって、ヨーロッパ文化がそれによってオリエントを構築し、統制することのできた一つの系統的な「学問」('discipline') の所産に他ならなか

った。

　ヨーロッパ中心主義は、文学研究では文学的普遍性といったような概念によって、また、歴史の分野にあっては、勝利者の視点から書かれた権威的解釈によって、さらに初期の人類学にあっては、「原始的」('primitive') と定義されるが故に、発展や文明を掲げるヨーロッパ的規範とは対立することになる社会こそが、まさに人類学的資料となるといった考え方に含まれる様々な無意識的仮説によって隠蔽されてきた。文化批評家の中には、古典的で改正されることのない学問形式である人類学は、あまりにも植民地化と深く関わるようになった結果、知識や文明に関するヨーロッパ中心的な概念をより重要視せずには生き残れなかったであろうと論じる者もいる。また、ヨーロッパ中心主義は、その優越性が仮定されるばかりか、普遍的で客観的な一連の価値基準への準拠が認められ、もしくは想定される西洋の数学や地図作成法や芸術やその他の数多くの文化的、社会的慣例はもとより、伝道教育や伝道行為にみるキリスト教の様々な仮説や慣例の内にも浸透しているのである。

　[さらに、フェロ (Ferro)、1997 年、ラバサ (Rabasa)、1993 年、ショハト (Shohat)、1994 年などを参照。]

exile 追放、異境生活

　追放状態には、文字通り、本国や文化的、民族的出所を離れ、遠方に身を置くという考えが含まれている。批評家のアンドリュー・ガー (Andrew Gurr) は、不本意な強制移住を意味する追放と自発的な行動、もしくは状態を暗に意味する国外移住 (expatriation) との間に一線が引かれるべきだと述べている [ガー (Gurr)、1981 年]。ある意味で、(多様な植民地住民の中で) 自由移民の第一世代だけは、追放者というよりはむしろ国外移住者 (expatriates) と見なされよう。植民地で生まれた人々にとって、(ある種の自発的な状態と定義される) 国外移住という考えは訂正される必要がある。しかし、ガーの述べているように、その用語が「出所」('place of origin') に戻れない人々だけを指すのならば、それは多種多様な植民地的状況にみる一つの特徴ともなろう。例えば、それは「生粋の」('native-born') 植民者子孫が、遠方の地を「本

国」('home') として構築する際に体験する精神的な緊張状態を説明する手掛かりとなるのである。

　そのような生粋の植民者が、都市化した植民地をどれほど執拗に「本国」と見なすのかは、もちろん、「移住者−侵入者」('settler–invader') 植民地と占領植民地とでは異なっている。しかし、**人種 (race)** や**民族 (ethnicity)** に関する言説は、「生粋の」植民者に特別な地位を認めるべきだとする要請とは抵触するといった特徴を共有している。移住者植民地にあって、「生粋の」植民地住民は、キプリング (Kipling) の生み出した作中人物であるキム (Kim) のように、内部の人間として認められたいと思うとともに、「原住民」('native') との「人種的」('racial') 差異を保持しようと努める。移住者もまた往々にして不在本国との絆に依存することで、「原住民層」('natives') との人種的差異を保持することを望んだのである。彼らが新たな場所に特別な執着を示す時、移住者植民地言説にみる「アイデンティティ」('identity') といった問題に絶えず最大の関心を払う上での様々な緊張が生じるのである。この過程を説明している古典的なテクストとして、オーストラリアの女性作家であるヘンリー・ハンデル・リチャードソン (Henry Handel Richardson) の小説『リチャード・マーニーの運命』(The Fortunes of Richard Mahony、1917 年) が挙げられるが、その主人公はオーストラリアとヨーロッパを行きつ戻りつしながら、どちらの場所にも帰属意識を持てず、結局のところ、彼のアイデンティティは曖昧なままである。

　世界中にかなりの数の**離散した (diasporic)** 人たちが存在することから、「追放」という概念はいろいろな問題を孕むことになる。このような離散者集団にとって、「本国」は一体何処に位置するのだろうか？　生誕の地 (nateo) にか、それとも当人が産み落とされた文化的共同体 (cultural community) という転位場所にか、それともこうした離散者共同体が位置する民族国家 (nation-state) の内にであろうか？　様々な離散者集団にみる異なった文化的、地理的、言語学的出所の境界を横断する新たな民族の出現によって、これらの範疇はさらなる問題を孕むことになる [例えば、肌の黒い英国人 (Black British)、ホール (Hall)、1989 年を参照]。

また、別の点から言えば、追放は植民地主義によって引き起されたとも言えよう。というのも、多くの被植民者にみずからの文化や言語や伝統を捨て去るようにとの圧力が掛けられたからである。「白人だが、惜しいことに」('white but not quite') と言われた「中間」('in-between') 階級の出現は、しばしば植民地の慣例を故意に特色付けるものとなった。ガウリ・ヴィシュワナータン (Gauri Viswanathan) の説明によれば、それはインドにおける教育制度の発展の基礎となり、やがてマコーリー (Macaulay) の悪名高い「インド人教育に関する覚書」(Minute on Indian Education) を生むことになった [ヴィシュワナータン (Viswanathan)、1989 年] ばかりか、それはまた西アフリカに住む数多くの混血の知識人の状況でもあった [デ・モラエス＝ファリアス (de Moraes-Farias) とバーバー (Barber)、1990 年]。ナショナリストの急進的な政治戦略にみずからの立場を売り込もうとする可能性が、植民地教育を受けた「原住民層」に認められるとしても、彼らが追放という深刻な状況に苦しまなかったとは言えないのである。局地への移転、もしくは追放といった状況は、時として新たな社会的、文化的慣例を発生させ、古き慣例に疑問を呈するのに一役買うことになろう。

[さらに、ガー (Gurr)、1981 年を参照。]

exotic / exoticism 異国の / 異国風

「異国の」('exotic') という言葉は、「外来の、外国から導入された、外国産の」('alien, introduced from abroad, not indigenous') といった意味で、1599 年に初めて用いられた。1651 年までに、その言葉は「風変わりな、外国の領土」('an exotic and foreign territory') とか「奇抜な習慣や態度」('an exotic habit and demeanor') といった意味を有するようになった [『オックスフォード英語辞典』(*OED*)]。名詞として、それは「外国人」('a foreigner') とか「風土に慣れない外国産の植物」('a foreign plant not acclimatised') を意味していた。

だが、19 世紀になって、帝国を通じて「異国の」、「外国の」という言葉は刺激的でわくわくさせるような一つの差異、つまり、内地的なものに (うまく) 芳趣を添えるといったことに伴う暗示的な意味合いをいろいろと帯びるようになった。これらの用語にみる基本的概念は、

外国から国内経済に風変わりなものが導入されることを意味している。ヨーロッパ人による最も初期の航海時代から、異国の鉱物、加工品、植物、動物などが持ち帰られ、博物館で展示されたり、個人の収集物として陳列されたり、標本動植物が王立植物園 (Kew Gardens) とかその時代に誕生した数多くの民間や公共の動物園で培養された。また、他の文化圏に属する人々がヨーロッパの大都市に連れて来られ、上流社会の社交招待会で紹介されたり、人気のある見世物として広く興行された。ソサエティ諸島 (Society Islands) のオマイ (Omai)、オーストラリアのベネロング (Bennelong)、そして後になって、南アフリカの「ホッテントット・ヴィーナス」(Hottentot Venus) などがヨーロッパのいろいろな首都で珍種として陳列された。植民地の先住民ばかりか、異国体験をした人たちも公然と披露されることを承認した。例えば、イライザ・フレーザー (Eliza Frazer) は、その乗っていた船が難破し、オーストラリア先住民部落で生き残り、野蛮人と共に暮らした体験のある女性として大衆の前にその姿を現した。

しかし、重要な点は、レナータ・ワッサーマン (Renata Wasserman) の示唆したように、「王宮で披露されたインド人とかシチメンチョウ、それに籠に入ったオウム」('Indians exhibited at Royal courts or turkeys and parrots in cages') などの珍品は異国の他者を指す「無邪気な記号表現」('innocent signifiers')、つまり、彼女の言葉を借りて言えば、「まったく体系的でない」('non-systematic') が故に、何ら脅威にはならないものの、ヨーロッパ人の想像力を掻き立て得るようなものであったことは間違いない [ワッサーマン (Wasserman)、1984 年、132 頁]。こうした異国産の珍品はその地理的、文化的背景から切り離されることによって、それらを導入した社会がそれらの上に投影したものをことごとく表現していたのである。大都市における異国産の珍品は、帝国がそれ自体の権力や豊かさを誇示する上での重要な要素だった。

英語、並びに、英語によって意味付けられた帝国の文化的概念が、例えば、英語教育を通じて植民地の現場にまで運び込まれても、それらの場所とか民族とか自然現象とかにあてがわれた異国風の属性は変わることがなかった。したがって、例えば、カリブ海域諸島 ('Caribbean') や北クイーンズランド (North Queensland) の学童たちは、自分たちの

学ぶ英語のテクストに従って、「移植された」('naturalized') カシやイチイのような木を内地産として扱ったばかりか、土着の植物を「外来植物」('exotic') と見なし、また、そのように記したのである。

[さらに、セレスティン (Célestin)、1996 年、ニーダヴィン・ピータシェ (Nederveen Pieterse)、1992 年、トマス (Thomas)、1994 年、ワッサーマン (Wasserman)、1984 年、1994 年などを参照。]

exploration and travel 探検と旅行

　ヨーロッパからの脱出を目的とする、地球の他地域へのヨーロッパ人の探検は「東洋」('east') への陸路と、地中海を横断し、大西洋に至る海路を利用することによって始った。初期の伝説的な航海箪や暗黒の中世におけるヴァイキング (Vikings) のような民族による広範囲に及ぶ大陸間旅行に関する歴史的証拠は数多くあるものの、ヨーロッパ人が地中海という在来の外辺地域を越えてまで旅行するのは、初期ルネサンス時代にあって一つの偉大な跳躍であったように思われる。これは一つには、中東と極東のイスラム教徒の支配力が衰えたことにより、『モンゴリカ平和』(Pax Mongolica) の下に中国までの進行が旅行者 [マルコ・ポーロ (Marco Polo)] にとって可能になったからである。今一つは、効果的な航海補助道具や地図作成 (**cartography 地図作成 (法)** の項を参照) の技術が進歩したためである。これらのおかげで、ポルトガル人やスペイン人から成る初期の航海探検家たちはさらに危険を冒して遠くへ乗り出した。彼らは沿岸からあまり離れることのなかった15世紀の航海法とは異なり、大西洋に乗り出すことで、ヨーロッパ人の占領植民地の中でもおそらくは最初期のものである、沖合いのカナリヤ諸島 (Canáries) やアゾレ諸島 (Azores) を発見し、16 世紀初頭にはそれらを占領した。

　しかし、そうした肉体を駆使しての探検と同じく、「旅行」('travel') もまた他の民族や場所を想像的に構築することから始った。現実の探検的航海と中世の想像的慣例に根差した虚構的な他者表現との混在状態は、18 世紀に行われた世界一周航海や、19 世紀に敢行された大陸奥地への広範囲にわたる旅行を通じてだけでなく、それらを超えて存続した。もちろん、そのような旅行にみる探検や発見といった考えは

きわめてヨーロッパ中心的である。というのも、探検家が意図的に発見したものはすでに地元の土着民には知られていたからである。土着民の多くが、白人の探検家を地元の歴史的建造物や河川や生存の糧である食糧の源泉地へと連れていった。だが、こうした発見はヨーロッパ人探検隊の努力によるものだとされ、まるでそのような場所が前もって存在しなかったかのように見なされた。

　ルネサンス期の航海を通じて、土着民の所有物が広範囲にわたり略奪された。厳密に言って、その時期の旅行や探検は何の恥じらいもないままに営利的かつ搾取的な目的で行われた。しかし、18世紀には新たなタイプの旅行者が次々と現われた。特に、それまでにない地理学的、生物学的情報を得んがための、科学的知識を身につけた旅行者や、キリスト教を広めるためにせっせと旅に出かけ、科学的知識を有する探検家にも似て、足を踏み入れた世界の人々との相互的な交わりが本質的に相手のためになると考えた宣教師の出現は注目に価しよう。最初のうち、これらの新たなタイプの旅行者は往々にして、貿易会社の援助を受けたり、政府遠征隊に所属したりしていたのだが、やがて彼らは王立地理学協会 (Royal Geographical Society) とか様々な伝道協会 (Missionary Societies) のような、自分たちの仕事を支援してくれる独立した科学的、宗教的組織を急速に発展させた。このことにより、彼らは表向き営利的な軍事的遠征隊とは一線を画し、強欲な商人や軍事的遠征の征服勢力とは異なる無害な知識追求者としての役を演じたのである。

　しかし、彼らの旅行や旅行記は、うわべは事実に基づいているにせよ、虚構的な潤色が施されているにせよ、結果的には営利的搾取や征服と同様に、「人の心を捉えるような」('capturing') ものだった。また、現実に「アフリカの開発」('the opening up of Africa') という文句に示されているように、それらは介入や搾取といった行為をあからさまに助長することになった。さらに、こうした文句は風景の性化や、性と探検や征服との結合を暗示している。貿易や定住のための探検を通じて「処女地」('Virgin territories') (決して純潔ではなく、野蛮だと見なされた原住民には法的な所有権が認められなかった) が開発され、原住民はヨーロッパ人の移住者共同体にあってまったく相手にされず、

殺戮されたり、移住させられたりした。極端なことを言えば、オーストラリアでは、ヨーロッパ人にとって容認できるような組織体をしかと有していない住民の土地は文字通り、無人の、誰のものでもない土地 (terra nullius) と見なされた。

　ヨーロッパ人の旅行記や英国学士院 (Royal Society) に報告された探検記事は、ヨーロッパそれ自体に関する様々な思想を生み出し、それらを維持するのに役立った。それらの思想は探検され、報告され続けた様々な場所や文化に対するヨーロッパ人の差異感に基づいて組み立てられたものだった。これらの様々な集団による探検的旅行を通じて生まれた知識は、新たな領地支配の核心に据えられた。一旦、「探検され」('explored')、その結果、「よく知られる」('known') ようになると、それらの地域は次々と植民勢力によって所有され、その支配下や影響下に置かれて分類された。そのような旅行記は、すぐに『あらし』(Tempest) や『ガリバー旅行記』(Gulliver's Travels) や『ロビンソン・クルーソー』(Robinson Crusoe) のような作品にみる多様な虚構的形式の内に取り込まれた。事実、多くの批評家は『ロビンソン・クルーソー』を最初の現代小説と見なし、こうした新たな力強いジャンルの発展が、新たな土地の発見やそれに伴う想像力の変質と密接に関連し合っていると述べている [ワット (Watt)、1957 年とサイード (Said)、1993 年を参照]。

　よく論じられることだが、今日の観光旅行も多くの点で探検によるこうした領土拡大と繋がっている。旅行者は本国では得られない体験を求めて「他者」('other') の領土に足を踏み入れる。初期の観光旅行は、それ以前の探検時代における探検を下手に真似たものだった。例えば、ヴィクトリア朝の紳士や淑女の団体は、アルプス山脈の中でも低い山とかウェスウィウス山 (Vesuvius) の傾斜面を探検した。現代の観光旅行は、冒険とかサファリ旅行といった今日的な形式と、その体験が概して型に嵌められ、一括化され、容易に消費できる商品に還元されるような快適な観光旅行といった集団形式とに分かれると言ってよい。旅行者は表向き、これまでに見たこともないものを捜しているようだが、実際にはすでに知られているものを求めているのである。初期の旅行者の体験が、何世紀にもわたる迷信的想像によって育まれ

た様々な期待によって彩られていたように、現代の旅行者も、**異国風** (**exotic**) のものとしてすでに提供されている類型的体験を見出すために旅をするのである。(シュロの木、白い砂浜などのような) 類型的な異国的差異を表わすものが見当たらない場所では、いわゆるリゾート開発の一部としてそれらがもたらされることになる。熱帯地方といった概念は、貧困や搾取ばかりか、蚊や熱帯樹の生い茂る湿地帯や毒性動物群などの不快な実状を含み得るような地理上の現実をもはや指してはいない。それは一つの想像的構築物と化していて、その背景でもある実際の場所とではなく、ヨーロッパ人の幻想と深く結び付いていた。したがって、外部の諸制度や多国籍企業に低開発諸国の経済システムを構築させるばかりか、それらに余儀なく依存させてしまうような文化的、経済的支配の過程の一部として、観光旅行もその役割を果たすのである。(**neo-colonialism 新植民地主義**の項を参照。)

　[さらに、ハガン (Huggan)、1989 年、キンケイド (Kincaid)、1988 年、ミルズ (Mills)、1991 年、プラット (Pratt)、1992 年などを参照。]

F

Fanonism ファノン主義 (critical Fanonism 批判的ファノン主義の項も参照)

　マルティニク島人 (Martiniquan) の精神病医学者フランツ・ファノン (Frantz Fanon、1925-1961 年) の案出した用語で、植民地解放主義者による批判の中でよく用いられる。アルジェリア (Algeria) での仕事を通じて、ファノンはアルジェリア解放運動に積極的に関わるようになり、人種差別政策や植民地主義に関する重要な作品を数多く残した。これらの中に含まれる『黒い肌、白い仮面』(*Black Skin: White Masks*、1952 年。1968 年に英語に翻訳される) は、人種差別政策や植民地支配に関する心理学的研究と言ってよい。彼は死の直前に、**反植民地 (anti-colonial)** 感情がどれほど**脱植民地化 (decolonization)** の引き金になるかといった、より理解の行き届いた作品『地に呪われたる者』(*The Wretched of the Earth*、1961 年) を出版した。ファノンはこれらのテクストの内に、被植民者の精神への植民地支配の影響に関する臨床的研究と、マルクス主義者としての分析から導き出した社会的、経済的統制に関する様々な洞察をうまく纏め上げた。こうした統合的な作業によって、**仲介人 (comprador)** 階級、すなわち、白人の植民地支配階級と様々な役割を交換するだけで、社会の根本的な再構築に携わろうとはしないエリートに対する自分の考えを発展させたのである。これらの仲介人の黒い肌は、白人の植民地勢力にみる様々な価値基準との共謀によって「覆い隠された」('masked')。土着の知識人こそ、住民と住民の価値基準を基盤とした社会を根本的に再構築すべきだ、とファノンは主張する。

　しかし、トリニダード人 (Trinidadian) の C. L. R. ジェイムズ (C.L.R. James) やケープ・ヴァーディーン (Cape Verdean) のアミルカル・カブラル (Amilcar Cabral) のような初期の民族解放主義者 (National Liberationist) たちのように、ファノンは植民地化以前の状態への復帰

といった素朴な見解を打ち出さなかった。ファノンのナショナリズムは、エドワード・サイード (Edward Said) が『文化と帝国主義』(*Culture and Imperialism*) の中で、「批判的ナショナリズム」('critical nationalism') として定義したものに他ならず、植民地化以前の社会は決して単純でも同質的でもなく、そこには社会的にみて急進勢力による改革が必要とされるような偏狭な階級や性の構造が含まれているという認識の内に、それは形成されたのである。サイードも述べているように、「(ファノンの) 考えというのは、国家的意識がその成功の瞬間に、多少とも社会的意識に変わることがなければ、未来は解放に繋がらず、帝国主義の延長に過ぎなくなるというものだった [サイード (Said)、1993 年、323 頁]。ファノンは植民地教育を受けたエリートの一員だったものの、「今やまさに具体化しつつあり... すべてが疑いを差し挟まれる前兆となるようなそうした変動的活動に人々を参加させる」のが民族解放者としての彼の仕事だった。[ファノン (Fanon)、1952 年、168 頁] (**cultural diversity / cultural difference 文化の多様性／文化の差異**の項を参照)。

　ファノンは時には、**土着主義 (nativism)** という素朴な形式を旗印に掲げるものの、現代の**ポストコロニアル国家 (post-colonial state)** の建設にあたっての役割についてはもとより、伝説や植民地化以前の状態に対しても一層複雑な見方をしていた。もちろん、新たな国家指導者たちが、「植民地時代以前に存在した文化を情熱的に探し求めるにあたって、無力感に陥れられる危険のある西洋文化から身を引き、植民地化以前の最古の原動力を取り戻そうとする数多くの土着の知識人によって共有される不安の内に、正当な理由を見出すことになる」(ファノン、1961 年、153-4 頁) といった事実をファノンは認識し、それを力強く主張したのである。だが、彼はまたそうした過去が容易に神話化され、みずから警告していたように、解放者を装う新たなエリートの権力集団を生み出すことに利用されるという危険にも気付いていた。

　　一国の文化というのは伝説でもなければ、国民の真の性質が必ずやそこに見出され得ると思われるような抽象的な人民主義でもない。それは国民の目先の現実にあまり結び付くことのないような

活動、つまり、滞留している屑のような不必要な活動から成り立っているのではない。一国の文化とは、当の国民がそれを創造し、保持せんがための活動といったものを記し、正当化し、称賛するために、思想の領域においてみずから果たすことになる努力の全体である。　　　　　　　　　　（ファノン、1961年、154-5頁）

　ファノンは歴史の分析を通じて、被植民者を**ヘゲモニック (hegemonic)** に支配する可能性を生み出す上で、植民者の主体的意識の役割、並びに、政治的独立に伴う**新植民地の (neo-colonial)** 社会の重要性を見失わなかった。彼は「肌が黒いという事実」('The Fact of Blackness'、1952年) といった論文で、偏見に満ちた言説に窺われるような肌の色に基づく人種的差異の重要性とともに、黒人の自己構築に対して、こうした言説が与える強烈で明確な心理的影響を取り上げた。1960年代に英米で起こった**黒人としての (政治的) 自覚 (black consciousness)** を呼び掛ける運動は、その多大な示唆をファノンの作品から得ていたが、その運動に関するいくつかの言説の中で、彼はこのような問題に立ち向かうための急進的企てについて何度も言及している。アミルカル・カブラルのような後の理論家たちは、「文化的進歩への真に強制された行進」[カブラル (Cabral)、1969年] といった記憶に残るカブラル自身の文句の内に、土着の知識人の徹底的変質を計る上での一層効果的な政治的計画を見出した、と論じられてはいるが、ファノンのきわめて影響力に満ちた独自な貢献は、特殊で個人的な要素と一般的で社会的なそれとを取り混ぜたことにあったと言えよう。

　[さらに、ファノン (Fanon)、1952年、1959年、1961年などを参照。]

feminism and post-colonialism フェミニズムとポストコロニアリズム

　フェミニズムは二つの大きな理由で、ポストコロニアル言説にとって特に重要である。最初に言えることは、家長制度も帝国主義も共に、それに従属する人たちに同じような形式の支配力を揮うということである。したがって、家長制度下の女性と被植民者の体験は多くの点で似ていることから、フェミニストもポストコロニアル政治も共に、そ

のような支配に抵抗することになる。次に、性差、もしくは植民地の抑圧が女性の生活において重要な政治的要素となるかどうかを巡って、激しい議論が多くの植民地化された社会で闘わされてきた。そのため、時には西洋のフェミニストと貧困で抑圧された国の出身の政治的活動家とは分断されることになった。しかし、別の側面から言えば、両者は分かち難く絡み合っていて、植民地支配の状況が両社会における女性の立場に様々な物質的影響を与えてきたのである。このことから、帝国主義と植民地主義の慣例の内に、性差の構築とその活用に関するさらなる考慮が求められるようになった。

ポストコロニアリズムと同じく、フェミニズムも往々にして、アイデンティティの形成や**主体性 (subjectivity)** の構築にとって表現と言語が、どのように、また、どれほど重要であるかということにずっと関わってきた。双方にとって、言語は家長や帝国権力を覆すための一つの手段であり、双方の言説も、みずからに押しつけられる言語形式に対してさらなる真正な言語形式を仮定することで、本質主義者の議論に訴えてきたのである。双方の言説は受け継がれた言語との一体感を共有していないが故に、植民地化以前の言語とか女性言葉とかを通じて言語学的真正性を回復しようとしてきた。しかし、フェミニストも被植民者も共に他の従属民と同様、支配的言語や重大な慣例を覆し、改変するのに**占有 (appropriation)** という方法を利用したのである。

フェミニストの理論とポストコロニアリズムを扱ったテクストは、様々な支配に対する抵抗戦略を提供し合うばかりか、アイデンティティや差異、並びに、支配的言説による被支配者への尋問といったことに関する理論と多くの共通点を有している。フェミニストにみる「肉体の描写」('writing the body') とポストコロニアリズムにみる「場所の描写」('writing place') との類似性、両性具有性と文化的混合性に関する様々な戦略間の類似性、それにナショナリズムへの訴えといった点にも類似点が認められよう [アッシュクロフト (Ashcroft)、1989 年]。

1980 年代になって、多くのフェミニズム批評家たち [カービー (Carby)、1982 年、モハンティ (Mohanty)、1984 年、スレーリ (Suleri)、1992 年] は、女らしさとか優しさとかいった女性の特質を普遍化する上で、性差によって文化の差異を乗り越えられると判断した西洋のフ

ェミニズムこそ、中産階級というヨーロッパ中心的な基盤に立つ普遍主義者の密かな仮説に基づいているのだと論じ始めた。したがって、フェミニズムは第三世界 (Third World) の女性の体験を説明することも、それについて適切な対処の仕方を見出すこともできずにいるといった嫌疑を受けたのである。このように性差に関する様々な論点が排出したおかげで、**階級 (class)** に関心を持つ人々も同じような問題に直面することになった。例えば、モハンティは次のような仮説を批判している。

> その仮説とは、私たちすべての同性が階級や文化を横断して、社会的な分析過程に先立つ独自の同性集団を多少とも形成しているというものである…したがって、漫然と誰もが認めるところの一集団としての「女性たち」('women') の均質性は、歴史的にみて女性集団に特異な物質的現実と間違えられるのである。(モハンティ、1984 年、338 頁)

ドマティラ・バリオス・デ・チュンガラ (Domatila Barrios de Chungara) の『私に語らせて』(*Let Me Speak*) の中で、政治的闘争というものが、数々の女性集団にみる物資的現実のせいでとても違った風に認識されるようになったことが示されている。1975 年に、彼女がメキシコシティ (Mexico city) で開催された国際婦人年世界会議 (International Women's Year Tribunal) に招かれた時、その法廷のフェミニストによる議題とボリビアの (Bolivian) 錫鉱山での弾圧に対する彼女自身の政治的闘争との差異がとても明らかになった。彼女の意見では、その会議における「行動の世界計画」(World Plan of Action) は「ラテン・アメリカの女性たちにとっての基本的な諸問題に触れていない」(バリオス・デ・チュンガラ (Barrios de Chungara)、1977 年、201 頁) としている。家長的、経済的、人種的抑圧の間にみられる重複部分をうまく処理するのは常に困難である。また、第一世界 (First World) と第三世界の女性にみる政治への関心度の差異は現在まで存続している。こうした差異は、原理上の差異というよりもむしろ主眼点や戦略のそれであるように思われる。というのも、社会的抑圧は相互

に関連しているため、すべての女性たちの生活が物質的に影響を受けることになるからである。

　さらに近年になって、性差の範疇がさらに大規模な植民地住民団の内にあって時々、無視されるばかりか、ポストコロニアル理論でさえも、被植民者という単一の範疇を構築する上で性差を除外視する傾向にあるのを、フェミニズムは気に掛けている。植民地主義は女性に対するのと、男性と対するのとではかなり違った働きかけをするので、女性が植民地住民として一般的に差別されるとともに、女性に固有の差別をも受ける結果として生ずる「二重の植民地化」('double colonization') を植民地抑圧に関するいかなる分析の内にも取り入れるべきだ、とこれらの批評家は論じている [スピヴァック (Spivak)、1985年a、1985年b、1985年cと1986年、モハンティ、1984年、スレーリ、1992年]。反植民地的ナショナリズムにみる植民地独立後の慣例でさえも、この種の性差の偏見から自由ではないし、往々にして、旧来の住民、もしくは植民地化以前の住民の構築に際しても、「土着の」('native') の女性たちをきわめて大人しく従順だと誤って決めつける今日の男性主義者の根本理論によってかなり歪められているのである。

　帝国拡張の一つの結果として、人種と性差の関係を明らかにした記事の一つに、サンダー・L. ギルマン (Sander. L. Gilman) の「黒い肉体、白い肉体」('Black bodies, white bodies'、1985年) がある。これは19世紀ヨーロッパの芸術、医学、文学などの世界へのアフリカ人の参入が、まさに性的特色を付与された女性の肉体を構築するのにどれほど寄与したかを明らかにしている。男性であれ、女性であれ、黒人の召し使いが、違法とも言える性的活動の徴候として定期的に絵画や戯曲やオペラにその姿を現わした。「男性であれ、女性であれ、19世紀までに、黒人は一般的にみて常軌を逸した性的関心における一つの偶像となった」[ギルマン (Gilman)、1985年、228頁]。さらに、「黒人女性の性的素質に関する今日の科学的な言説が検証されたことで、黒人女性と性的特色を付与された白人女性との性的行動にみる関係は新たな次元に入ることになった」(ギルマン、1985年、231頁)。イングランドを観光中に見物させられる、悪名高いホッテントット・ヴィーナス (Hottentot Venus) のような異国趣味を掻き立てる猥褻な女性裸像は、

人種的他者を表わす様々な記号が (常軌を逸した) 女性を構築するのにあずかって力のあることを示す格好の例と言えよう。

　移住者植民地では、女性の肉体というものが、限度を越えた性的関心の一部として露骨に構築されることはなかったものの、往々にして種々の権力言説の依って立つ現場と化した。ホイットロック (Whitlock) のような批評家たちが論じているように、女性の肉体は性的関心の対象としてではなく、生殖的に扱われるものとして、つまり、その役割が新植民地における白人移住者の人口を増やすに必要な、文字通りの「帝国の子宮」 ('wombs of empire') として退化的な認められ方をしたのである。

　[さらに、アレクサンダー (Alexander) とモハンティ (Mohanty)、1977 年、ドナルドソン (Donaldson)、1993 年、ホルスト＝ピーターセン (Holst-Petersen) とラザフォード (Rutherford)、1985 年、ハイアム (Hyam)、1990 年、マクリントック (McClintock)、1995 年、メイヤー (Meyer)、1996 年、ラジャン (Rajan)、1993 年、ホイットロック (Whitlock)、1995 年、ウィンター (Wynter)、1990 年などを参照。]

filiation / affiliation 親子関係、血縁関係 / 養子関係、連帯関係

　この一対の用語は、エドワード・サイード (Edward Said) のおかげで特に注目を浴びるようになった。伝統的社会にあって、人々を結合させる力として機能していた「親子関係」(もしくは世襲財産とか相続) の諸形式は、複雑な現代文明の中で保持されるのがますます困難となり、「養子関係」の諸形式に取って代わられつつある、と彼は述べている。親子関係がその本質において家系主義を意味しているのに対して、養子関係は文化を通じての同一化過程を指している。

　サイードは、養子関係的視点を一般的な批評原理としても奨励している。というのも、それによってテクスト同志が血縁的関係の内に存続するといった偏狭な見方から解放されることで、テクスト自体がそうした「世界」('world') に依拠する必然性を批評家はほとんど問題にする必要がなくなるからである。例えば、こうした用語の初歩的な使い方からもわかるように、文学というものが、先行する文学とのきわめて重要な (解釈学的) 関係にある自己永続的な作品と見なされることで、正規の英文学は血縁関係的な視点から取り組まれる傾向があったのに対し、連帯関係的な視点に立つ解釈によって、世界の一現象とし

filiation / affiliation 親子関係、血縁関係 / 養子関係、連帯関係

ての文学作品は非文学的、非正典的、非伝統的な連帯関係から成る網状組織の内に位置付けられるのである。この意味で、養子関係というのは、テクスト内にこうした連帯関係的な過程を認めることで、ヨーロッパの正典にみる偏狭な根本理論からの脱皮を目指す新たなる批評の基盤として、肯定的に理解されよう。

テクストにみる血縁関係とは、テクストが互いに連続的で、継ぎ目もなく相似的に繋がり合っている空想的領分というものを暗示しているのに対して、連帯関係は、それによって一冊のテクストがそれ自体の価値を維持し得る状況を意味しているのである。つまり、テクストは「著者の地位、歴史的要素、出版状況、普及と受容、導き出される評価、想定される様々な意義や思想、合意の上で適用される様々な暗黙の仮説から成る構成、推測される背景など」[サイード (Said)、1983 年、174-5 頁] から成り立っている。連帯関係はその批評的視線をヨーロッパの正規の文学という偏狭な領域を越えて、こうした文化的構造に注ぐのである。「したがって、連帯関係的な網状組織を再形成するということは、テクストを社会や著者や文化に結び付けている数々の要素を明らかにするとともに、それらの物質性を回復させることでもある」(サイード、1983 年、175 頁)。テクストの孕む物質性へのこうした関心によって、英文学のテクストがどれほど**帝国主義 (imperialism)** という広大な政治的計画の内に巻き込まれているかを理解するのに、それらを「対位法的に」('contrapuntally') 読むことが、さらに必要とされるのである。現実の社会的、政治的世界への視点は、批評を始めとして、特に非文学的で非ヨーロッパ的な作品はもとより、すべての文学、すべてのテクストがそこに見出され得るような政治的作品の吟味にあたって役に立つのである (サイード、1983 年、21 頁)。「英文学」('English Literature') の言説と系譜的に繋がっていると思われるテクストも、今やそれが新たに生み出され、解釈される場としての歴史や文化や社会から成る網状組織と連帯関係にあることが理解されよう。

また、サイードは、様々な連帯関係から成る網状組織が植民地化された社会と帝国文化をどのように結び付けているかを記すために、その概念を利用した。文化的アイデンティティは「対位法的全体」

filiation / affiliation 親子関係、血縁関係 / 養子関係、連帯関係 127

('contrapuntal ensembles') として理解されることになる (サイード、1993 年、60 頁)。そして、帝国文化や植民地文化によくみられる隠蔽された様々な連帯関係が、**対位法的解釈 (contrapuntal reading)** に基づいて分析されるのである。植民地化された社会にあって、土着の文化的伝統との血縁的関係と、帝国にみる様々な社会的、政治的、文化的制度との連帯的関係とを入れ替える様々な方法を提示する上で、連帯関係の概念が有用なのは明らかである。連帯関係とは、「一方における様々な形式や陳述、それにそれ以外の審美的な詳述と、他方における様々な制度、機関、階級、無定形な社会勢力」(サイード、1993 年、174 頁) との間の独特な文化的提携から成る暗黙の網状組織を意味している。サイードはこうした考え方を、連帯関係的な網状組織それ自体がヘゲモニー的統制を機能させる場でもあるのを示唆するために、グラムシ (Gramsci) の説く**ヘゲモニー (hegemony)** の概念に結び付けているが、このことは特に帝国によって文化的統制が行われるような場合に明らかであろう。

　血縁関係の再生への傾向が連帯関係の内に見られることは、批評家の活動を越えた意義を孕んでいる。というのも、植民地化された社会では、連帯関係的な過程が絶えず作用していて、被植民者を植民者との血縁的関係の内に絶えず位置付けるとともに、両者を入れ替えようとする様々な仮説や評価や期待から成る網状組織が暗黙の内に形成されることになるからである。これは、連帯関係的な過程が植民地社会にあってその耐力を維持するための一つの方法である。連帯関係は、植民地化された「子供」('child') との血縁的関係の内に、親としての帝国文化のイメージをも呼び起す。したがって、血縁関係が連帯関係を生み出すとは言え、植民地化された社会ではその逆も真なのである。

　血縁関係から連帯関係への移行によって、特に支配的な帝国文化のヘゲモニー的権力が発動されるのは明らかである。血縁関係は人種上、もしくは系図上の祖先との絆に限られてはいない。血縁関係が孕む真の効力は文化的かつ心理的に継承されることになる。血縁関係こそ、表現を統制し、連帯関係的な網状組織をもたらす帝国主義言説の役割にみる一つの有力なイデオロギー的帰結なのである。それは帝国と植

民地との関係を構築する一つの基本的な方法である。というのも、帝国中枢部にみる文化的権力と国家機構の孕む持続的規則とが保持されるのも、こうした方法に依るからである。

[さらに、サイード (Said)、1983 年を参照。]

frontier 辺境、境界

　ある空間や民族を他のそれらから区別する辺境とか境界、もしくは制限区域といった概念が、植民地理論やポストコロニアル理論に登場するよりもかなり以前から広範囲にわたり用いられていたことは明らかである。例えば、1893 年にフレデリック・ジャクソン・ターナー (Frederick Jackson Turner) によって提案された、いわゆる「ターナー命題」('Turner thesis') とともに始まったアメリカ研究 (American Studies) において、広範囲に及ぶ辺境史の研究が行われた [テイラー (Taylor)、1971 年、フィルプ (Philp) とウェスト (West)、1976 年を参照]。ターナーの理論によれば、アメリカの発展は、アメリカ人の西部進行に伴う広大で自由な土地の出現にあったことから、辺境こそアメリカ人の民主的自由を本質的に保障するものだった。というのも、社会的状況が雇用を圧迫する度に、もしくは政治的抑制が自由を妨げそうになると、個人は辺境という自由な状況へと逃走することが可能だったからである。自由と平等の約束されている土地が、それを求める誰にでも開かれている時に、多くの人は安い給料に甘んじ、社会的反抗の姿勢を何時までも保持することに耐えられなくなるだろう、とターナーは信じた。また、開かれた辺境はすでに過去のものであって、アメリカ人は歴史の新たな章へと絶えず移動してゆくことになるとも述べている。

　全体として、彼の命題の正当性にもかかわらず (それは体験的にほとんど立証不可能なものとして厳しく批判されてきた)、アメリカ人の辺境体験が大衆文化の内に偏在してきたことの一つの結果として、合衆国でのアイデンティティの自己認識に際して、それが大いに助けとなったという主張に異議を差し挟む者はほとんどいないだろう。辺境というものが、何より西へ向かって移住者人口を膨張させる上での一つの具体的な力として、ターナーに認識されてはいたものの、いわゆる辺境の土着民たちがこうした膨張にほとんど関心を注いでいなかっ

たのはことのほか重要である。したがって、西方への伸展に対する素朴なアメリカ人の反応を、歴史家を始めとする人たちが近年になっていろいろと説明しているが、それらは自由と逃避の土地としての西部という支配的な神話を矯正する上で欠かせない仕事だと言ってよい。インディアンにとって、辺境体験はまったく異なった意味を有していた [バークホーファー (Berkhofer)、1978 年]。移住者としてのアメリカ人の自己認識に際して、そうした神話の重要性は、辺境という用語が孕む人気とかなり関係があっただろうし、辺境の研究はずっとアメリカ研究の主要な一分野でもあった。辺境といった用語を、現代の世界史にみる最も主要な比喩的語句の一つと見なすべきだとするマクニール (McNeill) のようなアメリカの現代史家によって、その用語は国際的に用いられるようになった [マクニール (McNeill)、1983 年]。

それにもかかわらず、ポストコロニアル文化におけるさらに近年の用法として、その用語は特に地元的な意味合いを帯びるようになった。植民地の辺境が生まれたのも、征服によって形成される統一体の境界を帝国言説が画定し、創出したからである。帝国地図には、定規によって画定された辺境が数多く載っていることから、植民地の**地図作成 (cartography)** が様々な場所や住民にみられる実際の特徴や差異を記録するだけでなく、それらを創出するためにも行われたことを物語っている。このように画定された空間を限定する辺境とか境界は、帝国的自己を想出したり、また、そうした「自己」('Self') を明確化しかつ評価してくれるような他者を生み出しては、定義すること [**他者化 (othering)**] に主たる特徴があった。「境界の向こうに」('beyond the pale') [ダブリン (Dublin) のプロテスタント教徒の孤立領土とその向こうに存在する野生的なカトリック教徒の土地との間の囲い地である、最も初期に定められた植民地アイルランドの辺境の一つを呼び起こそうとする比喩] 横たわる場所は往々にして、文字通り、他者の住む暗くて野蛮な野生的世界として定義されたのである。

文字通りの辺境ばかりでなく、帝国言説もまた様々な国境や辺境を比喩的に表現し、場所というものが常に認知され、入手したくなるような人種的、文化的、性的分水界の漠然としたイメージに過ぎないような範疇をいろいろと生み出すのである。「東洋は東洋であり、西洋

は西洋であって、この二つの世界は交じり合うことは決してないだろう」[キプリング (Kipling)、1889 年] とキプリングは書き留め、西洋人と東洋人の考え方の中には形而下的な国境というよりも、形而上的なそれが含まれていると述べている。文字通りの接合地点とも言える「スエズの東」('East of Suez') でさえも、形而下的に特殊な場所とは言えないようだ。というのも、いろいろな辺境や場所的範疇の換喩に過ぎない抽象領域にあって、様々な言説が移動し合体することから、隣接する辺境の地であるエジプトは違った時期にあって、ヨーロッパ文明の揺り篭とも、風変わりで恐ろしい東洋の中心地とも呼ばれてきたからである。

　辺境文明といった概念は、人間の自然状態への復帰によって、法律の規則や社会的恩恵の効力を失わせるような文明を暗示している。その時、辺境は**蛮行 (savagery)** の場所と化すのである。だが、そこはまた往々にして、男たち (故意にこの代名詞を使っているのだが) がみずからの存在価値を検証したり、無力化した文明人が新たな活力を取り戻す場所として想定されるのである [ロウ (Low)、1996 年]。こうした両価性は、移住者による辺境話が構築される度に生まれることになる。何故なら、文明といった概念は、粗雑ではあるが辺境世界に対する活気に満ちた見方によって是認されるとともに、批判されもするからである。女性による辺境話がさほどロマンティックではなく、しばしば日常の厳しい生存競争といった現実面を強調しているのは重要である [ムーディ (Moodie)、1852 年]。

　[さらに、ビリントン (Billington)、1966 年、マクニール (McNeill)、1983 年、フィルプ (Philp)、1986 年、テイラー (Taylor)、1971 年、ターナー (Turner)、1961 年、1962 年、ウェーバー (Weber) とラウシ (Rausch)、1994 年などを参照。]

G

globalization グローバル化

　「グローバル化」とは、個人生活、並びに、それを取り巻く地元社会が世界的規模で機能する経済的、文化的勢力の影響を蒙る過程を意味するが、実際には、世界が単一の場所と化してゆくことを言う。グローバリズム (Globalism) とは、世界を地元社会のグローバル化の過程と相関関係にあるものとして、もしくはその結果として捉えることを意味している。

　「グローバル化」という用語は、1980 年代中頃から急速に使われ出したが、その時期までは「国際的」('international') とか「国際関係」('international relations') とかいった言葉が好まれていた。18 世紀に「国際的」という言葉が出現したことから、様々な社会的関係の組織化にあたり、特定領域の国家の重要性が高まったばかりか、ヨーロッパの**帝国主義 (imperialism)** をグローバル的視点から捉えることも可能となった。同じように、グローバル化への関心の急速な高まりは、まさに 20 世紀における世界的規模の社会的関係の組織化にみる変化を反映している。そこにあって、「国民」('nation') は個人としての価値を失い始め、社会は世界的に流布している知識や文化に接近し、国境を問題とはしない様々な経済的現実によって影響を受けるのである。グローバル化の構造的側面として、民族国家システム (国際主義や国際協力などの概念がこれに依っている) を始め、グローバル経済、グローバル通信システム、世界軍事秩序などが存在する。

　グローバリズムにみる複雑さの原因は多少とも、グローバル化が様々に異なった方法で追求されている点にある。分析者の中には、グローバル化というものを、変化する世界にみる肯定的特色として好意的に捉えようとする者もいる。そうした観点に立てば、技術、情報、サービス、市場などへの接近は地元社会に利益をもたらし、有力な社

会組織は普遍的繁栄、平和、自由などを達成し、グローバル環境に対する認識はグローバル環境保護への関心に通じることになると言う。このグループにとって、グローバリズムは「グローバルの諸問題を個人的、集団的な責任問題として取り扱う価値基準」[オルブロウ (Albrow)、1994年、4頁] を示す一つの用語となっている。

　また、グローバル化を「第三世界」('Third World') の国々に対する「第一世界」('First World') の国々による支配の一形式として異を唱える者もいる。そこでは、文化や社会にみる個人的特性はますます同質化する世界文化によって消え去り、地元経済はグローバル資本システムにしかと組み込まれることになる。このグループにとって、グローバリズムとは「連結的な世界貿易システムを提供し、説明し、そして正当化する一つの目的論的な外交政策であって、そこには歴史の必然物とも言えるイデオロギーが伴っているとともに、それに付随する神話はグローバル市場の福音書として通用する」[ファーガソン (Ferguson)、1993年a、87頁]。グローバル化への主たる反論は、グローバル文化やグローバル経済は突発的には起らず、資本家の権力の中枢部に生起し、そこを基点として永続するといったものである。しかし、グローバル化の衝撃は社会によって異なるし、また、グローバル化による利益も社会に等しくもたらされるわけではないのである。

　批判的グローバリズム (critical globalism) の提案者はただグローバル化の過程や影響を調べるだけで、その過程に対しては中立的な見方をしている。「批判的グローバリズムは様々なグローバル化の過程への批判的関与を意味していて、それらを阻止することもなければ、また、グローバル化に踏み切ることもないのである」[ニーダヴィン・ピータシェ (Nederveen Pieterse)、1995年、13頁]。したがって、批判的グローバリストたちは、グローバル化が「往々にして、貧困を永続化し、物質的不平等を広め、環境保護を悪化させ、軍国主義を維持し、社会を断片化し、従属集団を周辺化し、偏狭さを養い、それに民主主義の危機を深めたこと」[ショルティ (Scholte)、1996年、53頁] を理解している一方で、それは「1945年以来、世界の一人当たりの収入を3倍にするとともに、悲惨な貧困状態にある人々の割合を半減させ、環境保護意識を高め、可能な限り非武装を促進する一方で、様々な従属集団

にグローバル組織への参入の機会を提供するに至る」(ショルティ、1996 年、53 頁) 現実的な効果があったという風に了解してもいるのである。

　研究の一分野として、グローバル化は国際関係、政治地理学、経済学、社会学、コミュニケーション研究、農業的・生態学的・文化的研究などの学問分野をその手中に収めている。それは世界の政治秩序における民族国家の活動 (地位ではなく) が衰え、法人資本の構造や移動による影響力が高まることを訴えている。グローバル化は、「旅行、国家横断的な会社運営、変化する世界雇用情勢、もしくはグローバル環境の危機などを示す一つの記号表現でもあり得る」(オルブロウ、1994 年、13 頁)。実際、環境の危機が叫ばれるのは、一体、世界のどの場所かを考えざるを得ない理由がいくつか上げられるのである。スチュアート・ホール (Stuart Hall) が述べているように、「チェルノブイリ (Chernobyl) の悪い風が私たちの所で起れば、それは辺境に止まらず、みずからパスポートを作ってこう言うだろう。『さて、あなたの領土に雨を降らしてもいいですか？』」[ホール (Hall)、1991 年、25 頁]。

　ポストコロニアル研究がグローバル化を重要な問題として取り上げるのは、一つに、西洋の帝国主義の一つの遺産として、20 世紀にしかと確立した世界の権力関係の構造をそれが明らかにしたからである。次に、グローバル化の勢力を取り込む地元社会のやり方が、歴史的に帝国支配の勢力を引き込み、占有してきた植民地化された社会の方法に多少とも似ていたためである。いくつかの点で、第二次世界大戦後の急速な**脱植民地化 (decolonization)** の時期のグローバル化にあっては、帝国主義にみる機能それ自体が経済学やコミュニケーションや文化などの超国家的操作へと変質していた。だが、このことは、グローバル化が権力者の世界から弱者の世界へ、中心から周辺へと一方向に単純に進行してゆくことを意味してはいない。というのも、グローバリズムもまた帝国主義自体がそうであったように、**通文化的 (transcultural)** だからである。いずれにせよ、こうした特徴によって、グローバル化が世界中で内発的に起きたという事象ばかりか、帝国主義の歴史や**世界システム (world system)** の構造の内に、また、帝国的レトリ

ックのイデオロギーによって捉えられたグローバル経済の起点の内に、一つの歴史を埋もれさせてきたことも明らかとなるのである。

　古典的帝国主義と 20 世紀のグローバル化とを繋ぐ手掛かりになるのが、合衆国の役割である。合衆国は断固としてみずからを「帝国的」('imperial') だと認めず、第二次世界大戦以前とそれ以降にあっても、ヨーロッパのかつての植民地主義に対して公然と反抗の姿勢を示していたものの、その国際政策においては、政治的支配を始めとして、帝国主義と結び付いた経済的、文化的支配を熱心に支持していた。さらに重要なのは、合衆国社会が初期の領土拡張主義者の活躍時期を始め、それ以降にあっても、大量生産、大量伝達、大量消費などの今日のグローバル化を特色付けるような社会生活や社会的関係にみる数々の特異現象を他国に先駆けて生んだことである。そして、これらは 20 世紀を通じて、「ますます統合されてゆくグローバル経済の様々な資源を利用することで」[スパイビ (Spybey)、1996 年、3 頁] 国家横断的に広がっていった。

　批判的グローバリストによって確認されたように、グローバル化は功罪相半ばするにもかかわらず、政治的にみて中立的な活動ではなくなっている。コミュニケーション、市場、文化などにみるグローバル的形式への接触が今日では実際、世界的規模で行われている一方で、そうした接触がどのようにして可能なのかとか、どのようなイデオロギー的機構によってそれが進展するのかとかいったことが問われる段になると、グローバル化の機能はヨーロッパ帝国主義によって不朽化された権力構造と切り離しては考えられなくなると論じる批評家もいるのである。グローバル文化は、**帝国主義 (imperialism)** と資本主義と**現代性 (modernity)** との偉大なる合流の内に 16 世紀にあって出現したような、すでに構造化された権力に従って機能する不当干渉、統制、転移、ヘゲモニーなどの帝国的原動力の延長上にあるのである。このことにより、グローバル化の諸勢力は世界中に行き渡っているにもかかわらず、(権力や制度上の機構といった観点からみて) 何故、それらが依然として西洋に集中することになるのかがわかるのである。

　しかし、ポストコロニアル研究がグローバル化を重要な問題として取り上げる上での、先に述べた第二の理由――それが地元社会によっ

てどれほど関心の対象になっているかということ——が、そうした現象に関するごく最近の論争の焦点ともなっている。もしグローバリズムが単に上意下達的な支配の結果であるばかりか、文化移植的な過程、つまり、支配的な文化的諸形式とそれらを占有することとの弁証法的な対立過程でもあるとすれば、地元社会の様々な反応は批判的なものとなる。様々なグローバル・システムへの接触を通じて、表現や組織や社会的変化などに関する戦略を占有することによって、地元社会と周辺の利益集団は共にみずからに権能を与え得るばかりか、そうしたグローバル・システムに影響を及ぼすこともできるのである。何かを選択するに際して主体の形成といった状況が常に介在するものの、人がみずからの生活とか社会を変革して行く過程で一つの選択を行なうという信念には、実際、それなりの権能が付与されている。この意味で、文化に関するグローバル的諸形式を占有することによって、人は支配と抑圧から成る地元の諸形式から解放されることになるか、或いは少なくとも、異なった種類のアイデンティティを形成する上での道具をいろいろと受け取ることになるのである。

　さらに近年になって、グローバル化の研究は、文化的表現に関する様々な計略、技術、仮説、相互作用などがますます広範囲に行き渡ることで同質化への傾向を辿る「グローバル文化」('global culture') に関わっている。だが、フェザーストーン (Featherstone) やラッシュ (Lash) が指摘しているように、「大抵はミニマリスト的な意味においてのみ、人は「グローバル社会」("global society") とか「グローバル文化」について語ることが可能である。今日における社会や文化の概念が、民族国家の形成過程を通じて著しく変化を蒙ることになるような伝統といったものに大いに依存しているからである」[フェザーストーンとその他 (Featherstone *et al.*)、1995年、2頁]。しかし、グローバル文化は、スチュアート・ホールが一つの「新たなグローバル化」('new globalization') と呼ぶところの大衆文化に集中していることが理解されよう。「この新たなグローバル化はイギリス的ではない。それはアメリカ的である。文化的見地からすれば、新たなグローバル化は新たなグローバル大衆文化と関係がある」(ホール、1991年、27頁)。新たなグローバル化には二つの主たる特徴がある。それが依然として西洋中心的で

あることと、独特の同質化作用、つまり、それ自体のミニ版を生み出そうとするのではなく、他の経済的、政治的中枢を通じて機能する一つの文化的中心地を形成することである (ホール、1991 年、28 頁)。

したがって、グローバル化の研究における最も活発な論争が、外的勢力と内的勢力が相互に作用して地元社会にグローバル文化を生み出し、再生産し、そして広めてゆく方法のスタイルとその特質を巡って行われているようだが、そうした相互作用の核心には、社会的、文化的アイデンティティの特質とその残存に関する重要な問題が宿っている。グローバル文化と地元文化の勢力の相互浸透は、20 世紀における社会生活のすべての形式にみられる。だが、どの程度、グローバル化がグローバル文化の中心地の絶大な影響を反映し、また、どの程度、それが周辺社会によって変質させられることになるのかは、依然として討論すべき課題の一つである。

[さらに、オルブロウ (Albrow)、1994 年、オルブロウとキング (Albrow and King)、1990 年、フェザーストーン (Featherstone)、1990 年、フェザーストーンとその他 (Featherstone *et al*)、1995 年、キング (King)、1991 年、コフマン (Kofman) とヤングズ (Youngs)、1996 年、ロバートソン (Robertson)、1992 年、スパイビ (Spybey)、1996 年などを参照。]

'going native'「原住民化」

　この用語は、原住民の生活や風習を採り入れることによって発生する汚濁への植民者の恐れを意味している。**土着の (native)** 文化を植民者／被植民者の二項対立的言説によって、原始的、もしくは堕落的といった二者択一的な捉え方をすることは、特に 20 世紀初頭にあって、数多くの植民地社会の植民者間に「原住民化」への広範囲にわたる恐れを生み出す結果となった。「ファンテと同じ生活をする」('going Fantee') (西アフリカ) や「熱帯ボケする」('going troppo') (オーストラリア) といったような表現がいくつも存在することから、他民族との交際はもとより、熱帯地方の植民地の気候でさえも、道徳的かつ肉体的に植民者を堕落させることが暗示されている。こうした脅威は特に人種間性行為への誘惑と関係している。人種間性行為としての「土着の」人間との密通は、植民者の純粋な血統を汚し、結果的には堕落に通じるばかりか、活気に満ち、**教養のある (civilized)** [**野蛮な (savage)**、

もしくは堕落した人種とは正反対の] **人種 (race)** としての地位を譲ることにもなると思われていた。実際、「原住民化」によって、ヨーロッパ人の品行がいろいろと廃れてしまった。それは「原住民」('native') の様々な儀式への参加、つまり、衣裳、食物、休養、娯楽などの分野にわたり、地元の風習を採り入れて、楽しむといったことに因ったのである。原住民化といった体験に関して最もよく知られている例は、コンラッド (Conrad) の『闇の奥』(*Heart of Darkness*) に登場するクルツ (Kurtz) であり、彼はそうした過程に伴う脆弱さや原始性や恐怖などから成る複合的な感覚を体現しているように思われる。

　[さらに、トルゴフニク (Torgovnik)、1990 年を参照。]

H

hegemony ヘゲモニー
　最初、この用語は連邦内のある国家を支配することを意味していたが、今日では、合意に基づく統治の意味に解されている。こうした一般的な意味は、支配階級が利益の拡大に成功した理由を調べ上げた、イタリアのマルクス主義者であるアントニオ・グラムシ (Antonio Gramsci) によって案出され、広められた。本来、ヘゲモニーとは、従属階級の人たちに、彼らの利益が全体のものでもあるのを悟らせる支配階級の権力のことである。したがって、支配というのは、暴力はもとより、単なる強要によって必ずしも遂行されるものではなく、経済を始めとして、教育やマスメディアといった様々な国家機関に対して支配階級の利益を共有物として呈示し、その保有を承認させるといった一層巧妙で包括的な権力の行使だと言えよう。
　この用語は、いかなる占領軍隊の勢力よりも数では勝るものの、植民地化勢力の明示する社会秩序や安定性や発展といった観点から往々にして示唆される莫大な利益へのヘゲモニー的意志によって、自決権への欲望が抑圧されている被植民者に対する帝国権力の成立を記すのに役立つのである。被植民者の思考を左右することが、植民地化された地域における帝国権力の不断の絶大なる機能であるが故に、ヘゲモニーは重要である。実際、「帝国」('empire') というのは、文化的ヘゲモニーの効力を利用する中央権力によって、いや応なく統制される従属国家の集合ではない。被植民者に対する**帝国の (imperial)** 言説側からの**質問 (interpellation)** によって、様々な**ヨーロッパ中心的 (Euro-centric)** 価値観、仮説、信仰、意見などが最も自然なもの、もしくは最も価値のあるものとしてごく普通に受け入れられるように同意がまず形成される。そして、そうした「質問」による必然的な結果として、被植民者は「ヨーロッパ中心的」価値観を受け入れることで、それらの周縁

に存在する者としてみずからを理解するようになるのである。

　ヘゲモニー的統制操作の古典的実例は、ガウリ・ヴィシュワナータン (Gauri Viswanathan) によって提供されている。彼によれば、「伝統的に文学研究と関連している様々な人文主義的機能——例えば、性格の形成とか審美的感覚の発達とか倫理的思考の訓練など——が、社会政治的な統制過程にあっても不可欠なものとなっている」[ヴィシュワナータン (Viswanathan) 1987 年、2 頁]。このような統制は、1813 年の特許令 (Charter Act) 以後、インドにおける教育の責任を負うことになる英国政府によって維持された。ヒンドゥー教徒 (Hindu) の感受性に執着するインド人たちに対して、西洋文明の価値を伝える方向を模索しているうちに、行政府は帝国の権威の伝達手段として英文学の力を発見した。「帝国の権威をこれらのテクストに位置付けるという戦略によって、ヨーロッパ人の世界支配の背後に存在する植民地主義者による所有権の取り上げ、物質的搾取、それに階級制度や人種の抑圧などから成る汚辱に満ちた歴史が没却されることになった...英文学のテクストは最も厳粛かつ完璧に英国人の代理としての役割を果たしたのである」(ヴィシュワナータン、1987 年、23 頁)。同時に、この英国人の代理は普遍的な人間の価値観を体現していた。ヴィシュワナータンが述べているように、「植民地主義にみる物質的慣例と散漫的慣例との分裂にしても、歴史という強欲で無慈悲とも言える搾取的な役者が、文学という内省的な主体へとその姿を革新的に変えてゆく過程にみるほど激しいものはない」(ヴィシュワナータン、1987 年、22-3 頁)。こうした屈折こそ、まさにヘゲモニー的統制を証拠立てる一例である。英文学の言説を、それに付随する様々な精神的価値、文化的仮説、社会的差別、人種的偏見、それに多少とも、完全な人道主義的価値などと共に広めたことによって、ヘゲモニー的統制は特に効果的な方法であるのが判明したのである。

　[さらに、グラムシ (Gramsci)、1988 年、1991 年、ヴィシュワナータン (Viswanathan)、1989 年などを参照。]

hybridity 雑種性

　この用語は、ポストコロニアル理論にあって最も広範囲にわたり用

いられるとともに、最も問題とされてきた用語の一つで、植民地化に際して発生する接触領域内に、**通文化的 (transcultural)** な諸形式が新たに作り出されることを一般的に意味している。園芸学で用いられると、それは移植とか他花受粉を通じて、第三の「混成」('hybrid') 種を作る上での二つの種の交雑を意味している。雑種化には数多くの言語学的、文化的、政治的、民族的形式が必要とされる。言語学的な例として、**ピジン語 (pidgin)** や**クレオール語 (creole)** が挙げられるが、これらの例は、言語学者で文化理論家のミハイル・バフチン (Mikhail Bakhtin) によって提唱された「雑種化」('hybridization') という用語の基本的な用法を反映している。多義的な言語状況やその延長上にある多義的な物語にみる破壊的な変容能力を示すために、彼はその用語を用いたのである。また、社会におけるポリフォニックな表明という考えは、「ユーモアのある形式や表明から成る無限の世界が教会文化や封建文化にみる公式的で厳粛な調子と対立する」[ホルクウィスト (Holquist)、1984 年、4 頁] 中世にあって出現した謝肉祭に関するバフチンの考え方に暗示されている。

さらに近年になって、「雑種性」という用語は、植民者と被植民者の関係の分析にあって、相互依存や主体性の相互構築 (**mimicry 模倣**や **ambivalence 両価性**の項を参照) を強調するホミ・K. バーバ (Homi K.Bhabha) の作品と結び付いている。バーバによれば、すべての文化的陳述やシステムは「言明の第三空間」('Third Space of enunciation', 1994 年、37 頁) と呼ばれる空間の内に構築されることになる。文化的アイデンティティは常にこのような矛盾した両価的空間の内に出現することから、様々な文化にみる階層的「純粋さ」('purity') への要求はバーバにとって擁護できないものとなる。文化的アイデンティティにみるこうした両価的空間が彼によって案出されたことで、文化的差異をうまく機能させ得るような雑種性の認知を通じて、**文化的多様性 (cultural diversity)** にみる**異国風 (exoticism)** といった要素は克服されることになろう。

こうした第三空間のもつ生産的能力が植民地、もしくはポストコロニアルにその起源を有していることは重要である。というのも、

その異質の領土に喜んで降り立つことによって、… 多文化主義にみる異国趣味とか、文化の多様性とかいったものではなく、文化の雑種性の登録や表明に基づく国家間文化の概念化への道が開かれるのである。　　　　　　　　　　[バーバ (Bhabha)、1994年、38頁]

こうした「中間的」('in-between') 空間こそ、文化の重荷や意味を媒介するのであり、このことによって、雑種性という概念はきわめて重要なものとなる。

　ポストコロニアル言説にあって、「雑種性」という用語は往々にして、単に文化横断的な「交換」('exchange') といった意味で用いられてきた。だが、こうした用いられ方は広範囲にわたり批判されてきた。というのも、この用語は、常に権力関係の不均衡や不平等を否定し、無視することを暗に意味しているからである。しかし、被植民者と植民者の双方を変容させるほどの文化的、言語学的、政治的影響力を強調することによって、この用語は文化的差異を覆い隠すか、それとも「とりつくろう」('whitewashing') ことで同化主義者の政策を繰り返しているとも見なされてきた。

　また、雑種性という概念は、混合性や文化的**相乗効果 (synergy)**、それに**文化移植 (transculturation)** といった植民地やポストコロニアルの表現方法の内に文化の相関性を強調しようとする試みの基礎ともなっている。「雑種性」という用語に対する上述の批判は、文化の相関性を強調する様々な理論が必然的に対立性を軽視し、ポストコロニアルの依存関係をさらに促進させるという認識から生ずるのである。しかし、雑種性という概念それ自体は、文化の相互依存を通じて、帝国的方法にみる階層的性質が消滅するとか、平等な交換という考えが生まれるとかいった観点をまったく含んではいない。だが、**脱植民地化 (decolonization)** や**反植民地主義 (anti-colonialism)** の支持者の中には、**植民地言説 (colonial discourse)** 理論にみるこの用語の使い方をそのような観点から解釈する者もいるのである。チャンドラ・タルパド・モハンティ (Chandra Talpade Mohanty) やベニタ・パリー (Benita Parry) やアイジャズ・アマド (Aijaz Ahmad) といった批評家たちは、植民地言説理論に対する一般的な不満の一部として生まれた批判に過ぎないと

して、そのような解釈にみるテクスト主義者や理想主義者の根本理論に目を向け、それらが地元に固有の差異を無視している事実を指摘するのである。

　一つの共有された雑種的なポストコロニアル状況を主張することは、様々な文化をそれらの時間的、空間的、地理的、言語学的背景から切り離し、非位置化することにより、特定の文化的状況にみる特殊性を覆い隠す抽象的で、グローバル化されたテクストの概念に帰着させる言説の分析によくみられる傾向と考えられてきた。植民地主義の散漫な構築を調べ上げることが、歴史的、地理的、経済的、軍事的、政治的諸形式に取って代ったり、それらを排除したりすることには繋がらないのを指摘することで、ロバート・ヤング (Robert Young) は、雑種性のような概念を取り上げる植民地言説の分析にみる貢献について次のように示唆している。

　　植民地主義に関するすべての見方が、植民地主義それ自体の媒体でもある一つの共通した散漫な媒体を共有し、それを扱う必然性を強調することで、一つの重要な枠組を他の作品に提供することになる...したがって、植民地言説の分析によって、広範囲に及ぶ多様なテクストが単なる証拠書類、もしくは「証拠」('evidence') 以上のものとして調べ上げられることになる。[ヤング (Young)、1995 年、163 頁]

しかし、ヤング自身は、「雑種性」という用語が乱雑に用いられていることにいろいろと反撥している。この用語が、異類の人種の結合に関する否定的な説明——積極的かつ持続的に培養されなければ、そのような雑種が「原始の」('primitive') 血統に復することは間違いないといった説明——によって、どれほど**帝国の (imperial)** 言説や植民地言説に影響を与えたかを彼は述べている。したがって、雑種性は特に 20 世紀初頭にあって、人種差別に関する植民地主義者の言説の一部となった。ヤングは、先の人種差別主義者の仮説に根差した用語を用いることの様々な危険に私たちの注意を向けさせるが、また、雑種的混合化、つまり、クレオール化にみる無意識的な過程と、同種性を故意に

崩壊させようとすることへの意識的かつ政治的動機に裏付けられた関心との間には一つの差異があるとも述べている。例えば、バフチンにとって、雑種性は政治化され、論争に供されると彼は言うのである。その結果、それは分析や分離に伴う転覆や挑戦を孕むことになる。バフチンによれば、雑種化とは、「異なった様々な視点を対抗させることで、「ある種の本質的で有機的な活力と開放性」が維持されるような一つの対立構造を生むことである」(ヤング、1995 年、21-2 頁)。ヤングも認めているように、バフチンがまたはっきりと表明していることは、「植民地状況における支配構造」(ヤング、1995 年、23 頁) を逆転させる雑種性にみるこうした可能性である。「押しつけられた帝国主義者の文化から、往々にして力づくで、長きにわたり行使された政治的権力ばかりか、**真正性 (authenticity)** へのそれ自体の要求を奪うことで、バフチンの意図的な混成物は、バーバによって支配的な植民地権力に対する挑戦や抵抗といった行動的契機に変質させられてきた...」(ヤング、1995 年、23 頁)。

しかし、ヤングは「雑種性」という用語の今日的な用法に含まれる無意識的な反復過程に用心している。彼によれば、雑種性に関する今日の文化的言説は、雑種性というものにきわめて明確な人種的意味が備わっていた過去の様々な人種的範疇との関わりを断ち切れないでいる。したがって、「今日、人種に対する本質主義者の様々な概念を脱構築する上で、過去と距離を置くとか、過去を批判する位なら、過去(の人種への執着) を反復する方がましだろう」(ヤング、1995 年、27 頁) と述べている。これはそうした本質主義者の概念に対する巧妙で説得力のある抗議である。しかし、ヤングのもっと積極的な発言によれば、この用語は、「合理的な二者択一という約束事に反するものの、古典的な量子物理学にみられるような、矛盾しながらに共存する諸論理間の分裂状態にある科学の世界で繰り返される二重論理」(ヤング、1995 年、26 頁) が、物理学から遺伝学に至る 20 世紀の数多くの学問分野においても必要とされていることを物語っている。この意味で、構造主義者やポスト構造主義者の遺産にも明らかなように、雑種性という概念にあっては、個別の出来事や対象物の分析に対してよりも、むしろ一分野内の様々な関係への 20 世紀的関心が強調されることで、

意味というものが特定の出来事や対象物に固有のものとしてよりも、そのような関係の結果として捉えられることになる。

　国家の文化や植民地化以前の伝統を主張することが、**反植民地 (anti-colonial)** 言説を構築したり、積極的な**脱植民地化 (decolonizing)** 計画を議論するにあたって重要な役割を果たしてきたのに対し、ポストコロニアル文化の雑種的性質に関する様々な理論は、別の抵抗模型を持ち出すことで、それを植民地の両価性そのものの内に内在する破壊的な**反－散漫的 (counter-discursive)** 慣例の内に位置付け、優越者たることへの様々な要求を掲げる帝国主義者や植民地主義者の言説の基盤を侵食するのである。

　[さらに、バフチン (Bakhtin)、1981 年、1994 年、バーバ (Bhabha)、1994 年、ヤング (Young)、1995 年、対立意見として、アマド (Ahmad)、1992 年、パリー (Parry)、1987 年などを参照。]

I

imperialism 帝国主義

　最も一般的な定義として、帝国主義は一帝国の形成と関連していて、それ自体、歴史のあらゆる時期を通じてみられるように、ある国が他国、もしくは隣国にその支配を及ぼしてゆく過程である。エドワード・サイード (Edward Said) は、この用語をそうした一般的な意味で、「遠方の領地を統括する上でのある支配的な大都心の慣例や理論や姿勢」[サイード (Said)、1993 年、8 頁] などを指して用いている。つまり、**植民地主義 (colonialism)** とは異なっていて、「遠方の領土に定住区を築くことである」(サイード、1993 年、8 頁)。しかし、経済的、戦略的、政治的利益を求めて植民地を獲得するといった、意識的に公然と主張された政策としての帝国主義という言葉が、1880 年あたりまで現われなかったことは一般的に認められている。その時期以前にあって、「帝国」('empire') (英国の特産物) という用語は、植民地が獲得されたというよりもむしろ自然に生じたとする、明らかにヨーロッパ人の善行としての領土拡張を想起させた。19 世紀の中頃には、「帝国主義」という用語は、「皇帝」('emperor') を自称するナポレオン 3 世 (Napoleon III) の政治と様々な政策を記すために用いられたが、1870 年までには、英国の様々な政党間の討議で軽蔑的に使われるようになっていた。だが、1880 年代から、ヨーロッパ諸国における帝国主義は様々な政治的、文化的、経済的理由により、紛れもなく支配的で侵略的な政策と化していった。

　1880 年以降の現代の産業力によって追求された領土拡張主義者による政策は、「古典的帝国主義」('classical imperialism') として記されてきた[バウムガート (Baumgart)、1982 年、5 頁]。ベルリン・コンゴ会議 (Berlin Congo Conference) が幕を閉じ、「アフリカ争奪戦」('scramble for Africa') の始まった 1885 年という年が、古典的帝国主義の始まり

と見なされている。だが、事実、その争奪戦自体はもっと早くから始まっていて、1879年に英国とフランスの対立が西アフリカで激しくなり、エジプトが占領された1882年には一層激化し、ブラザ・モロコ協定 (Treaty Brazza-Moroko) によってコンゴ紛争に火がつけられることとなった。20世紀初頭になって、ヨーロッパやアメリカの解説者たちは熱心に帝国主義政策を弁護した。というのも、領土拡張の理念が「野蛮国家」('barbaric nations') の用地改善といった観点から検分され、提出されたからである。

したがって、帝国主義の特徴について言えば、19世紀後半にみるヨーロッパ人の領土拡張政策を記すための用語として、それがきわめて近年に出来上がったのだが、その歴史的起源は古く、ローマ時代にまで遡る。地中海世界の統治権を記すラテン語の帝国 (*imperium*) に由来するローマ人の帝国 (*Imperium populi Romani*) という用語は、単に修辞的なものではなく、血肉化されたものとして、国民から海外に住む行政長官に賦与される支配力を意味したのである。シーザー・アウグストゥス (Caesar Augustus) によって制定された君主政治によるローマ帝国 (*Imperium Romanum*) という概念、つまり、すべての国民が忠誠を強いられる皇帝 (*imperator*) に与えられた権力に対抗して、キケロ (Cicero) が弁護したのは、こうした共和国的な用語の使い方だった。しかし、帝国は、現代の帝国主義に関連しているような自己永続的な寡頭政治の創造物であり、その道具でもあった。その後の帝国的慣例が準拠することになる様々な戦略や技術や修辞学の模型を作り上げる上で、それ以前のどれにもまして強い衝撃をローマ帝国が与えていたのは明らかである。ケブナー (Koebner) は、現代の帝国という概念が「過去のローマ帝国を想起させることは間違いない」[ケブナー (Koebner)、1961年、18頁] と主張している。

さらに近年における意味として、帝国主義——海外の様々な植民地を帝国が獲得すること——は、三つの主要な時代潮流の内に起きた世界のヨーロッパ化と関連している。つまり、最初は、15世紀と16世紀を通じての世界発見の時代であり、次は、17世紀と18世紀を通じての重商主義の時代であり、最後は、19世紀と20世紀初頭にみる帝国主義の時代である。ヨーロッパ化は主に政府や国家によってではな

く、非ヨーロッパ世界に赴いたかつての何十万という商人や宣教師や冒険家などによってもたらされた。こうした一般的なヨーロッパ化の足跡を辿るのはかなり困難だが、ヨーロッパ帝国主義が、このように何世紀にもわたって母国を後にした旅行者、探検家、宣教師、ひと財産目当ての者、移住者などの**離散者 (diaspora)** にどれほど立脚していたかを理解するのは重要なことである。

　国際主義者であるローマ人とともに、カロリング王朝の (Carolingian dynastic) 帝国主義に対する権力感覚は、民族国家の発展の結果として出現したものとはかなり違っていた。植民地主義は「民族感情の自然な高揚であり」[ホブソン (Hobson)、1902 年、7 頁]、その基準とするところは、「みずから表明する文明を、みずから見出すことになる新たな自然環境、社会環境に移植する植民地主義者の権力である」(ホブソン、1902 年、7 頁)、とホブソン (Hobson) は主張している。だが、重商主義、つまり、重商的な資本主義 (産業革命 (Industrial Revolution) 以前に存在した「商人」('merchant') の資本主義) は、ヨーロッパ人の植民地獲得にみる一つの特徴であるとともに、国民感情にも結び付いていた。大体のところ、クロムウェル (Cromwell) による 1651 年の航海令 (Navigation Act) とともに始った重商主義時代を通じて、ヨーロッパ列強間の対抗はもはや宗教の布教にではなく、富、特に、金や銀の獲得競争にあったばかりか、関税によって輸出を阻止し、奨励金と割戻しによる輸出の促進によって富の獲得を確定することにもあったのである。一国の利益が他国の損失に繋がるというのがその原理だった。というのも、世界の富は限られた量しかないと考えられていたからである。[アダム・スミス (Adam Smith) は、1776 年に出版した『国富論』(*The Wealth of Nations*) の中で、重商主義を批判し、物質的な富と金銭とを混同することの無意味さを指摘した。] だが、重商主義はその支持者にとっては重要なものだった。なぜなら、「その目的は富を最大限に増大させるのではなく、民族国家の経済的、政治的独立を促進させることにあったからである」[リヒタイム (Lichteim)、1971 年、51 頁]。競争者から潜在的な富を奪うには、植民地の獲得が有利だと重商主義時代のヨーロッパ列強は信じていた。

だが、帝国の建設が重商主義や奴隷制度の廃止とともに終わりを告げたわけではなく、19世紀を通じて速やかに推し進められた。ホブスバウム (Hobsbawm) は『産業と帝国』(*Industry and Empire*) の中で、かなり初期の英国帝国こそ、次期の英国帝国を生むことになる1750年から1850年にかけての産業革命を促進する上で重要な存在だったことを主張している。国内市場が何を提供できるにせよ、それ以上の捌け口になってくれる植民地帝国を所有していなければ、産業革命は英国に起り得なかったことを彼は論証している。産業化には、進化する世界経済の内に重要な位置を占める国においてのみ生産能力の急激な伸展が見られるといった現象が、必然的に伴っていた。この時期の帝国主義は、一つの具体的な教義というよりもむしろ言葉では言い表すことのできない一つの仮説であった。

　1815年以後、英国はいくつもの海域を支配下に収め、世界の工場としてみずからを確立し始めた。したがって、大規模な植民地併合は不必要だった。経済的浸透が軍事的征服に取って代わることができたからである。これは英国の提唱した自由貿易政策によって容易なものとなった。なぜなら、それによって競争者の製品よりも安く売り捌くことができたからである。ロビンソン (Robinson) とガラファー (Gallagher, 1981年) は、こうした時期を「非公式の帝国主義」('informal imperialism') の時代と呼んでいる。だが、1880年代までに、資本は停滞し始め、その結果、公然とした帝国主義者による運動、つまり、実体のつかめない「自由貿易による帝国主義」('imperialism of free trade') には満足せず、帝国の周囲に保護関税の障壁を設けることを要求する運動が目立つようになった。帝国主義を巡る討議は、1880年から1914年にかけて全世界を巻き込み、ヨーロッパの世論へのその影響は多くの歴史家によって、第一次世界大戦 (First World War) の勃発要因の一つとして捉えられた。

　レーニン (Lenin) が自著『資本主義の最高形態としての帝国主義』(*Imperialism, The Highest Stage of Capitalism*, 1916年) の中で試みた帝国主義に関する分析は、おそらく20世紀の政治経済にこの上もなく影響力を与えたものの、その用語を特に経済的な側面から定義することは、南アフリカでの戦争に嫌気がさしたのがもとで、1902年に『帝国

主義』(*Imperialism*) という著作を出版した J.A.ホブソン (J.A.Hobson) に始ったのである。一国が機械制生産に基づく経済機構を採用すれば、製造業者や商人や資本家はその経済的資源から利益を得ることはますます難しくなるので、様々な市場を提供する必要から植民地を獲得するように政府を説き伏せることになる、とホブソンは主張した。国内生産が消費の伸びを凌ぎ、利益を出して売却する以上に多くの製品が産出されれば、有益な投資が可能となる以上に多くの資本が生じることになる。「帝国主義の主動力を形成するのは、こうした様々な事情から成る経済的状況なのである」(ホブソン、1902年、71頁)。

　ヨーロッパ帝国主義を経済的な側面から考察することへの反論がいくつも存在するが、その中にはロビンソンやガラファーのような歴史家によるものが少なからずあり、それらは、ようやく1880年代になって公然と攻勢的になった帝国政策が今日にまで継続されていることを主張している。実証研究が明らかにしているところによれば、この時期における植民地から大都市への利益の流出は思うほど膨大なものではなかった。1880年代以後の争奪戦への英国の関与が、経済的理由によるよりも政治的戦略や競合的なナショナリズムによってうまく説明がつくことからみて、首相のディズレーリ (Disraeli) は費用の掛かる植民地の維持には気が進まなかったのである。

　ポストコロニアル理論でかなり意義深く取り上げられる問題として、少なくとも15世紀から、地球の他の国々を規定するのに帝国的レトリックや帝国的表現が盛んに用いられるようになったことが挙げられる。途切れることのない慣例として、これは目先の利益というよりも、ヨーロッパ人による文化的支配への欲望や確信――世界中の資源開発の優先権を獲得するという確信――と大いに関係していた。1880年以後にあって、帝国主義を誇張的に表現するのを好む解説者たちは、「成長や肥沃や拡張のイメージを孕む言語、また、財産やアイデンティティの目的論的構造を有する言語、それに他の様々な分野――小説、経済学、人種理論、紀行文――にあって、「私たち」と「彼ら」との間にみるすでに熟成したイデオロギー的差別を示す言語などを駆使している」(サイード、1993年、128頁)。もちろん、こうした側面は、帝国主義に関する経済理論家たちによる解説、つまり、イデ

オロギー的な基礎知識、文化的支配に伴う言語、人種のイデオロギー、それにヨーロッパ人による文化的支配という文明的な使命などが18世紀以来、加速化したといったような解説には見当らない最も重要な部分である。

　19世紀にあって、人道主義的組織や伝道協会の活動が盛り上がったおかげで、古典的帝国主義が強力に推進され、1880年前後の帝国的政策に変更の生じるようなこともなかった。**探検 (exploration)** や**旅行 (travel)** が盛んに行われるようになったことと関連して、新たな土地をアングロサクソン族の精神的再生に繋がるような冒険と復活の領域として、もしくは寓話的な富の場所である「黄金国」('el dorados') として見なすことで、植民地という周辺地域に移動せんとする抗し難い動機がヨーロッパ人に与えられたのである。したがって、博愛的で搾取的な人たちの周囲にひしめく様々な種類の帝国主義について、その功罪がいろいろと論じられたのは言うまでもないが、植民地主義者の最悪の醜聞が人道主義的組織や伝道的組織によって暴露されたことは事実である。だが、その両組織が巧妙に罠にかけられてゆく様が、「キリスト教と商業と文明」('Christianity, Commerce and Civilization') は同一歩調を採らねばならないと主張するデイヴィッド・リヴィングストン (David Livingston) の仕事に窺える。彼の目的は合法的な貿易を促進し、奴隷制度や搾取を根絶することだった。そして、その目的のために、道路や鉄道の建設、それに蒸気船航路の開設を奨励した。だが、まさにこうした結び付きによって、その目的が何であれ、大陸を地政上、好き勝手に分割するような、アフリカ社会にとってとても太刀打ちできない絶大なる文化的帝国主義を、アフリカにおける今一つのヨーロッパがどの程度含み持っていたかが明らかになるのである。

　しかし、結局のところ、ヨーロッパ列強にみる個々のヘゲモニーの確立は、生産手段の統括というよりもむしろ表現手段の統制に依るものだったと言えよう。経済的、政治的、軍事的支配のおかげで、ヨーロッパの思想は教育と出版という強力な媒介を通じて広まった。だが、19世紀後半にあって、帝国主義の**ヘゲモニー (hegemony)** が確立したのは、軍事的で経済的な力というよりもむしろ帝国言説の力に依るものだった。1914年までに、「古典的帝国主義」の時代は終わりを告げ

ていたが、この時期までに帝国主義はその変幻自在な性質、つまり、中枢部を入れ替え、変化しつつある世界権力の原動力に適応し、ひいては、20世紀後半におけるその真の後継者たるグローバリズムへと発展してゆく力をはっきりと示していた。

[さらに、バウムガート (Baumgart)、1982年、ホブスバウム (Hobsbawm)、1968年、ホブソン (Hobson)、1902年、ケブナー (Koebner)、1961年、ケブナーとシュミット (Koebner and Schmidt)、1964年、レーニン (Lenin)、1916年、リヒタイム (Lichteim)、1971年、ロビンソン (Robinson) とガラファー (Gallagher)、1981年などを参照。]

independence 独立

　ポストコロニアル的な用い方として、この用語は通常、植民地の自治が完全に達成されることを意味している。時代は異なっても、独立にあたって、植民地主義者の多様な慣例に従い、様々な形式や方法が採用されるのである。**移住者植民地 (settler colonies)** は、他の植民地に比べてかなり早い時期に政治的独立を達成した。というのも、それらもまた**植民地言説 (colonial discourse)** によって周辺地として建設されたとは言え、人種や宗教のような差異を示す記号によってそのアイデンティティが確認されることはなかったからである。第二次世界大戦後にあって新たな独立国が次々と生まれ、1947年には、インドとパキスタン (Pakistan) の独立が「承認された」('granted')。1960年には、アフリカの多くの国々が独立を達成した。だが、独立達成への過程が完了するまで、どれほどの歳月を要したかに注目すべきである。実際、カリブ海域諸島 (Caribbean) の国々は1980年代まで独立を手に入れることはなかった。独立はいつも単純で決定的な形式で起きるとは限らない。例えば、マラヤ (Malaya) は1957年に独立を達成したが、シンガポール (Singapore) は不運にも新たに生まれたマレーシア連邦 (Federation of Malaysia) の一員に留まり、1965年にそこから分離するまで、今日のような独立は望めなかったのである。

　新植民地主義 (neo-colonialism) や**グローバル化 (globalization)** の影響力は、実際、独立というものが植民地支配の終焉、もしくは単なる転換のいずれを意味しているのかといった物議を醸し出すような問題と関わっていることは明らかである。「独立」といった用語に関する論争は、**ポストコロニアル (post-colonial)** という用語それ自体についての

それと重複する。例えば、「ポストコロニアル」という用語が、歴史的にみて根本的な時代の変革期 [特に、植民地時代とポストコロニアル (植民地独立後の) 時代] を区別するのに是非とも必要なものではあっても、独立以後の時期を明示するためだけにそれを用いるのが最適かどうかといった論争である。**ポストコロニアリズム (post-colonialism)** は公然たる抗議や対立 [**反植民地主義 (anti-colonialism)**] とまったくその軌を一にしているものの、独立は、往々にして地元のエリート [**仲介人 (comprador) 階級**] による新植民地形式の政府開設に過ぎないと主張する者がいるかと思えば、植民地化の瞬間からポストコロニアル的状況が発生すると見なすことで、明らかに最も重大な政治的独立に繋がるような様々な抵抗の瞬間が記録される間も支配は止むことがないと述べる者もいるのである。植民地時代とポストコロニアル時代をそれぞれ定義し、区別するといった大きな課題は、往々にして想像以上の問題を孕んでいる。独立達成の瞬間は、深刻な歴史的変化の一時期ではあるものの、それが意味するほどには決定的でも絶対的でもないのである。一つの方法論に伴う危険が、歴史的差異を均質化し、解消することにあるとすれば、別の方法論に伴うそれは、政治的独立を達成した後でさえも、ポストコロニアル政治学や**ポストコロニアル国家 (post-colonial state)** を特徴付けることになる植民地勢力の継続的な影響力やその様々な要素を隠蔽することにあると言えよう。

[さらに、グギ (Ngugi)、1986 年、エンクルマ (Nkrumah)、1965 年などを参照。]

L

liminality 限界性

　この用語は、境目を意味する「閾」('limen') という語に由来するが、特に、心理学では感覚域と閾下の境、つまり、ある感覚がほとんど認知されなくなってしまう限界点を示すのに用いられる。間隙的もしくは中間的空間、つまり、境目としての限界領域を意味するこの用語は、それと関連して用いられる一層意味の明確な「限界」('limit') という語とは区別される。

　ポストコロニアル理論にとって、文化的変化がそこで起こり得るような「中間的」('in-between') 空間を記す上で、限界領域の重要性を持ち出すのはまさに必要なことである。それは個々の、もしくは共通の個性を求める様々な戦略が案出されるような**通文化的 (transcultural)**空間であるとともに、異なった国家間にあって移動と交換とが絶えず繰り返される過程でもある。例えば、被植民者は**植民地言説 (colonial discourse)** と新たな「非植民地住民」('non-colonial') としてのアイデンティティに関する仮説との間の限界的空間に住むことが可能である。だが、このような帰属化は単に一つのアイデンティティから別のそれへの移行などといったものでは決してなく、闘争や論争や**占有 (appropriation)** が絶えず行われる過程だと言ってよい。

　限界領域がどのようにして象徴的相互作用の空間となり得るかを示すために、ホミ・バーバ (Homi Bhabha) は美術史家のルネ・グリーン (Renee Green) が描く階段吹き抜け (stairwell) を引き合いに出し、それを「黒人と白人を示す飾り板で注釈を施された、上部と下部の間の一つの通路でもある限界的空間」[バーバ (Bhabha)、1994 年、4 頁] として特徴付けている。その階段、つまり、その限界領域がそうした「上部」('upper') と「下部」('lower')、「黒人」('black') と「白人」('white') といった任意の名称に個性が二元化されるのを妨げているのである。

ある意味で、ポストコロニアル言説自体が一貫してこうした限界的空間に留まっているとも言えよう。というのも、一方で、帝国的レトリックの両極性を、他方で、国家的もしくは人種的特質を絶えず疑問視し、問題化することになるからである。

　バーバにとって、限界領域が重要なのは、そこでは限界性と**雑種性**(**hybridity**) が絡み合っているからである。こうした「固定的な帰属世界間の間隙的通路は、仮のもしくは押しつけられた階層制とは無縁の差異性を受け入れる文化的な雑種世界への可能性を示唆するのである」[サイード (Said)、1994 年、4 頁]。「ポスト」('post') という語が「後」('after') を意味するだけなら、「ポスト現代性」('postmodernity') や「ポストコロニアリティ」('postcoloniality') や「ポストフェミニズム」('postfeminism') などといった用語が無意味化してしまうことを示すにあたって、彼は「限界性」という用語を頻りに用いるのである。当然のことながら、これらの用語のどれもが、均質で強固だと思われているものの縁に留まっていて、決してそこを「越える」('beyond') ことのない変化と対立の限界的空間を表わしている。現在というものを、もはや過去や未来との断絶、もしくは接合と見なしてはいけない。私たちの現在は、そこにみる「不連続性,不均質性,少数派」('discontinuities, its inequalities, its minorities') の内に明らかにされることになろう。

　［さらに、バーバ (Bhabha)、1994 年を参照。］

M

magic realism 魔術的リアリズム

　ラテンアメリカの文芸批評 (Latin American criticism) で長年にわたり独自に用いられてきたこの用語は、ジャック・スティーブン・アレクシス (Jacques Stephen Alexis) の「ハイチ人の魔術的リアリズムについて」['Of the magical realism of the Haitians', アレクシス (Alexis)、1956年] という重要なエッセイで、広範囲に及ぶポストコロニアル的情況を考えるにあたって新たな用いられ方をした。社会を表現する革命的な道具として、社会的リアリズムを認知する戦後の急進的な知識人たちの議論と、多くのポストコロニアル社会の農夫は大規模産業発達以前にあって、神話や伝説や魔術などから成る活気に満ちた伝統に根差した機略縦横な生活を送っていたという事実とを彼は両立させようとした。この用語は、ガブリエル・ガルシア・マルケス (Gabriel Garcia Marquez) のような、英語やその他の言語に広く翻訳された南アメリカ作家たちの作品を特徴付けるのに用いられたことから普及したが、1960年代から1970年代にかけての「急激な発展」('Boom') 時代を通じて、何人かの批評家によって、好き勝手にいろいろな文脈で使われるようになった。ラテンアメリカの文芸批評に頻出するかなり古臭い特殊な慣用法が、こうした近年にみるいささか散漫で一般的な用法とはまったく対照的だったことから、彼らはそれをラテンアメリカ文学の特徴と見なしたのである [サモラ (Zamora) とファリス (Faris)、1995年]。

　しかし、1950年代に起源を有するこの用語は、社会革命を地元の文化的伝統にしかと結び付けようとするカリブ人に固有の要望から生まれた。アレクシスが論じているように、人々がこの上もなく親近感を感じる神秘的で魔術的な伝統、つまり、神秘化は地元文化や国民文化に特有のものであり、みずからのアイデンティティを表現し、植民地

の圧制者や人種上の抑圧者との差異を明確にする集合的な形式だった。換言すれば、それはそのような文化の迫真性を表現する様式でもあった。したがって、芸術や文化に関する過激な社会的想像力によって、神話や魔術は完璧なものと見なされた。アレクシスにとって、「様々な物語や伝説といった財宝、あらゆる音楽的、舞踏的、造形的な象徴主義、それにハイチ人の大衆芸術などにみるすべての形式は、何より様々な仕事を成し遂げようとする国民の手伝いをするためにそこに存在するのである」[アレクシス (Alexis)、1956 年]。しかし、ごく最近になって、記述や口述による地元の文化的伝説に基づく神話的もしくは伝説的資料が今日の物語に取り入れられるに際して、この用語はさほど特殊な使われ方をされなくなった。

　こうして利用された資料は、西洋の合理的で変化のない直線的物語に関する様々な仮説を疑問視するとともに、植民地化以前の文化を回復させる一群のテクスト的形式としての土着のメタ・テクストの内に取り込まれるにあたって、検証されることになる。それはサルマン・ラシュディ (Salman Rushdie) の『真夜中の子供たち』(*Midnight's Children*)、ベン・オクリ (Ben Okri) の『満たされぬ道』(*The Famished Road*)、ケリ・ヒューム (Keri Hulme) の『骨の人々』(*The Bone People*)、トマス・キング (Thomas King) の『緑草、流水』(*Green Grass, Running Water*) などの多彩なテクストにあって、一つの構成装置と化しているのが理解されよう。これらを始め、他の多くのテクストにあって、西洋のリアリズム小説にみられるような合理的で変化のない直線的な世界は、西洋の物語が依拠するところの隠蔽され、移入された文化的構造を暴露する他の／土着の物語形式と対置されるのである。この「魔術的リアリズム」という用語は有用ではあるものの、寓話的もしくは神話的傾向を有するテクストにあって偏在的によく使われ出していることから、それが西洋の現実主義者の提唱する様々な約束事に執着しない物語的技巧ならどんなものでも収容する容器となったと示唆することで、その評判を落とす批評家も出てきた。

　[さらに、アレクシス (Alexis)、1956 年、パーキンソン (Parkinson) とファリス (Faris)、1995 年、スレモン (Slemon)、1988 年 a などを参照。]

Manicheanism マニ教主義

　この用語は、悪魔と神が永遠に共存することを説く二元論を提起した紀元3世紀の「マニ教異端説」('Manichaean heresy') から採られている。悪は物体であり、神はその本質からして、悪という物体の世界には介入できなかった。したがって、キリストは肉体の内に蘇ることはできず、霊であるしかなかった。つまり、それはキリストを人間であるとともに、神でもあるとする二面性で捉える教義に反する一つの異端説である。

　また、霊と物体は永遠に独立した世界であり、結び付くことなど有り得ないことから、二項対立構造という極端な形式が暗示されるが、今日のポストコロニアル言説で使われるのはこの形式である。この概念は、植民者と被植民者の執念深い対立をマニ教的性質と同一視したフランツ・ファノン (Frantz Fanon) の考えをさらに推し進めたアブドゥル・ジャンモハメド (Abdul JanMohammed) によって広められた [ジャンモハメド (JanMohammed)、1983年、1985年]。

　マニ教主義はポストコロニアル研究の分野にあって、**帝国の (imperial)** イデオロギーが孕む**二項対立の (binary)** 構造を表わすのに用いられる用語である。ジャンモハメドは、帝国言説によって、社会と文化、それに植民者と被植民者という存在が善と悪のマニ教的範疇に両極化される過程を記すのに、あくまでその概念の二元論的側面を利用している。文明の境界地帯は制御の及ばない、混沌とした到達不可能な地点であることから、つまるところ悪そのものなのである。ところが、他方、文明国の文化は善を体現している。**植民地言説 (colonial discourse)** ではこの点が重要視される。道徳的優越性を説く植民者の仮説は、「植民者は、被植民者という価値のない他性を理解するのにいかなる精力も費やす気にはなれない」(ジャンモハメド、1985年、18頁) といったものだからである。文化的な出会いとしては、文学の方が多分に、

> 人種的他人 (Other) を探求する代わりに … それ自体の民族中心主義的な仮説を主張する。実際、「文明」('civilization') の客観的な限界を描く代わりに、文学はそれ自体の精神世界の構造を分類し、

保存するに過ぎない。植民地主義者の個々のテクストは表向き、人種的他人に固有の多様性との特有な出会いを表現しようとするのに対して、サブテクストの方は、ヨーロッパ文化やそうした表象を仲介する集合的方法の優越性を定着させる。そのような文学は本質的に鏡のようなものである。文学は、原住民を混合的発展への架け橋と見る代わりに、植民地主義者の自己イメージを映す鏡として、原住民を利用するのである。(ジャンモハメド、1985 年、19 頁)

ラカン (Lacan) の言葉を借りて、ジャンモハメドは、植民地主義者の文学を「想像的」('imaginary') 様式と「象徴的」('symbolic') 様式に分けることが可能だと述べている。「想像的」テクストの著者は、「自己と原住民との固定した、弁証法的でない対立を盲目的に崇拝しがちである。みずから創り上げた形而上的な他性に脅かされて、彼はすぐにもみずからの集団の同質性に退却する」(ジャンモハメド、1985 年、19 頁)。「象徴的」テクストの著者の方が、自己と他人に関する修正的な弁証法に心を開きがちであり、「想像的」テクストと区別する最も重要な要因である混合主義の必要性を考える用意ができていると言ってもよい。結局、ジャンモハメドによれば、「象徴的」テクストがマニ教的寓話体系を破壊、もしくは回避し得る上での決め手は、帝国主義者の文化にみる様々な価値や基盤に疑義を差し挟めるかどうかに掛っている。

[さらに、ジャンモハメド (JanMohammed)、1983 年、1985 年を参照。]

marginality 周辺性

周辺に存在すること、周辺的であることを意味する。体験を「周辺的」('marginal') として認識し、記すことは、ある種の体験が周辺的であるのを暗示する家長制度や**帝国主義 (imperialism)** や**自民族中心主義 (ethnocentrism)** などのような支配的言説にみる二項対立構造の一つの帰結である。この用語は、紛らわしい幾何学的な意味合いを帯びてはいるものの、周辺の集団は、必ずしも固定した中心部という概念を是認しているわけではない。「中心」('centre') と「周辺」('margin') とい

った用語で記される権力構造は、実際、複雑かつ拡散的で多面的に機能する。したがって、被支配者が権力に接近する上で様々な限界に出会うといった観点から最も明確になる位置性というものを、この用語は暗示している。

　しかし、名詞としての「周辺性」は、動詞の「周辺化する」('marginalize')ことと関係していることから、権力が中心たることの機能を発揮するという仮説によって、抵抗に関わる人々に一つの罠を提供する。このことは、そのような抵抗が、ポストコロニアル言説の主たる特徴である中心と周辺の二項対立構造を脱構築するというよりも、むしろその中心を入れ替える一つの方法となり得ることを意味しているのである。周辺はおのずから中心を具体化したものとなる。というのも、周辺という状態を生み出すのは中心だからである。次のような単純な質問が発せられよう。「周辺の人々とは誰ですか？」('Who are the marginal?')「何に対して周辺的なのですか？」('Marginal to what?')。これに対して、「周辺化するのは帝国主義で、周辺化されるのは被植民者」('imperialism marginalizes, the colonized people are marginalized')、と私たちは自動的に答えるだろう。だが、彼らがことごとく周辺化されるのではなく、また、常に周辺化されるとも限らない。帝国主義というものを、周辺地域に特定の人種を定着させる権力構造や権力の幾何学に還元することなど不可能である。帝国主義は個人に対してばかりでなく、個人を通じて継続的に機能する。帝国主義はまさに周辺の人々の考えの内で繁殖するのである。したがって、排除や抑圧から成る様々な形式を指す用語としての偏在的性格にもかかわらず、その用語を使うことの内には、何よりある集団の周辺性を不動のものとする社会構造を是認するといった危険が常に含まれているのである。

　［さらに、グニュー (Gunew)、1994年、ジョーダン (Jordan) とウィードン (Weedon)、1995年などを参照。］

mestizo / *métisse* メスティーソ/メティス
　これらの用語はスペイン語とフランス語にそれぞれその語源を有するが、意味論的には、人種と文化の混交、もしくはそのいずれかの範疇における混交といった考え方を示している。元来、これらの用語は、

***mestizo* / *métisse* メスティーソ / メティス**

人種混交 [白人と黒人との第一代混血児 (mulatto)、黒人の血を 4 分の 1 継いでいる混血児 (quadroon)、黒人の血を 8 分の 1 継いでいる混血児 (octaroon) など] に関する複雑で虚構的な分類を行なうために、自然人類学という先駆的な疑似科学に基づき人種上の純血といった考え方を特権化するとともに、人種差別を正当化した**植民地言説 (colonial discourse)** から生まれたのである。

「メスティーソ」という用語は、その用法からして、南アメリカや中央アメリカの領地へのスペイン人やポルトガル人のかつての大規模な移住を反映している点で、クレオールや「メティス」といった用語とは異なっている。この初期の移住によって、多くの場合、この文化的混交に対するアフリカの黒人奴隷の影響に先立ち、スペイン人やポルトガル人移住者と土着のインディアンとの間に強烈な文化的、人種的交換が生じた。この植民地化が比較的早い時期に起きたことと、アメリカでのスペイン人やポルトガル人植民地がやはり早い時期にその独立を達成したことから、ラテンアメリカ人 (Latin American) の文化的言説にみる混血人という考えが、一つの絶対的な「国民の」('national') 文化的記号として、つまり、異論はあるにせよ、共有される土着性を示す記号としてかなり受け入れられていたことがわかるのである。

これらの用語は、軽蔑語として用いられていたが、徐々に肯定的な意味を孕むようになった。というのも、これらの用語は、**異種族混交 (miscegenation)** を始めとして、教養のある **離散者 (diasporas)** 間の相互交換が力強い**相乗作用的 (synergistic)** な文化的諸形式を新たに生み出すばかりか、これらの新たな諸文化のきわめて活気に満ちた側面をも形成し得るといった認識をラテンアメリカ文化にもたらしたからである。だが、これらの用語は、アメリカやカリブ海域諸島 ('Caribbean') やインド海域地帯以外の様々な文化の諸相を記すにあたって広く用いられてはいない。一般的な言説はもとより、言語学や広範囲にわたる文化研究にあって、総称語としての **クレオール (creole)** が主として使われているのは、英語の標準用語として、それが早くから採用されていたためである。もっとも、英国の作家たちは、上述した特別なニュアンスを多少とも生かすために、時々、「メスティーソ」という用語を

使用してはいる。

　[さらに、グリッサン (Glissant)、1981 年、1989 年、ハリス (Harris)、1983 年などを参照。]

metonymic gap 換喩的間隙

　この用語は、**破棄 (abrogation)** に関する最も微妙な形式がおそらくはどのようなものかを示すために用いられる。換喩的間隙とは、植民地言語の占有に際して、注釈を要しない、最初に身につけた言語から成る話し言葉や文句や文章、もしくは読み手には未知の概念や遠回しの表現や引用文などが挿入される時に生じる文化的間隙のことである。そうした言葉は、世界を多様に表現し得る植民地言語のようなものではなく、地元の作家の属する文化の代喩──部分でもって全体を表わす──となっている。したがって、その挿入された言語は、換喩的な方法で植民地化された文化を「表象し」('stand for')、まさにその言葉による解釈への抵抗が、地元の作家の属する文化と植民地文化との間に「間隙」('gap') を構築することになる。そのため、地元の作家はみずからの世界を大都市言語によって植民者 (や他者) に示すとともに、そうした言語との差異を知らせ、それを力説することが可能となるのである。実際、作者はこのように語るだろう。「私は自分の世界を理解してもらえるように、あなた方の言葉を使っているが、もし自分の言葉を使えば、私の体験は共有されなくなるでしょう。」[アッシュクロフト (Ashcroft)、1989 年 b]

　言語がこのような機能を果たし得る方法は数多くある。例えば、統語論的融合、新語句の採用、符号の転換、未翻訳の言葉などがそうである。後者の一例が、グギ (Ngugi) の『一粒の小麦』(*A Grain of Wheat*) にみられるが、その作品にあって、ギコンヨ (Gikonyo) がギクユ語 (Gikuyu) で未来の妻のマムビ (Mumbi) に唄を歌ってやるのである (アッシュクロフト、1989 年 b、61 頁)。その唄自体はギクユ人でない読者にとって、きわめて反語的でわかりにくいものである。それは両文化間の接点の不在を反復している。だが、ギクユ語の唄の挿入により、差異を強調する文化的「間隙」が生まれはするものの、それは作品を親しみ易いものとするようにうまく仕組まれている。

[さらに、アッシュクロフト (Ashcroft)、1989 年 b を参照。]

metropolis / metropolitan 大都市 / 大都市の住民

　「大都市」という用語は、植民地言説にあって二項対立的に用いられ、植民地という周辺部に対立する「中心部」('centre') を意味する。ギリシャの歴史にみる大都市は植民地の母体となる国のことであった。「大都市の住民」が「本国に属する者、もしくは本国の構成員」('belonging to or constituting the mother country') でもあるといった現代の植民地的状況を指す最初の特異な表現は、1806 年版の『オックスフォード英語辞典』(*OED*) に載っている。ヨーロッパ人にとって大都市とは常に文化の中心地のことだが、こうした考えは、帝国 / 植民地といった二項対立的な捉え方に難なく転移するのである。だが、「本国」('mother country'、イングランドやフランスなど) とか、それらの主要都市であるロンドンやパリを換喩的に指す用語として、この「大都市」を用いると意味にずれの生じることがよくある。[実際、オスヴァルト・シュペングラー (Oswald Spengler) も述べているように、20 世紀初頭における世界権力の中枢部は 4 大都市に集中していた。]

　こうした考え方に固有の二項対立主義は**中心** (**centre**) と**周縁** (**periphery**) を内包しているので、植民地は大都市という「中心」に対する「周縁」として定義される。V.S.ナイポール (V.S.Naipaul) のようなポストコロニアル作家たちは、「中心」としての帝国といった考え方を幻想的なものとして、こうした分類的な二項対立構造に疑問を投げ掛けたり、それを崩壊、もしくは混乱させようとしたりしている。「中心」が存在しなければ、大都市と植民地、中心と周縁といった区別は必然的につけられなくなる。だが、現実に、出版や配達に関する統制はヨーロッパの大都市 (後には、北アメリカの大都市) に集中していたし (多くの場合、現在でもそうである)、しかも、パリやロンドンやマドリードなどに芸術家や知識人が移住してゆくことで、「大都市」の文化的権力が強化された (ある程度、今でもそれが続いている)。

　英国やフランスやスペインなどの帝国間に類似点がいろいろと見受けられるのは明らかだが、それらの帝国にみる行政的処理の方法や「中心」に対する植民地住民の態度が変化に富んでいるのは注目に価

する。フランス帝国にあっては、フランス以外の国をアフリカとかアンティル諸島の (Antillean) 植民地と同様、文化的に「周縁の」('peripheral') 地と見なしたパリ市民の知的エリート主義にもっぱら文化的権力が賦与された。パリに移住した植民地の知識人たちは、そうした「文化的首都」('cultural capital') で共に暮らすことができた。これとは対照的に、英国帝国にみる支配的な文化的諸制度は一般的にロンドンに集中していたものの、植民団と「大都市の住民」との重要な文化的差異が「イングランドと植民地」('England and the colonies')、もしくは「英国と植民地」('Britain and the colonies') として通常は定式化される**二項対立的 (binaristic)** 階層の内に残存したのである。植民地の作家や芸術家たちはロンドンにあって成功者となったものの、彼らの帰属場所は植民地だと見なされるのが普通だった。しかし、これらの作家たちの能力が認められるにつれて、英国は大都市としての自己イメージを一新し、オーストラリアやアフリカやインドやパキスタンから「英国人」('British') というレッテルの下に、今日のポストコロニアル作家たちを迎え入れることになった。

[さらに、シュペングラー (Spengler)、1926 年を参照。]

mimicry 模倣

この用語は、植民者と被植民者の**両価的 (ambivalent)** な関係を記すのに用いられるようになって以来、ますます重要なものになりつつある。被植民者が植民者の「模倣をする」('mimic') ことで、植民者の文化的習慣や仮説や制度や価値観を採用することを植民地言説は奨励しているものの、結果的にみれば、それは被植民者にとって単にこうした習性の再生産に終わっているわけではない。むしろ、人を脅す植民者の「ぼやけた模倣」('blurred copy') となっている。つまり、模倣は嘲りに近いものとなる。というのも、何を模倣しようとも、それは捩りのように見えるからである。したがって、模倣は完璧な植民地支配にひびを生じさせ、被植民者の行動に対する統制をあてにならないものにするのである。

模倣は往々にして、帝国政策の公然たる目標の一つでもあった。例えば、1835 年に書かれたマコーリー卿 (Lord Macaulay) の『英国議会

覚書』(*Minute to Parliament*) は東洋学を馬鹿にし、インドにおける英国の芸術や学問の模倣を主張した (最大の戦略として、英文学を教えることを通じてそれは行われた)。しかし、こうした模倣の達成方法によって、帝国主義の根本的な弱点が明らかになった。というのも、偉大なるヨーロッパの学問は「英国民と彼らの支配する何百万人もの人々との間に存在する解釈者階級――血統的にも、肌の色についてもインド人そのものだが、嗜好や意見、また、道徳や知性の面からみて英国人――」[マコーリー (Macaulay)、1835 年] によって伝授されるべきだと考えられたからである。換言すれば、ヨーロッパの学問の模倣は**雑種形成的 (hybridized)** な行為であることから、両価性を含み持っていたばかりか、マコーリーも述べているように、ヨーロッパの学問がその効力を発揮するためには是非とも帝国言説によって雑種化されねばならなかったのである。

「模倣」という用語は、植民地言説にみる両価性に対するホミ・バーバ (Homi Bhabha) の見解にあって重要なものである。マコーリーの提案の影響を受けた彼にとって、模倣とは被植民者が「そっくりではないにしても、よく似た者」[バーバ (Bhabha)、1994 年、86 頁] として再生される過程だと言ってよい。植民地の文化、行動、風習、価値基準などが被植民者によって模倣されるに際し、嘲りや「脅威」('menace') とも言えるものが伴うことになる。「したがって、そのような模倣は真似であるとともに脅威でもある」(バーバ、1994 年、86 頁)。模倣は、まるで植民地の権威者がみずからの破滅の種を必然的に体現しているかのように、植民地言説の権威の限界を示すことになる。マコーリーの作品に現われる「物真似人間」('mimic man') は、キプリング (Kipling)、フォースター (Forster)、オーウェル (Orwell)、ナイポール (Naipaul) などの作品に系譜的に跡づけられる、とバーバは主張しているが、それは「英国風な振舞ではあっても、断じて英国人のそれではないような不完全な植民地的模倣」(バーバ、1994 年、87 頁) の成果である。

ポストコロニアル研究にとって、こうした模倣の意味するところはきわめて深刻である。というのも、植民地権力にひびを生じさせることを通じて立ち現われてくるのが、作品、つまり、植民地権威にとっ

て「脅威となるような」('menacing') 両価性を孕むポストコロニアルの作品だからである。模倣の脅威は、その仮面の背後に本物のアイデンティティを隠蔽していることにあるのではなく、「植民地言説にみる両価性を明らかにするに際して、その権威を混乱させることにもなるという二様の見方に由来している」(バーバ、1994年、88頁)。したがって、ポストコロニアルの作品にみる「脅威」は、必ずしも植民地言説との無意識的な対立からではなく、植民地の権威をこのように混乱させること、つまり、模倣はまた嘲りでもあり得るという事実から生まれるのである。マコーリーの言う解釈者階級であるナイポールの「物真似人間」(以下に述べる) は、まさに植民地支配にみる拘束の対象であるばかりか、植民地住民として「不適格な」('inappropriate') 存在でもある。というのも、彼らに行動を起こさせるものは、結局、植民地の権威を越え得るような何ものかだと言ってよいからである。こうした「不適格性」('inappropriateness') が支配的な言説それ自体の正規性を混乱させる。したがって、模倣に固有のそうした脅迫は公然たる抵抗からではなく、植民者とはまったく異なるアイデンティティを絶えず示唆する方法から生まれるのである。こうしたアイデンティティが植民地住民に見い出され得ること——「よく似ているが、白人ではない」(バーバ、1994年、89頁)——は、植民地文化が常に戦略的に反乱を起こす可能性のあることを意味している。

　模倣とは両価的であるとともに多層的でもある。V.S.ナイポールは『物真似人間』(*The Mimic Men*) の冒頭で地主を描いているが、模倣の複雑さに関してきわめて微妙な言い回しをしている。

> 私はシャイロック氏 (Mr Shylock) に、棺のような洋服ダンスのある、天井の高い、ガラス張りの本のような形をした部屋の賃借料として、一週間に3ギニー支払っていた。そして、毎週の収入として45ギニーを受け取り、食べたくなるほどの美しいスーツと一人の愛人の所有者であるシャイロック氏をとにかく称賛していた...シャイロック氏は弁護士とか実業家、または政治家のような秀でた人間のように思われた。人の話を聞くのに、頭を傾げ、耳たぶを撫でるくせが彼にはあった。私にはその仕草が魅力的だ

ったので、その真似をした。私はヨーロッパの最近の出来事について知っていたが、それらは私を苦しませた。その上、私の一週間の生活費は7ポンドだったが、シャイロック氏には無言の同情を精一杯捧げた。　　　　　[ナイポール (Naipaul)、1967 年、7 頁]

　このようなきわめて皮肉的な一節は、**ヘゲモニー (hegemony)** や模倣が共にどのような働きをするかを明らかにしている。その題名からして、植民者と張り合おうとする意図は感じられないものの、模倣の複雑さや模倣による潜在的反乱がこの一節に窺われる。語り手は、地主のくせを模倣するだけでなく、戦後ヨーロッパのユダヤ人に関わる罪、つまり、「シャイロック」('Shylock') [シェイクスピアの『ベニスの商人』(*The Merchant of Venice*) に出てくる、肉1ポンドの再支払いを要求するユダヤ人] という名前に含まれる意味との文化的親近性の内に埋もれている罪をも模倣するのである。彼は搾取者への同情を懸命に模倣しようとする。だが、まさにその一節にみられる皮肉はひとつの倒錯と言ってもよく、表面下の嘲りを暗示している。それはシャイロック氏に対してではなく、語り手による物真似や文化的理解を通じて再現される植民地化の全過程に対する嘲りなのである。したがって、ポストコロニアル住民の模倣は、植民地言説の力を常に弱体化させ得るとともに、政治的かつ文化的にかなり不安定な一領域を帝国支配構造の内に突き止めるのである。

[さらに、バーバ (Bhabha)、1994 年、パリー (Parry)、1987 年などを参照。]

miscegenation 異種族混交

　特に、白人と黒人との異人種間の性的結合　[『オックスフォード英語辞典』(*OED*)] は、常にヨーロッパ人植民者とその子孫の心につき纏ってきた (**apartheid 人種隔離政策** の項を参照)。植民地主義者の慣例は、特に、黒人や白人を奴隷や自由人として階層化することで、そうした組み合わせから生じる様々な結果に執着してきた。19世紀の奴隷所有者は、異種族混交による混合の度合いを細かく分類し、体系化した。例えば、フランスの植民者は、人種混交により生まれた子供たちを見分けるために、128 種類にも及ぶ色素形成度数を考案した。ヨーロッ

パ人とそれ以外の人々、つまり、植民者と被植民者との絶対的な差異を維持することは、軍事的、行政的支配にとって重要だったので、異種族混交は帝国権力をイデオロギー的に (時には外面的に) 弱体化させるという絶えざる恐怖を生んだのである。だが、バーバ (Bhabha) のような理論家たちが述べているように、人種上の差異を主張する過程には、それとは相容れない一つの密かな興味が隠されていると言えよう。何故なら、植民者は、被植民者が自分に似てもいるし、似てもいないといったことに脅威的な**両価性 (ambivalence)** を見出すからである。何人かの批評家も論じているように、異種族混交に対する恐怖は、**文明人 (civilized)** と**野蛮人 (savage)** とを分離し続けたいとする欲望から生まれるのだが、こうした二項対立は他者への必然的な依存から成る人間存在の概念を斥けようとする根強い感情を隠蔽している。

人種 (race) に関する最も初期の理論家の一人であるゴビノー (Gobineau) は、「人種の不平等性に関するエッセイ」('Essai sur l'inegalité des races humaines') という影響力に満ちた長編のエッセイの中でこうした両価性を取り上げているが、それもロバート・ヤング (Robert Young) が述べているように、「進歩と退化、生と死という肯定的価値と否定的価値とを絶えず混ぜ合わせようとする傾向と見合う」[ヤング (Young)、1995 年、115 頁] ものが、人種混交にあってもその両価的特徴として見られることを強調した。この点で、「嫌悪感は常に欲望の痕跡を帯びている」[ストリブラス (Stallybrass) とホワイト (White)、1986 年、191 頁] と主張するストリブラス (Stallybrass) やホワイト (White) の議論を引用することで、ヤングは社会的に抑圧された人々が象徴的に復帰する傾向に関して、ゴビノーも、現代の様々な思想に期待していたことを示唆している。「明らかに「他人」('Other') として放逐された、これらの抑圧された人々が郷愁や憧れや魅力の対象として復帰するのである」(ストリブラスとホワイト、1986 年、191 頁)。したがって、逆説的な言い方をすれば、人種が文明の標識として、また、人種主義が何よりもその前提条件として見なされるにせよ、文明を開花させるにあたって、人種主義を目指すことは間違いなく人類の滅亡に繋がると言えよう。すなわち、ゴビノーが述べていたように、「もし血の混合がある程度、人類の大半にとって有益なものであり、彼らを

養い、気高くするのであれば、それは最も高貴な息子たちという姿をした、発育不全で卑しめられ、柔弱で辱められた人たちが犠牲に供されるだけの話である」[ゴビノー (Gobineau)、1853-5 年、1 頁、410 頁、ヤングによる翻訳]。

[さらに、ゴビノー (Gobineau)、1853-5 年、1856 年、ヤング (Young)、1995 年などを参照。]

modernism and post-colonialism モダニズムとポストコロニアリズム

　モダニズムとは、写実主義、変化のない直線的な物語、遠近法、色調といった 19 世紀芸術にみる支配的な約束事を断ち切ろうとしたヨーロッパの創造的な芸術運動のことである。モダニズムは、ヨーロッパの一つの芸術運動として一般的には定義されるが、1880 年代から 1890 年代にかけてのいわゆる「アフリカ争奪戦」('scramble for Africa') におけるアフリカ文化との出会いが、現代主義者による美学の発展にとって重要な切っ掛けになったと論じられてきた。ヨーロッパ列強が、アフリカの「野蛮な」('savage') 文化を抑圧するのに必死に従事する一方で、彼らはアフリカ人の仮面や彫刻や宝石—— 20 世紀初頭の十数年間にわたって展示されるまで、往々にして博物館の地下室に眠っていた加工品——などの略奪物を通じて、これまでとは全く異なる価値体系に基づく世界観の存在をヨーロッパに知らせていた。これらのアフリカ人の作品は、パプア・ニューギニア (Papua New Guinea) や南太平洋 (South Pacific)、それに北米インディアン (North American Indian) やイヌイット族 (Inuit) などにみられるようないわゆる「未開の」('primitive') 文化的所産であるとともに、運よく保存されてきた様々な社会的産物でもあり、全人類が共有する先住民の原始的な衝動力を反映していた。だが、それらの芸術は、「洗練された」('civilized') 芸術へと発展してゆく上での未熟な「段階」('stage') のものに過ぎないとされた。

　しかし、当初からこうした民族誌的な考察にはかなり複雑な見方が伴っていて、それによれば、原始的な芸術というものは、文明がやがては単なる虚飾に過ぎなくなるといったヨーロッパ人のさらなる失意の側面を表現したものと見なされていた。こうした恐怖は、コンラッ

ド (Conrad) の『闇の奥』(*Heart of Darkness*) やイェイツ (Yeats) の『野蛮な神』(*Savage God*) のような作品でうまく表現されたが、やがて、ジャリ (Jarry)、ランボー (Rimbaud)、アルトー (Artaud)、ロレンス (Lawrence)、ピカソ (Picasso) などの芸術家に対する反応として、一層過激な批評が生まれ、そこではヨーロッパ芸術にみる普遍的正当性への様々な要求が疑問視されるとともに、唯一無二の文明人であろうとするヨーロッパ人の主張が、彼らの意識下に眠る「普遍的」('universal') な野蛮的感情の付け焼き刃として露呈されたのである。第一次世界大戦にみる大量破壊の恐怖の内にあって、19世紀のヨーロッパ文明国の様々な要求が斥けられたことで、そうした見方の正しさが立証されたように思われる。

[さらに、ブレイ (Bray) とミドルトン (Middleton)、1979年、アイシュタインソン (Eysteinsson)、1990年、フォケマ (Fokkema)、1984年、ルスヴェン (Ruthven)、1968年、スミス (Smith)、1992年、ウェストン (Weston)、1996年などを参照。]

modernity 現代性

「現代の」('modern') という用語は、ローマ人の異教的過去とキリスト教的現在とを公式的に区別するのに用いられた5世紀後半のラテン語である当世風の (*modernus*) といった言葉に由来している。「現代の」という言葉は、「古くさい」('ancient') 過去と現在とを区別するのに中世にあって用いられた。だが、「現代性」('modernity') という用語は、そうした「今ここに」('the here and now') といった以上のものを意味するようになった。それは16世紀頃からヨーロッパに出現し、ヨーロッパ人の探検と植民地化の幕開けによって、世界中にその影響を及ぼした様々な社会組織形態を指している。1500年頃に起きた三つの重大な文化的変化——「新世界」の発見、ルネサンス、宗教改革 (Reformation)——は、18世紀までに「近代と中世とを分かつ新時代の扉」[ハーバーマス (Habermas)、1981年、5頁] を用意していた。フランス啓蒙時代 (French Enlightenment) になって、現代こそ人間の歴史の中でも傑出した特有な時期だとする考えが発展したが、それは継承世代がみずからの「現在」('present') を現代における卓越した局面として享受すべきだと見なした時に習慣化した一つの概念だった。ヨーロッパ

人の権力が拡張するにつれて、過去に対する現在の優越感は、過去の内に「閉じ込められた」('locked') 前近代的な社会や文化に対するそれへと移し変えられることとなった——未開人を征服し、現代世界に彼らを「導入」('introduction') することは、ヨーロッパ列強の権利であり義務でもあったのである。

したがって、現代性という概念は、**植民地言説 (colonial discourse)** の出現に際して重要なものとなったと言ってよい。それはヨーロッパを始め、その植民地内にあって、人間のアイデンティティを手広く規定し得る**言説 (discourse)** にみられるような、「土地の帝国的規定、精神修養、それに真理の創造」[ターナー (Turner)、1990 年、4 頁] などから成る征服といったことと基本的に関係していた。現代性なる概念の出現は、**ヨーロッパ中心主義 (Euro-centrism)** や帝国の拡張を通じてヨーロッパが世界支配に乗り出した時期と完全に重なり合う。換言すれば、それはヨーロッパ諸国が非ヨーロッパ世界との支配的関係について考え始め、**探検 (exploration)** や**地図作成 (cartography)**、それに**植民地化 (colonization)** を通じて支配を広げていったのとほぼ時を同じくしている。ヨーロッパ諸国は、自国を「現代の」('modern') 世界として、非ヨーロッパの国々を「因襲的」('traditional') で「変化に乏しい」('static')「有史以前の」('pre-historical') 世界として構築した。ヨーロッパ諸国は、歴史的変化に応じて様々なヨーロッパ的模型を押し付けることで、これらの非ヨーロッパ社会にみられる独自の発展への原動力や生産力をことごとく奪い取ったのである。

現代性というものを、一つの時代的特性としてよりもむしろ一つの言説として理解することの内には、現代の社会的諸制度を因襲的な社会秩序から分け隔てる数々の重要不連続事象によって、それが特色付けられるとする考え方が含まれている。ギデンズ (Giddens) は三つのことを確認している。それらは変化の進度と範囲、それに現代の諸制度の性質である。様々な技術の出現により、変化の進度は加速し、変化の範囲は地球全体に及んでいる [ギデンズ (Giddens)、1990 年、6 頁]。民族国家、非情な権力の創始者への依存、生産品や賃金労働の商品化、形式的な学校教育、様々な価値基準や規範の世俗化、そして都市生活の優勢化などといった数多くの社会的形式や方法は、前近代的

社会には見当たらないものである。これらの差異によって、現代と前近代、植民化を推し進めるヨーロッパと植民地化された様々な文化とが識別されることで、深刻な誤解や混乱が生じることになる。

　現代社会の諸制度とそれに伴う多くの補強的作業にみる特殊性とは別に、現代性は哲学的思考にみる様々な発展によって特色付けられよう。神聖な摂理が、人間の自律的で合理的な精神に取って代わられることで支援されたとは言え、現代を過去よりも優っている時代として捉えることで、結局、伝統への崇拝が失われ、「日常の社会生活を合理的に組織化し」(ハーバーマス、1981 年、9 頁)、発展させるという啓蒙哲学的な計画への道が用意されることとなった。そして、言うまでもなく、今度はこうした啓蒙期の思想の特質のおかげで、その影響が世界中に広まるにつれて、ヨーロッパの文化的権威の仮設が固められていったのである。科学と合理性は、現代意識の目指すべき唯一の可能な世界であるように思われ、また、現代の (つまり、ヨーロッパの) 様々な社会制度は、「近代以前のいかなる種類の制度にもまして、人間が安全で生きがいのある生活を楽しめるさらなる多くの機会」(ギデンズ、1990 年、7 頁) を提供する慣習化された様式と見なされたが、それは今日にあっても変わりがないのである。

　合理性が「現代の」思想の中心に据えられるようになったことで、特にヨーロッパの思考様式の起源については、19 世紀にヨーロッパが世界支配を達成した頃までには忘れ去られていた。現代性は「文明化した」('civilized') 習性と同じ意味で捉えられるようになり、ヨーロッパ帝国主義にみる「文明化する使命」('civilizing mission') を正当化する今一つの力ともなった。ウェーバー (Weber) は特に合理化を現代化の重要な要素と見なしたが、それはまた彼にとって両価性への手引きともなった。現代化は重大な可能性をいろいろともたらした。一義的な結論の崩壊、様々な多神論的価値観の果てしない対立、官僚監視への恐れなどがそうである。合理化は世界を秩序ある信頼に満ちた場所にはしても、意義深いものにすることなどできない。もしウェーバーの考えが正しいとするなら、帝国主義は、現代性の出現と侵略的なヨーロッパの自己イメージとの関わりを理解する上での一つの重要な鍵となるばかりか、まさに現代性によってヨーロッパ社会にもたらされ

るような (ポストコロニアルの) 混乱した文化的状況を生み出すことにもなろう。

　今日の論争は、現代性とポスト現代性の関係にまで及んでいる。ハーバーマス (Habermas) のような理論家は、現代性というものを未完の研究課題として、「ポスト現代的なるもの」('post-modern') を現代性の単なる一発達段階と見なしているものの、ポスト現代性を現代性崩壊の徴候と考える理論家も中にはいるのである。ポスト現代性は、現代性とは異なる一連の不連続事象を提供するといった点にその特色があるとも言えよう。しかし、社会組織の変革や思想の革命、それに現代性に伴う地勢上の拡大などが依然として、今日の社会生活の本質的な構成要素であるように思われる。

　[さらに、ギデンズ (Giddens)、1990 年、ハーバーマス (Habermas)、1981 年、1987 年、ターナー (Turner)、1990 年などを参照。]

mulatto 白人と黒人の混血児

　この用語は、「若いラバ」('young mule'、1595 年) を意味するスペイン語に由来し、ヨーロッパ人と黒人との子孫を指している [『オックスフォード英語辞典』(*OED*)]。この用語は、混成社会、もしくは異種族混交社会、並びに、それらの社会の文化を意味するために、**メスティーソ** (*mestizo*) / **メティス** (*métisse*) などと互換的に用いられることが時々ある。しかし、この用法は、**人種差別主義者** (**racist**) の奴隷制に関する言説で用いられた異種族混交の分類方法を踏襲していて、通常、白黒混血の奴隷を意味している。

N

nation language 国民言語

　エドワード・カマウ・ブラスウェイト (Edward Kamau Brathwaite) によって生み出されたこの用語は、文化的にみてカリブ英語 (Caribbean English) という特殊な言語形式を指している。ブラスウェイトは、国民言語をカリブ人文化にみるアフリカ遺産によって強い影響を受けた言語と見なしていて、例えば、ジャマイカ (Jamaica) で使われる言語が、その語彙上の様々な特徴である「輪郭、韻律、音質、音の破裂などの点からみても、また、それを耳にしても、多かれ少なかれ英語だという気はするものの、実のところ、それは英語とは言えないのである」[ブラスウェイト (Brathwaite)、1984 年、311 頁]。その言語はある特殊な文化的体験の成果だとして、ブラスウェイトは次のように述べている。

　　それは教養のある人間の使う標準的な輸入英語ではなく、超現実主義者の体験や感受性から生み出されたもので、水中にずっと沈潜していたにもかかわらず、今やどんどん浮上し、今日のカリブ人の知覚に影響を与えつつある。(ブラスウェイト、1984 年、311 頁)

　ブラスウェイトは、「悪い英語」('bad English')、つまり、風刺や捩りとして用いられるような「方言」('dialect') と国民言語を区別するのに苦労している。これはすべての言語が局地的、雑多的、「異形的」('variant') であるにもかかわらず、標準英語の概念が、絶えず「中心」('centre') と「周辺」('margin') を隔てる帝国的レトリックを構築することになるといった多くのポストコロニアル言語学者や理論家たちの主張に似ている。そうした標準英語は、「うなり声、叫び声、機関銃

の音、風の音、波の音のような、またブルースのような」(ブラスウェイト、1984 年、311 頁) 国民言語によって覆される。国民言語は何より**口述の** (oral) 言語の伝統に基づいている。それは歌われる時のような音調から成り立っていると言ってもよく、生み出される音は意味の一部をなしている。したがって、その言語の孕む共有的性質は重要であり、「発話者の生み出す音や音調は聞き手によって受け留められ、また、当人に投げ返される」(ブラスウェイト、1984 年、312 頁)。結局、国民言語は力強く生き生きとした可変的現象であり、単なる言語学的構築物などではない。それは人々が作り出すものであって、言語の構成環境は発話と同じく重要なのである。

[さらに、ブラスウェイト (Brathwaite)、1984 年を参照。]

nation / nationalism 国家 / ナショナリズム

　一般的にみて、国家の概念は、今ではしかと把握されているばかりか、国家形態についても、広範囲にわたりよく理解されているので、その概念が実際には近年に生まれたものであることになかなか気づかない。フランスのオリエント学者であるエルネスト・ルナン (Ernest Renan) は、「国家とは何か?」('What is a nation?') と題するソルボンヌ大学での講演で、国家の概念の起源を聴衆に思い起こさせた。

> 国家とは … 歴史的にみてきわめて新しい概念である。それは古代人にとって馴染めないものだった。エジプトや中国や古代カルデア (Chaldea) などはいかなる意味においても国家ではなかった。それらは太陽の息子 (Son of the Sun) とか天帝の息子 (Son of the Heaven) に率いられた一団だった。エジプトでも中国でも市民などというのはまったく存在しなかった。古代には様々な共同体や自治王国、それに地元共同体の連合や帝王の領土がいろいろと存在したが、今日的な理解からすれば、それらは国家とは到底呼べないだろう。　　　　　　　[バーバ (Bhabha)、1990 年、9 頁]

ルナンは古代や中世の帝国の崩壊から民族国家の台頭までを跡付け、民族国家の文化的起源を特にヨーロッパの政治的、社会的情況の内に

突きとめている。国家というのは昔も今もきわめて不安定なものであり、常に氏族とか「部族」('tribe')とか言語集団とか宗教集団とかに再分化され、崩壊への道を辿る傾向にある。そして、こうした不安定な状態を特定の地域とか状況[「小国分割主義」('balkanization')、「第三世界」('the Third World')、「低開発諸国」('underdeveloped countries')]のせいにする誤った風潮が、様々な国家的疑問に関する今日の議論にも見受けられる。

ルナンと同じく、初期の思想家たちも気付いていたように、国家というものは「自然な」('natural')実体ではなく、一つの社会的構築物であることから、その不安定さは避けられない。イデオロギーの仮面を被った独立国家という神話は、ナショナリズムを永続させる上で、国家的伝統といった排他的で均質的な概念を生み出す必要から、そのアイデンティティを表わす特殊な記号をいろいろと用いる。だが、こうした均質性を表わす記号は、その弁護の対象でもあるような現実の「国家的」('national')共同体の多様性を提示することはなく、国家の支配的な権力集団の利益を表象して、それを堅固たるものにしようとするのが常である。

したがって、国家という構築物は、現代社会にあって統制と支配を司る有力な現場となる。このことは、「国家的伝統」('national tradition')の神話が、一社会集団[一民族('a people')]に対する一般的な考えを合法化するためだけではなく、国家権力のすべての手段(例えば、軍部警察局、司法部、宗教的階級制度、教育制度、政治的集会とか組織など)が一様化した国家の歴史や文化の自然的('natural')表現として包含され、合法化されるような民族国家という現代的な概念を構築するためにも用いられるといった事実によって、一層はっきりするのである。ティモシー・ブレナン(Timothy Brennan)は、国家と民族国家といった二つの概念が現代にあって崩れ去ることについて次のような意見を述べている。

> 「国家」に関して言えば、それは歴史的にみて決定的なことであると同時に、一般的なことでもある。一つの用語として、それは現代の民族国家を意味していると同時に、はるか昔の漠然とした

もの——生まれ (natio)——、つまり、地元共同体、住居、家族、帰属意識などをも指している。こうした特質は往々にして、みずからの専横さが疑問視されないような「人の記憶にないほどの昔」('immemorial past') に、自国を位置付けようとするナショナリストによって曖昧にされるのである。　　　　（バーバ、1990年、45頁）

　今日の社会では、国家という概念と民族国家の慣例や権力との混同によって、ナショナリズムがとても強烈な支配力の一つに仕立て上げられるばかりか、自決権や自由、それにアイデンティティや統一性に関する様々な思想が、抑圧や支配、また、統治や排斥に関する様々な見解と衝突する激しい論争の世界に位置付けられることにもなる。
　だが、そうした論争の激しさや理論化の難しさにもかかわらず、ナショナリズムは20世紀の政治学にあって、最も強烈な支配力として執念深く存続した。それを置き換えることは、ソビエト連邦 (Soviet Union) とその属国にスターリン主義という形式を取って出現した、マルクス主義に基づく国際志向的な運動の内部にあってさえ、きわめて困難なことであった。スターリン自身、国籍問題 (Nationalities Question) の専門家であったことから、いわゆる一人の偉大なるロシア人 (Great Russian) としてでなく、一人のグルジア人 (Georgian) として少数派民族に生まれたにもかかわらず、「国家的差異」('national differences') による弾圧を容赦なく主張したという事実を忘れてはならない。
　国家の概念に関する複雑で力強い展開が、世界資本主義という20世紀の偉大な現象の内にもみられる。そこにあって、多国籍企業の出現に代表される国家間の「自由市場」('free market') は、共有する集合的価値 (**globalization** グローバル化の項を参照) に基づく自然で不変的組織としての国家という概念に易々と馴れ親しむことなどできない。多民族からなるアメリカのような現代の諸国家は、支配的な国家イデオロギー [多様性の中の統一 (in pluribus unum)] を必要としていよう。だが、また世界資本主義は境界やアイデンティティを横断し無価値化する経済王国にあって、自由な行動を個人に要求するのである。現代の通信網のおかげで、世界との接触が日常の現実と化すにつれ、急速に高まりつつあるこれら二つの衝動間の緊張は、現代世界における最大の未

解決問題の一つに数えられる。

　国家とナショナリズムは、植民地の慣例を形成する上でこの上もなく重要である。ホブソン (Hobson) が述べているように、

> 移民者たちが本国の市民権をそのまま持ち運ぶことで、住民が存在しないか、もしくは人が疎らにしか住んでいない外国の土地に国家の一部を移すのをよしとする植民地主義は、ナショナリズムの拡大と見なしても差し支えないだろう。[ホブソン (Hobson)、1902 年、6 頁]

ホブソンは、19 世紀後半の**帝国主義 (imperialism)** にあって経済問題が持ち上がったことを説明しているが、国家と領土拡張との結び付きはかなり古い。民族国家の出現とポスト・ルネサンス期のヨーロッパにみる帝国資本主義経済とは不可分のものであったことは間違いない。新世界 (New World) にヨーロッパの (金や銀の) 交換基準を満たす大規模な供給源が貯えられていなければ、ルネサンス期に遠隔地との冒険的な貿易事業が急速に発展することはなかったであろう。結局、こうした貿易は製造品への需要を一層駆り立てた。領土拡張のための素材は植民地化された世界の新たな経済機構を通じて、大農園や鉱山から供給され、ヨーロッパの産業化を促進させることになった。

　もちろん、こうした複雑な経緯をここではごく単純化してはいるが、それは新たな商人階級の利益を確固たるものにする上で役に立った話や、また、遠方の植民地との貿易から生ずる富のおかげで古い封建貴族の権力に取って代ったり、それに挑戦することになった新たな商人階級の利益を表明するにあたって、かなり古い諸形態 (自治王国、都市国家、都市同盟など) を統合したり、これまでにない諸形態 (寡頭政治による急進的な共和国) を開発したりする新たな社会組織を必要とするようになった話を、作り上げるための基盤となったのである。まさにこれらの新たな「国家的」('national') 実体は、話し手や聞き手 (もしくは書き手や読み手) による「想像的共同体」('imagined communities') を通じて行き渡る一つの新たな国家的説話、つまり、「国家の物語」('Story of the Nation') を必要としたのである [アンダーソン

(Anderson)、1983年]。

　フランスの啓蒙思想は「国家」に関する理論の変更、つまり、神話的、歴史的起源に依拠するよりもむしろ一連の普遍的原理 [「人権」('Rights of Man')] に基づく「国民」('people') 理論の内に、現代の民族国家の合法性を再び位置付けるといったことへの変更を予告していた。その厳格な形式の下に一つの普遍的な展望を生み出そうとする衝動は、国家横断的であり、その革命的な越境的傾向は18世紀ヨーロッパの多くの国々やアメリカへの啓蒙的思考の影響の内に見出せよう。ナポレオン没落後のヨーロッパには、保守的な反応や伝統的な君主政治を復活させようとする試みが生じたにもかかわらず、勃興した国々はいろいろな点で、神聖な王権にみるような世襲的権威といった在来の考えよりもむしろ「国家－権力」('state-power') という現代の概念を支持していた。現代プロシアの独裁体制でさえ、支配的で伝統的な権威者 [「王」('King') とか「皇帝」('emperor')] の概念をきわめて効率的な現代の官僚のそれに結び付けたり、また、国家利益についても、ある個人集団の管轄下に置くのではなく、官僚政治を通じて一つの抽象的概念として捉えたのである。

　逆に言えば、第二、第三共和体制期のフランスにあって、人民の意志という考えは、普遍的な人権を求めての闘争宣言にではなく、権力と領土拡張への国家的未来像にますます結び付いていった。ルナンの述べたように、国家というものが古典的で中世的な帝国(*imperium*) の概念の崩壊後に初めて出現したものの、19世紀に帝国主義という新たな植民地化形態を生み出したのは、ポスト・ルネサンス期に出現した国々であったのは皮肉である。**帝国主義**は、今や、言語や人種に関する統一的な記号表現に基づき、「国家の」('national') 形成を目論むというさらに広大なイデオロギーの世界へとその歩を進めることとなった。

　中世における最後の帝国主義の残部であるとともに、かつての神聖ローマ帝国 (Holy Roman Empire) の残存的形態であるオーストリア－ハンガリー (Austro-Hungarian) 帝国にみる帝国主義は、それとは正反対の方向に進むことになった。というのも、それは人種的、言語学的に規定された国民性に根差す政治的主体を発展させようとした人たち

によって、内部からますます攻め立てられていったからである。他方、19世紀後半の50年間にみる帝国主義は、生まれというかなり初期の概念に基づくかつての境界線の再出現を阻止したり、もしくは階級理論を根拠とする新たな内部の不和勢力の出現に抵抗するために、民族国家［イングランド、フランス、ドイツ（プロシア）、ロシアなど］の複雑で異質な実体の内に、人々の結合を計る統一的な神話を生み出そうとする要求の表現に他ならなかった。それらの帝国主義は、故国としての「国家」をさらなる巨大組織の中心と見なし、「他者」（'other'）の表明する差異性に対してみずからを特異な存在として定義する、領土拡張論者の見方に絶対的に依存していた。このような意味で、ティモシー・ブレナンの述べているように、

> 一つのイデオロギーとしての［ナショナリズムは］…帝国主義の国々から現われたにせよ、これらの国々は探検の時代までみずからの国家的抱負を形成することはできなかった。ヨーロッパ人の帝国的侵入によって様々な市場が生まれることで、ヨーロッパ内に民族国家が構築されることとなった。ヨーロッパのナショナリズムは、ヨーロッパがその広範囲にわたる領土で行っていたことによって動機付けられた。換言すれば、「国家の概念」（'national idea'）は征服地でどんどん流布していったのである。（バーバ、1990年、59頁）

帝国時代後期を通じて、国家の概念があまりにも支配的になったので、19世紀末から20世紀初頭にかけて反植民地運動が起ったことも、抵抗的ナショナリズムといった観点からほぼ理解することができよう。もっとも、最初に**植民地主義 (colonialism)** の成長に拍車をかけたのはナショナリズムの力に他ならなかったが。様々な**反植民地の (anti-colonial)** 運動は、差異意識を通じて抵抗力を奮い立たせるのに植民地化以前の時代の考え方を用いたが、それも植民地化以前の社会的状態を再構築するためではなく、ヨーロッパのナショナリストの模型に基づくポストコロニアルの民族国家を構築するための土台を生み出すのがその目的だった。現代ヨーロッパの様々な民族国家が、古代や中世の世

界にみる帝国的形態を崩壊させることによって現われたように、これらの現代国家によって構築された様々な植民地帝国も、同じような内部抵抗や国家的統一体の構築やナショナリストによる文化的構築に基づく独立への要求に従っていたのである。

　これはまさに皮肉ではなく、**ポストコロニアル国家（post-colonial state）** の支持母体となる人々も、そこでの初期の解説者が信じた程には急進的ではなかった。自国に対する**新植民地主義者（neo-colonialist）** の有効な支配を認めるにあたり、彼らは両国の絆が継続的に保持され得るような範囲内で、ヨーロッパの国家概念に基づいた様々な模型や制度を採り入れたのである。アフリカを扱ったバジル・デイヴィッドソン (Basil Davidson) を別にして、ほとんどの解説者にはこの過程が間違っていたと論じる用意はなかった［デイヴィッドソン (Davidson)、1922年］。しかし、数多くのポストコロニアル国家にあって、少数派集団を支配し、抑圧し、差別するのにナショナリストの神話や意見を持ち出すことは、近年の数多くの解説者のテーマである。というのも、これらの少数派集団はみずからに固有の場所を要求するだけでなく、文化的多様性に対してもかなりの寛容さを示し、それを容認すべきだと主張しているからである。

　過去は国家的伝統の仮装だとする、創意に欠ける様々な偏った見解が、「国家的伝統」（'national traditions'）の限界性を性や宗教や民族性などの観点から示唆する人々を含め、数多くの集団によって批判されてきた。実際、国家が、内的異質性や内的差異を解決し得る典型的な政治的統一体として、その用を果たさなくなるのは理解し難いことである。おそらく問題は、私たちが国家を所有しているかどうかではなく、どのような国家を所有しているかということである。すなわち、国家が、人種とか宗教とか民族といったような抽象概念に基づく国家的統一の神話を主張するに止まるのか、それとも社会的多元性や多文化主義をも包含し得るのかどうかということである。

　［さらに、アンダーソン (Anderson)、1983年、バーバ (Bhabha)、1990年、ブロート (Blaut)、1987年、ベイマー (Boehmer)、1991年、ブレナン (Brennan)、1989年、チャタジー (Chatterjee)、1986年、1993年、デイヴィッドソン (Davidson)、1992年、ホブスバウム (Hobsbawm)、1990年、マリー (Murray)、1997年、パーカーとその他 (Parker et al)、1992年などを参照。］

national allegory 国家的寓話

　フレデリック・ジェイムソン (Frederic Jameson) がエッセイ「多国籍資本主義の時代における第三世界の文学」('Third World literature in an era of multinational capitalism') の中で、この用語を使ったことからかなりの評判になった。ジェイムソンは次のように述べている。

> 第三世界のすべての文化的作品が共有しているもの、また、それらの作品と第一世界にみる類似した文化的表現形式とを根本的に区別しているところのものは、第三世界のすべてのテクストが必然的に...しかも、きわめて特異な点で寓話的だという［ことである］。つまり、その形式が、小説のように主として西洋的な表現構造に依っている場合でも、いやむしろ、そのような場合にこそ、それらのテクストは、私が国家的寓話と呼ぶところのものとして読まれることになろう。　[ジェイムソン (Jameson)、1986 年、67 頁]

　その理由として、先進諸国の場合とは違い、第三世界の資本主義にあっては、個人的体験が依然として公共の場から切り離されていないことをジェイムソンは挙げている。結果的に、「個人に固有の運命に関する話は、常に公共の...文化や社会といった防備を固めた構造の寓話である」（ジェイムソン、1986 年、67 頁）。
　こうしたきわめて大雑把な主張は、アイジャズ・アマド (Aijaz Ahmad) の強い批判を引き起こした。彼はその主張の内に、第三世界の文化の特殊性を考慮に入れまいとする総体的で普遍的な傾向を見とめたのである。だが、ジェイムソンはみずからの主張が大雑把ではあっても、それが総体的なものだとは考えていない。彼はむしろ自分の仮説が第一世界の優勢な批評世界に介入しようとする試み、つまり、グローバル文化に関して関係的な思考方法を取り入れようとするだけでなく、文学的かつ文化的諸形式を占有する上で多様な文化的方法をしかと打ち出そうとするのが、その狙いなのだと力説する。個人的体験が公共的、国家的運命の寓話として表現されることになるとするジェイムソンの主張の長所が何であれ、それはポストコロニアル寓話なるものの本質や三つの世界の構築といったことに関する数多くの議論

ばかりか、第三世界での数々の文化的体験から、他の社会的組織よりも国家に重要性が付与されたことへの疑問をも呼び起こしたのである。

[さらに、アマド (Ahmad)、1992 年、ジェイムソン (Jameson)、1986 年などを参照。]

national liberation movements 民族解放運動

ナショナリズムが植民地化された社会、もしくは新たに植民地化される社会の内部にあって、革命的変化を求める進歩的勢力となり得るとするレーニン主義者 (Leninist) の教義を実践に移したとされる、1960 年代の**第三世界 (Third World)** の国々に出現した一連のナショナリズム運動は、資本主義を隠蔽した中産階級の社会的組織として、マルクス主義者の理論によって暴かれはしたものの、世界の労働者の解放に向けての必然的な一段階として、早くも 1919 年の第 1 回党大会 (First Party Congress) でレーニンによって容認されていた。1920 年の第 2 回党大会 (Second Party Congress) までに、レーニンはすべての共産党員に、「これらの植民地から帝国主義者を追放し、植民地や抑圧された国家の労働者に対する真の友愛的姿勢を帝国労働者にも教え込み、植民地住民へのいかなる抑圧にも屈することなく、帝国軍隊内に組織的な動乱を引き起こすように」[コナー (Connor)、1984 年、56 頁] 命令した。

「国籍問題」('nationalities question') に関する専門家として、スターリン (Stalin) も同じように、ソビエト連邦 (Soviet Union) の衛星国の反革命的ナショナリストの抱負を残忍な手段で弾圧する政策を実行した。しかし、1930 年代になって、独裁的国家社会主義による外的脅威が出現したことで、彼は独裁的ナショナリストの侵略の脅威に対する国家的抵抗の呼び掛けの内に、労働者階級と国家と州との混成に基づく新たなイデオロギーを案出した。戦後、コミンテルン (Comintern) は、ベトナム (Vietnam) からアルジェリア (Algeria) に及ぶ世界中の過激なナショナリストによる数多くの運動を積極的に支援し続けた。「民族解放運動」という用語の出現によって、こうした運動と古典的な中産階級のナショナリズムとは区別されることになった。マルクス主義

者を標榜する地元の知識人たちによって率いられたこれらの運動の典型は、キューバの革命家、フィデル・カストロ (Fidel Castro) の仲間であるアルゼンチンの (Argentinian) チェ・ゲバラ (Ché Guevara) のような偶像視された人物によるものだった。その他の至る所で、一連の指導的ナショナリストたち、例えば、アフリカのセクゥ・トゥーレ (Sekou Touré) やクワメ・エンクルマ (Kwame Nkrumah)、また、ベトナムのホーチミン (Ho Chi Minh) といった人たちが、自由で革命的な社会をポストコロニアル世界に建設するために、民族解放運動の様々な抱負を公然と受け入れたのである。また、この運動は、当時の**反植民地 (anti-colonial)** 闘争に参加した重要な知識人の中でも、アルジェリアのフランツ・ファノン (Frantz Fanon) やギニア＝ビソー (Guinea-Bissau) のアミルカル・カブラル (Amilcar Cabral)、それにモザンビーク (Mozambique) のアゴスティーノ・ネロ (Agostino Nero) といった人たちを惹きつけた (**Fanonism ファノン主義**の項を参照)。

[さらに、ブロート (Blaut)、1987 年、コナー (Connor)、1984 年、ファノン (Fanon)、1959 年、1964 年、ハーロー (Harlow)、1987 年、マオレイン (Maolain)、1985 年、ミラー (Miller) とアヤ (Aya)、1971 年、セアー (Thayer)、1989 年などを参照。]

native 原住民

　植民地の土着民を意味するこの用語は、長期にわたり多様な用いられ方をしてきた。「その土地に生まれついた」('born to the land') といった元来の意味が、植民地主義者の文脈にあって軽蔑的な意味合いを帯びるようになったことから、この用語は、植民地を支配する植民地移住者とか植民地行政官よりも劣等な人間として、土着民を部類化するのに用いられるようになった。やがて、「原住民層」('the natives') のような種族名詞にみる**野蛮な (savage)**、未開の、幼稚な、といったような侮辱的な概念とも結び付いた。

　さほど発展していない文化圏に所属する「原住民層」を、現代性と文明、もしくはそのどちらかの状態に至らせるためには、文化的養成が必要だとする考えが**植民地言説 (colonial discourse)** に浸透していた。「原住民」文化が、**移住者植民地 (settler colonies)** にみる狩猟採集生活者の文化とか、文書や石造建築や産業技術などのようなヨーロッパ文

native 原住民

明の模型を表わす様々な記号を共有しない異質の文化模型に基づいている場合には、「原住民」という考えは、文化を「原始的」('primitive')なもの、もしくは「石器時代」('Stone Age')のものとして特徴付けるダーウィンの (Darwinian) 学説によって部分的に説明が付いたのである。植民地主義者のテクストでは、オーストラリア先住民 (Australian Aboriginal peoples) やニュージーランドのマオリ族 (New Zealand Maori) やカナダのアメリカ先住民 (Native American peoples) などの多様な文化に対してはもとより、その複雑で高度に発展した社会的、芸術的形式が帝国的視界から排除されたり、軽蔑的な分類によって故意に隠蔽されたりした (時には今でもそうだが) ようなアフリカとか南太平洋 (South Pacific) 地域の数多くの文化に対しても、これと類似した特徴付けが盛んに行われた。

ヨーロッパ人の目からみて明らかにインドや東南アジア (South-East Asia) 地域のような高度な「文明」('civilization') を達成させた様々な文化が存在する場所にあっても、植民地主義者の慣例に基づき、「文明化した」('civilized') ヨーロッパによって、退化した社会や人種の救済と回復の必要性が表明されるとともに、これらの国々は「堕落した」('in decay') 文明国と見なされた。これらの国々が社会的にも道徳的にも堕落し切っていることが、例えば、インドにみる寡婦殉死や殺人強盗行為や儀式殺人などのような特別な慣例を始め、単なる乱痴気騒ぎに過ぎないマレー人 (Malays) の「暴れ狂い」('running amok') をヨーロッパ人が描いて人気を得ていたことからもわかるように、おそらくは特殊な人種に固有の道徳的堕落の慣行に対する植民者側の異常とも言える執着によって証されよう。

模倣 (mimicry) にみる脅威的な両価性とか植民地主義者に付き纏う異種族混交への恐れを生み出すような、植民地主義者の言説の核心に宿る汚濁への恐怖は往々にして、土着の慣例に汚染されることでアイデンティティや優勢な個性が失われるとされる**原住民化 (going native)** への植民者側の恐れと通底していた。こうした複雑さは、ラドヤード・キプリング (Rudyard Kipling) の『キム』(*Kim*) のようなテクストに窺えるが、この作品にあって、インド生まれの英国少年であるキムは、明らかに人種的優越性を扱った言説にみる生粋のインド人とは区

別されている。もっとも、この作品から、インド生まれの彼がインド人の文化や態度を洞察するのに長けていたことはよくわかる。事実、キプリングの文学世界では、人種的優越性と地元の知識が結び付くことで、人種的汚濁の恐怖を知らない生粋のインド人がそこから生まれ得るような植民地世界の理想的な支配者像が構築されるのである。

[さらに、トルゴフニク (Torgovnik)、1990 年を参照。]

nativism 土着主義

この用語は、植民地化以前の社会に存在した土着の慣例や文化的形式に戻ろうとする欲望を意味している。**植民地主義 (colonialism)** に取って代わり、植民地化以前の土着の風習を回復し、広める必要があると論じる**脱植民地化 (decolonization)** のレトリックを指すにあたって、この用語がよく持ち出される。こうした復帰とか再構築がどれほど可能である (望まれる) かどうかということに関して激しい論争が行われてきた。スピヴァック (Spivak) やバーバ (Bhabha) のような植民地言説の理論家たちは、このような土着主義の再構築が、植民地主義によって促進されるような、また、いかなる後退も不可能とされるような文化的混合の過程に必然的に従っていることを強く主張する。近年、スピヴァックは、土着民 (原住民) 文化を表現する様々な記号の差別化を認めない「戦略的な」('strategic') 本質主義をポストコロニアル社会が利用していることについて弁護している。こうした戦略のおかげで、これらの社会は、**文化的差異 (cultural difference)** を否定したり、それを政治問題に掛かり合わない異国の**文化的多様性 (cultural diversity)** に関する言説に委ねると脅かす世界文化の猛攻撃にさらなる抵抗を示し得るのである。近年、ベニタ・パリー (Benita Parry) も土着主義者の立場をさらに積極的に弁護し始めている [パリー (Parry)、1994 年]。

他方、大抵のポストコロニアル社会は多文化的性質を有しているので、植民地化以前の「原住民」('native') 文化の構成要素に関する論争がいろいろと問題を孕むことになるのは当然である。特に、支配的な文化的集団に好都合な言葉でみずからを規定している、今日のポストコロニアル民族国家のような場合にはそうである。そうした支配的な文化的集団の子孫が偏見と不正から免れ得るような、ポストコロニア

ル国家の多文化模型としての人種混成の離散的社会が生まれたのも、**奴隷制度 (slavery)** や年季労働契約証文に基づく移住政策の結果だとする認識を、「土着主義者」('nativist') の思考が妨げていると論じているのは、そのような社会の少数派である。したがって、土着主義者による植民地化以前の文化の回復によって脱植民地化され、解放され得るような一つの同質集団が、ポストコロニアル社会の抑圧された人たちによって構成されることになるといった考え方に反論してきたのも、またこれらの少数派なのである。

　また、均質的で一元的な国家の概念に関する仮説は、マレーシア (Malaysia) やシンガポール (Singapore) やフィジー (Fiji) などの数多くの民族から成るポストコロニアル国家を始め、民族混成が現在のところかなり進んでいる上に、事実上、素朴で**土着的 (indigenous)** というよりも、いろいろな意味で文化的離散の所産とも言える集団から成る、カリブ海域諸島 (Caribbean) に生まれて久しい巨大な**離散的 (diasporic)** 社会にみる植民地主義の歴史的、文化的遺産の挑戦を受けている。(アフリカとか肌の黒さといったような) 地理上もしくは人種上の起源を示す証拠を特権化する文化や国民性に関する模型は、往々にして住民の多様で**クレオール的 (creolized)** な性質を取り上げるにあたって同様の問題を抱え込むことになろう。

　さほど多様的でない国家にあっても、宗教的、言語学的な少数派集団は、土着主義者にみる過去の単純な回復計画に同じような困難さを見出している。植民地化以前の土着文化にみる男性的、家長的世界を**真正な (authentic)** ものとして祭り上げる、土着主義者の仮定的模型に基づき様々な伝統を再構築することは、必然的に女性の抵抗を引き起こすことになった。女性にとって、過去に関する様々な模型は現代の男性的慣例の所産に他ならない。というのも、そうした慣例は、性差別主義者の偏った想像力を通じて過去を解釈したり、ある種の提案される社会的模型に全面的に関与する権利を女性から奪うために、支配的エリートによって利用されたりしてきたからである [ムバ (Mba)、1982 年、ストラットン (Stratton)、1994 年などとともに、**feminism フェミニズム**と **post-colonialism ポストコロニアリズム**の項も参照]。事実、**脱植民地化** の単純な模型に似て、土着主義のそれもこれまで解決して

きたのと同じ程、多くの問題を引き起こしてきたのである。

[さらに、パリー (Parry)、1994 年を参照。]

négritude ネグリチュード

　アフリカ人の個性や文化の特異性に関する一つの仮説。レオポルド・セダー・サンゴール (Leopold Sédar Senghor) やビラゴ・ジオプ (Birago Diop) のようなフランス語を話すアフリカの作家たちを始め、エメ・セゼール (Aimé Césaire) のような西インド諸島出身の (West Indian) 作家仲間は、第二次世界大戦直前とその直後に、黒人であることに関する理論をパリで発展させた。これらのアフリカやカリブ海域諸島 (Caribbean) の知識人たちは、フランスの大学で勉強するに先立ち、フランスの植民地同化政策の仕事にずっと携わっていた。ハーレム＝ルネサンス (Harlem Renaissance) のようなアフリカ系アメリカ人の改革運動の様々な影響をパリで目のあたりにしたことも手伝って、異なる植民地の出身であった彼らは一般的な黒人理論を生み出した。それは単一の黒色「人種」('race') という枠組みを超えて、「アフリカ人の個性」('African personality') といった概念に基づき黒人を捉えるべきだというものだった。

　これらの黒人主義者としての批評家たちは、「黒いオルフェ」('Black Orpheus') と題された解説を、フランスで初めて出版されたアフリカ黒人の作品集である『フランス語による黒人とマダガスカル人の新名詩選』(*Anthologie de la nouvelle poésie négre et malgache de langue française*、1948 年) に書いたジャン・ポール・サルトル (Jean Paul Sartre) のような、その当時、持て囃されていたヨーロッパ知識人たちの関心を引いた。これらの批評家たちは、アフリカの文化や文学がそれ自体の審美的、批評的基準を有していて、母体としてのヨーロッパ文化の単なる派生物ではなく、それ自体の差異性や特殊な関心事といった側面から評価されるべきだと主張した。

　1947 年にパリのアリオーネ・ジオプ (Alioune Diop) による批評誌『アフリカ人の現在』(*Présence Africaine*) の発刊は、フランス語で書かれたアフリカ人やカリブ人の作品への新たな批評的関心を呼び起こした。この批評誌は、その後 20 年かそこらにわたり、数多くの重要な

批評的主張を伝達するための媒介物となり、シァク・アンタ・ジオプ (Cheik Anta Diop) の影響力に満ちたエッセイ「国家、黒人、文化」('Nations, négres et culture') やジャック・スティーブン・アレクシス (Jacques Stephen Alexis) の「ハイチ人の魔術的リアリズムについて」('Of the magical realism of the Haitians') (**magic realism 魔術的リアリズム**の項を参照) を掲載した。未来の出版物はフランス語か英語で書かれることになるだろうといった決定が1957年に下されたことから、英語で書かれたアフリカ人の作品を批評する上で、『アフリカ人の現在』は一つの重要な位置を占めるようになった (ムディムベ (Mudimbe))。黒人としての自覚を促す運動とその発展的成果たる作品は、アフリカばかりではなく、**離散した (diasporic)** アフリカ文化をもその傘下に収めることとなった。というのも、サンゴールが定義しているように、そうした運動は「アフリカ世界といった文明にみる様々な価値の総計」[リード (Reed) とウェーク (Wake)、1965年、99頁] だからである。こうした理由から、それは文化的特殊性を求めるアフリカの主張をさらに広範囲にわたって理解する上で、きわめて重要な最初期の活動だった。

「ネグリチュード」という概念には、すべての黒人子孫は剝奪されることのないある本質的特徴を共有していることが暗示されている。この点で、そうした活動は、エドワード・ウィルモット・ブライデン (Edward Wilmot Blyden) やアレクサンダー・クラメル (Alexander Crummell) やW. E. B. デュ・ボワ (W.E.B.Du Bois)、それに**本質主義者 (essentialist)** で**土着主義者 (nativist)** のマーカス・ガーヴィー (Marcus Garvey) といったかなり初期の黒人行動主義者たちによる、人種の特性を基盤としたアフリカ人の威厳の主張に似たものだった。そうした活動が顕著なものとなったのは、独自の「人格」('personality') を有するものとしての黒人に対する様々な認識を、知的、感情的、肉体的側面にわたって広めようと努力した結果だった。

[さらに、ジャック (Jack)、1996年、ケネディ (Kennedy)、1975年、、モーズリー (Mosley)、1995年、サンゴール (Senghor)、1964年などを参照。]

neo-colonialism 新植民地主義

　この用語は文字通り、独立国ガーナ (Ghana) の初代大統領で、自著の『新植民地主義―帝国主義の最終段階』(*Neo-colonialism: The Last Stage of Imperialism*、1965 年) に登場する汎アフリカ主義の指導的擁護者でもあるクワメ・エンクルマ (Kwame Nkrumah) によって生み出された。**帝国主義 (imperialism)** を資本主義の最終段階と見なすレーニン (Lenin) の定義を発展させたこの題名には、法律上、独立を達成したガーナのような国々が存在する一方で、以前の植民地勢力や合衆国のような新たに出現した超大国こそ、国際的な金融機関や世界市場での価格決定に際して、また多国籍企業や企業連合を始め、多様な教育的、文化的制度を通じて決定的な役割を演じ続けていることが暗示されている。事実、エンクルマの述べているように、新植民地主義は、以前の公然たる植民地主義に比べて油断のならないものであり、それを看破することも、それに抵抗することもはるかに困難なのである。

　旧植民地に対するありとあらゆる支配形態を指すこの用語は、広範囲にわたって使われてきた。したがって、例えば、独立によって権力が与えられ、往々にして植民地主義者の教育や訓練を受けた新たなエリートはもはや人民の代表者ではなくなり、無意識的にであれ、意欲的にであれ、かつての植民地支配者の代理人 [**仲介者 (compradors)**] として振る舞うようになったと論じる者もいる。さらに広い意味で、この用語は、**グローバル化 (globalization)** の圧力下にあって独自の経済的、政治的アイデンティティを引き出せない、いわゆる第三世界 (Third World) の経済的無力さを意味するようにもなった。

　近年になって、この用語は、以前の帝国権力の影響よりも、世界資本主義経済を確立する上で、新植民地主義者としての支配的な役目によって古めかしい生活が葬り去られた、特に合衆国のような新たな超大国の役割と結び付けて用いられるようになった (**world systems theory 世界システム理論**の項を参照)。数多くの**民族解放 (National Liberation)** 運動の指導的支援国になりたいとの主張にもかかわらず、「冷戦」('Cold War') 時期のソビエト連邦 (Soviet Union) の役割というのは、両国の援助や発展計画にいろいろと政治的な付帯条件が付いていたことから、合衆国の役割を少しばかり反映させたものに過ぎなか

った。この用語は、特にアフリカの事情を議論する場合はもとより、ラテンアメリカや南アジア圏にあっても流布している。

[さらに、エンクルマ (Nkrumah)、1965年、ポメロイ (Pomeroy)、1970年、サイニ (Saini)、1981年、ウォディス (Woddis)、1967年などを参照。]

New Literatures 新文学

この用語は、特に1970年代後半から1980年代にかけて、「コモンウェルス文学」('Commonwealth Literature') や後の「ポストコロニアル文学」('Post-Colonial Literatures') といった用語の代わりになるものとして使われた。「新文学」は、ポスト植民地化された社会から生まれた作品にみる創発的性質を重要視するとともに、新鮮さや差異性を内包している。また、植民者と被植民者間にあって歴史的に存続している権力の不平等性を巧みに言いつくろっているとして批判されてきた「コモンウェルス」('Commonwealth') という用語に伴う様々な問題を回避してもいる。

この「新文学」という用語は、依然として「ポストコロニアル」('post-colonial') といった用語の類義語として時々使われているが、特に、1990年代に入ってからはさほど頻繁に用いられなくなった。この理由の一端については、何人かの批評家も述べているように、この用語が父子主義的な意味合いを含んでいて、その文化的産物を植民地との遭遇の歴史や遺産の内に根付かせられなくなったためである。つまり、この用語にみる不都合な点は、主としてそれが引合いに出している数多くの文化 (インドの様々な文化のように) が英文学に比べてはるかに古い文学的伝統を保持していたことにある。こうした問題を回避するために、この用語は、「英語で書かれた新文学」('New Literatures in English') という表現で一般的に使われるようになった。したがって、この用語は、英語で書かれた作品だけを指し、サンスクリット (Sanscrit) のような古典的言語とか他のインド語による作品を除外している。だが、このこと自体が問題となるのは間違いない。というのも、英語で書かれた作品は、土着言語による現代の作品からは孤立するか、もしくは口述の慣例の継続的影響をまったく受けずに存在することになるからである。こうした問題があるにもかかわらず、この用語が

様々な理由で、ヨーロッパ以外の場所で使われ続けているのは興味深いことと言えよう。例えば、それを「解放のための概念」('emancipatory concept') と見なす批評家もいるし、アフリカ作家のベン・オクリ (Ben Okri) のように、**ポストコロニアリズム (post-colonialism)** という用語が孕む「後に来る」('coming after') といった意味合いの重要性よりも、「新興精神の文学」「'literatures of the newly ascendant spirit'」[ベイマー (Boehmer)、1995年、4頁] といった表現にみる「新たな」('new') という言葉の方を優先させるべきだと明言する作家もいるからである。

　[さらに、ベイマー (Boehmer)、1995年、キング (King)、1980年、1996年、ラザフォードとその他 (Rutherford *et al*)、1992年などを参照。]

O

orality 口述性

　ポストコロニアル文化は、口述性と記述性の相互関係によっていろいろと影響を受けてきた。こうしたことは、例えば、いくつかのアフリカ社会やすべての移住者植民地の土着文化にみられるように、口述文化が植民地化以前の時代にあって優勢だったような社会では、当然のこととして起きるのである。アフリカのいくつかの地域にみられる植民地化以前の社会は、アラビア語を用いて様々な文学的文化を高度に発展させたり、移入したアラビア語の原稿を基にみずからの言語によるいわゆるアジャミ (*ajami*) 文学なるものを生み出したりした。このことにより、これらの地域では、すでに記述文化と口述文化の諸形式間に複雑な相互作用が起きていたのがわかるのである。

　例えば、植民地化以前の高度に発展した文学的文化が数多く栄えたインドの場合を考えてみると、そこには、大衆文化の力強い要素を存続させることになるような文学的伝統と相互に作用する、活気に満ちた口述による民族文化がいろいろと存在していた。西インド諸島 (West Indies) では、18 世紀と 19 世紀を通じて、そこに何百万と移り住んだ**奴隷 (slaves)** や年季労働者の様々な文化が見られたが、それらの多くは口述形式で保存されたのである。西インド諸島の知識人たちが断片的なアフリカの遺産を取り戻すとともに、自分たちの地域の**国民言語 (nation language)** とも言うべきものを見出そうとする上で期待したのは、こうした大衆的な口述的伝統だった。

　ポストコロニアル文化に関する様々な研究のおかげで、口述性や口述文化の重要性が一般的に再評価されるとともに、文明に関するいろいろな考えを構築する上で記述形式が支配的であるのも、複雑に入り組んだ文化的慣例の偏頗な考察に依っていることが理解されるようになった。高度に洗練された文化にも活気に満ちた大衆的な口述文化が

多少なりとも含まれていることが、文化研究によってしかと明らかにされた。書き付けることが、権威や真理を表現する手段と見なされたばかりか、それがヨーロッパの文化的仮説やヨーロッパ中心の文明観を永続化させる上で支配的でもあったことから、ポストコロニアル社会にあっては、口述文化は過小評価されたものの、口述性については、引き続きその包摂をポストコロニアルの作品の前提条件とすべきだとする仮説が生まれた。だが、こうした誤解はポストコロニアル理論において急速に取り除かれつつある。

人類学のテクストが、「口述」('oral') による記録といった点に重点を置くようになったことは、こうした口述文化の過小評価への過程を幾分示していると言ってもよく、口述形式が、文学的形式ほどに社会的もしくは審美的に価値のあるものではないという印象を与えるのに役立った。口述性は、往々にしてそれを**現代的な (modern)** な特質と対立させる古典人類学の言説にあって、「伝承的な」('traditional') な特性として明示されたことから、時代遅れであるとも、不易だとも考えられるようになった。また、音標文字で記すという慣例には、本質的に演技的様式とは抵触する方法で口述形式を定着させることが含まれている。もっとも、近年の人類学的解説はこうした両方の限界を取り上げて、それらを是正しようとしているが。口述による「様々なテクスト」('texts') を複雑な審美的構築物としてではなく、社会的な記録物として見なそうとする狭い考え方に反発する試みにあって、演説のようなそれに代わる言葉遣いがいろいろと生み出され、口頭の演技的芸術も文学作品と同じく、審美的にみて複雑で味わい深いものであることが示唆されるようになった。だが、こうした二項対立に留まっている限り、この二つの用語間の従属的関係が壊れることがないのは言うまでもない。結局のところ、口述形式の持続性や正当性は現在では軽視され、今日のポストコロニアル文化にあってはその持続的意義が失われることとなった。

だが、近年の諸研究 [バーバー (Barber) やデ・モラエス＝ファリアス (de Moraes-Farias)、1989 年、ホフメイヤー (Hofmeyer)、1993 年] にあっては、植民地社会やポストコロニアル社会にみられる口述文化と文学的文化が統一化された様々な社会的状況の内にも存在し、双方で

影響を与え合っているという事実が強調されている。例えば、アフリカ社会にみる様々な口述形式は過去のものであっても、記述形式に劣るようなことは決してなく、記述形式と対等な関係を保持している。したがって、このことは記述形式が口述形式よりも優れていると説くデリダ (Derrida) のようなポスト構造主義批評家たちの提出した、極度に単純化された特殊な文化的仮説 [ロゴス中心主義 (logo-centrism)] への挑戦を意味している。

　ポストコロニアル社会にみられる口述形式の持続性や活力は、西インド諸島の実例で示されている。活気に満ちたポストコロニアル文化がそこに出現したのは、ウォルコット (Walcott)、ハリス (Harris)、ブラスウェイト (Brathwaite)、ブロバー (Brodber) などの作家たちを始め、レゲエ (reggae) 演奏者のボブ・マーリー (Bob Marley) や「ダブ」('dub') を暗唱する街頭詩人のマイケル・スミス (Michael Smith)、それにシストレン・コレクティブ (Sistren Collective) にみる女性の語り手や演奏者たちの活動の結果である。南アフリカでは、「讃美歌」('praise songs') のような口述形式は、現代ヨーロッパにみる労働組合のような (決起集会のための) 組織によって採用されてきたし、文学的テクストや慣例にみる形式的、社会的側面をいろいろと発展させてきた [グナー (Gunner) とグワラ (Gwala)、1991 年]。そのような場合に、記述形式による文化的作品がますます大衆的な口述形式の作品によって修正されるだけでなく、口述文化そのものが、現代の記述文化との持続的な相互作用の内で変化を蒙ることにもなるのである。

　[さらに、バーバー (Barber) とデ・モラエス＝ファリアス (de Moraes-Farias)、1989 年、グナー (Gunner) とグワラ (Gwala)、1991 年、グナー (Gunner) とファーニス (Furniss)、1995 年、ホフメイヤー (Hofmeyer)、1993 年、オング (Ong)、1982 年などを参照。]

Orientalism オリエンタリズム

　この用語は、エドワード・サイード (Edward Said) が自作の『オリエンタリズム』(*Orientalism*) の中で使用したことにより広まった。その作品で、「東洋」('Orient') というものがヨーロッパ人の考えによって構築され続けてきた過程を調べ上げている。オリエンタリストの中には、言語学や歴史学や文献学などのような分野の学者も含まれている

が、サイードのオリエンタリズムに関する言説は広範囲にわたりヨーロッパ人の思考に浸透した。それは学問的言説の一形式であるばかりでなく、「「東洋」("Orient")と「西洋」("Occident")の存在論的、認識論的差異に基づく思想の一形式でもあった」[サイード (Said)、1978 年、1 頁]。だが、概してサイードは、「オリエンタリズムは東洋に関して意見を表明したり、正当化したり、記述したり、また、東洋のことを教えたり、そこに移住したり、支配したりすることを通じて東洋を扱っている。つまり、オリエンタリズムは東洋を支配し、再構築し、そして威圧するための一つの西洋的様式である」(サイード、1978 年、3 頁) と述べ、東洋を扱うに際して、オリエンタリズムを集団的慣例として論じている。この意味で、それはフーコー (Foucault) による言説の定義の典型的な例でもある。

オリエンタリズムの重要性は、それが他者を知る一つの方法として、つまり、権威の一形式としての他者の構築の典型的な例だということにある。東洋というのは不活性な自然現象などではなく、何世代にもわたり、知識人、芸術家、解説者、作家、政治家などによるばかりか、さらに重要なことに、広範囲に及ぶオリエンタリストの様々な仮説や決まり文句を取り入れることによっても構築されてきたのである。西洋と東洋の関係は、権力や統治、それに程度の差はあれ、複雑なヘゲモニーなどによって成り立っている。結果的に、サイードにとってオリエンタリストの言説は、東洋に関する「真実の」('true') 言説というよりも、東洋を圧する西洋の権力の証拠として、さらに価値のあるものである。東洋に対する知識という一般的な標題の下に、また、18 世紀以降における西洋のヘゲモニーの傘下にあって、「高等教育機関での研究や博物館での陳列、また、植民地事務所での再構築、それに人類や宇宙に関する人類学的、生物学的、言語学的、人種的、歴史的論文になどで扱われる理論的例証の対象としてふさわしい一つの複雑な東洋が出現したのである」(サイード、1978 年、7 頁)。しかし、オリエンタリズムは「東洋の」('Oriental') 世界を抑圧する西洋による単なる一つの企みではない。オリエンタリズムは、

　　地政学的認識を審美的、学問的、経済的、社会学的、歴史的、言

語学的テクストに分類することだと言ってよい。それは基本的な地理学的特質によるだけでなく…それによって生み出され、保持されることにもなる…全系列に及ぶ「関心」('interests')を通じて、綿密に仕上げられるものなのである。それは表現というよりも、明らかに異なる世界というものを理解し、ある場合には支配し、操作し、取り込もうとさえするある種の意志、もしくは意図なのである。　　　　　　　　　　（サイード、1978年、12頁）

　オリエンタリズムの言説が、特に西洋と「イスラム」('Islam')の関係に今なお固執しているのは明らかで、それに関する研究はもとより、メディアでの報告や一般的な表象もいろいろと打ち出されてきた。だが、一つの散漫な様式として、オリエンタリズムは広範囲にわたって、植民地という他者を制度的にいろいろと構築する。その一例として、19世紀以来、西洋においてアフリカがどのように研究され、議論され、また、一般的に表象されてきたかということが挙げられよう。この意味で、そうした慣例はどのような形で採用されようとも、帝国権力の機能に直接結び付くこととなる。言説の内に他者を認め、名づけ、そして定着することは、広範囲に及ぶ政治的支配の維持に繋がるのである。

　また、こうした散漫な形態によって、様々な地域を普遍的に構築することが今日の文化的生活にみる一つの特徴でもある。オリエンタリズムが自己構築という領域に転落してゆくのはとても奇妙なことで、結果的に、一連の一般化した「アジアの」('Asian')価値（例えば、アジアの民主主義）といった考え方が、「東洋」('the East')［極東(Far East)、中東(Middle East)など］とかオリエントとかアジアといったような規定の仕方をするオリエンタリストによって最初から一緒くたに扱われた国民の様々な制度や政府を通じて、しきりに宣伝され、売り込まれたのである。「アジア」('Asia')のような用語が、形容詞として無制限に用いられ、植民地時代のオリエンタリストの言説のようにそれを自国に都合よく適用する国々にあっては、深在する文化的、宗教的、言語学的差異が浸食され、消滅させられる恐れがあると言えよう。

　［さらに、サイード(Said)、1978年を参照。］

Other / other 他人 / 他者

　一般的に、「他者」('other') とは、自分と異なるすべての人のことである。「正常な」('normal') 存在とはどのようなものかを定義し、世界の内に自己を位置付ける上で、他者の存在は不可欠である。植民者の文化や世界観の公正性や優位性を主張し、植民者と被植民者から成る**二項対立の (binary)** 分類法を定着させる一つの手段として、被植民者は**原始主義 (primitivism)** や**食人風習 (cannibalism)** を扱った言説において、「他者」として扱われる。

　この用語は、実存哲学にあって、特に、自我の目覚めやアイデンティティの概念の構築に際して自己と他者の関係を定義するのに、サルトル (Sartre) が『存在と無』(*Being and Nothingness*) の中でよく使っているが、今日のポストコロニアル理論にみる定義は、**主体性 (subjectivity)** の形成に関するフロイト的 (Freudian) 分析やポスト・フロイト的分析、それと特に精神分析家で文化理論家のジャック・ラカン (Jacques Lacan) の作品に依っていると言ってよい。ラカンによるその用語の使い方では、「他人」('Other') と「他者」が区別されているものの、多少の混同が生じている。それでも、ポストコロニアル理論ではそうした区別がとても役に立つのである。

　ラカンの理論では、「他者」('other')——小文字の'o'が使われる場合——とは、自分に似た別の人であることがはっきりと示されていて、それは子供が鏡を見て、そこに見つけ出し、しかと意識するようなもう一人の独立した存在である。手足や感情の調節機能がまだ充分に発達していない子供が、鏡に写った自分の姿を見る時、その姿はあくまで自分と類似しているばかりではない。それはその子供の、「予期的統制」('anticipated mastery') への期待を育むほどに独立した存在でもあるのだ。こうした虚構的統制が自我の基礎となる。この他者は、主体のアイデンティティを定義する上で重要なものである。ポストコロニアル理論において、それは帝国言説によって周辺化され、その差異性によって、中心地から区別される他者としての被植民者を意味し、おそらくは重要なことだが、帝国という「自我」('ego') による予期支配の焦点となり得るのである。

　「他人」('Other')——大文字の'O'が使われる場合——は、ラカンに

よって偉大なる他人 (grande-autre) とも呼ばれ、その視線の内に主体がアイデンティティを築くことになる。「象徴的他人」(The Symbolic Other) とは現実の対話者ではなく、それを代表するような母親とか父親のような他の主体の内に体現され得るものである。「象徴的他人」は「主体が別の主体に話し掛ける度に呼び出される超越的もしくは絶対的な応対者である」[ブーンズ・グラフェ (Boons-Grafé)、1992 年、298 頁]。したがって、他人とは、主体との分離によって初めて主体の欲望の中心に位置付けられる母親であるばかりか、その他者性を通じて主体を象徴的秩序の内に位置付ける父親でもある。さらにそれは無意識自体でもあるのだ。というのも、無意識はちょうど主体の言語から独立した言語のようなものとして構成されているからである。根本的に、他人は主体にとって不可欠なものである。なぜなら、主体はその視線の内に存在するからである。主体の最初の欲望が他人の視線の内に存在したいとするそれであるが故に、ラカンによれば、「欲望というのはすべてそうありたいと願う気持ちの換喩なのである」[ラカン (Lacan)、1968 年]。

　このような他人は二つの点で、帝国の中枢とか帝国言説とか帝国それ自体に喩えられる。最初に、それは被植民者が依存的な「他者」としてのアイデンティティ感覚を何とかして身に付けるといった意味の用語を提供することになる。次に、それは「絶対的な応接地点」、つまり、被植民者がそこにあって初めて世界を理解し得るようなイデオロギー的枠組みと化すのである。植民地言説にあって、被植民者の主体性は絶えず帝国的「他人」である偉大なる他人の視線の内に位置付けられる。被植民者は「母国イングランド」('mother England') とか「本国」('Home') のような表現にみられるように、植民地化勢力の母性的で養成的な機能に関するイデオロギーによって**問われる (interpellated)** ことになろう。

　他方、象徴的他人は父親としても提示される。帝国言語の重要性が教え込まれるとともに、それによって強制的に統治されることで、植民地住民は植民者の有する明確な権力感覚、つまり、比喩的に言えば、象徴的秩序への参入や父の掟 (the Law of the Father) の発見といったことに通じるような状況を受け入れるようになる。植民地言説の両価性

は、これら双方の「他者化」('othering')の同時生起、つまり、植民地住民は帝国の息子であるとともに、帝国言説にみる原始的で堕落した住民でもあるといった事実に見出せよう。帝国の支配的な他人の構築は、植民地の他者たちが生み出されるのと同じ過程を通じて行われるのである。

[さらに、ブーンズ・グラフェ (Boons-Grafé)、1992 年、ファス (Fuss)、1994 年、ラカン (Lacan)、1968 年、ニーダヴィン・ピータシェ (Nederveen Pieterse)、1992 年、サルトル (Sartre)、1957 年、スピヴァック (Spivak)、1985 年 a などを参照。]

othering 他者化

　ガーヤットリー・スピヴァック (Gayatri Spivak) の案出したこの用語は、帝国言説がその「他者たち」('others') を生み出す様々な過程を指して使われる。主体の創造に関連して、「他人」('Other') が欲望とか権力 [他人としての母親 (M-Other) とか父親 (Father)――もしくは帝国 (Empire)] の中枢に通じているのに反し、「他者」('other') は排除された、もしくは「支配された」('mastered') 主体として権力言説によって生み出される。他者化を通じて、その主体を生み出す植民地言説の様々な方法が明らかにされると言ってよい。スピヴァックの説明によれば、植民地化する他人は、植民地化される他者たちが主体として生み出されるのと同時に確立されることになるが故に、他者化とは弁証法的な過程なのである。

　スピヴァックがラカン (Lacan) による「他人」と「他者」の区別をしかと保持しているのに反し、それらを交換的に用いている批評家は多い。したがって、(おそらく、帝国の「他者たち」を抽象的かつ統括的に取り上げているばかりか、一層象徴的に表現しているために) 帝国による「他者たち」の構築は、往々にして「他人」を構築することだと見なされるのである。だが、いずれにしても「他人」、もしくは「他者」の構築は、自己 (Self) の構築と切り離せない。

　スピヴァックは、大尉のジェフリー・バーチ (Geoffrey Birch) と彼の上官のオクタロニー (Ochterlony) 少将、それとやはり彼の上官のヘースティングズ侯爵 (Marquess of Hastings)、それにモイラ卿 (Lord Moira) との間で取り交わされた植民地省 (Colonial Office) の急送公文書の解釈

を巡って、他者化の例を三つ挙げている。最初の例は、**世界化 (world-ing)** の過程についてであり、インドの田舎を横断するバーチ大尉は「ヨーロッパという自己を強固なものにしてゆく」('consolidating the self of Europe')。すなわち、植民地居住者の主体性を生み出してゆくという点から、彼はヨーロッパを「他人」として提示しているのである。次の例は、一つの卑しめられた例であり、そこでは山地に住む部族が少将のオクタロニーによって、「堕落」('depravity')、「反逆」('treachery')、「野蛮」('brutality')、「不信」('perfidy')、それに彼らの土地を君主に譲り渡すべきだとする「義務」('obligation') などといった観点から描かれている [スピヴァック (Spivak)、1985 年 a、134 頁]。彼は植民地化された「他者 (たち)」を生み出すにあたって、彼らを「帝国主義の対象 (たち)」('object(s) of imperialism') に祭り上げることになる、とスピヴァックは述べている。最後の例は、給料が半分しか支払われない副官たちを原住民政府の正規軍に奉仕させたことで、オクタロニーがヘースティングズ侯爵によって叱責されることの内に、原住民国家と「われわれの (植民地) 政府」['our (colonial) governments'] との分離状態を示している。これらの例は、すべて帝国の「他人性」('Otherness') を確立しながら、「他者の」テクスト——丘陵地帯の原住民国家の「真の」('true') 歴史——を生み出すことに携わっている (スピヴァック、1985 年 a、135 頁)。

　他者化の過程は、植民地主義者によるあらゆる種類の物語で取り上げられている。メアリー・ルイーズ・プラット (Mary Louise Pratt) は、ジョン・バロー (John Barrow) の『1797 年から 1798 年にかけての南アフリカ奥地紀行』(*Account of Travels in the Interior of Southern Africa in the Years 1797 and 1798*) の中から他者化の例を引き合いに出している。

> 他者化された人たちは、均質化されて、「彼ら」('they') という一つの集団を作り上げているが、それはさらに浄化されて、偶像的な「彼」('he') (標準的な大人の男性) を生み出すことになる。このように抽象化された「彼」や「彼ら」は、永久に現在時制の動詞の主語であり、特定の歴史的事件としてではなく、あらかじめ与えられた風習や習性の一例として、存在したり、行動したりす

ることが特色付けられている。[プラット (Pratt)、1985 年、139 頁]

　そうした旅行や民族誌的作品の内で他者化がほとんど必然的に行われているのとは別に、それはさらに具体的で過激な形式を取り得るのである。『野蛮人たちを待って』(*Waiting for the Barbarians*, 1980 年) の中で、南アフリカの小説家である J. M. クッツェー (J.M. Coetzee) は、帝国言説がそれ自体の迫真性を確認するにあたって、どのように他者を構築するかを明らかにしている。この小説で、その話を語る行政官は、比較的静かな辺境の移住民街といった「帝国」('empire') の端に暮らし、単調な仕事に従事しているが、ついに秘密警察である「第三局」('Third Bureau') の官吏の陸軍大佐ジョル (Joll) が到着し、捕虜集会の襲撃で捕獲した老人や女や子供たちから成るくず連中を拷問に掛けて、「野蛮人」('barbarians') についての情報を少しでも聞き出そうとする。野蛮人、つまり、時々商売で街にやって来る放浪生活者の脅威などまったくない上に、「第三局」の官吏の到着以前には「国境紛争」('border troubles') など何一つ起きていなかったことから、こうした企ては明らかに馬鹿げているのにもかかわらず、ジョル大佐は思い止まろうとはしない [クッツェー (Coetzee)、1980 年、114 頁]。というのも、帝国にとってその地理的、人種的他者たちとの明確な区別化が可能なように、敵の構築、つまり、存在するに違いない対立者を大佐は描き出そうとするからである。これは他者化の一例である。植民地化され、排除され、そして周辺化される人々に対して帝国がみずからの存在を明確にしてゆくといった過程に、この陸軍大佐も積極的に関与している。帝国は、こうした過程を通じて、その主体性を確立させることになる権力追求の内にみずからの「他者たち」を位置付けるのである。

　[さらに、クッツェー (Coetzee)、1980 年、プラット (Pratt)、1985 年、スピヴァック (Spivak)、1985 年 a などを参照。]

P

palimpsest 重ね書き羊皮紙

　この用語は、元来、以前に記入されたものを削り落として、その上に別の事柄が記入される一枚の羊皮紙を指して用いられた。だが、そのような削り落としにもかかわらず、「重ね書きされた」('overwritten')様々な痕跡が常に見受けられるのが重ね書き羊皮紙の特徴である。したがって、この用語は、以前の「様々な記入」('inscriptions')の痕跡が、羊皮紙本来の特殊な濃度や特性を付与された文化に関する「テクスト」('text')の継続的特徴として、どのように残存するかを暗示している点で、特に重要である。いかなる文化的体験も多くの層が付加されてゆく過程であることから、この用語が貴重とされるのも、植民地化という体験とともに、植民地化以前の文化の延長上にポストコロニアル社会がどのようにその文化的アイデンティティを発展させているかを示しているからである。「層の形成」('layering')という歴史的効果が時代の変る度に介在し、以前のものを「削り落とす」('erasing')一方で、現在の全体験はその構成要素の一部として、過去の根絶できない痕跡を含んでいる。過去から存続しているそのような痕跡的特徴をいろいろと探り出すことは、現在というものを理解する上での重要な作業である。

　重ね書き羊皮紙の概念は、『ボタニー湾への道』(*The Road to Botany Bay*、1987年a)の中で、ポール・カーター(Paul Carter)によって貴重なものとして扱われている。彼はその作品で、植民地化されていない、「無人の」('empty')空間がテクスト化の過程を通じて**場所 (place)** に変じることを示している。地図を作成し、名付け、そして虚構的な物語や実話を書くことは、時には矛盾した多様な付加物を生み出すことになるが、それらによって場所を構成する密度の濃いテクストが出来上がるのである。つまり、空間は言語を通じて書き留められ、名付けら

palimpsest 重ね書き羊皮紙　203

れることによって場所となるのである。ポストコロニアル住民の体験にあって、場所というのは、言語によって一つの過程を重ね書くための一枚の羊皮紙なのである。つまり、植民地化された空間が、**帝国の (imperial)** 言説によって名付けられることで、「存在する」('into being') ようになり、次に、そこに書き直しや重ね書きが行われるとともに、その場所が住民の意識に影像化され、ひいては、その場所を構成するすべての事柄が彼らによって観察され、論議されることになる。こうした仮説の最も興味深い見方として、一般の社会人も周囲の環境を眺める時に、眼前の事実を受け入れるだけではなく、文化的地平にみる場所とも関わっていると言えよう。すなわち、単純に観察された場所も何世紀にもわたって作成され、以前の様々な関わりや記入の痕跡を保持している一枚の文化的羊皮紙なのである。

　ガイアナ人 (Guyanese) 小説家兼批評家で、かつては政府測量士で地図作成者でもあったウィルソン・ハリス (Wilson Harris) は、自分の批評作品で重ね書き羊皮紙の概念を利用するにあたり、熱帯雨林地帯に堆積した物質層とともに、化石層をよく隠喩として用いている。彼は「化石化」('fossilization') の過程を死の形式の隠喩としてではなく、過去の形式が現在にまで継続していることの証拠と見なしている。過去、もしくは現在に関するいかなる特徴も一つの起源として選り抜かれることはない。というのも、この世のすべてが無限で多様な連続的過程、つまり、「歴史」('history') でさえ一過的なものとして位置付けられるような、終わりのない「無限に続く物語」('infinite rehearsal') の内に組み込まれているからである。ハリスの描くガイアナ世界では、重ね書き羊皮紙的な隠喩はまた数多くの人種に適用されているが、現代のカリブ人 (Caribbean) 社会にあっても、様々な人種痕跡が積み重ねられることで、「純系の」('pure') 人種とか文化といった単一で抑圧的なイメージの再現を妨げているのである (**catalysis 接触反応**の項を参照)。

　ポストコロニアル言説の多くが、植民地主義者のテクストによって抹殺された土地に関する様々な「作品」('writings') や「解釈」('readings') の返却を求める闘いを続けている (**orality 口述性**の項を参照)。植民地言説は、土地に関する以前の様々な解釈を抹殺し、そこを新たな記入を受け入れる用意のある空間として見なそうとする。このことは、す

でに複雑なテクスト化がいろいろと行われてきたインドのような「空間」('spaces')でさえも起きたのである。なぜなら、これらは表現に関する植民地の様々な価値基準や様式に照らして置き換えられたか、もしきは評価されなくなったからである。これが長年にわたり流布した植民地の歴史的慣例だったことは、19世紀のアイルランドにみる英国帝国の再記入の過程を扱ったブライアン・フリエル (Brian Friel) の戯曲『翻訳』(*Translations*) で説明されている。それというのも、英国帝国はゲール語 (Gaelic) が話されているアイルランドの西部地方を合併し、ゲール語の地名を改名することで、高度に洗練化され栄えていたゲール人の文化を排除したからである。大規模な植民地定住によって、現存する様々な土着文化のさらなる過激な**他者化 (othering)** が必要とされるような極端な場合には、誰のものでもない土地 (*terra nullius*) に対する帝国的教義は、植民地化以前の住民とその文化の完璧なまでの抹殺に訴えたのである。それは一つの優勢な文化的様式として、記述性が口述性に優るとする思想から成る支配的な帝国言説によって助長されるような過程でもあった。

　重ね書き羊皮紙という概念は、一つの文化の複雑な発展を理解してゆく上で有用なものである。というのも、以前の「様々な記入 ('inscriptions') が削り落とされ、その上に別の事柄が記入されるものの、現在の意識の中には以前の記入の痕跡がいろいろと残っているからである。まさにポストコロニアル体験からも明らかなように、このことによって、言語学的、地理学的、文化的空間にみる活動的、論争的、対話的性質が確認できるのである。

　[さらに、カーター (Carter)、1987年a、ハリス (Harris)、1983年などを参照。]

pidgins / creoles ピジン語 / クレオール語

　ピジン語は、リンガフランカ (*lingua franca*) (イタリア語、フランス語、ギリシャ語、スペイン語などから成る混成語で、母国語の異なる者同志が用いる共通語) として役に立つ言語であり、共通言語を有しない集団間の伝達手段として用いられている。(しかし、例えば、インド議会では、ピジン語でも、クレオール語でもなく、英語がリンガフ

ランカとして役立っている。)「二人以上の人たちが、文法や語彙についてはかなり体系化されているものの、いずれにとっても母国語ではない言語を用いる」[ホール (Hall)、1988 年、12 頁] 場合に、彼らはピジン語を使用することになる。クレオール語は「カリブ海域諸島 (Caribbean) にみられるように、ピジン語が一つの言語共同体の土着言語となる時に生まれる」(ホール、1988 年、12 頁)。「ピジン語は概して商業言語から発達し、クレオール語へと進化してゆく」[シーモア＝スミス (Seymour-Smith)、1986 年、223-4 頁]。

　しかし、デキャンプ (DeCamp) は、ピジン語やクレオール語の正確な定義を巡って、いつも意見の一致をみないことに注意を払い、次のように述べている。

> 定義の中には機能、つまり、これらの言語が共同体において果たす役割に基づいているもの ... 歴史的起源や発展に基づいているもの ... 形式的な特徴、つまり、限定語彙や性別の欠如や厳密な時制などについて述べているものがある ... また、言語学者の中には、その定義にあたってこれらの基準を結合させたり、また、いろいろと制限を追加している者もいる。[デキャンプ (DeCamp)、1977 年、3 頁]

　クレオール語がピジン語よりもはるかに発達した言語であることについては大抵の解説者が認めている。マイスケン (Muysken) やスミス (Smith) が論じているように、ピジン語とクレオール語の一つの重要な差異は、「クレオール語とは違い、ピジン語を母国語として話す者はいないことである」[マイスケン (Muysken) とスミス (Smith)、1995 年、3 頁]。だが、彼らの指摘によれば、派生的ピジン語の中には、パプアニューギニア (Papua New Guinea) のトク・ピシン (Tok Pisin) やナイジェリアのピジン英語 (Nigerian Pidgin English) やサンゴ語 (Sango) [中央アフリカ共和国 (Central African Republic)] などのように、母国語として使われ出されている例もある (マイスケンとスミス、1995 年、3 頁)。したがって、このようにピジン語が発達すると、ますますクレオール語として見なされるようになる。

[さらに、アレン (Alleyne)、1980 年 (『クレオール語研究』(*Études Creóles*))、ホール (Hall)、1988 年、ホーム (Holm)、1988 年 (『ピジン語とクレオール語ジャーナル』 (*Journal of Pidgin and Creole*))、ミュラウザー (Mulhauser)、1986 年、マイスケン (Muysken) とスミス (Smith)、1995 年、ロメイン (Romaine)、1988 年、シーモア＝スミス (Seymour-Smith)、1986 年、トッド (Todd)、1984 年などを参照。]

place 場所

　場所や転位という概念は、被植民者の体験にあって、言語や歴史や環境がとても複雑に相互作用することや、アイデンティティを形成してゆく過程で、空間や位置が重要な役割を占めることを示している。多くの場合、植民地介入が「空間」('space') と「場所」('place') を分離することで、場所に関する本来の表現形式を徹底して混乱させるまでは、「場所」がある社会の文化的言説の中で問題とされることはなかった。植民地主義の深刻にして散漫な干渉を受けるまで、場所というものに対する感覚は論争や闘争といった概念を生み出すこともなく、文化的歴史や伝説や言説の内に埋もれていた。そのような介入は、植民地移住者の内に転位感覚を与えたり、強制移住とか奴隷制度とか年季労働契約証文を通じて数多くの被植民者を肉体的に譲渡したり、さらには、植民地言語を課すことで、植民地での居場所の表現を妨げることによって場所というものに対する感覚を混乱させたりしたのである。実際、すべての植民地体験にあって、植民地主義は、環境とそれを記すのに使われる移入言語との間に転移感覚を生み出すことになる。つまり、「体験された」('experienced') 場所と移入言語による様々な記述との間に差異を発生させるのである。

　植民地化された社会にあって、場所が重要であることの最も深刻な理由の一つに、ヨーロッパ社会にみる時間と空間と場所との繋がりの内に**現代性 (modernity)** それ自体が様々な混乱を引き起こしたことが挙げられる。ギデンズ (Giddens) が説明しているように、近代以前、もしくは植民地化以前の時代のすべての文化は時間を計算する様々な方法を有していたものの、機械仕掛けの時計が発明されるまでは、数々の標識に頼ることなく時刻を告げることなど誰にも不可能だった [ギデンズ (Giddens)、1990 年]。つまり、「時」('when') は常に「場所」('where') と繋がっていたと言えよう。機械仕掛けの時計は時間と空間

を分離するのに役立ち、標識に頼ることなく、一日の「時間帯」('zones')を正確に区切って時刻を告げることになった。暦が普遍化し、様々な地域を横断する標準時間が設定されることで、時間の無意味化 (その場所から切り離されること) が起こり、「空間の無人化」('emptying of space') をもたらす前提条件となった。近代以前にあって、空間と時間は多少とも同意語だったが、一旦、眼前に存在しない他者との関係が時計や暦や地図の発明によって可能になると、事態は一変した。様々な現場が、そこからずっと離れたところから与えられる社会的影響、つまり、空間テクノロジーとか植民者の言語、もしくはまさにそれらの言語によって伝達される場所の概念などによって形成されることとなった。

　世界中へのヨーロッパ社会の移動とも言える、遠方地域の「発見」('discovery') と占領は、「無人の空間」('empty space') と呼ばれるものを生み出すにあたって基本的に必要なことだった。**地図作成法 (cartography)** や普遍的な地図の作成によって、空間はいかなる特定の場所や地域からも独立した測定可能な抽象的領域として確立したのである。また、重要なことだが、社会的活動との関連で言えば、時間と空間の分離はそれらが再結合する上での根拠を提供することにもなった。例えば、列車の時刻表は時刻の図表のように見えるが、事実、時間と空間を秩序付けようとする一つの巧案である。結果的に、時間と空間の分離によって、様々な社会的関係が当の現場から切り離されることになる一方、いろいろな意味で現代性によって置き去りにされる「場所」は、言語とアイデンティティの連結に関する熱心な論争的現場、つまり、時間と空間と場所の完全な分離のおかげで、事実上、何の影響も受けずに済む地元の様々な現実から成る現場と化すのである。

　空間と場所の分離につけ加えて、特定の位置からの断絶といった「普遍的な」('universal') 空間や時間を測定するヨーロッパ的方法によって持ち出される場所というものは、言語それ自体にみる一つの問題点ともなる。転位感覚や言語と場所との不適合性は、英語を母国語とする人たちやそれを第二言語として使っている人たちによって体験されよう。両者には、英語で記述された場所と被植民者によって現実に体験される場所との不適合性がみられるように思われ

る。このようなことが起きるのは、まず第一に、場所を記すのに発達した言葉が異国のヨーロッパ的環境に根ざしていたからであり、次に、植民者によって用いられる言葉の多くが「無人の空間」とか「無意味な時間」('empty time') といったものを記していたが故に、特定の現場への結び付きを失ってしまったからである。したがって、ポストコロニアルの作品にあって、場所は差異に関する絶えざる比喩的な言葉として、植民地の両価性はもとより、植民者と被植民者の分離とともに、その継続的混成を常に思い起こさせてくれるのである。

場所そのものの概念は、社会によってとても異なっている。そのために、転位の程度に応じて、文学的影響ばかりか、きわめて特殊な政治的影響も現われてくる。例えば、先住民の (Aboriginal) 社会にあって、場所とは伝統的に人の目に見える構築物でも、測定可能な空間でも、地誌学的な体系でもなく、個人の夢想の具体的な位置付けであり、個人の存在の延長なのである。例えば、小川とか丘とかいったある特定の形状は、特定の夢見る人を体現しているであろうし、夢の軌道にその当人が位置付けられることは、個人生活、「トーテム像」('totem')、氏族関係、それにアイデンティティなどの視点からみて特別な意義があろう。なぜなら、その当人の存在はそうした場所の付近で想像裡に孕まれたのであろうからだ。土地を所有するのではなく、「土地によって所有される」('owned by it') という考えは、個人による場所の有効な確保も新たな支配体制を通じて根本的に無効にされてしまうような、物質化や商品化に重きを置く植民地化勢力の世界観とは異なる、今一つの世界認識に通じているのである。

これはおそらく最も極端とも言える文化的混乱だが、その一般例は植民地世界で繰り返し見受けられる。というのも、植民地化勢力は経済的弁明ばかりでなく、哲学的、法律的、政治的起源を有する特別な土地観をもたらすからである。こうした態度を理解する手掛かりは、所有地に対する西洋人の考え方の基礎をなす「囲い地」('enclosure') という概念に見出される。ジョン・ロック (John Locke) の『政府に関する第二論考』[*Second Treatise of Government*、2 巻、5 章-「所有地について」(Book ll、Chapter 5 – 'Of Property')] は、猟人の集団社会から

「進展した」('advanced') 土地所有者たちより成る生活共同体の土地没収に関するヨーロッパ人の理論的根拠を明らかにしている。ロックにとって、まさに所有地の典型は囲い地である。定住のできそうな場所を定めたり、境界を示したり、また、そのような場所を耕作したりするのを意味する囲い地では、実際、象徴的に**野蛮人** (savage) と「文明人」('the civilized') の間に**境界** (**frontier**) が定められた。ロックの述べているように、誰にも自然を独占的に支配することは許されてはいないものの、大地に実る「果実」('Fruits') や「獣」('Beasts') は人間に供されていることから、特定な人間がそれらを手に入れるためには、占有といったやり方が不可欠とされるのである。これが囲い地の方法である [ロック (Locke)、1960 年、330 頁]。自然の産物を奪い、それらを自分のものとするのが人間の労働であるが故に、

> 一人の人間が出来るだけ多くの土地を耕し、そこに種を蒔き、改良しては栽培し、そしてその産物を利用することで、所有地を増やすことができる。言わば、彼はみずからの労働によって、共有地を私用に当てるために囲い込み、... ［神のために］それを勤勉で道理をわきまえた人たちの使用に供したのである (そして労働こそ、その土地に対する彼の所有権と見なされるようになった。)
>
> (ロック、1960 年、333 頁)

　ヨーロッパ啓蒙主義時代にみる神への帰属といった価値観とはまったく別に、囲い地の結果として、土地との繋がりに関して言えば、農業用「土地の価値増大のための建造物」('improvement') を含まない土地に対する所有権の申請は無効とされたのである。所有地に対する概念やそれに関連した様々な仮説があまりにも支配的となったので、19世紀の中頃にあって、社会改革者のトマス・ファウェル・バクストン (Thomas Fowell Baxton) は、聖書と鋤だけがアフリカをさらに高度な存在に高めることができるのだと主張した。なぜなら、「鋤」('plough') は農業を、農業は所有地を、所有地は文明をそれぞれ意味したからである [バウムガート (Baumgart)、1982 年、14 頁]。もちろん、他の入植者たちは、アフリカ人の土地所有権に関してかなり違った考え方をし

ていたが、長年にわたる人種思考と社会的ダーウィン主義のイデオロギーによって、ヨーロッパ人の長期に及ぶ土地横領の歴史は正当化されたのである。

　軍事的、経済的に秀でた力を有していたことから、植民地化勢力は、支配すべき場所を法律的、経済的な視点から認識するようになった。だが、この上もなく広範囲に及ぶ圧力を生じさせたのは、言語による表現形式であり、それによって、特に複雑な植民地用務の現場としての場所という概念が築かれることになった。だが、同時に、被植民者が転位への気持ちから、創造的な抵抗運動へと身を転ずることができたのも言語のおかげだった。政治経済学の観点から所有地を捉えることは、言語や創作による散漫な活動を通じて場所という概念に深く関わることに比べて、さほど複雑でない帝国支配の側面である。

　場所に関して、また、言語による場所の位置付けといったことについて、まったく申し合わせたような議論が**移住者植民地 (settler colony)**の作家たちの間で巻き起こった。彼らはまず英語を身につけていることから、体験場所における使用言語の不適合性に関するきわめて微妙で複雑なばかりか、創造性を育むような感覚をも生み出したのである。カナダ人のロバート・クロウチ (Robert Kroestch) は「隠されたものを暴く」('Unhiding the hidden') という論文の中で、特にカナダを始め、おそらくはすべての移住者植民地の作家たちは、真に自分の言語のように思えるものの、実際にはそうでない言語を使って仕事をしなければならないといった窮地に立たされていると述べている。別のカナダ人作家であるデニス・リー (Dennis Lee) はこうした体験によって、創作上、深刻な影響を受けていて、みずからの体験を真に表現する言葉を見出せないことから、ある段階から創作を中断している [リー (Lee)、1974年]。

　これらの作家にあって明らかなことは、「場所」というものが土地よりもはるかに重要だということである。場所の理論は、言語で名づけられ、記された「場所」とそこには近づき得ない「現実の」('real') 場所との単なる区別を提案しているのではなく、ある意味で、場所というものが絶えず流動状態にある言語、つまり、進行中の言説であることを示唆している。これらの作家たちは、みずから体験する場所に

適合し得るような新たな言語を生み出さざるを得ないのである。なぜなら、そうした言語は目に写るもの、もしくは隣接体験を報告するための単なる手段ではなく、当人の存在自体に深く関わっているからである。デニス・リーは「自分の内外にある種のものが存在し始め、言葉を得ようとする」(リー、1974年、397頁) 状況を記すために、「韻律」('cadence') という用語を生み出している。

　場所に関する言語学的解釈を巡って最もよく行われている議論の一つが、「空間の歴史」('spatial history') と称する概念を提案しているポール・カーター (Paul Carter) の『ボタニー湾への道』(*The Road to Botany Bay*) の中で描かれている。空間の歴史は場所というものを、次々と痕跡を記入してゆくことで複雑な場所体験が形成される一枚の**重ね書き羊皮紙 (palimpsest)** と見なしている。もっともそうした場所体験自体が歴史的でもあるのだが。文明化と入植に関する目的論的な物語とも言える帝国史は、場所という環境を歴史劇の演じられる無意味な舞台に過ぎないとして目も向けないことにその特徴がある。だが、もし場所というものが帝国計画にあって中立的な位置を占めるだけのものではないと考えるならば、それがアイデンティティの発達にどれほど密接に関わり、また、歴史にどれほど深く関与し、ひいては、特に植民地化された社会以外のいかなる社会にもみられる発展的な表現体系——言語や文書や創造的芸術など——と、どれほど深く絡み合っているかがわかるのである。

　ポストコロニアル社会の性質がどのようなものであれ、言語は、常に言葉とそれの意味することとの間に生じるある種の差異を埋めようとする。この意味で、精力的に**名付けること (naming)** が植民地化の主たる方法となる。というのも、それは言語によって場所を占有し、定義付け、そして獲得することに他ならないからである。おそらく、このことが最もよく理解できる例は、1636年の「メルカトル式投影図法による地図帳」(Mercator projection Atlas) の起草である。地理というものが、場所それ自体のように、「世界を変えることになる一連の削り落としや重ね書きである」[ラバサ (Rabasa)、1993年、358頁] ことをその地図帳は明らかにしている。したがって、世界の様々な大陸の物理的形状についてのきわめて深刻で、疑問の余地のない数々の遍在的

仮説は、世界自体に関する解釈を採り入れ、自国のものにしようとするヨーロッパ人の言説の力を特に証明しているようである。

したがって、探検と「発見」を通じて非ヨーロッパ世界を名付けてゆくことは、その地図帳が前提としている支配的な原動力が世界中に行き渡ることに他ならない。ある場所を名付けることは、まさに記入という行為によって、そこに散漫な支配を告知することである。というのも、様々な名前が場所に与えられるということは、非ヨーロッパ世界に帝国権力の支配を及ぼすことになる旅行や併合や植民地化などの過程の換喩となっているからである。名付けることによって場所を支配することは、**生態学的帝国主義 (ecological imperialism)** にまで及んでいる。そこでは、動物相や植物相、それに植民地化された土地の物理的特性などが、ヨーロッパ人の土地所有への関心に伴う実用的な屋外作業である囲い地や農業への従事、ヨーロッパ産の植物やタバコの輸入、様々な土着種の破壊、それにおそらくは気候状況の変化によっても変貌をきたすことになる。

[さらに、アッシュクロフトとその他 (Ashcroft *et al*)、1995 年、カーター (Carter)、1987 年 a、カーターとその他 (Carter *et al*)、1993 年、クレイトン (Clayton) とグレゴリー (Gregory)、1996 年、クロスビー (Crosby)、1986 年、ダリアン＝スミスとその他 (Darian-Smith *et al*)、1996 年、ハリス (Harris)、1983 年、1960 年、ミッチェル (Mitchell)、1994 年などを参照。]

post-colonial body ポストコロニアル身体

「ポストコロニアル身体」などというものは存在しないが、身体は植民地主義者の言説や様々な種類のポストコロニアル言説にとって主要なものとなっている。最近のポストコロニアルのほとんどの作品は、文字を記入してゆく上で身体がその重要な現場となっていることを主張している。つまり、人々がどのような扱いを受けているかは、どのように理解されているかということに依っている。身体上の差異は文章を構築してゆく上で重要なことである。身体というものを表現と抑制のための現場と見なすことは、ポストコロニアル体験の初期の分析家たち、特にフランツ・ファノン (Frantz Fanon) を始めとして、エメ・セゼール (Aimé Césaire) やエドワール・グリッサン (Edouard Glissant) の議論にとっても主要なものだった [ファノン (Fanon)、1961

年、グリッサン (Glissant)、1989 年]。身体へのこれらの人たちの初期の関心は、肌の色や人種に関する見解に集中していた (**chromatism 色彩幻覚**の項を参照)。そこでは肌の色や髪の形、それに目鼻立ちに窺えるような差異の視界が強調された。(数々の人種理論が往々にして誤って主張してきたように) こうした「様々な差異」('differences') はいかなる決定的な遺伝的異質性を含み持っているわけでもなければ、単一の人類の内に下位集団がいろいろと存在することをはっきりと示してもいないが、様々な特殊集団に対する偏見を発展させ、それを強化してゆく上での主たる手段となったのである。

このような偏見は様々な経済的理由 (**slavery 奴隷制度**の項を参照) のために、もしくは植民地にあって土着民との差異を強調し、彼らを劣等民族と見なして、支配するために生じたのである (**hegemony ヘゲモニー**の項を参照)。さらに最近になって、植民地の様々な劣等的イメージ (イメージや言語によるポストコロニアル文化の表現にみる柔弱化や女性化) が生み出され、また、一般的に植民地の抑圧によって女性が特に「二重に」('double') 植民地化されることで、性差の果たす特別な役割にますます関心が注がれ、理解が高まったと言えよう。このことにより、ポストコロニアルの主体性を性的に解釈するための一つの現場として、身体にますます関心が寄せられることとなった。

ポストコロニアルの表現にあって、身体の重要性が取り上げられることで、ポストコロニアル言説のきわめて特殊な性質が強調される。というのも、身体は一つのテクスト、つまり、矛盾する様々な言説が生み出され、解釈されことになる一つの空間ではあるものの、身体は特に物質的なテクスト、つまり、**主体性 (subjectivity)** が実際どのように構築されようと、それはあくまで物質的で永続的なものとして「感じ取られる」('felt') ことを明らかにするテクストだからである。このことはポストコロニアル研究にとって大事なことである。なぜなら、こうした主体性は、帝国権力という散漫な勢力が人々に影響を与え、人々を通じて機能することを思い起こさせてくれるとともに、人々の生活情況から生まれる様々な考えが抽象化する傾向を即座に矯正してくれるからでもある。

身体を散漫な支配のための現場として位置付けることが、近年、数

多くの方法によって試みられつつある。博物館研究や美術品研究の分野にあって、一群の生物の再現や展示、つまり、それらの写真や防腐処理を施された遺体などへの興味は、民族誌的収集や公開展示の歴史を抜本的に塗り変えるにあたって主要な役割を果たしている [クームズ (Coombes)、1994 年、マクスウェル (Maxwell)、1998 年]。こうした偏向を強調するだけでなく、分析するのにそのような資料の展示会を再企画することは、この種の仕事の重要な結果である。その最近の例として、防腐処理を施されたコイサン族 (Khoi-San) の遺体が、1995 年にケープタウン (Cape Town) で公開された。様々な帝国の博物館が風変わりな「展示会」('exhibits') と銘を打って、祖先の肉体を復元したり、本来の人間として住むべき場所や果たすべき役割を回復することの必要性をアメリカやオーストラリアの先住民社会の内に認め、強調することは、現に行われているこうした復元過程の今一つの例である。

だが、また身体に関するポストコロニアル空間での最近の批判的議論は、身体を構築する様々な方法の複雑性に重きを置くとともに、植民地化勢力を維持しながらもそれに抵抗するといった身体にみる両価的な役割にまで詳しく及んでいる。したがって、例えば、カディアトゥ・カネ (Kadiatu Kanneh) はイスラム教徒の (Muslim) 女性を扱った言説の中で、「ベール」('veil') の概念の複雑さについて語り、西洋にみられるように、自由に「ベールを脱ぐこと」('unveiling') の動機それ自体が、ある情況では帝国支配の一形式ともなり得ることを強調している [カネ (Kanneh)、1995 年]。また、別の視点から言えば、ジリアン・ホイットロック (Gillian Whitlock) は、肉体的酷使に重きを置くものの、性的虐待を認めていない奴隷制度のような諸制度にあって、女性が虐待されていることの現実を詳述しようとするこの上もなく自由な試みに、思慮分別や性的抑制の習慣が干渉したり、もしくは制限さえ設けようとしていると強い調子で述べている [ホイットロック (Whitlock)、1995 年]。だが、こうした分析によって、身体というものがあくまでも中性的 (自然的) であって、それ自体、かなり広範囲にわたり論争の的となっているような様々な文化的制度や慣例の一部ではないと即断する危険があることも警告してくれるのである。

例えば、ポストコロニアリズムは西洋ヨーロッパ美術の伝統にあっ
て、裸体像が何故、持て囃されたのかについて新たな考え方を提供し
てくれる。また、それはポストコロニアル言説が被植民者の文化を解
釈するだけでなく、植民地権力とその伝統に関する隠された規定や仮
説を分析するにあたってどのように機能するかを示してくれるのであ
る。例えば、西アフリカのいくつかの彫像にみるように、非西洋的な
手法による肉体表現では、往々にして男女の性器が単的なイメージで
捉えられているのに気付けば、性表現に関する西洋の基本的仮説をさ
らに様々な複合的方法で解釈することも可能となろう。比較的近年に
なって、西洋でキュービズム (Cubism) に似た非現実的な手法による肉
体表現がいろいろと再出現したことは、こうした既存の伝統に代わる
方法の発見に依るものだと言っても差し支えないだろう。それらは人
間の肉体やその形状、また、その肌の色や性を確固たる不変的なもの
として捉える「自然主義者」('naturalist') の支配的な見方に限界がある
ことを新たに知る上での拠り所となろう (**modernity 現代性**や **primi-
tivism 原始主義**の項を参照)。

　　[さらに、クームズ (Coombes)、1994 年、デイル (Dale) とリャン (Ryan)、1998 年、ロ
　ウ (Low)、1996 年、マクリントック (McClintock)、1995 年、マクスウェル (Maxwell)、
　1998 年、トマス (Thomas)、1995 年、ヤング (Young)、1995 年などを参照。]

post-colonialism / postcolonialism
ポストコロニアリズム /《ポストコロニアリズム》

　「ポストコロニアリズム」(post-colonialism) [往々にして、《ポストコ
ロニアリズム》(postcolonialism) とも綴られる] は、様々な文化や社会
の植民地化に伴う影響をいろいろと扱う。元来、歴史家によって、**ポ
ストコロニアル国家 (the post-colonial state**) といった言い方が第二次世
界大戦後に用いられたことから、「ポストコロニアル」('post-colonial')
という用語は、明らかに年代的な意味を含んでいて、それは植民地独立
後の時期を指している。しかし、1970 年代後半から、その用語は植民
地化に伴う数々の文化的影響を論ずるために様々な文学批評家によっ
て使われてきた。
　植民地化された社会にみる表現規制についての研究は、サイード

post-colonialism / postcolonialism ポストコロニアリズム /《ポストコロニアリズム》

(Said) の『オリエンタリズム』(*Orientalism*) のような類のテクストが何冊も発刊された 1970 年代後半に始まったが、やがてそれはスピヴァック (Spivak) やバーバ (Bhabha) といった批評家たちの提出した植民地言説理論と呼ばれるものへと発展した。だが、「ポストコロニアル」という用語は、植民地や大都市にあって意見や政策を形成しようとする植民地主義者の言説の力を扱った、これらの初期の研究では実際に用いられなかった。例えば、スピヴァックは、1990 年に出版された『ポストコロニアル批評家』(*The Post-Colonial Critic*) と呼ばれる会見録や回想録を集めた作品の中で初めてその用語を使った。植民地的表現の様々な影響を研究することは、これらの批評家の主要な仕事ではあったが、「ポストコロニアル」という用語はそれ自体として、植民地の様々な文学サークル間の文化的相互作用を意味するのに初めて用いられた [例えば、アッシュクロフトとその他 (Ashcroft *et al*)、1977 年を参照]。これはコモンウェルス文学 (Commonwealth literature) への様々な関心や 1960 年代後半にはすでに始まっていたいわゆる新英文学 (New Literatures in English) の研究などを政治化し、それらに焦点を合わせようとする試みの一部だった。次に、その用語は、ヨーロッパの旧植民地社会の政治的、言語学的、文化的体験を示すのに広範囲にわたって使われるようになった。

したがって、この用語は、最初から学問的で解釈的な論争の対象となり得る可能性があったことは間違いない。というのも、特に、その重要なハイフンの有無で意味が異なることにもなったからである。植民地言説理論の代表的唱導者であるサイード [フーコー (Foucault)] やホミ・バーバ (Homi Bhabha) [アルチュセール (Althusser) とラカン (Lacan)]、それにガーヤトリー・スピヴァック (Gayatri Spivak) [デリダ (Derrida)] といったポスト構造主義批評家の強い影響下にあって、植民地主義の散漫な権力に対してばかりでなく、その歴史的状況にみる物質的影響にも集中して取り組んでいた多くの批評家たちは、植民地言説理論それ自体と一研究分野としてのポストコロニアル研究とを区別するのにハイフンを用いることを主張するようになったが、それは「ポストコロニアル」という用語を取り込み、吟味する数多くの研究方法や関連活動にみる一局面に過ぎなかった (アッシュクロフト、1996 年)。

post-colonialism / postcolonialism ポストコロニアリズム /《ポストコロニアリズム》

綴り方にこのような違いがあるものの、この二通りの綴り方を取り交ぜて使うことは重要である。「ポストコロニアリズム /《ポストコロニアリズム》」という用語は、様々なヨーロッパ植民地主義の制度化、帝国の散漫な諸活動、植民地言説にみる主体構築の巧妙さと被植民者の抵抗、それにおそらくは最も重要なことだが、帝国の侵入に対する反応とともに植民地独立前と独立後の国家や社会にみる植民地遺産に対する様々な対応などといったヨーロッパ人の領土征服に関する研究と分析にあたって、広範囲にわたり多様な用いられ方をしている。この用語は、どうしてもそのような社会の文化的所産に関して使われる傾向があるものの、歴史的、政治的、社会学的、経済的分析において広く用いられつつある。というのも、こうした学問分野は、世界の様々な社会に対するヨーロッパ帝国主義の衝撃に密接に関わり続けているからである。

また、この二通りの用語にみる「ポスト」('post') という接頭辞を巡って、批評家同志の激しい論戦が繰り広げられている。「ポスト」を単に植民地主義の「後に」('after') といった意味として捉えることは、政治的な観点から限定された歴史的期間においてばかりか、それらの期間を横断して相関的に展開されるポストコロニアル文化活動を始めとして、植民地化以前の文化や植民地文化、それに植民地独立後の文化などへのさらなる綿密な理解によって、反発を買ってきた。したがって、もし可能だとすれば、この二通りの用語にどのような制限が設けられるべきかといったことに関して、いろいろと論議を呼んでいる。例えば、アイジャズ・アマド (Aijaz Ahmad) は不満を込めて、「植民地主義」('colonialism') という用語はインカ人 (Inca) に返上したり、東ティモール (East Timor) のインドネシア人 (Indonesian) 占領居住地に送り届けられることから、その用語が、「世界のある場所とか別の場所にあって常に使われるばかりか、絶えず消滅することにもなる歴史横断的なもの」[アマド (Ahmad)、1995 年、9 頁] になるだろうと述べている。「ポストコロニアリズム」という用語は近年の大抵の解説で用いられているが、それは何より今日の**新植民地主義 (neo-colonialism)** を含め、16 世紀以降のヨーロッパ植民地主義の数々の方法や影響、また、それへの反応などを調べ上げようとすることと関係しているのは明ら

かである。

　スティーブン・スレモン (Stephen Slemon) が論じているように、「ポストコロニアリズム」という用語は、主体的立場と専門的分野と批評的冒険から成るきわめて雑多な領域を記すのに様々な分野で用いられていることから、それに関する論争がいろいろと捲き起こるのは当然である。

> この用語は、西洋の歴史主義にみる全体化された様々な形式に対する批判を生み出す一つの方法として、「階級」('class') という概念を規定し直すための混成語として、ポストモダニズムやポスト構造主義とともに持ち出される言葉として、(また、それとは反対に、文化的論理や文化的批判といった構造がそこから生まれてくる条件として)、第三世界 (Third World) にみる知的幹部の不在を記録する文化的装置として、植民地主義者の権力に対する分裂した両価的な言説の必然的な暗部として、対立的な「解釈実践」('reading practice') の一形式として、そして——この用語との私の最初の出会いでもあるが——かつてのいわゆる「コモンウェルス」('Commonwealth') 文学研究の内に進行していた新たな歓迎すべき政治的活力から生まれた「文学的」('literary') 活動の範疇を表す一つの名称として用いられてきた。[スレモン (Slemon)、1994年、16-7頁]

だが、この用語は、時には依然として**ポストコロニアル国家**といった用語と関連して、単に「反植民地の」('anti-colonial') という意味を有するとともに、「独立後」('post-independence') といった言葉の同意語としても用いられる。上述の重複的見解が最近の議論で対立し続けていることに関して、その論点をさらに複雑化するために、スレモンはまた「作品内に反植民地主義者の抵抗の範囲と性質を確認しようとする...見解が、第三・第四世界 (Third and Fourth-World) の文化的集団にみる文学的性質を明確にすることに関する...見解と勘違いされるといった...混乱が」(スレモン、1990年、31頁)、そうした雑多な重複領域によって引き起こされることになったと述べている。彼の理解

するところでは、この後者の見解が、「(その) 基本的な (構成単位) としてのすべての国家とか文化」(スレモン、1990 年、31 頁) に対する関心を保持していて、これらの構成単位間の比較や対照を行う一方で、最初の見解は、「一つの社会的勢力である植民地主義を確認することや、その勢力に対する様々な抵抗がどこに見出されようとも、それらを理解しようとする試み」(スレモン、1990 年、31 頁) と関連している。スレモンはこうした見解が論争の対象となるような問題を最近になっていろいろと生み出していることによく気付いている。彼が述べているように、

> 植民地主義というものが、法外な問題を孕んだ一つの範疇であることは明らかである。つまり、それは超歴史的なものとして扱われ、具体性に欠けるとともに、まったく異質な歴史的抑圧や経済的支配との関連で用いられる。[それにもかかわらず]、「家長制」('patriarchy') という用語のように、定義上、類似した問題をいろいろと共有する植民地主義という概念は … 世界情勢における過去と現在の権力関係を論じる場合には依然として重要なのである。
> (スレモン、1990 年、31 頁)

スレモンはまたこの同じエッセイの中で、抑圧された人たちの反応が常に反抗的なものならば、彼らの活動は一掃されてしまうだろうと指摘している。だが、彼らは「反動的な」('reactionary') 記事を書くことができるばかりでなく、アマドやその他の人々の主張しているように、ポストコロニアル社会自体もまた植民地侵略に対する直接的な反応と作用し合い、また、それを修正し続ける数々の行動路線や勢力をいろいろと抱え込むことになるのである (アマド、1992 年)。「ポストコロニアリズム」という用語のいかなる定義にも、こうしたかなり広範囲にわたり存続する一連の地元に固有の関心事や慣例への考慮が含まれることになるのは明らかである。これらの論争は容易に止みそうもない。だが、現在にあって「ポストコロニアル」('the post-colonial') という用語について何を考えようと、また、問題となる「ポスト」といった接頭辞、もしくはハイフンの使用を巡ってどのような論争が交

post-colonialism / postcolonialism ポストコロニアリズム /《ポストコロニアリズム》

わされようと、その用語が、ヨーロッパの植民地主義者によって生み出された様々な歴史や制度上の慣例、それに被植民者側のこれらの慣例に対する諸反応 (反抗的であろうが、なかろうが) にしかと根差していることに変わりはないのである。

　同じく、今一つの基本的な制約は、この用語を正確に位置付けることである。「植民地的遭遇」('colonial encounter') とか「接触地帯」('contact zone') といった用語とは異なり、「ポストコロニアル」という用語は、それらの用語にみる一般的な背景原理に反して、その特殊な相互作用性を孕むが故に、その都度、正確に位置付けられ、分析されねばならない。この用語の均質化作用の可能性を巡って、激しい論争が繰り返されてきた [ホッジ (Hodge) とミシュラ (Mishra)、1990 年。クリスマン (Chrisman) とウィリアムズ (Williams)、1993 年]。広範囲に及ぶ植民地の文化体験を、この用語によって記すことの結果として、文化間の差異が取り除かれようと論じられてはいる。しかし、そのようなことが起きる上での固有で必然的な理由などないのである。だが、数々のポストコロニアル体験に伴う物質性と位置性への理解を通じて、素晴らしい成果がポストコロニアル研究にもたらされるとともに、植民地言説の様々な影響も明確に分析されるようになろう。

　この二つの原則——物質性と位置付け——に潜在する理論上の問題点は、この「ポストコロニアル」という用語が指示するものについて、また、この用語が包含するものとそうでないものとについての大半の論争の根拠に宿っている。だが、これらの論争や差異にもかかわらず、様々なポストコロニアルの方法論の間に実りある相補的関係の生まれる徴候が近年の仕事に窺われる。言説理論の基礎から始めようと、唯物論に基づく歴史的解釈から出発しようと、最近の大半の討論は、「ポストコロニアル /《ポストコロニアル》('post-colonial / postcolonial') という概念を定義するにあたって、これらの基本的な特質を保持し、それらを確固たるものにする必要性を巡って行われている。ヤング (Young) のような批評家たちが指示しているように、重要な点は、「植民地言説の孕む幻想性のために、植民地主義にみる歴史的状況の現実性がうまく切り捨てられてしまう」[ヤング (Young)、1995 年、160 頁] と決め込まないことである。言説理論に対する最も納得のゆく批判は、

「唯物論に基づく歴史的探究を犠牲にして」(ヤング、1995 年、161 頁)、そうした理論を生み出すべきではないとするモハンティ (Mohanty) やパリー (Parry) やアマドといった唯物主義的な思想家たちによって打ち出されてきた。他方、またヤングが警告しているように、「《ポストコロニアル》/ ポストコロニアル」言説にみる総体的視点が実際には重要であるとは言え、個々の植民地慣例に対する植民地主義の一般的言説の存在やそれらの影響を認めるのを拒むような単純な局地的唯物主義に帰着しないようにすることが肝心である。

植民地化が何処で行われようと、帝国的企てを統一化し、それを左右する一般的で散漫な勢力の正体を確かめるという考えは、そうした勢力の言説にみる物質的影響を詳述する必要性と往々にして矛盾することになる。というのも、それらの言説は時代や場所が異なっても機能するからである。植民地主義や帝国主義はそれ自体で多面的な意義を孕むものではなく、それらの生起する時代とかそれらが生み出す大都市文化とかそれらの効力が発揮される特殊な「接触地帯」に応じて、その作用の仕方が異なるとするのはあまりにも単純な見方だと言えよう。だが、広く行き渡っている一般的要素を、特にイデオロギーや散漫な構成物のようなものとして、地元の特殊性の内に取り込むのは不可能だと示唆することは、きわめて限られたものを除き、一般的な解説の基盤として不適切であるように思われる。

すべての植民地が、植民地主義を構成する要素をことごとく共有しているわけでもなければ、ある種の本質的な特徴だけを分かち持っているわけでもない。というのも、ヴィットゲンシュタイン (Wittgenstein) の用いる比喩を借用すれば、それはいかなるカテゴリーにも似て、多くの糸が撚り重なって出来た一本のロープのようなものだからである [ヴィットゲンシュタイン (Wittgenstein)、1958 年、87 頁]。それにもかかわらず、ロバート・ヤング (Robert Young) の述べているように、特定の歴史的瞬間は、植民地主義に関する一般的言説と相互作用的な状態にあるのがおそらく理解できよう。その結果、

> [例えば]、植民地言説の分析による貢献というのは、植民地主義についての総体的な見方として、植民地主義それ自体にも見られ

るような一般的で散漫な媒体を共有し、それを処理することの重要性を説くことで、その他の作品に重要な枠組みが提供できることである。つまり、植民地主義を規定したり、押しつけたり、記したり、また、分析したりするのに用いられる言語は平明でも、単純でも、非歴史的でもなければ、また、単なる道具でもないのである。　　　　　　　　　　　　　　(ヤング、1958 年、163 頁)

ヤングはこうした近年の論争的局面について、次のような賢明な結論を打ち出している。

だが、この点に関して、ポストコロニアル時代にあって、植民地の歴史的作用や様々な影響を理解しようとすると、植民地主義にみる均質性とその歴史的、地理学的特殊性とを対比する必要がある。問題は、これら双方の特性を保持し、それらを正当に扱えるかどうかということである。　　　　　(ヤング、1958 年、165 頁)

結局、近年の論争がこうした極端な立場に分かれるために決着の付かないことはあり得よう。だが、植民地文化とポストコロニアル文化のすべての側面に関するこれまでの成果をかなり詳細にわたり纏め上げることが、厳密に言って、地元の唯物主義者だけでは提起することも、答えることも不可能な重要問題を考案するにあたって、包括的で比較的な方法論の正当性を放棄することなく、それらの文化にみる初期の様々な公式を特徴付けている極度に単純化された一般論を徐々に訂正してゆくことになろう。

[さらに、アッシュクロフトとその他 (Ashcroft *et al*)、1989 年、1995 年、ベイマー (Boehmer)、1995 年、チャイルズ (Childs) とウィリアムズ (Williams)、1997 年などを参照。]

post-colonial reading ポストコロニアル解釈

文学作品、人類学的記事、歴史的記録、行政的・科学的文書などに対する深刻で不可避な植民地化の諸影響といったことへの関心を意図的に誘うために、大都市と植民地の両文化のテクストを再解釈する一

つの方法である。植民者の作品に通常、適用される (被植民者の作品に適用されることもあり得る) この方法は、完成したテクストがその基調とする様々な仮説 (文明、正義、美学、感受性、人種など) からどれほど掛け離れたものになっているかを論証し、植民地主義者の (往々にして無意識的な) 様々なイデオロギーや方法を明らかにするのである。この方法でテクストを解釈した例として、エリック・ウィリアムズ (Eric Williams) の『英国史と西インド諸島』(*British Histories and the West Indies*, 1966 年) に窺われるような、カリブ人 (Caribbean) の歴史を扱ったかつての権威的なテクストに対する異議申し立て、マリノフスキー (Malinowski) のようなヨーロッパの正統的な人類学者の諸作品に対する今日的な再解釈、シェイクスピア (Shakespeare) の『あらし』(*Tempest*) に対するフランス語や英語やスペイン語によるポストコロニアル解釈 (や書き直し)、ジェイン・オースティン (Jane Austin) の『マンスフィールド・パーク』(*Mansfield Park*) の再解釈 (**contrapuntal reading 対位法的解釈**の項を参照)、それにジーン・リース (Jean Rhys) によるシャーロット・ブロンテ (Charlotte Brontë) の『ジェーン・エア』(*Jane Eyre*) の再解釈 [や書き直し作品『広大なサルガッソー海』(*Wide Sargasso Sea*)]などが挙げられる。

　「ポストコロニアル解釈」というのは、作品群 (例えば、ヨーロッパのある地域の歴史を扱っている様々な記事) にいろいろと異議を申し立てたり、個々のテクストを再解釈し、書き直したりすることだけを指しているのではない。例えば、(仮説として) 英文学史にポストコロニアル解釈を適用することで、イングランドとスコットランド、また、アイルランドとウェールズとの間の様々な植民地関係を始め、文学作品や文学的表現に対するそれらの歴史的、今日的影響がこれまで以上に重要視されることになろう。英文学それ自体も、本国に巻き起こった一連の変化や進歩の証としてよりも、帝国的方法や (もしくは) 植民地との接触を通じて発生したものとして再検討されることになろう。したがって、例えば、モダニズムは、ヨーロッパがアフリカや南太平洋のいわゆる「野蛮な」('savage') 文化と接触したことによって生まれたのだと論じられる一方で、[デリダ (Derrida) の理論のような] ポスト構造主義者の理論も、パリの知的風土の所産として再解釈されるとい

うよりも、植民地体験によって生気を吹き込まれたり、意味ありげに屈折させられたりすることになろう。

[さらに、サイード (Said)、1993 年、ティフィン (Tiffin)、1987 年などを参照。]

post-colonial state ポストコロニアル国家

　この用語は、往々にして「独立後の国家」('post-independence state') の同意語として、歴史家や経済学者、それに政治理論家などによって用いられてきた。独立後における国家形成は、被植民者が帝国権力から切り離されたことの紛れもない証である。新たに国家を形成し独立することは、植民者の権力を置き去りにする上での必須条件である。しかし、実際にそのような「独立」('independence') はうわべだけのものと言えよう。なぜなら、独立のための闘争を率いた人々の頭の中にヨーロッパ的**国家 (nation)** 概念が支配的だったのも、新たなポストコロニアル国家はかつてのヨーロッパ列強の国家スタイルを大体はモデルとすべきだという風に彼らが考えていたに他ならないからである。ポストコロニアル民族国家は通常 (必ずしもそうとは限らないが)、植民地の行政区分の境界に隣接している。例えば、アフリカのナイジェリア (Nigeria) やガーナ (Ghana) のような独立国家は、一般的に西アフリカの植民地化以前の社会を分割することで生まれる植民地包領を反映しているとも言えよう。これとは対照的に、インド亜大陸では、インド統治 (Indian Raj) にみる明らかな植民地統一体に取って代わり、インドとパキスタン (Pakistan) という国に分割 (Partition) されることで、インド統治時代の個別の王侯国家は新たに生まれたポストコロニアル国家の内に不本意ながらも組み込まれることになった。とにかく、現代国家の政治的実体は、今やポストコロニアル民族国家として生まれ変わった植民地化以前の国家のそれとは名目上の繋がりを保っているに過ぎない。

　みずからの模型に基づいて出来上がったヨーロッパの民族国家の場合のように、ポストコロニアル民族国家もすでに存在している様々な領土を故意に合併、もしくは分割することによって生まれることが多かった。個々の場合に、それらを合併させる一つの接着剤こそ作り上げられた国家神話であり、そこにあっては様々な旗や名称や国家的記

号といった統一的象徴が重要な要素となった。したがって、例えば、ガーナのようなポストコロニアル国家はその物理的境界によって分かたれることで、ゴールド・コースト (Gold Coast) 保護領という植民地包領のそれとは違う中世風の王国名を採用した。ジンバブウェ (Zimbabwe) [文字通りのストーン・タウン (Stone Town)] の場合、その国名は、その地方の植民地化以前の文化にみる数多くの考古学的廃墟に付けられた地元名から採られた。パキスタンの場合、それは植民地インドの北西部にあるイスラム教徒地域の様々な名称の寄せ集めだった。

さらに重要なことは、ポストコロニアル国家は往々にして、みずからの独立行動を規制した以前の植民地の行政的、法律的、経済的諸制度と繋がっていた。結局、このことにより独立後の時期にあっても、これらの国家の多くが依然としてこれらの慣例の支配を受けることとなった (**neo-colonialism 新植民地主義**の項を参照)。**原住民 (native)** や「**土着主義者**」(**nativist**) の慣例をしかと擁護するといった反動が結果的に起きるのはうなづけるものの、新たな問題もいろいろと持ち上がった。というのも、疑う余地のない植民地化以前のいかなる独自な国家的伝統も、現代の大半のポストコロニアル国家を作り上げている民族や差異の多様性を適切に表現することなど不可能だったからである。この点で、ポストコロニアル国家は、そうしたかつての植民者の国家と異なってはいなかったが、それらが比較的すばらしい同質的国家の神話を構築するのに成功した [また、それは部分的には、植民地化された世界によって表現された**他者 (other)** の差異性に対して、みずからを統一体として対照化することによって成功した] という事実は、皮肉にも、新たに誕生したポストコロニアル国家がしばしば承服できないきわめて不当な方法で、ヨーロッパの模型と比較されることを意味していた。したがって、今日のポストコロニアル国家の当面の仕事は、それが宗教であれ、言語であれ、文化的慣習であれ、支配的な国家神話に根ざす慣例とは対立するような別の慣例を有する少数派集団への抑圧を回避しながら、一つの有力な統一体を構築することである。重要なことは、こうした意味で、今日の帝国的国家も、かつての植民地**周辺 (margins)** からの人々の流入によって生まれた新たな**民族 (ethnici-**

ties)といった用語でみずからを再定義せざるを得なくなることから、同じような問題に直面することになろう。

[さらに、バーバ (Bhabha)、1990年、チャタジー (Chatterjee)、1993年、デイヴィッドソン (Davidson)、1992年などを参照。]

primitivism 原始主義

この用語は、美術史において広く用いられ、文学研究の分野にあってはさほど普及していない。狭い意味では、形式とか主題の単純さを強調する特殊な現代派の美術作品や文学作品の独自性を確認するために、この用語は使われる。この点で、現代のヨーロッパ美術史にあって、それはブランクーシ (Brancusi) やミロ (Miro) のような彫刻家や画家の作品と関連している。このような狭い意味でなら、それは現代美術への重要で持続的な影響力を有していると言えよう。しかし、現代の文学作品にあって、それは一つの批評語としてさほど頻繁には用いられず、むしろ文体の簡素さといったことや単純な題目や主題を故意に扱うことと関連している (例えば、農民の生活の表現といったような)。ある場合には、特にラテンアメリカ人の作品にみられるように、それはヨーロッパ人の方法には見当たらない過激な連想を含んでいる。しかし、多くの場所にあって、それは一般的に国家的な自己主張という活動の一部を形成している。例えば、スラブ民族の (Slavic) 国々では、19世紀後半の50年間にあって、農夫や民衆を扱った美術の様々な主題やモチーフをナショナリストの様々な象徴として蘇らせ、利用することが奨励されたのである。

さらに、この用語は、文化的活動の初期段階の表現に認められる形式や様式を規定している。したがって、人類の初期の美術は往々にして原始美術と言われている。この用語がこうした意味で用いられることによって生じる問題は、人類の歴史が単純な段階から複雑なそれへと直線的で目的論的に展開してゆくと決め込む点にあると言えよう。つまり、初期美術、もしくは原始美術を経て、やがては洗練された高尚な美術が達成され、その全盛期を迎えることになる。さらに疑わしいことに、こうした判断は次々と新たな流派を生むのである。このことから言えば、フランスのアンリ・ルソー (Henri Rousseau) やアメリカ

の女流作家グランマ・モーゼズ (Granma Moses) のような、教育や訓練を受けず、いかなる流派にも属さず、美術上の絶対的な制約もそこに反映されていないような作品を描く画家たちはもとより、英国の画家スタンリー・スペンサー (Stanley Spencer) のような、様々な美術上の手法を故意に無視するといった訓練を受けた画家たちも、「原始美術画家」('primitive') の範疇に分類されよう。

さらに言えば、まったく体制的な文化の外部に存在する文化的、美術的伝統は、そこにみる様々な美術上の手法が西洋美術の支配的体系にみるそれとは調和しないというだけの理由で、こうした原始美術の世界に配属されることになる。そして、このような差別の下に、何の根拠もなく異なった文化の「価値」('value') について、しばしば見下したような比較が易々と行われるのである。したがって、アフリカ人とか太平洋の島民 (Pacific Islanders) とかアメリカ先住民のインディアン (Native American Indian) とかオーストラリア・アボリジナル (Australian Aboriginal) の美術などは、「原始美術」('primitive') だと評されがちであった (自由で溌剌とした子供らしい幻想の世界ではあっても、未開の粗野性や単純さが窺えるというのである)。というのも、これらの美術にみる様々な手法は、高尚で完成した美術の規範を確立させるだけの価値があるとされる支配的なヨーロッパの伝統的方法とは調和しなかったからである (**universalism 普遍主義**や **savage 野蛮な**の項を参照)。だが、明らかに原始美術の範疇に属すると思われる作品でさえも、これらの原始文化を異国化し、**他者化する** (othering) 危険を孕んでいると言えよう。

19世紀末と20世紀初頭の**現代主義者 (modernist)** による文化的活動と関連したこれらの支配的なヨーロッパの伝統が疑問視され、挑戦されるにつれて、ピカソ (Picasso) のような西洋の画家たちは往々にして、原始美術にみられるような無邪気さや「子供らしい」('child-like') 特質を意図的に再現しようとした。これは、一部には、みずからの文化を拒絶することばかりか、原始美術の開放的な力を記号的に表現するにあたって持ち出されるところの様々な文化の正当性や差異性に疑問を感じることにも通じた。原始美術の様々な痕跡は西洋美術にみられる数々の偶像と並置され、原始性 (野蛮人) と現代性 (文明人) から成る

二項対立性を強化することとなった。もっとも、前者が後者の様々な要求を崩そうとしてはいるが。例えば、三女神 (three Graces) という古典ギリシャの聖画像を模したピカソの初期の名画『アヴィニョンの乙女』(*Les Demoiselles d'Avignon*, 1907 年) にあっては、一人の乙女の顔にアフリカ人の仮面のイメージが取って代わっている。そのような並置は古典的伝統という立場を崩そうとしているようだが、実は、そこで扱われている別の / 土着の伝統的価値観を肯定しているわけでもないのである。

　これらの理由により、原始主義が依然として一つの厄介な観念であることに変わりはない。大半のポストコロニアル研究は、原始主義に基づく美術的、社会的運動が、歴史的にみて植民地主義者やポスト植民地主義者の言説と強固な繋がりを保ってきたのを認めることで、原始主義を一つの記述的範疇として慎重に扱っている。

　[さらに、アラク (Arac) とリトヴォ (Ritvo)、1995 年、ハリソンとその他 (Harrison *et al*)、1993 年、ヒラー (Hiller)、1991 年、ローズ (Rhodes)、1994 年、ルビン (Rubin)、1984 年、トルゴフニク (Torgovnik)、1990 年などを参照。]

R

race 人種

「人種」という用語は、人類を肉体的、生物学的、遺伝学的に異なる集団に分類するのに用いられる。人種という概念について最初に考えられるのは、人類が、「純血の」('pure')人種と「混血の」('mixed')人種とを弁別する基準として、「血統によって」('through the blood')受け継がれた肉体的特徴に基づいて一定の類型に分類されるということである。その上、個々の人格や思想や能力ばかりでなく、精神的、道徳的行動が人種の起源と関連していることや、また、その起源に関する知識がそれらの行動について納得のゆく説明を提供してくれることを、この用語は意味している。

特に、人種は植民地主義の勃興と関係している。というのも、人種的に人間社会を分割することは、被支配者への統治を確立し、ひいては、帝国の企てを正当化せんとする植民地主義者の権力と絡み合うことになるからである。人種思想や植民地主義には、「文明人」('civilized')と「原始人」('primitive')との**二項対立的 (binary)** 差異を生み出そうとする衝動や人間の階層化への要求が染み込んでいる。擬似的なこととは言え、植民地抑圧という事実を一つの正当的な理論に変容させることで、ヨーロッパ人の人種思考は確固たる人間異型の階層化に着手するようになった。人種は特に帝国主義の発明物ではないにしろ、急速に帝国主義を支える最大の思想の一つと化した。なぜなら、人種という概念を誕生させた優越性という考えが、帝国の使命として二つの衝動、つまり、支配と啓蒙に容易に適応したからである。

この点で、「人種主義」('racism')は人種という概念の所産というよりも、まさに人種の存在理由なのである。「人種主義」に明らかな階層的分類化への根本的な欲望がなければ、人種などというものは存在しないだろう。したがって、「人種主義」は次のように定義されよう。

それは一つの人種集団にみる不変の肉体的特徴が、心理的特徴もしくは知的特徴と偶然にしろ直結しているとする基準によって、「優れた」('superior') 集団か「劣った」('inferior') 集団かを決定しようとする考え方である。肉体上の差異は、必ずしも文化の劣等性とか人間に共有の特徴の内にもみられる根本的な差異を表しているとは限らない。十字軍 (Crusades) の時代にあっても、アフリカのコプト教会の (Coptic) 聖戦士である黒人の聖モーリス (St Maurice) に対して人種差別のあったことが、アフリカ黒人であることを示すために、マジブルク教会 (Magdeburg Cathedral) 内の彼の彫像の顔立ちをごつごつした黒人らしいものに仕上げたことによって明らかである [デイヴィッドソン (Davidson)、1994 年、330 頁]。だが、19 世紀にヨーロッパ帝国主義とオリエンタリズムが起ったことにより、優れた人種と劣った人種を区別する必要から、様々な人種的特徴を掴む上でのきわめて「科学的な」('scientific') 確証が疑わしい分析や分類学の内に求められることとなった。

「人種」という用語は、1508 年にウィリアム・ダンバー (William Dunbar) によって初めて英語として用いられた。そして、17 世紀から 18 世紀にかけて、それは本質的に人類とか事物の分類を表す一つの学術用語として通用した。その肉体的特徴が子孫によって受け継がれてゆくことにより、人間という部類を意味するようになったのは 18 世紀後半になってからのことだった。1600 年代後半から、ヨーロッパ人によって、人類は様々な肉体的根拠に基づき分類されていったが、フランソア・ベルニエール (François Bernier) は、主として顔の特徴や肌の色から数多くの示差的な部類が出来上がるといった仮説を発表した。すぐにヨーロッパの白人を頂点とする人類集団の階層化 (まだ「人種」という用語はなかった) が受け入れられるようになった。黒人、もしくはアフリカ黒人といった部類は、通常、最下位に位置付けられた。その理由の一端は、彼らの肌が黒いことと、真偽はともかく、伝えられるところでは、「原始的な」('primitive') 文化のせいなのだが、その主たる理由は、彼らが奴隷としてヨーロッパ人によく知られていたためである。

イマニュエル・カント (Immanuel Kant) が『美と崇高なものに対す

る感情の観察』(*Observations on the Feeling of the Beautiful and Sublime*, 1764 年) の中で、「人間という種族」('races of mankind') といった文句を用いているが、おそらく生物学的にも肉体的にも示差的な部類に属する人類を意味する上で、「人種」なる用語が使われた最初の例であろう。カントが直感的で非合理な思考形式を強調したことによって、「ローマン派の芸術家たちは、人間の内に変わることにない一つの内的本質、つまり、「人種」感覚を通じて現われる一つの本質を仮定することができるようになったのである」[マリック (Malik)、1996 年、77 頁]。人間が家系とか環境とかによって変化するかどうかといったことに関する論争は、17 世紀から 18 世紀にかけて盛んに行われた。そして、19 世紀後半になって生物学が勢力を得ることで、家系というものがその支配的模型として出現するようになった。人種集団が歴史的に継続するものとして学問的に定義付けられることに始まり、動物学的もしくは生物学的定義付けにより科学的な意味を有するに至ったことから、家系は「人種」という用語の変遷史の内に取り込まれることとなったのである。

　その科学的な基礎知識やその適用性が主張されるにもかかわらず、「人種」という用語は、人間の異型の最も単純な模型——肌の色の違い——を確立する上での一つの効果的な手段を常に提供してきた。肌の色によって、人々は様々な集団に分類されたばかりか、それなりの行動が期待されることにもなった。1805 年に、人種の発展に特に重要な役割を果たしたフランスの解剖学者キュヴィエ (Cuvier) は、白色人種、黄色人種、黒色人種といった三種類の主要人種の存在に関する仮説を発表した。そのように全人類を任意に三種類の遺伝学的集団に分類することは、あまりにも信憑性がなく、他のどのような分析にもほとんど役立たないように思えるが、この考え方は、そうした分類が優れた人種から劣った人種に至る等級付けに基づいているというイデオロギー的な理由を含んでいるために、依然として幅を利かしている。人種に関するキュヴィエの類型学は、チャールズ・ハミルトン・スミス (Charles Hamilton Smith) の『人種の博物誌』(*The Natural History of the Human Species*, 1848 年) やロバート・ノックス (Robert Knox) の『人間という種族』(*The Races of Man*, 1850 年) やゴビノー伯爵 (Comte de

Gobineau) の『人類の不平等性に関するエッセイ』(*Essai sur l'inégalité des Races humaines*, 1853 年) やノット (Nott) とグリドン (Gliddon) の『人間の類型』(*Types of Mankind*、1854 年) などの作品に影響を与えた。実際の観察と絶えず矛盾しているとは言え、この人種類型学の基礎となっている様々な仮説は現在にまで及び、「白色人種」('caucasoid')、「黄色人種」('mongoloid')、「黒色人種」('negroid') の三大集団への人類の分類化が依然として行われている。これらの仮説は次のようなものである。第一に、個人の体質や行動にみられる変異は、生物学的異型として説明される。第二に、これらの類型間の差異は、人間の文化にみられる変異を示している。第三に、これらの類型にみる特異性は、特にヨーロッパ人やアーリア人 (Aryans) の優越性を示している。第四に、国家と多様な個人との摩擦は、様々な内在的特質がその原因となっている。

このように多少とも肌の色に基づく単純明快な人種観は、やがてダーウィン (Darwin) の『種の起源』(*The Origin of Species*, 1859 年) にみる種々の意味付けに取って代られた。自然淘汰は、今や種の変更のための一つの装置を提供することとなった——優れた人種は劣った人種との接触を通じて堕落することになるだろうし、人間の計画的な干渉は自然淘汰の利益を最大限に活用することで、単一人種の出現の時期を早めることにもなろう。いずれの場合にも、人種の階層化に関する根本的な仮説は保証されていた。ダーウィンの貢献は、人種に関する理論に自然淘汰というそれまでとは異なる考え方を用意するとともに、人種発展計画 [優生学 (eugenics)] ——教義的には、主に社会進化論 (Social Darwinism) として知られるようになった——の可能性を提示したことにあった。

社会進化論は、その肯定的、否定的価値の両面ですぐにも帝国的慣例、つまり、被植民者の堕落と理想化という帝国主義者の思想の内に存在する矛盾した二元論と一致した。一方、原始人の堕落については、自然の法則を必然的かつ欲望的に持ち出すことによって、劣った人種を支配し、時には消滅させる上での正当な理由を社会進化論の内に見出すことができた。他方、人種の発展に関する概念を帝国イデオロギーにみる「文明化する使命」('civilizing mission') と一致させることで、

植民地権力は「白人の重荷」('white man's burden') を取り上げ、子供のような順応性があるとして理想化された劣等人種の境遇改善を促進した。したがって、優越性に関する仮説は、科学的な人種理論の支持の下に世界支配という計画を無事に遂行することができたのである。

　世話や保護や成育訓練などが必要とされることから、黒人を子供のような無力な人間だと決め付ける後者の見方は、19世紀になって、彼らを原始的で怠惰な野蛮人だと見なす前者の考え方にすぐに圧倒されてしまった。というのも、植民地の拡張により、その企てに役立つかなりの労働力が求められたからである。1830年代に奴隷制度廃止を達成していた教会員による反奴隷制度実現に向けての推進力は、ついに悪意に満ちた人種上の敵対形式を生み出すことになった。トマス・カーライル (Thomas Carlyle) の悪名高い『黒人問題に関する臨時の論説』(*Occasional Discourse on the Nigger Question*) の中で、「怠惰な」('indolent') 黒人を植民地大農園で強制労働させる権利の必要性を強く提案した。そして、1870年代までに、つまり、アフリカでの帝国拡張が最終局面に達する以前に、そうした偏見は社会進化論の支持を受けていたとは言え、様々な人種問題に関して開放を旗印に掲げるいかなる思想にもまして、事実上、優位に立っていた。

　帝国文化が全盛を極めるに際して、その固有の優越性を確立するとともに、その支配下に「劣った」人種を一括するのに人種という概念が役立つことが、英国自体にみる「様々な人種」('races') ――特にアイルランド人――に関する英国人の解説の内に見出せよう。初期の解説にみられるように、アイルランド人は元来、英国人と肉体的にほぼ同質な人種だと見られていたが、彼らの文化は英国人のそれとは異質なもので、その存在を脅かすようなものだった。リッチ (Rich) はそうした過程を1617年の時点に遡って歴史的に跡づけている (リッチ (Rich)、1986年)。その年に、ファイネス・モリソン (Fynes Moryson) は、アイルランド語が実際に使われている言語であるとは言え、粗野であるばかりか、彼らの衣類もまるで獣皮のようであり、その行動にしても戦慄を覚えさせるものがあるのに気づいた。エドマンド・スペンサー (Edmund Spenser) が「獣的なアイルランド人」('bestial Irishmen') と述べる一方で、1610年にウィリアム・カムデン (William

Camden) は「乱暴でこの上もなく野蛮な」('wilde and very uncivill') なアイルランド人にみる冒涜性、人食いの風習、楽才、魔法、暴力、近親相姦、それに大食性などを列挙した。このような特性から見て、19世紀の英国人解説者たちも述べていたように、アイルランド人はとてもアフリカ人に似ているのである。実際、1885年までに人類学協会 (Anthropological Institute) の会長であるジョン・ベドー (John Beddoe) は、ウェールズやスコットランドやコーンウォール (Cornwall) やアイルランドの人々が、人種的に英国人とは異なることを示す「黒色指数」('index of Nigrescence') を作成していた。さらに具体的に、西アイルランドやウェールズの出身者たちは、その「突き出た顎」('jutting jaws') や「長い切り口のある鼻孔」('long slitty nostrils') からして「アフリカ人種」('Africanoid') であり、元来、アフリカからの移民者であることを立証したのである [スズウェッド (Szwed)、1975年、20-1頁]。これは奇怪なことのように思われるが、それは人種という概念を利用することできわめて精力的に機能する帝国主義の排他的な原動力をしかと明らかにしている。

アイルランド人やウェールズ人をアフリカ人と結び付けることによって、英国、もしくはそれ以外の帝国において、いわゆる帝国的イデオロギーは被植民者を排除し、周辺化するのにどれほどすぐれた力を発揮するかがよくわかるのである。そのような人種の階層化は帝国の拡張にとって必要なものだった。自作の詩『退場の歌』(*Recessional*, 1897年、328-9頁) の中で、キプリング (Kipling) は非白色人種を「掟なき劣等種族」('lesser breeds without the law') と決めつけて悪評を買っているが、次の一節はその典型的な例とも言えよう。

　権力に酔い、
　汝を畏れない荒々しい言葉を、自慢話を、
　異教徒たち、もしくは掟なき劣等種族のように
　私たちが口走っても、――
　万軍の主よ、それでも私たちと共にあれ、
　汝を忘れないために――汝を忘れないために。

帝国の拡張が最も精力的に行われた 19 世紀後半の数十年間にあって、人種の差異に関する人体測定学的調査が盛んに行われた。人種の「類型」('types') に関する議論が 19 世紀を通じて闘わされたが、1886 年までに英国の人類学者たちは「頭部指数」('cephalic index') に関して一般的な合意に達していた。つまり、頭骸骨の形から人種的アイデンティティを識別したのである。優生学の創設者であるフランシス・ガルトン (Francis Galton) は 1884 年にロンドンで開かれた国際健康博覧会 (International Health Exhibition) で 9,000 人を測定した。その後、帝国的情況における人種への人類学的関心が、1887 年のヴィクトリア女王 60 年祭 (Queen Victoria's Golden Jubilee) で催された英国領土の原住民に関する人類学会議 (Anthropological Conference on Native Races in British Possessions) で高まったのである。1890 年代後半までに人気のある文学作品が数多く現われ、様々な人種の性質や相違点、それにアングロ・サクソン人種とその文明の優秀さなどについて事細やかに解説した。黒色人種に関する記述については、以前にもまして科学的厳密さが見受けられるものの、カーライルによって生み出された陳腐的表現をたいして越えることはなかった。
　20 世紀になっても、人種に関する理論的姿勢には大きな変動が見られなかったが、「人種」という用語は、世界中の人々の平凡な考え方に弾力性をもたらすような強烈な影響力を与え続けた。1911 年にロンドンで開催された世界人種会議 (Universal Races Congress) では、主として自由主義思想と「一夫一妻主義」('monogenism') を促進させることが訴えられた。それは「今日の地球上に生活しているのは人間という一つの種族だけだ」('only one species of man living on earth today') という考え方に根差していた。だが、ヴィクトリア朝にみる自由主義の伝統に対する普遍主義者の信条は、第一次世界大戦 (First World War) とともに、単一の世界秩序の内に様々な人種間の強力な統一を計ろうとする理性の力への信頼を失わせる植民地ナショナリズムが起きたことで、かなり揺らぐことになった (リッチ、1986 年、49 頁を参照)。20 世紀初頭の数十年間にあって、「人種」という用語は、人種的変異に関する「科学的」('scientific') 研究を通じて正当なものとして評価されていた。だが、第二次世界大戦 (Second World War) の恐怖と何百万

人にも及ぶユダヤ人 (Jews) やスラブ人 (Slavs) やポーランド人 (Poles) やジプシー (gypsies) が人種的理由で殺害されたことで、1951 年に出版されたユネスコ (Unesco) の報告書『人種の特質と人種的差異に関する声明』(*Statement of the Nature of Race and Racial Difference*) の中で、「人種」という用語は、生物学的に厳密な見地から観察しても、せいぜいある種の特有な遺伝子を共有する一人間集団を指すに過ぎないことが指摘された。その声明によれば、精神的特質はそのような分類に含めるべきではなく、環境こそ個人の行動を生み出す上で、遺伝的要素よりも重要なものとされた。

しかし、1960 年代になって、個人の行動は、せいぜい教養といったものによってしか抑制できないような古来の本能にしかと支配されている、と主張するローレンツ (Lorenz) やアードリー (Ardry) やモリス (Morris) のような作家たちとともに、人間の行動を、再度、生物学的に考え直そうとする傾向が急激に強まった。このことにより、1970 年代になって、人種思考は大衆学で急遽、取り上げられるようになった。アイゼンク (Eysenck) の『人種、知性、教育』(*Race, Intelligence, Education*、1971 年) やリチャードソン (Richardson) とスピアーズ (Spears) の『人種、文化、知性』(*Race, Culture and Intelligence*、1972 年) やバクスター (Baxter) とサンソム (Sansom) の『人種と社会的差異』(*Race and Social Difference*、1972 年) などは、人間の異型に関する様々な論争で取り上げられる人種の重要性を扱った広範囲にわたる大衆的な書物の一部に数えられる。同時に、1960 年代の新生物学主義 (neo-biologism) は、すべての個人的行動や文化を生物学的淘汰の過程にみる最終的所産と見なす社会生物学 (socio-biology) の出現により、1970 年代になってさらに厳密な発展を遂げてゆくことになった。こうした発展によって、人種思考は多少とも正当に認められるようになるとともに、個人の行動や動作が生物学的用語で分析されるようになった。さらに、社会生物学と現代の人種差別との関係はバーカー (Barker) らによって調査されることとなった [バーカー (Barker)、1981 年]。

これらの数十年間における学問的議論が、その主題として**民族 (eth-nicity)** よりもむしろ人種を取り上げていたのは重要なことである。容赦のない遺伝学的決定とその伝播を通じて、疑わしい生物学的説明が

永続的に提供され続けるといった感覚によって、この時期、文化にその固有の柔軟性や拠り所を求める民族というさらに複雑な概念に比べて、人種という概念の方が堅実なものとなった。1970年代から1980年代にかけて、民族への関心が徐々に高まり、それについての研究も行われるようになったが、大衆思考の内に反映されるようなことはなかった。実際、人種は、様々な民族的範疇を決定する上での主たる構成要素とはなろう。だが、人種が多少とも「客観的」('objective') ではあっても、宗教的、言語学的、もしくは明らかに文化的に決定された様々な要素から成る民族に比べて社会的に構築されることは少ないという考えを復活させることは、人種というものが、生物学的現象であるというよりもむしろ文化的現象、つまり、遺伝的に決定された肉体的差異の所産ではなく、歴史的過程のそれであるとする認識を妨げることになろう。

　人種に関する最も重要な事実は、ファノン (Fanon) が最初に気づいたように、「肌の黒さ」('blackness') といったような人種差別主義者による概念がどれほど現実性を欠いていようと、そうした概念による自己構築に際して心理的な力が作用することから、とりもなおさず、人々の行動の内に、また、行動を通じてそうした概念が現実化されることである。社会的圧力によって生み出される自己イメージや自己構築は世代間を通じて伝達されることから、結局、「肌の黒さという事実」('fact of blackness') は、人種差別主義者の行動や制度上の様々な慣例においてだけでなく、さらに内面的にみて、それらによって構築された人たちの心理的作用の内にあっても客観的に決定的なものとなったのである。社会的方法によって個人の自己概念を構築してゆく際の決定的要素として、人種に関する客観的な心理学的事実を強調する**ファノン主義者 (Fanonist)** 的な姿勢は、ヨーロッパ人による支配へのポストコロニアルの対応を決定してゆく上で、人種認識が否定的にのみ作用したとする批評家のアピア (Appiah) の主張に対する数多くの黒人解説者の反応の一部と重なるところがある。しかし、人種というものを客観的な一範疇としてどれほど虚構化しようとも、散漫な一構成物としての力は衰えることがないのである。

　したがって、この意味の定まらない恐るべき「人種」という用語が

持て囃されているものの、人種の概念を確立しようとする諸理論はますます曖昧なものになってきている。この点で、漠然として占有することのできない人種の概念を追い払うことはそれだけ難しくなっている。新植民地主義の時代における人種の概念は、ヨーロッパ帝国主義の勃興時にそうであったのと同じように、まさに曖昧模糊としていて、弾力的なのである。議論の方向を変えるのは、おそらく民族というものの理解の仕方に掛かっていよう。

[さらに、バクスター (Baxter) とサンソム (Sansom)、1972 年、ブレメン (Bremen)、1990 年、ファノン (Fanon)、1961 年、ハズバンド (Husband)、1994 年、マリック (Malik)、1996 年、リッチ (Rich)、1986 年、ロス (Ross)、1982 年などを参照。]

Rastafarianism ラスタファリ主義

　この用語は、1930 年代のジャマイカ (Jamaica) に出現した黒人のナショナリストによって生み出された一つの宗教に由来する。その宗教の起源は複雑で、カリブ海域諸島 (Caribbean) への追放者の魂が死後、アフリカに戻れるという奴隷の信仰を含んでいる。マーカス・ガーヴィー (Marcus Garvey) の空想的な黒人送還に関する政治学やレオナード・パーシヴァル・ハウエル (Leonard Percival Howell) のエチオピア主義 (Ethiopeanism) とともに、ラスタファリ主義は、「王子たちがエジプトから生まれてこよう。エチオピアはまもなくその支配を神にまで及ぼすことになろう」(詩編 (Psalm)、68 節、31 行) という旧約聖書の予言からその妙案を得ている。1930 年になって、ショア (Shoa) のサヘカ・セラシエ (Saheka Selassie) 王の偉大な孫であるラスタファリ (Rastafari) は、エチオピアのネガス (Negus) として即位し、「三位一体の権力」('Mighty of the Trinity') という意味のハイル・セラシエ (Haile Selassie) を名乗った。これに「王の中の王」('King of Kings') や「ユダヤ族のライオン」('Lion of the Tribe of Judah') といった称号が付け加わることで、彼はソロモン王 (King of Solomon) の伝説上の血統に属する王となった [バレット (Barrett)、1988 年、81 頁]。ハイル・セラシエを名乗ったラスタファリの即位を祝って、ジャマイカのラスタファリ信奉者たちは、エチオピア皇帝という媒体を通じてアフリカ人祖先の故国に文字通り送還されるのを期待した。だが、次第にアフリカへの送

還は文字通りの帰還というよりも、比喩的なそれだと見なされるようになった。つまり、それはジャマイカ人によるアフリカ人祖先の返還要求であるとともに、奴隷制度下にあって、ヨーロッパ植民地主義者のイデオロギーにより組織的に貶められた一つの遺産でもあった。

　最初はジャマイカの下層階級による組織活動でもあったラスタファリ主義もすぐに中産階級や知識人階級、そしてカリブ人にまで広まっていった。それは 1970 年代から 1980 年代にかけて、レゲエ (Reggae) の花形であるボブ・マーリー (Bob Marley) の音楽と歌詞を通じて世界の他の地域で人気を集めた。そして、それらの地域で、ラスタファリ主義の言語と信仰は広範囲に及ぶ多様な人種的、経済的抑圧への闘争に取り込まれるようになった。ラスタファリ主義は常に言語と権力の間にみられる重大な関係を鋭敏に察知してきたし、人種送還のためには因襲的文法の要求がどのようなものであれ、「私を」('me') という人称代名詞を追放し、「私は」('I') に執着することによって、つまり、「目的格」('objective case') を拒否することによって英文法の規則を混乱させたのである。

　[さらに、バレット (Barrett)、1977 年、1988 年、キャッシュモア (Cashmore)、1983 年、オーエンズ (Owens)、1976 年などを参照。]

rhizome リゾーム

　この用語は、植物学用語として、一つの直根からではなく、いくつもの節目から成長し、(竹のように) 地面を這って広がってゆく根茎組織を意味している。その隠喩的意味は、精神分析に関するドゥルーズ (Deleuze) とガタリ (Guattari) の諸批評を通じて広まった [ドゥルーズ (Deleuze) とガタリ (Guattari)、1972 年] が、ポストコロニアル理論にあっては、**植民地言説 (colonial discourse)** の提唱する中心/周辺といった二項対立的な考え方に対抗するために用いられる。

　この用語の重要性は、帝国の権力それ自体の抑圧的構造が、一枚岩的にというよりもむしろ根茎的に機能するのを明らかにすることにある。通常、権力がこのように機能するとは考えられない理由として、権力の構造自体は統一、階層、二項対立、中心などといった観点から特色付けられることが挙げられよう。しかし、権力はそれ自体を構成

しているように思える諸制度に基づき、単に世界を垂直的に統合してゆくだけではない。それは力学的、側面的、間欠的にも機能するのである。帝国主義の「全体計画」('master-plan') などというのはまったく存在しないし、その進行は必ずしも暴力や抑圧によって保証されているわけでもない。文化的ヘゲモニーは類縁的関係や心理上の内面化、それに無意識的な共謀連想などといった隠れた網状組織を通じて機能するのである。こういうわけで、「ポストコロニアル」('post-colonial') という用語は、「植民地化の瞬間から現在に至るすべての文化」[アッシュクロフトとその他 (Ashcroft *et al*)、1989 年、2 頁] を包含していると言ってよい。なぜなら、帝国主義にみる複雑な機能は、「抵抗」('resistance') もしくは「少数派」('minority')、「黒人」('black') もしくは「白人」('white')、また、疑問の余地はあるにしても、「植民者」('colonizer') と「被植民者」('colonized') などといったような対応もしくは同一化から成る政治的範疇を単純に生み出すことを問題視するからである。これらの立場は根茎的な帝国的接触の内にあって絶えず拡散し、交差するのである。

　植民地化された文化にとって、帝国主義の間欠的、根茎的性質は最も打ち負かしにくいものである。というのも、それは主動力や正典や基準や特許権取得者などの存在を主張する一つの神話とともに機能するからである。周辺性に関する様々な範疇が取り上げているのは、帝国主義にみる一枚岩的権力の神話であって、その現実の機能にみる間欠的、重複的、絡み合い的性質ではない。こうした理由によって、ある種の**反植民地主義者 (anti-colonialist)** や**脱植民地化 (decolonizing)** のレトリックが明らかに強力な抵抗や対立の様式を提供する上でどれほど人の心に訴えようとも、それらは時としてさらに古い植民地主義者の様々な遺産とか、その慣例が帝国主義それ自体の根茎的機能を受け継いでいる**新植民地主義 (neo-colonialism)** とかに対する闘争にあって、さほど成功を収めることはなかったのである。

　　[さらに、ドゥルーズ (Deleuze) とガタリ (Guattari)、1972 年、1980 年などを参照。]

S

savage / civilized 野蛮な / 文明化した

　野蛮と文明といった二分化概念は、少なくとも、古くはホーマー (Homer) の『オデュッセイア』(*Odyssey*) にまで遡る。英語としては、『オックスフォード英語辞典』(*OED*) が「未開の」('uncivilized') といった単語を、「最も低い文化水準にあること」('existing in the lowest stage of culture', 1588 年)、もしくは「野蛮人に付随したこと、もしくは野蛮人に特徴的なこと」('pertaining to or characteristic of savages', 1614 年) と定義している。文明開化や人間の教化といった概念の出現は、少なくとも 1601 年にまで遡る。それは「文明化する、未開状態を抜け出す、生活技術をいろいろと教え込む、啓蒙し洗練する」('to make civil; to bring out a state of barbarism; to instruct in the arts of life; to enlighten and refine') ことだった。

　「野蛮な」という用語は、ヨーロッパ中心の発想に立つ認識論を始めとして、帝国や植民地のイデオロギーにあって重要な役割を果たしてきた。マリアナ・トルゴフニク (Marianna Torgovnik) が述べているように、「原始的、野蛮な、コロンブス (のアメリカ大陸発見) 以前の、部族の、第三世界、低開発の、開発中の、古代の、伝統的な、異国風の、「人類学的記録」、非西洋的、他者、などといった用語は ... すべて西洋を規範としていて、残りの地域については、劣った、異質の、逸脱した、下位の、付随的な、などといった用語で定義されるのである」[トルゴフニク (Torgovnik)、1990 年、21 頁]。

　チヌア・アチェベ (Chinua Achebe) は「一つのアフリカ像」('An Image of Africa') の中で、ジョーゼフ・コンラッド (Joseph Conrad) の『闇の奥』(*Heart of Darkness*) の一部を引用して、「原始的な」('primitive') アフリカの「闇」('darkness') に対立する「文明化した」国の文化の優越性を定義し、確立するのに、西洋人によってどれほどアフリ

カが利用されてきたかを明らかにしている [アチェベ (Achebe)、1988年]。だが、現代世界にあって、西洋の自己構築が、野蛮と文明といったさらなる複雑な二分法に基づいていることは言うまでもない。トルゴフニクが説明しているように、(西洋人の見方からすれば) 野蛮人への関心は、自我に多大な影響を及ぼすばかりか、「現実の」('real') 政治世界でその本来の機能を発揮する自己とも密接に繋がっている。フロイト (Freud) 流の精神分析によれば、文明化する超自我と「原始的」リビドー (libido) [もしくはイド (id)] の間にあって、自我がその調停役を務めている (トルゴフニク、1990 年、17 頁)。フロイトの方法の信憑性について問うことは、ヨーロッパとその他者間の階層的関係を示す一つの隠喩としての力強さに比べれば、さほど重要ではない。今日の西洋人はみずからを、文明と野蛮の間でうまく均衡を保っている者として、もしくは野蛮の深淵に架かる文明という一枚の薄板にしがみついている者として捉えている。とにかく、西洋人の「自己」('self') 概念は、それが「自分自身」('itself') についてであれ、他者についてであれ、これらの用語の弁証法的対立の内にあって鍛えられることになろう。

***noble savage* 高潔な野蛮人**　「高潔な野蛮人」という概念に関して最もよく知られている表現は、ルソー (Rousseau) の『不平等性について』(*A Discourse on Inequality*, 1755 年) の中に見出される。この考え方は、産業主義の勃興やヨーロッパの都市社会にみる過度の複雑化や洗練化に対して、単純で純粋な牧歌的自然状態へのヨーロッパ人の郷愁として、18 世紀に起った。こうした郷愁のおかげで、ルソー自身も認めたように、現代ヨーロッパ社会が、「自然の」('natural') 状態としての人間本来の無邪気さや自由や平等をもはや維持することができなくなったことへの彼の批判の一部として、異質な文化的イメージがいろいろと生み出された。それは何よりヨーロッパを再定義するのに役立つ野蛮人のイメージだった。こうしたイメージの構築にあたって重要なのは、見せかけとは言え、「野蛮な」('savage') 人間が肯定的に評価される上で、劣等ではない理想的な紋切り型人物として単純化され、「高潔な野蛮人」といった決まり文句によって表現されたことである。

[さらに、ニーダヴィン・ピータシェ (Nederveen Pieterse)、1992 年、トルゴフニク (Torgovnik)、1990 年などを参照。]

settler 移住者

『簡約オックスフォード英語辞典』(*The Shorter Oxford English Dictionary*) によれば、この用語は「新しい国に定住する者、植民者」('one who settles in a new country; a colonist'、1695 年) として、「一般的には、居住者としてある場所に定住する者」('generally: One who settles in a place as a resident'、1815 年) として定義されている。植民地言説にあって、この用語は、自分の生まれた国からヨーロッパの植民地へ移住するヨーロッパ人を一般的に指している。「移住者－侵入者」('settler-invader') という用語は、特に、移民の「定住」('settlement') に対する土着民側の威嚇的な反撃を強調するのに用いられてきた。

settler colony 移住者植民地

ポストコロニアル言説や植民地言説にあって、この用語は往々にして、移住者 (もしくは移住者－侵入者) 植民地と占領植民地といった二つの型のヨーロッパ人植民地を区別するために用いられる。ナイジェリア (Nigeria) やインドは占領植民地の例であり、大多数の土着民が外国人の権力によって統治されるものの、そこでの生活は保証されていた。アルゼンチン (Argentina) やオーストラリアやカナダやアメリカ合衆国のような移住者植民地では、時間が経つにつれて、侵入したヨーロッパ人 (もしくは彼らの子孫) が大多数を占めるようになり、土着民を殺戮したり、移住させたり、もしくは辺鄙な場所に追いやったりした。しかし、「移住者植民地」や「占領植民地」といった用語は、こういった国々の呼称と同じく、正確な記述的範疇とか範例といったようなものではなく、むしろ一連続体の抽象的な両極点を示していると言えよう。例えば、カリブ海域諸島 (Caribbean) の国々は通常、「移住者植民地」とは考えられていない。もっとも、土着民であるカリブ人 (Caribs) やアラワク人 (Arawaks) は、事実上、その地域へのコロンブス (Columbus) の進入後、100 年間の内に全滅したが。そこでは、ヨーロッパ人「移住者」('settlers') による比較的、小規模で強力な白人植民者

集団が形成されたが、大多数の「移住者」は、奴隷として連れて来られ、強制的に「定住させられた」('settled')アフリカ人だった。ケニア (Kenya)、アイルランド、南アフリカ、モザンビーク (Mozambique)、アルジェリア (Algeria) などは、また別の植民地例である。そこでの定住様式や文化的、人種的遺産は、移住者植民地にみる抽象的範例と占領植民地にみるそれとのほぼ中間に分類されよう。

　移住者植民地にみる移住者の両価的な立場に関して意見を述べている批評家や作家は数多くいる。特に、そこの移住者は、土着民と比べて人種的にはっきりと多数派を構成していたか、もしくは武器や政治制度を駆使する支配者としての立場にいたのである (**人種隔離政策 apartheid** の項を参照)。だが、出所地から転位した移住者が、新たな場所でみずからのアイデンティティを築くのは骨が折れたことであろう (**exile 追放、異境生活**の項を参照)。彼らは往々にして植民地化勢力 [「植民地住民 / 植民地の官吏」('colonials / colonial')] によって、差異と劣等性を示す言説の内に組み込まれ、植民地住民としても差別され、苦しむことになった。

　同時に、移住者は権力の代理人として行動するが、みずからのアイデンティティに関して言えば、少なくとも最初の内は、「原住民」('native') との差異感を保持していた。この意味で、彼らは被植民者であると同時に、植民者なのである。移住者は自己表現に際して、「原住民」の様々な偶像を占有しようとする。そして、そうした占有自体が一つの抑圧的形式となり得るのだが、そこでは、それらの偶像が新たな扱いを受けることで、その神聖な社会的意義が遠ざけられてしまう。肯定的側面から言えば、文字通り、新たな空間に生まれた土着民として、移住者自身が出自の大都市文化でも、初期の植民地局面に転位した「土着の」('native') 文化でもない一つの際立った独自な文化を創り出すのである。だが、その新たな文化は、これらの先行する社会的、文化的形式の借用の上に成り立つことになる。実のところ、そういうことはよく起きるのである。ポストコロニアル理論家たちは、広範囲に及ぶ多様な方法でこれらの新たな社会や文化に対応してきたが、彼らの中にはこれらの文化にみる共謀的性質を強調し、それがともかくも決定的で免れ得ないものだと示唆する者 [ホッジ (Hodge) と

ミシュラ (Mishra)、1990 年、ムカジー (Mukherjee)、1990 年] から、それらの文化を植民地的方法とそれを支えるイデオロギーの核心に存在する一つの「純粋な」('pure') な文化的模型を拒絶する格好の例とみなす者 [ブライドン (Brydon)、1991 年、スレモン (Slemon)、1990 年、ローソン (Lawson)、1991 年] までいるのである。

[さらに、ブライドン (Brydon) とティフィン (Tiffin)、1993 年、デヌーン (Denoon)、1979 年、1983 年、ローソン (Lawson)、1995 年、マシューズ (Matthews)、1962 年などを参照。]

slave / slavery 奴隷 / 奴隷制度

　奴隷制度は古代から存在し、様々な社会で数多くの形式が採られてきたが、アフリカやカリブ海域諸島 (Caribbean) に次々とポストコロニアル社会が形成されるにつれて、それは特に注目されるようになった。

　コロンブス (Columbus) がカリブ海に到着した 1492 年を境として、アメリカ先住民のインディアンは皆殺しの目に遭ったり、奴隷として働かされるようになった。だが、1503 年になって、司教のラス・カサス (Las Casas) [「アメリカインディアン」(Amerindian) の保護者] は、まず鉱山労働を候補に挙げ、組織的に黒人を受け入れることによって土着民労働に代えることを提案した。大西洋海岸に沿って、アフリカ人の奴隷地域を建設するというスペイン人やポルトガル人のかなり初期の慣例に基づき、チャールズ五世 (Charles V) は、イスパニオラ (Hispaniola) やキューバ (Cuba) やジャマイカ (Jamaica) などに年間 4,000 人もの黒人奴隷を送り込むために、1517 年にフランドルの (Flemish) 一商人に特許状を与えた。その後 3 世紀にわたりヨーロッパの奴隷制度は組織化されるが、その起源はこうした特権的な商売の内にあった。そのような商売が 300 年にもわたり続いたことで、鎖に繋がれた 1,200 百万人以上もの黒人が強制的に船に乗せられ、悪名高い大西洋の**中間航路 ('Middle Passage')** を横断して、ブラジルやカリブ海域諸島やアメリカ合衆国に運ばれた。歴史家の中には、その数は、はるかに上回ると概算した者もいる。「中間航路」は、その婉曲的表現でもある「三角貿易」('triangular trade') の中枢を担ったことから、そのように呼ばれた

が、その貿易によって、アフリカ海岸の「工場」('factories') で働く人たちと引き替えに、ヨーロッパから様々な品物が流入することとなった。奴隷たちはアメリカに到着するや否や、売却されたが、藍や砂糖などの産物は、この三角貿易の「一斜辺」('hypotenuse') であるヨーロッパに逆輸入された。

こうして 300 年にもわたって維持され、改善もされた極端な拘束形態としての黒人の奴隷制度は、商業上の奴隷制度としても広く知れ渡ったが、その制度下で、奴隷は国内生産力を高めるために働かされ、精神的屈従を強いられただけでなく、経済機構全体から見て主要な労働力をも提供したのである。初期の奴隷制度 (例えば、ギリシャやローマの奴隷制度) にあっては、往々にして奴隷にかなりの自由が認められていたし、時には、いろいろな点で彼らが同化し得るような社会集団とか家族集団を構成したり、また、権力や富さえも手に入れることが許されていた。だが、16 世紀後半のヨーロッパにあって、商業上の奴隷制度が制度化されるに及び、植民地化勢力は永久に尽きることがないと思えるような大農園労働の源泉を獲得したが、そうした源泉はアフリカ人をヨーロッパ的交換の対象とする、絶対的所有に関するイデオロギーによって食い物にされたのである。商業上の奴隷制度は、農園主の経済組織を急速に発展させるための安い労働力を獲得する必要と、**原住民 (native)** や**食人者 (cannibal)** や**野蛮人 (savage)** などの世界とは対照的に、「文明化した」('civilized') 世界としてのヨーロッパ文化を構築したいとする欲望との必然的な所産だった。

奴隷制度は様々な時期に数多くの社会に存在した (例えば、多くのアメリカ社会が「奴隷」を所有していた) が、奴隷はこうした現代的な意味での商業上の奴隷ではなかった。奴隷制度は往々にして、部外婚集団とか捕虜とかそれ以外の多くの社会外部集団と関わりがあった。だが、ポストルネサンス期にあって、**人種差別主義 (racism)** といった強烈なイデオロギーが発展したことで、すべての権利や人間的価値が脇に追いやられ、ごく一部の者だけが完全な解放 (法律的自由) を望めるような、商業上の動産としての奴隷制度という特に有害な現代的形態が生み出されたのである。植民地主義がその慣例を正当化するための手段でもある疑似客観的で「科学的な」('scientific') 言説の多く

は、何百万人もの人間に対する弁護の余地がないほどの商業上の搾取や抑圧を合理的に説明する必要から生じたと言えよう。人種差別主義が奴隷制度を過度に推し進めるにあたっての口実となった [デイヴィッドソン (Davidson)、1994年] ように、奴隷制度は少なくとも現代的な形式の人種差別主義を生んだのである。したがって、現代における**人種** (**race**) や人種的偏見は、植民地にみる奴隷制度の慣例化と切り離せないほど密接に関わっている。

奴隷貿易は 1800 年代初頭にあって、ほとんどのヨーロッパ諸国の議会でその廃止が決められたが、ヨーロッパ列強は往々にしてその新たな法律を施行するのが困難であることに気付いた。各強国が新たな法律を施行するにあたって、独自の法令や方法を保有していたことから、現実にはそれほど成功しなかった。例えば、一隻の船が奴隷売買に従事している証拠となるものは何かということに関して、多様な法令が存在していること自体、実際、その違反を証明するのが困難だったことを物語っている。奴隷制度という慣例を廃止せずに、奴隷貿易を禁止することなどできるわけがなかった。だが、奴隷貿易と奴隷所有がそれぞれ禁止された時期は往々にして相互にかなりずれていた。例えば、英国は 1807 年に奴隷貿易を禁止したが、奴隷の所有に関しては、1833 年まで奴隷制度を非合法化しなかった。一つの結果として、奴隷制度 (すなわち、大農園奴隷制度) は 1830 年代までカリブ海域諸島や南アメリカのある地域では続いていた。フランスは革命的自由主義者による意見の結果として、早くも奴隷制度を廃止していたが、解放された奴隷たちが中央支配からの独立を主張した時、ハイチ (Haiti) のトゥーサン＝ルーヴェルテュール (Toussaint L'Ouverture) の反乱にみられるように、政府の報復は速やかに行われた。南アメリカの国々が独立した時、それらの国々でも奴隷制度は廃止された。1840 年までに、スペインやポルトガルも奴隷売買を公式に禁止していたが、ポルトガル船はそれに違反し続け、19 世紀後半までずっと奴隷の密輸大国だった。新たに独立したアメリカ合衆国では、奴隷廃止主義が 1830 年代に起っていたものの、奴隷制度は特に南部経済にとって重要な要素となっていたので、南北戦争 (American Civil War) の勃発以前に廃止されることはなかった。北部人は 1861 年に奴隷解放を宣言し、1865 年に

13回目の憲法改正を行って、それをやっと正式に批准した。

　奴隷制度が、英国の植民地体制の下で非合法化されるに至って、それは雇用制度の延長上にあるような**年季労働** (**indentured labour**) と呼ばれる制度に取って代わられた。その用語が意味しているように、年季労働契約証文は明らかに任意交換されたものの、実際、それは一つの強制労働制度として機能し、多くの労働者が雇用されたというよりもむしろ徴用されたのである。1833年以後にあって、それは安い労働力を確保する主要な手段となり、それを通じてフィジー (Fiji)、マラヤ (Malaya)、北クイーンズランド (Northern Queensland)、それにもちろんカリブ海域諸島などに広範囲にわたり存在した英国植民地の大農園に労働者が供給されたのである。特に、数多くの**離散した** (**diasporic**) インド人や中国人は、この制度の下で移送された。結果的に、奴隷制度が形式的に廃止された後でも、英国植民地では年季労働契約証文の交換による様々な形態の強制労働や契約労働が敢行され、ラテンアメリカでは借金返しの奴隷労働が引き続き行われていたことから、抑圧的な労働習慣は、これらの地域では容易に滅びなかったことがわかるのである。これらの地域では、奴隷制度下にあって様々な農業が発展していたことにより、管理された低賃金労働が絶えず必要とされたのである。

　[さらに、ブラックバーン (Blackburn)、1988年、デイヴィッドソン (Davidson)、1994年、マニング (Manning)、1990年、プラサ (Plasa) とリング (Ring)、1994年、トムプソン (Thompson)、1987年、ウォルヴィン (Walvin)、1992年、1996年などを参照。]

subaltern サバルタン

　この用語は、「下位の」('of inferior rank') という意味を有し、アントニオ・グラムシ (Antonio Gramsci) によって、支配階級の**ヘゲモニー** (**hegemony**) に服従する社会の底辺層を指して用いられた。サバルタンには農民や労働者、それに「ヘゲモニー的」('hegemonic') 権力への接近を拒否するそれ以外の集団も含まれる。支配階級の歴史が国家において実現されてきたことから、歴史とは様々な国家や支配集団のそれであるとして、グラムシはサバルタンの歴史の編纂に興味を持ったのである。「イタリア人の歴史に関する覚書」('Notes on Italian history',

1934年-1935年)の中で、彼はサバルタンの歴史を研究するにあたって、6項目にわたり、その内容を概説している。その中に次のようなものが含まれている。(1) サバルタンの客観的形成。(2) サバルタンと支配的政治組織との積極的もしくは受動的関係。(3) 新たな政党や支配的集団の誕生。(4) サバルタンがその要求を貫く上で必要とする組織。(5) サバルタンの自治を主張する旧体制内の新組織、さらには労働組合や政党に関連した他の諸箇所 [グラムシ (Gramsci)、1971年、52頁]。

グラムシの主張によれば、支配階級の歴史が通常、「公式の」('official') 歴史として受け入れられてはいるものの、サバルタンの歴史も支配階級の歴史と同じくまさに複雑なのである (グラムシ、1971年。52頁)。サバルタンが反乱を起こしても、最後には支配階級の方針に従うようになることから、そうした社会集団の歴史は断片的で挿話的なものにならざるを得ない (グラムシ、1971年、54頁)。サバルタンはみずからの力で代表権を統制し得る手段から、また、文化的、社会的諸制度からもますます遠ざかることになるのは明らかである。「永久的」('permanent') 勝利 (すなわち、革命的な階級調停) だけが従属様式を終わらせることになろうが、それもすぐには起きる気配はないのである。

ポストコロニアル研究に採用されたこの用語は、南アジア研究 (South Asian Studies) において、サバルタンに関する体系的討議を推し進めようとする歴史家たちから成るサバルタン研究 (Subaltern Studies) グループの仕事に由来している。「これは、階級、身分、年令、性、仕事、もしくは他のいかなる方法によって表現されようとも、南アジア社会にみる一般的属性としての従属を示す名称として」[グハ (Guha)、1982年、7頁]、『サバルタン研究』(Subaltern Studies) の中で用いられた。ラナジト・グハ (Ranajit Guha) によって創設され、最初、シャイド・アミン (Shahid Amin)、デイヴィッド・アーノルド (David Arnold)、パーサ・チャタジー (Partha Chatterjee)、デイヴィッド・ハーディマン (David Hardiman)、ジャン・パンディー (Gyan Pandey) などから成るそのグループは、5巻にわたる『サバルタン研究』を発刊した。内容的には、「様々な意見やイデオロギーや信仰体系など、つまり、

サバルタンの状況を知らせる文化的諸資料を始めとして」(グハ、1982年、7頁)、サバルタンの歴史学、政治学、経済学、社会学などに関するエッセイがいろいろと含まれている。

　サバルタン研究計画の目的は、南アジアの史料編集にあたって、エリートとその文化を主として取り上げることで、それまでの学問的仕事の偏りを是正することにあった。従属化ということが、従属と支配の二項対立的な関係の内でのみ理解され得るという認識から、その研究グループにとって、「エリートの役割に関する一つの客観的評価として、また、その役割に関するエリート主義者の解釈に対する一つの批判として」(グハ、1982年、7頁)、サバルタンを検討することになった。そのグループの諸目的は、例えば、インドのナショナリズムに関する史料編集が、エリート主義——英国植民地主義の結果としての植民地主義者によるエリート主義や中産階級のナショナリストによるエリート主義——によってずっと支配されてきたという信念から生み出された。このような史料編集のおかげで、一人のナショナリストの意識の発展というものが、植民地行政とか政策とか文化といった分野でのエリート的達成なのか、それともエリートとしてのインド人の人格とか慣例とか思想といった分野での結実なのか、そのいずれかには違いないことがわかるものの、結果的にグハが定義しているように、こうした仕事は、人々がエリートから独立して自力で行なった貢献を認めることも、説明することもできはしないのである。このような史料編集にみられる階級的見地によって、明らかに度外視されたものは、彼の主張によれば、エリート政治が廃れてもなお機能し続ける自治領域としての「人民の政治」('politics of the people') (グハ、1982年、4頁)だった。

　エリートとサバルタンのはっきりとした一つの差異は、政治的可動性にある。つまり、エリートの可動性が英国議会制度の適用を通じて垂直的に達成されるのに対して、サバルタンは血族関係とか縄張り制とか集団交際とかいった伝統的組織に依存していた。植民地時代の一般的な可能形態は農民の暴動だが、論点は、それが政治構造の変化にもかかわらず、政治的行動の中心に位置し続けたということにある(グハ、1982年、6頁)。これは、インドのナショナリズムが、何より

土着民エリートによる服従から解放への誘導という一つの理想的冒険であったとする、エリートの歴史編纂に伴う主張とはまるで異なっていた。

　サバルタンの集団にはかなりの多様性が見られるにもかかわらず、一つの不変的特徴として、エリート支配に対して抵抗を示そうとする考えのあることだった。中産階級が国家の代弁者になれなかったのは、インド国家が「正当な成功を勝ち取る」(グハ、1982年、7頁)のに失敗したことを意味していた。そして、グハにとって、「こうした失敗について研究することこそ、インド人による歴史編纂の最大の問題なのである」(グハ、1982年、7頁)。グハの述べているように、サバルタンは政治的、文化的変遷の研究にあって常に見落とされることから、サバルタンとエリートの間にさらなる一般的な差異が発生するので、サバルタンという概念が、植民地主義対ナショナリズム、帝国主義対土着の文化的表現といったような政治的、文化的な二項対立構造を超えることになるのは明らかである。

　ガーヤットリー・スピヴァック (Gayatri Spivak) がそのエッセイ「サバルタンは語ることができるか？」('Can the subaltern speak?') の中で、サバルタン研究グループの様々な仮説を批判した時、サバルタンという概念がポストコロニアル理論にあって一つの論争点となった。彼女が主張しているように、この質問こそまさにサバルタン研究グループが問わなくてはならないものなのである。彼女の最初の批判は、サバルタンの自治に対するグラムシ的 (Gramscian) 要求に向けられていて、(サバルタンの集団の多様性や雑多性や重複性などを容認している) グハによって様々な条件がいくら与えられたところで、根本的には本質主義者の前提からそうした要求を導き出すことはできない、と彼女は述べている。次に、このサバルタンが誰によって、もしくは何によって構成されているのかを決定するためのいかなる方法論も、こうした本質主義を避けて通れないとしている。そうした「人民」('people')、もしくは「サバルタン」('subaltern') はエリートとの差異によって明確化される一つの集団だからである。

　サバルタンに対する本質主義者の見方に反して、地域的、地元的水準でサバルタンと支配的な土着集団の間にさらなる区別が設けられる

べきだ、とグハは述べている。しかし、スピヴァックによれば、サバルタンを明確に部類化することで本質主義者に背を向けるグハの試みは、サバルタンという概念自体をさらに扱いにくくするだけである。「研究という仕事は、[地域的、地元的水準で、支配的な土着集団の]理想的人間[サバルタン]からの逸脱度にみる特殊な性質を調査し、確認し、評価し、そして、それを歴史的に位置付けることである」[スピヴァック (Spivak)、1985 年 b、27 頁]。スピヴァックはまた質問を発する。「どのような分類学がそのような空間を定着させ得るのだろうか？」('what taxonomy can fix such a space?')。みずからのアイデンティティを差異化し得るような「真の」('true') サバルタンの集団を形成するために、みずからを認識し、語ることのできる典型的なサバルタンが必ず存在する、と彼女は述べている。だが、何ら問題なくはっきりと誰であるかがわかるような印象的な発言をするだけで、他の可能な発話的立場を占有できないようなサバルタンなど人は思い描くことはできないのである。

　スピヴァックは、性別化された主体、特にインド女性の状況を観察することで、サバルタンという範疇に関していろいろと苦心して問題を提起し続けている。というのも、「植民地主義者の歴史編纂の対象としてばかりか、反乱の主体としても、性差のイデオロギー的構築は常に男性を支配的なものにするからである」(スピヴァック、1985 年 b、28 頁)。さらに、もし「植民地的所産という情況から見て、サバルタンにはまったく歴史が存在せず、その上、語ることもできないとすれば、サバルタンの女性はなおさら影が薄いのである」(スピヴァック、1985 年 b、28 頁)。スピヴァックは特例の分析を通じて、インド女性の立場を調査し、「サバルタンは語ることができない」('the subaltern cannot speak') と結論付けている。時に、この意見は、抑圧された、もしくは政治的に周辺化された集団にとって、その抵抗の声を上げるいかなる方法も存在しないとか、サバルタンのみが優勢な言語、もしくは人の耳に届くような優勢な意見を有しているとかいった意味に解釈されてきた。だが、スピヴァックの批評の的となるのは、政治的関心事に対するサバルタンの主体的な発言能力よりもむしろ何ら問題なく達成されるサバルタンのアイデンティティの概念である。彼女の論点

は、サバルタンの本質的な主体を守るためのいかなる異議や抵抗も、サバルタンの語る言語や概念的範疇を提供する支配的言説との結び付きを離れてはほとんど何の意味もなさなくなるといったことにある。ポストコロニアル言説それ自体の存在がそのようなサバルタンの発話の一例であるのは明らかだが、**周辺的な** (marginal) 発言が聞き取られるように、支配的な言語とか表現形式はそのほとんどが**占有される** (appropriated) ことになるのである。

[さらに、グラムシ (Gramsci)、1971 年、グハ (Guha)、1982 年、スピヴァック (Spivak)、1985 年 b などを参照。]

subject / subjectivity 主体、主観 / 主体性、主観性

「主体、主観」や「主体性、主観性」といった用語が孕む問題は、被植民者による自己のアイデンティティに対する認識、並びに、自分たちが支配され、「従属」('subjection') 下に置かれていることへの抵抗意識に直接、影響を与えることになる。一個人としての人間であることが啓蒙哲学の重要点の一つだった。「我思う、故に我あり」('I think, therefore I am') というデカルト (Descartes) の宣言は、自律した一個人としての人間の重要性といった一つの基本的なヒューマニズムの規範、つまり、実際上の主体と客体、思想と現実、もしくは自己と他者を分離する一つの規範を堅固たるものにしたのである。一個人として自律した「私」('I') は、こうした分離に従ってこの世界で生きることになり、もはや神の意志とか宇宙の力とかによって操作される存在ではなくなった。個々の人間は世界から切り離され、世界を理解し表現するのに知性や想像力を活用することになったと言えよう。自律した人間の意識は神や宇宙の所産というよりも、行動や意味の源泉であると見なされるようになった。これは「デカルトの個人主義」('Cartesian individualism') と呼ばれる考え方であって、そこでは自己形成にあたって様々な社会的関係とか言語の役割が軽視されたり、無視されたりする傾向がみられた。

主体と客体の関係に関する議論は、19 世紀を通じてヨーロッパの哲学界で続けられ、ニーチェ (Nietzche) の哲学に至って、主体の理性に重きを置く考え方が批判されることになったが、現代にあって啓蒙的

姿勢なるものを最も画期的に書き換えたのは、フロイト (Freud) とマルクス (Marx) だった。個人の無意識に関するフロイトの理論は、自己形成にあたって、思考の影響を免れることにより、主客の区別がつかなくなるような局面が生まれることを明らかにした。マルクスは、個々の労働者の生活にとって社会経済構造が重要な役割を果たすとして、「人間の存在を決定付けるのは意識ではなく、逆に意識を決定付けるのは社会的存在としての人間である」という有名な言葉を吐いた。これら二人の思想家による 20 世紀の思想界への影響は甚大で、個人としての人間が完璧な自律性を有しているといった概念を根本的に撹乱させたが、その後、そうした主体性に関する理論は、彼らの後継者によってさらに形式的に綿密なものになっていった。

　主体性の概念は個人と言語の単純な関係を問題化し、人間の本質への執着と、イデオロギーとか言説とか言語を通じての人間の主体の産出といった考え方を入れ替えようとする。これらは個人のアイデンティティを構築する上での決定的な要素と見なされようが、実のところ、そうしたアイデンティティの構築自体はそのような要素の原因というよりもむしろ結果なのである。イデオロギーや精神分析やポスト構造主義などの理論間の共有意見によって、個人の自主性を説く啓蒙主義的所説が激しく攻撃されたことに次いで、今後の論争は広範囲に及ぶこれらの社会的、文化的勢力を混乱させるか、もしくは弱体化するために、それらによって形成された主体の能力といったことを中心に継続的に展開することになろう。

Ideology (イデオロギー)　ルイ・アルチュセール (Louis Althusser) はマルクス (Marx) の「社会的存在」('social being') という概念をさらに発展させ、イデオロギーに基づく主体の構築に関する理論を生み出した。イデオロギーというのは、ある社会を説明したり、意味付けたりするための様々な思想的体系であり、マルクスによれば、不平等な社会的関係を再生産する装置である。支配階級は単なる支配者であるばかりでなく、社会による社会自体の見方を決定するために、思想家としてばかりか、思想の生産者としても君臨するのである (**ヘゲモニー hegemony**)。数々の意味深長な社会的関係に関するこうした「誤った表象」

('misrepresentation') は、マルクスによって、従属階級に対して強制力を揮おうとする「誤った意識」('false consciousness')、つまり、「真の」('true') 社会的状況に対する誤った考えと見なされた。だが、アルチュセールにとって、イデオロギーは、弱者に対してみずからの思想を強力に押しつけようとする権力者のそれを指してはいない。つまり、主体がイデオロギーを「仕込まれる」('born into') と、次に両親や社会の様々な期待の内に主体性を見出し、それを是認しようとする。というのも、主体性は、言語や社会の規定や慣例のような様々な構造を通じて、アイデンティティや安全性に関する一つの分別を提供するからである。主体はまた「イデオロギーによって、みずからに示される様々な存在状況との関係」[アルチュセール (Althusser)、1984 年、37 頁] をみずからに提示する。すなわち、主体はイデオロギーに社会的意味の提供者たる資格を認めることによって、それと共謀するのである。

　アルチュセールによれば、イデオロギーは、主体に**質問する** ('**interpellate**') ような教会や教育や警察などのイデオロギー的国家装置、すなわち、主体としての能力を「人々の内に呼び起こし」('call people forth') たり、主体が主体性を獲得する条件や状況を提供したりする様々な装置によって永続化される。質問とは次のように説明されよう。一人の警察官が「おい、君！」('Hey you!') と言って、あなたを呼び止めたとすると、その瞬間、あなたは振り返り、自分が彼の関心の的であるのに気付くが、実は、特定の主体として、特別に呼び止められたのである。様々なイデオロギー的国家装置 (Ideological State Apparatuses) は、このように主体に質問するのである。アルチュセールにとって、主体はそれらの制度によって生み出される個人の自意識である。こうした主体性の見方を極端に機能主義として見なす批評家は数多くいるものの、質問という概念は、依然として「主体」('subject') が特殊なイデオロギー的、散漫的操作、特に、植民地言説のような様々な構成物によってどのように位置付けられ、構築されるかを記すのに有用である。だが、イデオロギーが支配階級の様々な関心を満たすとは言え、それは静止的でも不変的でもなく、実質的に重要な結果がいろいろと伴っている。というのも、イデオロギーは支配的ではあるものの、矛盾を孕み、断片的で無定見でもあり、「質問される」

('interpellated') 主体にそれ自体の様々な作用を必ずしも、もしくは絶対に隠すことなく認知させるからである。

Psychoanalysis (精神分析)　無意識に関するフロイト (Freud) の理論は、精神分析と構造主義者による言語分析を組み合わせたジャック・ラカン (Jacques Lacan) の方法よって発展させられたことで、広く世に認められるようになったのは間違いない。無意識というものが単に存在するのではなく、一つの構造を有していることを洞察した点にフロイトの偉業があった、とラカンは主張する。つまり、「無意識は言語のような構造をしている」('unconscious is structured like a language') が、それは「その作用と様々な効果によって主体を免れる言語」('language which escapes the subject in its operation and effects') なのである。言語構造との類似性はラカンにとって重要だった。なぜなら、言語が意味を生み出すように、主体そのものは言語を通じて作り出されるからである。

　主体は一連の段階を通じて形成される。幼児は初期の段階では自他の区別などまったくつかず、手足を使い、声を出して騒ぐだけの未調整で依存的な複合体として存在する。「鏡像段階」('mirror stage') とも呼ばれる第二段階で、幼児は鏡を覗き込む「私」('I') と鏡に写る「私」('I') の違いを認めることによって、自他を区別し始める。幼児によるこのような試みに関して何も実際の鏡を引き合いに出す必要はないが、自分とは異なる者として認識される「他者」('other') は、認識する「私」には欠けているような一貫性や自制心を有しているように思われる。そうした自制心は想像的なものだが、幼児はみずからに欠けているものを求め、それを他者のイメージの内に見出すのである。また、子供は母親によって鏡を覗かせられるか、もしくはいわゆる母親の凝視の内に自分が「写っている」('reflected') のがわかるといったことから、最初の愛の対象、つまり、最初の欲望の対象である母親との類似や違いにも気付くのである。最終段階は言語世界への参入であり、それは第二段階の想像的状態から象徴的状態への移行時期であり、そこでは権力の中心が「男根像」('phallus') の内に位置しているのを見出すことになる。こうした原理は父親の法則 (Law of the Father) とも呼

subject / subjectivity 主体、主観／主体性、主観性   257

ばれ、ラカンの理論によれば、主体は言語世界に参入するのと同時に、自分の性というものを理解するようになる。この段階に入ることで、主体は言語によって生み出されるとともに、先在する象徴的法則に従わせられるのである。言語の法則はそれ自体、主体がそこに移入し、それを通じてアイデンティティを得ることになるような様々な法律や規則や慣習から成る文化的複合体の換喩なのである。

　主体は発話が可能だが、言語の法則によって認められた用語以外のものは使用できない。言語を構成する様々な記号は既存の現実を名付けはしないが、様々な差異体系を通じてそれを生み出すのだとソシュール (Saussure) が論じたように、ラカンもまた言語における「私」という位置、つまり、主体は既存の主体の存在を単に思い浮かべるのではなく、「私」と「私」でない者との間の様々な差異体系によってそれを生み出すのだと主張している。こうした機能は静止的なものではなく、継続的なものであり、主体は絶えず発展過程に身を置くことになる。そのような過程は、デリダ (Derrida) にとって、「現在」('presence') という概念を斥ける上での拠り所ともなっている。主体性ばかりか、主体性を生み出す言語も、そこにあって意味というものがいかなる発話にも十全に発生せず、絶えず猶予されることになるような過程を構成するのである。

　主体に関するラカンの発達理論は、他の様々な方法論を生み出した。特に、フェミニストでもあるクリステヴァ (Kristeva) やシクスー (Cixous) やイリガライ (Irigaray) などといった批評家たちは、主体性に対する言語の重要性を認めてはいるものの、ラカンによる男根像の特権化に関しては、それが想像上の構築であるとは言え、異議を唱えている。これらの理論家たちは、前エディプス期の言語 (pre-Oedipal language) にみる「女性的」('feminine') もしくは両性具有的諸相を重要視するとともに、そうした言語が家長支配的な象徴的秩序の境界外へ発達する可能性を強調している。

discourse (言説)　ある社会の歴史的、社会的、文化的知識体系の内に主体性を構築するといった仕事は、ミシェル・フーコー (Michel Foucault) によって綿密に行われてきた。精神分析の観点からすれば、

subject / subjectivity 主体、主観/主体性、主観性

主体が言語の法則によって生み出され、その法則の内で機能するように、言説もまた知識体系上の様々な法則に基づいて主体を作り出すのである。この点で、いろいろな主体が様々な言説によって作り出されることから、言説はイデオロギー、もしくは言語のいずれに比べても広範囲に及んでいて、はるかに多様である。だが、その主体が生み出される過程は同じである。フーコーによる主体性への取り組み方は、意味の創造者としての著者の存在を拒絶することだった。「著者とは何者か？」('What is an author?') というエッセイの中で、「主体 (もしくはそれに代わる者) から創造者としての役割を剥奪し、変化に富み複雑に機能する言説のようなものとして、主体を分析することが重要だ」[フーコー (Foucault)、1979 年、209 頁]、と彼は論じている。著者とテクストの関係について、著者の役目が言説の内にどのように位置付けられるかを理解する必要がある。「したがって、著者としての役目というのは、社会におけるある種の言説の存在や伝達や機能などの仕方にみられるように特有なものである」(フーコー、1979 年、202 頁)。

　同じように、ある種の知識体系を通じて別の主体が構築される。フーコーは犯罪行為や性行動や精神医学などに関する様々な言説の中で、「犯罪者」('criminal') や「性的倒錯者」('pervert') や「精神異常者」('lunatic') などについての知識体系を通じて、個々の主体を生み出し、支配する [「服従させる」('subject')] にあたって、権力がどのように行使されるかを細かく分析している。歴史的にみて、どのような時代にあっても、様々な言説が主体性の支配を求めて競い合うが、それらは常に知識と真理の確定のために言説というものを支配しようとする者にみる権力の一機能なのである。したがって、個人というものが言説の主体であるとは言え、その主体性はその時代の支配的な言説によって生み出されることになろう。

post-structuralism (ポスト構造主義)　構造主義者やポスト構造主義者の考えにあって、主体は一つの「中心」('centre') とか「存在」('presence') というよりもむしろ一つの「現場」('site')、つまり、事態を生起させるものというよりもむしろ事態の生起する場所とか、事態が生起するその基盤と見なされよう。例えば、カラー (Culler) が述べ

ているように、自己は様々な構成系に分解され、意味の創造者や支配者としての地位を剥奪されることから、それはますます一つの構造物の観を呈するようになる。「個人のアイデンティティといった概念でさえ、一つの文化的言説を通じて生まれる。つまり、「私」("I") は与えられるものではなく、他者によって取り上げられ、関係付けられる者として存在するようになる」[カラー (Culler)、1981 年、33 頁]。

理性中心主義や存在に関する形而上学へのデリダ (Derrida) の批判によって、おそらくは主体についての最も過激な見方が生まれたのである。つまり、「(意識的もしくは無意識的) 主体に関するいかなる概念も必ずそれを生み出すことになる実体——それとともに、存在——の概念と関連している」[スミス (Smith)、1988 年、46 頁]。こういうわけで、自主的な個人の概念の基礎となるような存在に関する形而上学に加担することなしに、主体性についてのいかなる概念も存在し得ないのである。この意味で、デリダは個人に関するデカルト派の (Cartesian) 概念ばかりでなく、ある固定した主体に関するいかなる概念をも侵食しようとしているようである。脱構築派の批評家としての立場が一般に思索され始めるにつれて、デリダ自身の作品の内に生まれる重大な矛盾をポール・スミス (Paul Smith) はこう指摘している。「脱構築的方法を行使する人物がいると仮定して、当人が行動を起こし、様々な影響を人に与え、そして、テクストをいろいろと生み出す限り、自家撞着に陥ることは免れないとしても、その役割はなおも当人を当てにしていない様々な勢力との遭遇に身をまかせることにあろう」(スミス、1988 年、50 頁)。

正確に言って、より広範囲にわたる社会的勢力によって生み出される主体性に関する見方に固有の様々な問題は、この地点に集中する。というのも、もし主体がイデオロギーとか言説とか言語によって生み出されるのならば、それは選択とか認識とか抵抗の力を越えた主体性の罠に陥るのではないだろうか？　フランツ・ファノン (Frantz Fanon) が「植民地主義は現在 … アルジェリア人 (Algerian) について抱いているイメージとアルジェリア人が自分に対して抱いている軽視的なイメージとの同一性を維持するために闘っている」[ファノン (Fanon)、1959 年、30 頁] と述べる時、主体がイデオロギーとか言説によって生

み出される過程を説明している。植民地言説は、主体自身が無権力者であるが故にそれに同意し得るような、また、往々にしてそれに重なり合うような特定の主体を構築するのである。ファノンのような陳述が生まれ得たことによって、言説による主体構築の過程が明確に理解され、やがてはそれについて論議されるようになろう。だが、主体にとって、社会という構造物や政治的な抵抗組織から孤立して、このような論議が可能かどうかはまた論争の対象となろう。ファノンは、被植民者への植民地主義とその様々な影響に関する心理状態を調査した最初の批評家だった。そして、『黒い肌、白い仮面』(*Black Skin: White Masks*) の結びで、被植民者のためにデカルト的**活動** (**agency**) とも言えるものを言葉巧みに明示している。「私は自分自身の根拠だ。そして、歴史的に役立つ様々な仮説を越えることによって、私はみずからの自由な軌道を生み出そう」(ファノン、1952 年、231 頁)。さらに、彼は次のように述べている。「自己を再体験し、精査する努力を通じて、また、そのような自由に伴う緊張を持続させることによって、人は人間世界のために理想的な存在状況を作り上げることができよう」(ファノン、1952 年、232 頁)。

　[さらに、バーバ (Bhabha)、1994 年、イーストホープ (Easthope) とマクガワン (McGowan)、1992 年、ファノン (Fanon)、1952 年、1959 年、スミス (Smith)、1988 年などを参照。]

surveillance 監視

　帝国支配に伴う最も強力な戦略の一つは、監督、すなわち、監視に関するそれである。というのも、監視にあたって、監督官は一層眺望のきく地点に立ち、眼前の事態を調査分析し、理解するばかりか、自分との主従関係をしかと築き上げるにあたり、彼らを客体化し、彼らに**質問する** (**interpellates**) ことにもなるからである。そうした注視の重要性はラカン (Lacan) によって強調された。なぜなら、幼児の発達における鏡像段階にあって、母親の注視はアイデンティティが達成される最初の過程だからである (**subject / subjectivity 主体、主観 / 主体性、主観性、Other / other 他人 / 他者、othering 他者化**などの項を参照)。こうした注視は「偉大なる他人の注視」('gaze of the *grande-autre*') に

通じ、その中で同一化や対象化、それに主体の従属化などが同時に果たされることになる。つまり、帝国的注視は主体のアイデンティティを明確にするとともに、同一化を求める様々な権力関係から成る組織の内でそれを対象化し、ひいては、そのサバルタン性や無権力性を確認することになる。

　フーコー (Foucault) は自作の『規律と処罰』(*Discipline and Punish*) の中で、「内部のあらゆる場所が一箇所から見渡せる刑務所」('panopticon') が生まれたことで、監獄組織に監視が導入されるようになったことの深い意味を記している——18世紀にジェレミー・ベンサム (Jeremy Bentham) の設計によって、環状監獄の内部が個々に仕切られたことで、そのすべてが一つの眺望のきく地点から見渡せるようになった。これは看守が囚人を絶えず監視できる監獄建築の一形式であるとともに、そのような監視は拘禁効果の点からみて革命的な事件だった。なぜなら、そこにみる権力は、囚人というのは常に監視下に置かれているが故に、いつもそのような状態にいるかのように振る舞うに違いないといった囚人に対する憶測に発していたからである。監視者にとって、観察には権力が伴っている。被監視者にとって、視界にさらされることは無権力を意味している。「内部のあらゆる場所が一箇所から見渡せる刑務所」によって徹底される規律とそれによる「絶えざる」('constant') 監視は、あらゆる種類の支配的言説にみる「規律的」('disciplinary') 操作の当を得た隠喩ともなっているのである。

　「内部のあらゆる場所が一箇所から見渡せる刑務所」は、その建築物がどのようなものであれ、精神病院のようなすべての「完全保護による公共施設」('total institution') の収容者に対する監視の当を得た隠喩でもあり続けている。こうした監視の一つの結果が、アーヴィング・ゴフマン (Erving Goffman) によって、「転向」('conversion') と名付けられている。これは、「慣例を守る上での熱意が常に自己犠牲の上に成り立っている職員とみずからを同一視することで、収容者がみずからに対する役人や職員の見方を引き継ぎ、完全な収容者の役割を演じようとする...」[ゴフマン (Goffman)、1961年、63頁] 過程である。この場合に、「役人の見方」('official view') は、収容者の様々な行動に対する制度の及ぼす権力と密接に結び付いている。植民地化にみる転

向過程はさらに微妙で捉えにくいものだが、まさに人を信服させるものと言えよう。被植民者に対する帝国の権力は、「完全保護の」('total') 公共施設にみるほどには露骨で暴力的ではないにしろ、多面的に行使され、例えば、文化的、道徳的に非難したり、排除したりするといった巧妙な脅かしを伴っている。被植民者は基盤としての一連の様々な価値や仮説や文化的期待などを包含する帝国の見方を受け入れることで、みずからの行動の指針とするのである。このことにより、「英国人よりも英国人的な」('more English than the English') 植民地住民、つまり、V・S・ナイポール (V.S. Naipaul) が小説の中で、「物真似人間」('The Mimic Men') と呼んだような人たちが生み出される。さらに、そのような転向は往々にして両価的かつ断続的であり、帝国権力への抵抗感情によって一様化され、軽視されることで、ひいては、ホミ・バーバ (Homi Bhabha) が「模倣」('mimicry') と呼ぶところの常に脅威を孕むような「転向」に至るのである。

植民地空間の監視は、**探検と旅行 (exploration and travel)** にもよく見られる特徴である。「風景」('landscape') の出現とともに、風景を徹底して視覚的に捉えようとすることに付随して起きた眺望的視点への要求は、19 世紀の詩と小説にみる一つの重要な特徴でもあった。ヨーロッパの探検家や旅行者はそれを通じて、全景の観察を可能にしたばかりか、植民地空間に対する知識や権力を手に入れることもできたのである。視覚支配への欲望は、文字通り、観察者がみずからの支配的立場に気付かされることになるような帝国的注視の「パノラマ的」('panoptic') 作用の隠喩なのである。ある書き手が、**オリエンタリスト (Orientalist)** の言説に何度も現われるようなこうした立場を採用する時、観察者としての無敵な立場は、政治的秩序とともにその立場を可能なものとする二項対立的な権力構造を支持することになる。「内部のあらゆる場所が一箇所から見渡せる刑務所」にいるかのように、書き手は「事態を超越するか、もしくは事態の中心部に位置するにせよ、事態の組織化や分類が本人の価値体系に応じて問題なく行われるように、事態そのものとはうまく距離を置いているのである」[スパー (Spurr)、1993 年、16 頁]。

帝国的注視にみるパノラマ的性質は、「自分の測量するものをすべ

て支配する」('monarch of all I survey') といった主題を採用した19世紀の探検家や旅行家の作品に最も明確に示されているが、それはまたいろいろな奥地の描写とか肉体それ自体への監視に関する解説書の内にも窺われる。デイヴィッド・スパー (David Spurr) は探検家のスタンリー (Stanley) の日誌の一節について、次のように述べている。

> 彼女の浅黒い大きな丸い顔には、大きな目と小さくふっくらとした唇が具わっていた。挙動は物静かで控えめだった。もっとも、彼女が身に付けているものと言えば、樹皮の繊維で出来た細長い股状の布切れだけだった。…だが、彼女が腕を光に向けて差し出すと、一羽の白いチョウがその上に降りて来るのに私は気づいた。その肌はザンジバル人 (Zanzibaris) の肌と違って絹のように滑らかではないが、とにかく、彼女はとても人好きのする可愛い人物だった。 (スパー、1993年、23頁)

「目は肉体を一つの風景として扱う。それは量化し空間化しながら組織的にある部分から別のそれへと移って行くことで、肌の色やきめに注意を払い、最後には、観察の対象としての肉体の役割を強調する上での審美的判断を下すのである」(スパー、1993年、23頁)。ささいな口論の間でも、その女性は観察され続けるが、それは注視の自由というものが、注視する立場の安定性に依存していることを思い起こさせてくれる。

こうした注視の概念はポストコロニアル言説にとって重要なものとなる。というのも、植民地の権威者の注視に応え、それを確かなものとするような監視は逆転することになるからである。バーバの考え方にあって、これは特に**模倣 (mimicry)** が孕む脅威の効果的側面である。つまり、規律に服する者に転位した注視によって、観察者は観察される者となり、その「偏頗的」('partial') 表現によって、アイデンティティの概念が再度、明確化され、その本質から切り離されることになる。帝国的注視の隠喩的な転位とか復帰の意味するところは、帝国の様々な技術や言説や文化的形式が基本的に**占有 (appropriation)** されるということである。被植民者は、地元の要求に合わせてこれらを変更する

だけでなく、植民者を注視するのに利用し、ひいては、両者間における権力の定位を逆転させるのである。

[さらに、フーコー (Foucault)、1977 年、スパー (Spurr)、1993 年などを参照。]

syncretism 混合主義

この用語は、一つの独自で新たな統一体が生み出されるにあたり、二つの異なる伝統の融合を確認する上で、何人かの批評家が、**雑種性 (hybridity)** の概念と関連させて取り上げた様々な問題を回避するために時々用いられる (**synergy 相乗効果**の項を参照)。この用語は、往々にして宗教研究で使用されるが、混合主義的な演技伝統とか儀式との関連で演劇批評でも好んで用いられる。

synergy 相乗効果

この用語は、数多くの勢力がいろいろな側面でこれまでにない複雑な文化的形成に貢献したことによる成果が、ポストコロニアル文化であるのを強調するために使われる。結果として、そのいずれの側にも降伏しない二つ (もしくはそれ以上) の勢力の所産を意味するこの用語は、ロバート・ヤング (Robert Young) のような批評家たちが説明してきたように、19 世紀の植民地的用法にあって、その適用範囲も複雑に限定されていた**雑種性 (hybridity)** という用語に対するあまり望ましくない解釈を免れていることは間違いない (ヤング (Young)、1995 年)。「混合主義的」(syncretic) といった用語も、何人かの批評家によって、「雑種性」という言葉を扱う時に生じる問題を回避するために用いられてきた。だが、宗教的、神学的テクストで「混合主義的」といった用語が普及したことから、これらの専門領域と密接に関連した使い方に限られる傾向がある。とにかく、この「相乗効果」という用語はいくつかの利点を提供しているようである。というのも、それは**文化移植 (transculturation)** 過程にみる積極的で活気に満ちた局面はもとより、幾多の歴史的時期を通じて、数多くの勢力が現代のポストコロニアル状況を作り上げる上で似て非なる様々な本領を発揮してきたことを強調しているからである。

T

***testimonio* 証言**

　「証言」とは、一人の語り手による長編小説もしくは中編小説程度の長さの話のことだが、その語り手とは、それが男性であれ、女性であれ、みずから詳しく語ることになる様々な事件の実際の主人公、もしくは証人である。語りの構成単位は、通常、ある人物の生涯、もしくは拘禁体験といったような意味ありげな人生の挿話である。多くの場合、語り手は読み書きが不能か、たとえ可能だとしても、職業作家とか知的な人間ではないので、「証言」には、ジャーナリストや放送記者や社会活動家といった対話者による録音や写本や口述記事の編纂物などが一般的に含まれる [ベヴァリー (Beverley) とツィンマーマン (Zimmerman)、1990 年、173 頁]。それは**サバルタン (subaltern)** の力強い発言を生み出すために、帝国言説の様々な支配的形式を**占有する (appropriates)** 独特で効果的な記述形式の一例である。

　一媒介者、通常は第一世界 (First World) の対話者による話やその**口述の (oral)** 特質、それにその介在の仕方などにみる諸相は、特に**真正性 (authenticity)** への疑問やテクストに対する対話者の影響といった、このジャンルの生み出す大半の理論的争点の源泉となっている。なぜなら、「語り手の話の骨組みとなる性、階級、人種、年令などの様々な矛盾的対立が、また語り手とこの直接的な対話者との関係の内に再現され得るからである」(ベヴァリーとツィンマーマン、1990 年、176 頁)。

　一般的にラテンアメリカと関わりのある「証言」は、キューバ (Cuba) の文化センターにおける年一回の文学コンクールで、この部門の最初の賞を『アメリカの家』(*Casa de las Américas*) が獲得した 1970 年頃に一ジャンルとして成立した (ベヴァリーとツィンマーマン、1990 年、173 頁)。しかし、「証言」のようなテクストは、数多くのポ

ストコロニアル文化にみる文学の周辺領域にあって (特定の名称も与えられないままに) 長い期間にわたり存在し続けている。しかし、それが語られるのか、それとも記述されるのかといったことが問題となった時点で、特定の対象者——子供、「原住民」('native')、女性、狂人、犯罪者、無産階級など——のものだけが取り上げられることとなった。例えば、原住民の生活とか、奴隷だったものの今は発心した人々についての話とかを扱った宣教用の小冊子は、主に宣教師である著者に「語られた」('told to') り、「転写された」('transcribed by') 話から成り立っている。

　この用語は、法律的もしくは宗教的な意味で証人になるとか、立証するとかいった行動を暗示していて、単に記録された関係者の話しとは区別される。ルネ・ジャラ (René Jara) はそれを『緊急な話』(*narración de urgencia*)——語られねばならない話——と言い表しているが、それは抑圧、貧困、サバルタン性、搾取、生存闘争などから成る問題を含み、語るに価するものとなる [ヴィダル (Vidal) とジャラ (Jara)、1986年、3頁]。そうしたジャンルが文学の周辺領域に存在すること、つまり、語りと記述、文学と歴史、自伝と共同記録、個人的陳述と政治的報告書などとの間の不確定領域に位置付けられることから、それは帝国言説への様々なポストコロニアル干渉と比べた場合にこの上もなく興味深いものとなっている。

　　[さらに、ベヴァリー (Beverley)、1989年、ベヴァリー (Beverley) とツィンマーマン (Zimmerman)、1990年、グジェルバーガー (Gugelberger)、1996年、グジェルバーガー (Gugelberger) とカーニー (Kearney)、1991年などを参照。]

Third World (First, Second, Fourth)
第三世界 (第一世界、第二世界、第四世界)

　この用語は、いわゆる冷戦時代の1952年にアメリカ合衆国ともソビエト連邦とも手を結ばなかった国々をはっきりと示すのに、政治家で経済学者のアルフレッド・ソーヴィ (Alfred Sauvy) によって最初に用いられた。「第一世界」('First World') という用語は、西洋の支配的な経済的勢力を明示するのに、当時、広く使われたのに対して、「第二世界」('Second World') という用語は、ソビエト連邦とその衛星国を

指して用いられ、第一世界の国々とは区別された。さらに広範囲にわたるその第二世界の政治的、経済的基礎は、「第一世界」という用語が、経済的に成功したカナダやオーストラリア、それに両国に比べればあまり目立たない南アフリカといったような、世界資本主義制とヨーロッパ＝アメリカ防衛協調からなる第一世界の網状組織に連結していたかつての植民地を指して時折、用いられた時期に確立したのである。

　「第三世界像」（'Third World images'）といった表現は、瞬く間にジャーナリスティックな決まり文句となり、それによって貧困や病気や戦争、それに通常は衰弱したアフリカ人とかアジア人の姿が呼び物として捉えられ、また、その一般的な(西洋的)使い方によって、その概念にみる過激な人種差別化が強調された。しかし、「第三世界」という用語は、すべての未発達の社会とか社会状況を指す一般的な隠喩として広く使われた。「第三世界の状況」（'Third World conditions'）や「第三世界の教育基準」（'Third World educational standards'）といった表現によって、通常、第三世界諸国として分類されていた国際連合加盟国のおよそ 3 分の 2 の国々は侮辱的な類型化をしかと強いられることとなった。特に、アジアのいろいろな地域では経済上の発展がみられたものの、これらの国々では経済格差が全体にわたってはっきりと現われ始めたことにより、経済規模の点から最下位の国家集団を明示する、「第四世界」（'Fourth World'）という用語が何人かの経済学者によって導入された。

　「第三世界」という用語がポストコロニアル言説から次々と姿を消してゆく中にあって、最近のポストコロニアル的用法は、経済学や開発促進研究にみるそうした古典的な使われ方とはまるで異なっている。元来、この用語が軽蔑的な使われ方をしてきたという理由で、何人かのポストコロニアル批評家たちはそうした最近の用法を弁護している。だが、特にアメリカ合衆国にあっては、様々な講義概要や大学のテクストで反植民地といったような用語が用いられなくなっているばかりか、ポストコロニアル論評でも「第三世界」という用語を使用しない傾向が強まり、脱植民地化計画の脱政治化に繋がるとして時々、批判されている。また、「第二世界」という用語は、オーストラリア

やカナダ [ローソン (Lawson)、1991 年、1994 年、スレモン (Slemon)、1990 年] のような移住者植民地が占領植民地とは異なるのを強調するにあたって、何人かの**移住者植民地 (settler colony)** の批評家によって最近のポストコロニアル批評で用いられている。また、「第四世界」という用語は、その経済状態や抑圧状況のせいで他のポストコロニアル住民に比べて、その社会的、政治的階層制の中でかなり周辺的地位に追いやられたとされる**土着民 (indigenous peoples)** のような集団を明示するのに、今ではごく普通に用いられている [ブラザーストン (Brotherston)、1992 年]。

[さらに、ブラザーストン (Brotherston)、1992 年、ソーヴィ (Sauvy)、1952 年などを参照。]

transculturation 文化移植

　この用語は、いろいろな植民地や大都市にみる様々な表現様式や文化的慣例の互恵的影響を指して使われることから、メアリー・ルイーズ・プラット (Mary Louise Pratt) も述べているように、文化移植とは「接触地帯の一現象」('a phenomenon of the contact zone') なのである。この用語は、従属集団、もしくは周辺の集団が支配的な文化、もしくは大都市文化によって伝達される様々な資料をどのように選択し、捏造するのかを記すために民族誌学者によって用いられてきた [タウシッグ (Taussig)、1993 年を参照]。この言葉は、アフリカ系キューバの (Afro Cuban) 文化に関連して、キューバの社会学者であるフェルナンド・オルティス (Fernando Ortiz) によって、1940 年代に生み出され [オルティス (Ortiz)、1978 年]、ウルグアイ (Uruguayan) の批評家アンヘル・ラマ (Angel Rama) によって 1970 年代に文学研究に持ち込まれた。大都市の利益といった点から考えて、文化の転移を単純に規定する文化変容 (acculturation) と文化輸出 (deculturation) といった一対の概念に、その用語が取って代わるべきだとオルティスは提案する [プラット (Pratt)、1992 年、228 頁]。文化移植にみる影響が「互恵的」('reciprocal') ではあると言うものの、プラットは「接触地帯」こそ社会的な空間であることに注目している。つまり、そこでは「本質的に異なる様々な文化が、支配と従属というきわめて不均衡な関係——今日の世

transculturation 文化移植

界を横断して生き延びている植民地主義や奴隷制度、それにそれらの余波にみられるような ——の内で、往々にして出会い、ぶつかり、取っ組み合うのである」(プラット、1992 年、4 頁)。

　プラットによれば、この文化移植という概念は次のような一連の疑問を引き起こすことになる。大都市の表現様式は周辺部でどのように受け入れられ、占有されるのか？ 人は植民地から大都市への文化移植についてどのように語るのか？ ヨーロッパによる従属民の構築は、それらの他者によってどのようにデザインされたのか？ それらの構築は、従属民である他者による他者自身の構築、並びに、ヨーロッパ人に示されるみずからの居住環境の構築によって、どのように造形されたのか？

> 帝国の大都市は(文明化への使命に対する情熱の高まりとか発展に伴う現金収入がある状態で)、周辺の存在の決定者たる資格を自認していることから、大都市の存在を限定しようとする周辺地域の方法についてはまったく問題にせず、周辺地域に住む他者を間断なく定義付けるといった要求に取り付かれているのである。
>
> 　　　　　　　　　　　　　　　　　(プラット、1992 年、6 頁)

[さらに、オルティス (Ortiz)、1978 年、プラット (Pratt)、1992 年などを参照。]

U

universalism / universality 普遍主義 / 普遍性

　人間の生活体験には普遍的な特徴がいろいろと備わっていて、それらは地元の文化的諸状況がもたらす重要な諸影響を越えて存在するというのが、この用語に関する一つの仮説である。普遍主義というのは、優勢な文化のもたらす様々な体験や価値観や期待などをすべての人類に当て嵌めようとする**ヘゲモニック** (**hegemonic**) な存在論を提供する。こうした理由で、それは帝国的ヘゲモニーにみる一つの重要な特徴である。なぜなら、人類に共通する一つの仮説 (もしくは主張)——文化的差異を承認したり、重んじたりしないこと——は、被植民者の「向上」('advancement') や「進歩」('improvement') を謳った帝国言説を行き渡らせ、広範囲にわたる多面的な植民地開拓を隠蔽する上での一つの基盤ともなっているからである。

　こうした現象が最も執拗に存続する例の一つに英文学が挙げられよう。英文学にあって、一作家の作品の価値とか「偉大さ」('greatness') は、それがどの程度「普遍的な人間的状況」('universal human condition') を描いているかということで証明されるからである。こうした手段によって、英文学がどこで教えられようと、普遍的な人間とヨーロッパ中心的な人間、特に、普遍性と英文学の象徴でもあるテクストの正典性との繋がりは、それらの言説の暗黙の特徴として決して損なわれることはないのである。19世紀のインドや19世紀から20世紀にかけての他の様々な植民地にあって、英国的主題が、社会政治的支配のための一つの効果的な道具と化したのも、それを魅力的で普遍的なものとして提供し得る言説というものが存在したからに他ならなかったし、また、ポストコロニアル世界を通じて、独立後も長期にわたり文化上の支配権が維持できたのも、普遍的人間といった概念が廃れなかったからであろう [ヴィシュワナータン (Viswanathan)、1989年]。

universalism / universality 普遍主義 / 普遍性

　ホミ・バーバ (Homi Bhabha) の指摘しているように、テキストを解釈する際の普遍主義の諸影響として、ある種の内在的で普遍的な意味がそこに構築されるだけでなく、すべての矛盾の解決者として、つまり、テクストに見出される歴史的矛盾と自分がイデオロギー的に深く関わっていることを理解できないようなタイプの読者が生み出されるのである。

　　普遍主義というのは、テクストの内に生み出される内在的で「精神的な」('spiritual') 意味を指すに止まらない。普遍主義は、矛盾や差異が解消し、イデオロギーも消滅する地点に位置する主体にテクストの解釈を求めて質問を投げ掛けるのである。要は、超越的な主体 (Transcendental subject) にとって、歴史的矛盾とか植民地の差異をテクストの疑似的構造や主題として認めるのが不可能だといったことではない。そうした主体の預かり知らないことは、全体的もしくは普遍的な意義付けを許さない意味化の過程との関係において、主体それ自身がイデオロギー的、散漫的に構築されるということである。[バーバ (Bhabha)、1984 年 a、104 頁]

　したがって、英文学の主題は普遍的な人間を描くというだけではない。読者もまた普遍的な [「教養のある」('cultured')] 人間として、植民地化と搾取に伴う地元の原体験にみる物質的状況に対していかなる考慮も払うことはしなくなるのである。

　チャールズ・ラーソン (Charles Larson) はアフリカ人の学生にトマス・ハーディ (Thomas Hardy) の作品を教えた時の体験を取り上げて、普遍主義者として自分の生み出した文化的仮説が地元体験を通じてどのように解明されるかを詳しく述べている。ラーソンは、「キスって何？」('What is a kiss?')、と質問された時には驚かされたと言う。ある社会にあって当たり前のことが、別の社会ではまったく「自然な」('natural') ことではなく、文化的な次元の問題であるのに気付いたのである。「キスをされたこともないのに、そうした苛立たせるようなキスが描かれているトマス・ハーディの小説をどのように読めばよいのだろうか？」、と彼は問い掛けるのである。

universalism / universality 普遍主義 / 普遍性

　普遍主義に関してこの上もなく興味をそそられる例が、アラン・ビショップ (Alan Bishop) によって示されている。まったく文化とは関係のない、普遍的な真理が売りものの数学に関する様々な言説は、実のところ、まさに文化的に画定された様式としての帝国主義者の言説そのものなのである。世界の何処にいようと三角形の内角の和は間違いなく 180 度になる、とビショップは述べ、次のように問い掛けている。

　　「内角の和」('degrees') は何に由来しているのだろう？　何故、それが 180 度であって、200 度とか 100 度とかではいけないのだろう？本当に何故、私たちは三角形やその特性に興味を持つのだろう？これらの質問に対する本質的な答えは、「それはそのようなものだから、と決めて掛かる人がいるからである」。他のいかなる思想とも同じように、数学的な思想も人間的見地から構築されている。それらは一つの文化的な歴史を有しているのである。[ビショップ (Bishop)、1990 年、52 頁]

　数多くの異なる形式の数学が存在するばかりでなく、今では普遍的と思われている数学が、特に、ヨーロッパ社会の哲学的伝統を特色付けている合理主義や原子論、それに客観主義のような文化的思想様式によって出来上がっているのである。
　普遍主義に関して最も興味深いことの一つは、その浸透性とともに、それが様々な文化的差異に対して敏感に反応し、過激な分析を特に好む人々の内に再出現する際のその巧妙さである。例えば、アメリカ先住民の宇宙論と西洋科学を認識論的に対比しようとするデイヴィッド・スズキ (David Suzuki) の研究について言えば、何故そのような比較が望まれ、もしくは必要とされたのかは疑う余地がない。そうした比較は、その非再帰的性質からみて、西洋科学を「真の」('real') 比較研究の分野と見なしたり、アメリカ先住民の世界と西洋人のそれとは同様だと決めてかかったりするのを免れない一種の普遍主義と化しているからである。

　　[さらに、アチェベ (Achebe)、1988 年、ビショップ (Bishop)、1990 年、ラーソン (Larson)、1973 年などを参照。]

W

world systems theory 世界システム理論

　これはイマニュエル・ウォーラーステイン (Immanuel Wallerstein) によって案出された世界の経済的、社会的、政治的システムの機能に関する一つの理論である [ウォーラーステイン (Wallerstein)、1974 年 a、1974 年 b]。この理論の主張として、資本主義システムが 16 世紀以来、ずっと世界経済システムであったことと、現在ではそれぞれの社会が資本主義に基づく世界経済の影響を受けるとともに、実際にはその一部を採り入れていることから、民族国家とか抽象概念としての「社会」('society') とか発展「段階」('stages') といった観点からは、経済について人は何も語り得ないといったことが挙げられよう。

> 16 世紀のヨーロッパにあって、現代の世界経済が出現したことは、市場取り引きが充分に発展し、経済が優勢になったこととその軌を一にしていた。それは資本主義と呼ばれるシステムだった。資本主義と世界経済 (すなわち、労働の分業化と、政治と文化の多様化) は一枚の貨幣の表と裏だった。(ウォーラーステイン、1974 年 b、391 頁)

　世界システム理論は、(1) 民族国家を集中的に扱いがちであり、(2) すべての国が類似した成長過程を辿ると仮定し、(3) 国家横断的な構造を無視し、(4) 非歴史的な理想的様式に基づく解釈を提供する現代化理論への反駁として出現したのである。16 世紀以来、一つの世界資本主義システムが機能しているという主張は、世界の経済状態だけでなく、国家政治や階級や民族、それに一般的には国際関係の展望にきわめて重要な影響を与えることになる。例えば、その理論は、短期間にわたり局地化される「小システム」('mini-systems') と世界システム

といった二つの生産システムの方を好んで取り上げることで、一分析単位としての「社会」('society') といった考えを斥けるのである (ウォーラーステイン、1976 年)。

　この理論の機能の仕方については、ラテンアメリカにみる少数特権階級中心の経済の研究を通じてよく理解されよう。すべての経済は一連の発展段階を経るとする、伝統的なマルクス主義者の見方からすれば、ラテンアメリカ経済を前中産階級的で前産業化的段階として捉えることができる。だが、世界システム理論によれば、これらの経済はすでに資本主義に基づく世界システムの一部なのである。それらは産業化への移行期にみるかなり初期の産物などではなく、未成熟なものなのである。というのも、それらは産業化された世界の利益を受けるばかりか、それによって搾取されることにもなる、「原料を生産する周縁の」('peripheral, raw-material producing') 領域として、**従属 (dependency)** 状態にあるからである。そのような社会では、産業的基盤の開発の可能性はあるとも言えるし、ないとも言えよう。だが、それはそれらの社会がどれほど首尾よく支配的国家に抵抗し、いかなる必然的な発展過程よりも資本主義に基づく世界システムを (もしくはウォーラーステインも主張しているように、あくまでもそのシステムにみる様々な構造上の変化の一つの結果として) **占有する (appropriate)** かに掛かっている。したがって、産業化はとりわけ一つの政治的現象として理解できよう。

　世界システムは何よりも一つの政治システムであって、「中立的な」('neutral') 経済的要素によって確定されたシステムといったものではないことから、**新植民地主義 (neo-colonialism)** や**脱植民地化 (decolonization)** の理論と重複するようになる。資本主義に基づく世界システムは、近代ヨーロッパ帝国による世界支配が始まったのと同じ時期に出現した。これにより、次のような二つの重要な結果が生まれたと言えよう。それは世界が帝国権力の空間と時間の場として確立したことと、植民地国と被植民地国から成る帝国の**二項対立主義 (binarism)** が永続的なものとなったことである。ウォーラーステインは資本主義に基づく世界システムと帝国主義の繋がりを詳しく論じてはいないものの、(世界の個々の帝国を資本主義に基づく世界システムの副次的産物と見なし

ていることから)、世界システムがヨーロッパの拡張と密接に結び付いていることや、また、様々な国が今日にあって産業化され、資源産出地域として存続してゆく上で、植民地化の歴史がかなり重大な意味を帯びてくるのは明らかである (**globalization** グローバル化の項を参照)。

　ウォーラーステインによれば、世界経済における三つの構造部——核心部と周辺部と半周辺部——は、1640年頃までに出来上がっていたとされる。北西ヨーロッパがその核心にあたり、農業の他に織物や造船や鉱産物などの産業に重点を置き、また、東ヨーロッパと西半球は周辺部にあたり、穀物、金塊、材木、綿花、砂糖などを輸出し、さらに、地中海ヨーロッパは半周辺部として、高価な産業製品を生産していた。資本主義は当初から、世界経済にとっての関心事であり、民族国家にとってのそれではなかった。これらの構造部の地理的位置は移動するかもしれないが、そのシステムの基本的機能には変わりがないのである。

　ウォーラーステインが資本主義に基づく世界システムを、他のいかなる世界システムをも覆す帝国主義のようなものと見なしていることは明らかだが、経済的支配に止まらず、文化的、政治的支配にも及ぶヨーロッパの帝国的拡張、つまり、**現代性 (modernity)** の出現は、世界経済システムの勃興やその支配と絡み合っている。優勢な中枢国家にその交代が見られるかもしれないが、世界システムの構造や、それが依存している資本蓄積の原動力は維持されるであろう。だが、その理論は、人間の主体性や植民地化に伴う政治学を始めとして、ある種の散漫な形式の帝国的レトリックによる継続的支配、それに個々の社会にみる特殊で永続的な植民地主義の物質的諸結果などについて説明もしていなければ、また、関心も示していないのである。それは個々の政治的活動に何の役にも立っていないばかりか、文化的変化への地元の原動力にも、「様々な社会」('societies') の運営にも関与していない。というのも、これらはすべて広範囲に及ぶ世界システムの構造力に付随した事柄だからである。

　さらに最近になって、ウォーラーステインは文化と世界システムの関係について取り上げ、文化というものが、様々な集団内で差別を生むもの [《文化》('Culture')] であると同時に、実際に「(世界) システム

の歴史的発展の結果であり、その指導論理を反映している」(ウォーラーステイン、1991年、32頁) 国家のような集団間の差別をするもの [様々な文化 ('cultures')] でもあるのだと主張している。これら二つの文化形式が持ち出されたことで、人々は世界システムに関して惑わされることになろうが、それこそ世界システムの本来の機能なのである。このような様々な事態を取り込む世界システムの理論体系にあっては、「反組織的」('anti-systemic') 運動でさえ、その一つの所産と見なされよう。

[さらに、ウォーラーステイン (Wallerstein)、1974年a、1974年b、1976年、1980年、1991年などを参照。]

worlding 世界化

この用語は、植民地化された空間がどのようにして「世界」('world') に持ち込まれたかということ、つまり、それが**ヨーロッパ中心主義 (Euro-centrism)** によって本質的に構築された世界の一部として、どのようにして存在するようになったかを記すために、ガーヤットリー・スピヴァック (Gayatri Spivak) によって案出された。

> もし... 私たちが主権者として、実際には主権者である主体として、ヨーロッパ統合に関する案内記を作成し、それを理論付けるのに力を注ごうとするのならば、いわゆる今日の「第三世界」('Third World') の「世界化」に関して、別の歴史的説明が必要となろう。　　　　　　　　　　[スピヴァック (Spivak)、1985年a、128頁]

ハイデッガー (Heidegger) の「芸術作品の起源」('The Origin of the Work of Art') というエッセイに言及して、スピヴァックはそうした過程を「記入されていない大地の世界化」('worlding of the world on uninscribed earth') と述べているが、別の言い方をすれば、それは植民地化された「空間」('space') への帝国的言説による「記入」('inscribing') を意味している。この種の記入は、地図作成に伴う諸活動によって遂行される。つまり、植民地を世界地図に書き入れ、それに名前を与えるために、帝国内部で地図を作成するとともに、そうした命名行為を通じ

て植民地を熟知し、ひいてはそれを支配下に置くといったことである。だが、また「世界化」の過程はもっと巧妙な形式で起きるのである。帝国主義というものが、植民地化された場所に存在するというだけで、その場所の上書きをするにあたって、どのように機能するかという様々な例をスピヴァックは提供している。その一例として、19世紀初頭のインドの田舎を横断してゆく孤独な英国兵士の姿を描いている。

> 実際、彼は原住民に彼らの本拠地を他人 (Other) の空間としてしかと認めさせようとすることで、ヨーロッパの自己を強固なものにしようとしている。「すなわち、彼は原住民に彼らの本拠地を帝国的空間として体験させようとしているのだ。」彼は彼ら自身の世界を世界化することで、何も記入されていない単なる大地とは異なったものにしようとしている...。［彼は］必死になって、一つの言説を別の言説の下にうまく滑り込ませようとしている。
> (スピヴァック、1985年a、133頁)

　これは植民地との接触を特色付ける、**他者化 (othering)** の過程の一例である。スピヴァックがここで強調している点は、帝国的計画それ自体が決して一枚岩的なものではなく、そこにみる「階級構成や社会的地位は必然的に不均一なのだ」(スピヴァック、1985年a、133頁) ということである。「地図作成上の変容」('cartographic transformation') は、政策立案者によるばかりか、さらに重要なことに、そうした一介の孤独な兵士や、帝国社会が植民地化した様々な場所に向けて、彼の後を追って行く何千人という入植者たちによっても達成されたのである。

　[さらに、スピヴァック (Spivak)、1985年a を参照。]

参考文献

本事典を読む際に参考となるポストコロニアル文化・文学関係の邦訳書、並びに邦文研究書・解説書、それにポストコロニアル研究者の便宜を考えて原典の参考書目(ともに主として単行本)を掲載してある。ただし、一般に「ポストコロニアル」とは直接に関わりのない書物でも、これまでのポストコロニアル研究で何度も取り上げられてきた重要な文献は収録してある。本事典で言及された参考資料の邦訳書には＊を付してある。

1. 邦訳書 (未訳書も含む)

Achebe, Chinua アチェベ、チヌア (1930-) イボ族出身のナイジェリアの小説家・評論家。小説に『崩れゆく絆』(*Things Fall Apart*, 1959) 古川博巳訳 (門土社 1977) や『もはや安楽なし』(*No Longer at Ease*, 1960) があり、評論も数多くある。

Adorno, Theodor アドルノ、テオドール (1903-69) ドイツ生まれのフランクフルト学派を代表する哲学者・社会学者。『ミニマ・モラリア──傷ついた生活裡の省察』(*Minima Moralia: Reflections from a Damaged Life*, 1974) 三光長治訳 (法政大学出版局、1979)。

Akare, Thomas アカレ、トマス ケニア生まれの小説家。『スラム』(*The Slums*, 1981) 永江敦訳 (緑地社、1993)。

Althusser, Louis アルチュセール、ルイ (1918-90) アルジェリア生まれの哲学者。＊『イデオロギー論』(*Essays on Ideology*, 1984) 柳内隆・山本哲士共訳 (三交社、1993)、『マルクスのために』(*For Marx*, trans. Ben Brewster, 1969) 河野健二・西川長夫・田村淑共訳 (平凡社、1994)。

Alstyne, Richard W. Van アルスタイン、リチャード・W. ヴァン『アメリカ帝国の興隆』(*The Rising American Empire*, 1974) 高橋章他訳 (ミネルヴァ書房、1990)。

Amadi, Elechi アマディ、エレチ (1934-) ナイジェリア生まれの小説家。『ビアフラの落日』(*Sunset in Biafra*, 1973) 志田均訳 (緑地社、1991)。

Anand, Mulk Raj アーナンド、ムルク・ラージ (1905-) インドの小説家。小説に『不可触民バクハの一日』(*Untouchable*, 1935) 山際素男訳 (三一書房、1984) や『苦力』(*Coolie*, 1945) 中村保男訳 (新潮社、1957) を始め、30冊近くあり、評論も数多くある。

Anaya, Rudolfo A. アナーヤ、ルドルフォ・A. (1937-) アメリカの小説家。『ウルティマ、ぼくに大地の教えを』(*Bless Me, Ultima*, 1974) 金原瑞人訳 (草思社、1996)、『トルトゥーガ』(*Tortuga*, 1979) 菅啓次郎訳 (平凡社、1997)、『アル

バカーキ』(*Albuquerque*, 1992) 廣瀬典夫訳 (大阪教育図書、1998)、『ハラマンタ:太陽の道を行け』(*Jalamanta: A Message from the Desert*) 広瀬典生訳 (地湧社、1999)。

Anderson, Benedict アンダーソン、ベネディクト (1936-) 中国の昆明生まれのイギリス人で、ケンブリッジ大学で教育を受ける。その後、アメリカのコーネル大学で政治学を教える。*『増補 想像の共同体―ナショナリズムの起源と流行』(*Imagined Communities: Reflections on the Origin and Spread of Nationalism*, 1983) 白石さや・白石隆共訳 (NTT 出版、1997)、『言葉と権力:インドネシアの政治文化探求』(*Language and power: exploring political cultures in Indonesia*, 1990) 中島成久訳 (日本エディタースクール出版部、1995)。

Anthony, Michael アントニー、マイケル (1930-) トリニダード・トバゴの小説家・歴史家。代表的短編集に『路上のクリケット』(*Cricket in the Road*, 1973) がある。

Antonius, George アントニウス、ジョージ『アラブの目覚め―アラブ民族運動物語』(*The Arab Awakening: The Story of the Arab National Movement*, 1969) 木村申二訳 (第三書館、1989)。

Arendt, Hannah アーレント、ハナ (1906-75) ドイツ生まれの政治思想家。アメリカのニュースクール・フォー・ソーシャルリサーチで教える。『全体主義の紀元』(*The Origins of Totalitalianism*, 1951) 大久保和郎・大島通義・大島かおり共訳 (みすず書房、1972)。

Arrighi, Giovanni アリギ、ジョヴァンニ (1937-、イタリア生まれの社会学者)、Hopkins, Terence K. ホプキンズ、テレンス・K. (アメリカ生まれの社会学者)、Wallerstein Immanuel ウォーラーステイン、イマニュエル (1930-、アメリカ生まれの社会学者) らの共著に『反システム運動 新装版』(*Antisystemic Movements*, 1989) 太田仁樹訳 (大村書店、1998) がある。

Ashcroft, B., Griffiths, G., and Tiffin, H. アッシュクロフト、B.、グリフィス、G.、ティフィン、H.らはオーストラリアのポストコロニアル研究家。共著に『ポストコロニアルの文学』(*The Empire Writes Back*, 1989) 木村茂雄訳 (青土社、1998) がある。

Atwood, Margaret アトウッド、マーガレット (1939-) カナダの女性小説家・詩人・批評家。小説に『浮かびあがる』(*Surfacing*, 1972) 大島かおり訳 (新水社、1993)、評論に『サヴァイバル』(*Survival*, 1972) 加藤裕佳子訳 (御茶の水書房、1995) がある。

Austen, Jane オースティン、ジェイン (1775-1817) イギリスの小説家。*『マンスフィールド・パーク』(*Mansfield Park*, ed. Tony Tanner, 1814) 臼田昭訳 (『集英社版世界文学全集 17 巻』所収、集英社、1973)。

Auerbach, Berthold アウエルバッハ、ベルトルト (1812-82) ドイツの小説家・文献学者。『ミメーシス―ヨーロッパ文学における現実描写』(*The Representation of Reality in Western Literature*, 1953) 篠田一士・川村二郎共訳 (ちくま学芸文

庫、上・下、筑摩書房、1994)、「世界文学の文献学」("Philology and Welt-literature," trans. M. and E. W. Said, Centennial Review 13, Winter, 1969) 岡部仁訳 (高木昌司・岡部仁・松田治共訳『世界文学の文献学』所収、みすず書房、1998)。

Aurobindo, Sri オーロビンド、スリ (1872-1950) インドの詩人・思想家。英語による叙事詩『サーヴィトリー』(Savitri, 1954) や思想書『神的生活』(The Life Divine, 1939-40) が代表作。

Awoonor, Kofi アウーノー、コフィ (1935-) ガーナの詩人・小説家。数冊の詩集の他に小説 *『この大地、わが同胞』(This Earth My Brother, 1971) がある。ブラジル大使や国連大使も勤める。

Bakhtin, Mikhail バフチン、ミハイル (1895-1975) ロシア・フォルマリズムの流れを汲む文芸学者。『ドストエフスキーの詩学』(Problems of Dostoevsky's Poetics, 1963) 望月哲男・鈴木淳一訳 (ちくま学芸文庫、筑摩書房、1984)、『フランソワ・ラブレーの作品と中世・ルネッサンスの民衆文化』(Rabelais and His World, trans. H.Isowolsky, 1968) 川端香男訳 (せりか書房、1988)、『言語と文化の記号論』北岡誠司訳 (『ミハイル・バフチン著作集 4』所収、新時代社、1980)、『小説の時空間』北岡誠司訳 (『ミハイル・バフチン著作集 6』所収、新時代社、1987)、*『ことば・対話・テキスト』(Speech Genres & Other Essays) 佐々木寛訳 (『ミハイル・バフチン著作集 8』所収、新時代社、1988)。

Baldwin, James ボールドウィン、ジェイムズ (1924-87) アメリカの黒人小説家。『山に登りて告げよ』(Go Tell It on the Mountain, 1953) 斎藤数衛訳 (『黒人文学集 3』所収、早川書房、1961)、『アメリカの息子のノート』(Notes of a Native Son, 1955) 佐藤秀樹訳 (せりか書房、1975)、『ジョバンニの部屋』(Giovanni's Room, 1956) 大橋吉之輔訳 (白水社、1984)、『もう一つの国』(Another Country, 1962) 野崎孝訳 (集英社、1980)、『次は火だ』(The Fire Next Time, 1963) 黒川欣映訳 (『ボールドウィン評論集』所収、弘文堂、1968)。

Barthes, Roland バルト、ロラン (1915-80) フランスの批評家・記号学者。『エクリチュールの零度』(Le Degré Zéro de L'ecriture, 1953) 森本和夫・林好雄共訳註 (ちくま学芸文庫、筑摩書房、1999)、『神話作用』(Mythologies, trans. Annette Lavers, 1972) 篠沢秀夫訳 (現代思潮社、1967)。

Benjamin, Walter ベンヤミン、ヴァルター (1892-1940) ドイツの文芸批評家・思想家。『ボードレールにおける第 2 帝政期のパリ』(Charles Baudelaire: A Lyric Poet in the Era of High Capitalism, trans. Harry Zohn, 1973) 野村修訳 (『ヴァルター・ベンヤミン著作集 6』所収、晶文社、1975)。

Bennet, Roger ベネット、ロジャー (1948-97) アボリジニの血を引くオーストラリアの劇作家、詩人。代表作は『アップ・ザ・ラダー』(Up the Ladder, 1997) 佐和田敬司訳 (『アボリジニ戯曲選 II』所収、オセアニア出版社、2003)。

Berlin, Isaiah バーリン、アイザイア (1909-97) イギリス生まれの思想哲学者。オックスフォード大学で教える。『歴史の必然性』(Historical Inevitability, 1955) 生松敬三訳 (みすず書房、1966)。

Bhabha, Homi K. バーバ、ホミ・K.*「擬態と人間―植民地的言説における両面価値性」('Of mimicry and man', *October* 28, 1984)、*「表象と植民地テクスト」('Representation and the colonial text: a critical exploration of some forms of mimeticism', in *The Theory of Reading*, 1984) 大橋洋一・照屋由佳 (共抄訳) (『越境する世界文学』所収、河出書房新社、1992)。

Blackmur, R. P. ブラックマー、R. P. (1904-65) アメリカの批評家・詩人。『身振りとしての言語』(*Language as Gesture: Essays in Poetry*, 1954) 大貫三郎訳 (思潮社、1970)、『ヨーロッパ小説論』(*Eleven Essays in the European Novel*, 1964) 篠田一士訳 (白水社、1975)。

Bloom, Alan ブルーム、アラン『アメリカン・マインドの終焉―文化と教育の危機』(*The closing of the American mind*, 1987) 菅野楯樹訳 (みすず書房、1988)。

Boaher, A. Adu (ed.) ボアハー、A. アドゥ『ユネスコアフリカの歴史 7―植民地支配下のアフリカ 1880-1935 年』(*Vol. 7, African Under Colonial Domination, 1880-1935*) 宮本正興編 (同朋社、1988)。

Boldrewood, Rolf ボルダーウッド、ロルフ (1826-1915) 19 世紀の植民地の生活を描いた、イギリス生まれのオーストラリアの流行作家。『武装強盗団』(*Robbery Under Arms* 1882-83) はブッシュレンジャー (bushranger) たちの物語を描き、のちにオーストラリアにおいて何度も映画化された。

Burgess, Anthony バージェス、アントニー (1917-93) イギリスの小説家。『時計じかけのオレンジ』(*A Clockwork Orange*, 1962) 乾信一郎訳 (早川書房、1971)、『見込みない種子』(*The Wanting Seed*, 1962) 斎藤数衛・黒柳久弥共訳 (ハヤカワ・ノヴェルズ、1972)、『聖ヴィーナスの夕べ』(*The Wanting Seed*, 1962) 鈴木健三訳 (早川書房、1979)、『エンダビー氏の内側』(*Inside Mr. Enderby*, 1963) 出淵博訳 (早川書房、1982)、『その瞳は太陽にあらず』(*Nothing Like the Sun*, 1964) 川崎淳之介訳 (早川書房)、『戦慄』(*Tremor of Intent*, 1966) 飛田茂雄訳 (早川書房、1978)、『MF』(*MF*, 1971) 大社淑子訳 (早川書房、1978)、『ナポレオン交響曲』(*Napoleon Symphony*, 1974) 大澤正佳訳 (早川書房、1989)、『ビアードのローマの女たち』(*Beard's Roman Women*, 1976) 大社淑子訳 (サンリオ SF 文庫、1980)、『どこまでいけばお茶の時間』(*A Long Trip to Teatime*, 1976) 内藤理英子・吉田映共訳 (サンリオ SF 文庫、1981)、『アバ、アバ』(*Abba, Abba*, 1977) 大社淑子訳 (サンリオ SF 文庫、1980)、『1985 年』(*1985*, 1978) 中村保男訳 (サンリオ SF 文庫、1979)。

Butler, Octavia バトラー、オクタヴィア (1947-) アメリカの黒人女性小説家。『キンドレッド―きずなの招喚』(*Kindred*, 1979) 風呂本惇子・岡地尚弘共訳 (山口書店、1992)。

Buzo, Alexander ブーゾ、アレグザンダー (1944-2006) オーストラリアの劇作家。60、70 年代小劇場運動を牽引。代表作は多文化社会へのオッカー (ocker) の不適応を描いた一幕劇『ノームとアーメッド』(*Norm and Ahmed*, 1967) 佐和田敬司訳 (オセアニア出版社、1993)。

Camara, Laye カマラ、ライェ (1928-80) ギニアの小説家。フランス語で書かれた

小説に『アフリカの子』(*L'Enfant noir*, 1953) さくまゆみこ訳 (偕成社、1980)、『王のまなざし』(*Le Regard du roi*, 1954、英語版『王の栄光』(*The Radiance of the King*) がある。

Carlyle Thomas カーライル、トマス (1795-1881) スコットランド生まれの評論家・思想家・歴史家。『英雄崇拝論』(*On Heroes, Hero-Worship, and the Heroic in History*, 1841) 老田三郎訳 (岩波書店、1949)。

Césaire Aimé セゼール、エメ (1913-) カリブのマルチニック島生まれの詩人・政治家。『帰郷ノート／植民地主義論』(*The Collected Poetry*, eds. and trans. Clayton Eshleman and Annette Smith, 1983) 砂野幸稔訳 (平凡社、1997)。1930年代のパリでレオポルド・サンゴールなどとネグリチュード運動を起こす。1945年以降はマルチニックのフォール＝ド＝フラソスの市長や国民議会議員も勤める。

Chamoiseau, Patrick シャモワゾー、パトリック『クレオールとは何か』西谷修訳 (平凡社、1995)、『クレオールの民話』(*Creole Folk Tales*, trans. Linda Coverdale, 1955) 吉田加南子訳 (青土社、1999)、『テキサコ』(*Texaco*, 1992) 星埜守之訳 (平凡社、1997)、『幼い頃のむかし』(*Antan d'enfance*, 1993) 恒川邦夫訳 (紀伊国屋書店, 1998)。

Chomsky, Noam チョムスキー、ノーム (1928-) アメリカの言語学者。『アメリカン・パワーと新官僚──知識人の責任』(*American Power and the New Mandrins: Historical and Political Essays*, 1969) 木村雅次・水野一朗・吉田武士共訳 (太陽社、1970)。

Clarke, Marcus クラーク、マーカス (1846-81) オーストラリアの小説家・ジャーナリスト。イギリスに生まれ、1863年にオーストラリアへ渡り、記者となる。獄門島としてのタスマニアの歴史を調査して書いた小説『命ある限り』(*For the Term of His Natural Life*, 1874) がベストセラーになる。

Cohn, Bernard S. コーン、バーナード・S. アメリカのシカゴ大学教授。「ヴィクトリア朝インドにおける権威の表徴」("Representing Authority in Victorian India," in Eric Hobsbawm and Terence Ranger, eds, *The Invention of Tradition*, 1983) 多和田祐二訳 (『創られた伝統』所収、前川啓司他共訳、紀伊国屋書店、1992)。

Coetzee, J. M. クッツェー、J. M. (1940-) 南アフリカの小説家・評論家。ブッカー賞受賞の小説『マイケル・Kの生涯と時代』(*Life & Times of Michael K*, 1983) や『フォー』(*Foe*, 1986) などがある。2003年にノーベル文学賞受賞。

Conrad, Joseph コンラッド、ジョーゼフ (1857-1924) ポーランド出身のイギリスの海洋小説家。1875年から船乗りになり、1886年にイギリスに帰化して船長の資格を取る。*「闇の奥」("Heart of Darkness" *in Youth and Two Other Stories*, 1925) 中野好夫訳 (岩波文庫、岩波書店、1958)、『ノストローモ』(*Nostromo: A Tale of the Seaboard*, 1904) 上田勤・日高八郎・鈴木健三共訳 (『筑摩世界文学体系50、コンラッド』所収、築摩書房、1975)。

Cooper, James Fenimore クーパー、ジェイムズ・フェニモア (1789-1851) 19世紀前

半に活躍したアメリカの小説家。代表作は『皮脚絆物語』(*Leather-Stocking Tales*, 5 部作、1823-41)。

Cromer, Evelyn Baring クローマー、イーヴリン・ベアリング (1841-1917) イギリスの外交官・植民地行政官・エジプト総領事 (1883-1907) としてエジプト政府を指揮する。『古今外領統治策批判』(*Ancient and Modern Imperialism*, 1910) 東半球協会訳 (興文社、1943)。

Crosby, Alfred クロスビー、アルフレッド＊『ヨーロッパ帝国主義の謎—エコロジーから見た 10－20 世紀』(*The Biological of Europe*, 900 -1900, 1986 』佐々木昭夫訳 (岩波書店、1998)。

Curnow, Allen カーナウ、アレン (1911-) ニュージーランドの詩人。多くの詩集の他に編著『ペンギン版ニュージーランド詩集』(*The Penguin Book of New Zealand Verse*, 1960) がある。

Dabydeen, David ダビディーン、デイヴィド (1956-) ガイアナ生まれの詩人・小説家。『大英帝国の階級・人種・性— W. ホガースにみる黒人の図像学』松村高夫・市橋秀夫共訳 (同文館出版、1992)。

d'Alpuget, Blanche ダルピュジェ、ブランシュ (1944-) オーストラリアの作家。東南アジアを舞台にした小説を得意とする。代表作『抱きしめたいから』(*Turtle Beach*, 1981) 井上健訳 (世界文化社、1992)。

Dampier, Alfred ダンピア、アルフレッド (1846?-1908) オーストラリアの役者・劇作家・興行師。『命ある限り』(*For the Term of His Natural Life*)、『武装強盗団』(*Robbery Under Arms*) など、当時のオーストラリアの人気小説を戯曲に翻案して、自らの劇団で豪州全土を興行し好評を博した。19 世紀末オーストラリア演劇界の中心人物。

Darwin, Charles ダーウィン、チャールズ (1809-82) イギリスの博物学者で進化論の唱者。＊『種の起源』(*On the Origin of Species*, 1859) 八杉龍一訳 (岩波文庫上・下、岩波書店、1990)。

Das, Kamala ダース、カマーラ (1934-) インドの女性詩人・小説家。詩集『カルカッタの夏』(*Summer in Calcutta*, 1965) の他にエッセイ『解放の女神：女流詩人カマラーの告白』(*My story*, 1976) 辛島貴子訳 (平河出版社、1998) がある。

Davis, Jack デーヴィス、ジャック (1917-2000) オーストラリアのアボリジニの劇作家・詩人。代表作に『ノーシュガー』(*No Sugar*, 1986)、『ドリーマーズ』(*The Dreamers*, 1982) 佐和田敬司訳 (『アボリジニ戯曲選Ⅲ』所収、オセアニア出版社、2003) などがある。

de Lisser, H. G. ド・リッサー、H. G. (1878-1944) ジャマイカの小説家・ジャーナリスト。小説『ジェーンの経歴』(*Jane's Career*, 1913) は初期の代表作。

Dennis, C. J. デニス、C. J. (1876-1938) オーストラリアの詩人・ジャーナリスト。韻文の物語『センチメンタル野郎の歌』(*The Song of a Sentimental Bloke*, 1915) は、その後映画化され、ラリキンのイメージを決定させた。

Derrida, Jacques デリダ、ジャック (1930-) アルジェリア出身のフランスの哲学者。『根源の彼方—グラマトロジーについて』(*Of Grammatology*, 1967) 足立和浩

訳 (上・下、現代思潮社、1972)、*『エクリチュールと差異』(*Writing and Difference*, 1967) 若桑毅他共訳 (法政大学出版局、上: 1977、下: 1983)。
Desani, G. V. デサニ、G. V. (1909-) インド系ジャーナリスト・作家・哲学者。代表作は『H・ハッテールをめぐるすべて』(*All about H. Hatterr*, 1948)。
Descartes, René デカルト、ルネ (1596-1650) フランスの哲学者・数学者。*『方法序説』(*Discours de la méthode*, 1637) 落合太郎訳 (岩波文庫、岩波書店、1953)。『哲学原理』(*Principorum Philosophiae*, 1644) 桂寿一訳 (岩波文庫、岩波書店、1964)。
Deleuze, Gilles and Guattari Félix ドゥルーズ、ジレ (1925-、フランスの哲学者) とガタリ、フェリクス (1930-92、フランスの精神分析医)。*『千のプラトー——資本主義と分裂病』(*Mille Plateaux*, 1980) 宇野邦一・小沢秋宏・田中敏彦・豊崎光一・宮林寛・守中高明共訳 (河出書房新社、1994)。
Douglass, Frederick ダグラス、フレデリック (1818-95) アメリカの作家。『数奇なる奴隷の半生』(*Narrative of the Life of Frederick Douglass: An American Slave*, 1845) 岡田誠一訳 (法政大学出版局、1993)。
Douglass, Mary ダグラス、メアリー (1921-) イタリア生まれのアメリカ人人類学者。『象徴としての身体——コスモロジーの探求』(*Natural Symbols: Explorations in Cosmology*, 1970) 江河撤・塚本利明・木下卓共訳 (紀伊国屋書店、1983)、*『汚穢と禁忌』(*Purity and Danger: An Analysis of Concepts of Pollution and Taboo*, 1969) 塚本利明訳 (思潮社、1985)。
Du Bois, William Edward Burghardt デュ・ボワ、ウィリアム・エドワード・バーアルト (1868-1963) アメリカの黒人運動指導者。1900 年から 45 年間にわたり、パン・アフリカ会議を運営し、パン・アフリカニズムの父と呼ばれる。主著に『黒人のたましい』(*The Souls of Black Folk*, 1903) 木島始・鮫島重俊・黄寅秀共訳 (岩波文庫、岩波書店、1992) がある。
Duff, Alan ダフ、アラン (1950-) ニュージーランドの小説家。都市に住むマオリの荒廃した生活を描ききった代表作『ワンス・ウォリアーズ』(*Once Were Warriors*, 1990) 真崎義博訳 (文藝春秋、1995) は 1994 年に映画化され、世界的なヒットを記録した。
Eliot, George エリオット、ジョージ (1819-80) イギリスの女流小説家。『ミドルマーチ』(*Middlemarch*, ed. Bert G. Hornback, 1977) 工藤好美・淀川郁子共訳 (講談社文芸文庫、講談社、1998)。
Enoch, Wesley イノック、ウェスリー (1969-) アボリジニの血を引くオーストラリアの演出家・劇作家。先住民劇団クーエンバ・ジャダラを創設。ジェーン・ハリソン作『ストールン』の演出で、世界的な評価を得た。戯曲に『嘆きの七段階』(*The Seven Stages of Grieving*, 1996) 佐和田敬司訳 (『アボリジニ戯曲選』所収、オセアニア出版社、2001)。
Entiope, Gabriel アンティオプ、ガブリエル　1947 年にモスクワ、パリ大学に学ぶ。歴史学博士。『ニグロ・ダンス・抵抗』(*Negrés, Dance et Résistance*, 1996) 石塚道子訳 (人文書院、2001)。

Eri, Vincent, エリ、ヴィンセント (1936-93) パプアニューギニアの小説家。代表作は処女長編の『クロコダイル』(*The Crocodile*, 1970)。

Esson, Louis エッソン、ルイ (1879-1943) オーストラリアの劇作家・批評家。イェーツやシングの影響を受けてオーストラリア国民演劇の確立を構想した。代表作は『時はまだ熟さない』(*The Time is Not Yet Ripe*, 1911)。

Ezekiel, Nissim イジーキエル、ニッシム (1924-) インドの詩人・劇作家・批評家。代表作は詩集『正確な名前』(*The Exact Name*, 1965)。

Fanon, Frantz ファノン、フランツ (1925-61) カリブのマルチニック島出身の精神科医・革命理論家。フランスの病院勤務の後アルジェリアの独立革命に身を投じる。代表作に*『黒い皮膚：白い仮面』(*Black Skin, White Masks*, trans. Charles Lamb Markmann, 1967) 海老坂武・加藤晴久共訳 (みすず書房、1998) や *『地に呪われたる者』(*The Wretched of the Earth*、1962) 鈴木道彦・浦野衣子共訳 (みすず書房、1996) がある。

Findley, Timothy フィンドリー、ティモシー (1930-) カナダの小説家・劇作家。小説に『戦争』(*The Wars*, 1977) 宮澤淳一訳 (彩流社、2002) や『航海の余計者』(*Not Wanted on the Voyage*, 1984) がある。

Forster, E. M. フォースター、E. M. (1879-1970) イギリスの作家。『インドへの道』(*A Passage to India*, 1952) 小野寺健訳 (『E.M.フォースター著作集4』所収、みすず書房、1995)。

Foucault, Michel フーコー、ミシェル (1926-84) フランスの哲学者。『言葉と物—人文科学の考古学』(*The Order of Things: An Archaeology of the Human Sciences*, 1966)。渡辺一民・佐々木明共訳 (新潮社、1974)、『知の考古学』(*Archaeology of Knowledge*, 1969) 中村雄二郎訳 (河出書房新社、1995)、*『監獄の誕生—監視と処罰』(*Discipline and Punish: The Birth of the Prison*, trans. Alan Sheridan, 1975) 田村俶訳 (新潮社、1977)、『自己への配慮—性の歴史III』(*The Care of the Self*, 1986) 田村俶訳 (新潮社、1986)、*ホイ編『フーコー—批判的読解』(*Foucault: A Critical Reader*, ed. David Hoy) 椎名正博・椎名美智共訳 (国文社、1990)。

Frame, Janet フレイム、ジャネット (1924-) ニュージーランドの女性作家。小説に『水に映った顔』(*Faces in the Water*, 1961)、『アルファベットの外縁』(*The Edge of the Alphabet*, 1962)、『マニオトートに住んで』(*Living in Maniototo*, 1981) などがある。また、自伝三部作『現在 (イズ=ランド) の国へ』(*To the Island*, 1983)、『天使が私の食卓に』(*An Angel at My Table*, 1984)、『鏡の街からの公使』(*The Envoy from Mirror City*, 1985) は、『エンジェル・アト・マイ・テーブル』(*An Angel at My Table*) 中尾まさみ、虎岩直子訳 (筑摩書房、1994) としてまとめられ、ジェーン・カンピオン (Jane Campion) によって映画化された。

Franklin, Miles フランクリン、マイルズ (1879-1954) オーストラリアの女性小説家。ニューサウスウェールズの奥地に生まれ育った半生を描いた自伝『わが青春の輝き』(*My Brilliant Career*, 1901) 井上章子訳 (サンリオ、1981) で知

られる。

Fugard, Athol フガード、アソル (1932-) 南アフリカの劇作家。『バーニィ・サイモンの想い出に捧ぐ』(*Valley song*, 1996) 福田逸訳 (而立書房、1999)。

Furphy, Joseph ファーフィ、ジョーゼフ (1843-1912) オーストラリアの小説家。代表作は 1897 年に完成し、1903 年に刊行された小説『これが人生さ』(*Such Is Life*, 1903)。

Gaines, Ernest J. ゲインズ、アーネスト・J. (1933-) アメリカの黒人小説家。『ジェファーソンの死』(*A Lesson before Dying*, 1993) 中野康司訳 (集英社、1996)。

Gellner, Ernest ゲルナー、アーネスト『民族とナショナリズム』(*Nations and Nationalism*, 1983) 加藤節カ監訳 (岩波書店、2000)。

Gibbon, Edward ギボン、エドワード (1737-94) イギリスの歴史家。『ローマ帝国衰亡史』(*The History of the Decline and Fall of the Roman Empire*, 1855) 村山勇三訳 (岩波書店、1951-59)。

Gide, André ジッド、アンドレ (1869-1951) フランスの作家・批評家・エッセイスト。『背徳者』(*L'Immoraliste*, 1902) 石川淳訳 (新潮文庫、1961)。1947 年にノーベル文学賞受賞。

Gilbert, Kevin ギルバート、ケヴィン (1933-93) オーストラリアのアボリジニ系劇作家・詩人・アボリジニ運動家。『チェリー・ピッカーズ』(*The Cherry Pickers*, 1988) はアボリジニによる最初の劇作とされる。

Grace, Patricia グレイス、パトリシア (1937-) ニュージーランドのマオリ系女性作家。数多くの詩や短編小説の他に、長編小説『ポティキ』(*Potiki*, 1985) がある。

Gramsci, Antonio グラムシ、アントニオ (1891-1937) イタリアの政治理論家。*「南部問題に関する諸相」("Some Aspects of the Southern Question," in *Selections from Political Writings*, 1921-1926, trans. And ed. Quintin Hoare, 1978) 山崎功監訳 (『グラムシ選集第二巻』所収、合同出版、1978)。

Gray, Thomas グレイ、トーマス「トーマス・グレイの記録せるナット・ターナー告白原本」("*The Confessions of Nat Turner, the Leader of the Late Insurrection in Southampton*", 1968) 田中勇訳 (『現代世界文学の発見第 10 巻』所収、木島始編、学芸書林、1969)。Nat Turner (1800-1831, アメリカの黒人詩人・小説家)。

Greenblatt, Steven J. グリーンブラット、スティーヴン・J. (1976-)「悪口を習う──16 世紀における言語的植民地主義の諸相」磯山甚一訳 (『悪口を習う──近代初期の文化論集』所収、法政大学出版局、1993)、『驚異と占有　新世界の驚き』荒木正純訳 (みすず書房、1994)。

Guevara, Ernesto Ché ゲバラ、エルネスト・チェ (1928-67) アルゼンチン生まれの革命家で、キューバ革命 (1956-9) の成功に貢献。*『ゲバラ日記』(*El diario del Che en Bolivia*, 1968) 真木嘉徳訳 (中公文庫、中央公論社、2000)。

Gunn, Jeannie ガン、ジーニ (1870-1961) オーストラリアの女性作家。代表作はノーザンテリトリー奥地の牧場での生活を描いた『奥地の私たち』(*We of the

Never Never, 1908)。

Hansberry, Lorraine ハンズベリー、ロレイン (1930-65) アメリカの黒人劇作家。『陽なたの乾ぶどう』(*A Raisin in the Sun*, 1959) 小林志郎訳 (『現代演劇 11』所収、南雲堂、1971)。

Harris, Wilson ハリス、ウィルソン (1921-) ガイアナの小説家・詩人・批評家。小説に『孔雀の宮殿』(*Palace of the Peacock*, 1960)、『オマイに登る』(*Ascent to Omai*, 1970)、『永遠のリハーサル』(*The Infinite Rehearsal*, 1987) などがあり、評論に『宇宙の子宮』(*The Womb of Space*, 1983) がある。

Harrison, Jane ハリソン、ジェーン (1960-) アボリジニのムラワリ族の血を引くオーストラリアの劇作家。ストールン・ジェネレーションを描いた代表作『ストールン』(*Stolen*, 1998) 佐和田敬司訳 (『アボリジニ戯曲選』所収、オセアニア出版社、2001) は、国内はもとより東京、香港、ロンドンでも上演された。

Head, Bessie ヘッド、ベッシー (1934-86) ボツワナの小説家。『マル—愛と友情の物語』(*Maru*, 1971) 楠瀬佳子訳 (学芸書林、1995)、『宝を集める人 ボツワナの村の物語』(*The Collector of Treasures*, 1977) 酒井格訳 (創樹社、1992)、『優しさと力の物語』(*Tales of Tenderness and Power*, 1989) くぼたのぞみ訳 (スリーエーネットワーク、1996)。

Heidegger, Martin ハイデッガー、マルティーン (1889-1976) ドイツの哲学者。キルケゴールの影響を受け、フッサールの現象学の方法に基づき、人間存在の根本構造を時間性として実存論的に分析した。『存在と時間』(*Sein und Zeit*, 1927) 桑木務訳 (岩波文庫・岩波書店、1963)。

Herbert, Xavier ハーバート、サヴィア (1901-84) オーストラリアの小説家。アボリジニ保護官を務めた経験から、アボリジニに対する独自のまなざしを培う。代表作『キャプリコーニア』(*Capricornia*, 1938)、『かわいそうな私の国』(*Poor Fellow My Country*, 1975) 越智道雄訳 (サイマル出版会、1978-83) は共に、白人とアボリジニの混血の運命を描いている。

Hibberd, Jack ヒバード、ジャック (1940-) オーストラリアの劇作家。『ディンブーラ』(*Dimboola*, 1969)、『想像を広げて』(*A Stretch of the Imagination*, 1973)。他にジョン・ロメリルと共作の『素晴らしきメルボルン』(*Marvellous Melbourne*, 1970) がある。

Hirshman, Albert O. ハーシュマン、アルバート・O. (1915-) ベルリン生まれの経済学者で、プリンストン大学高等研究所教授を歴任する。『情念の政治経済学—資本主義達成以前の政治的議論』(*The Passions and the Interests: Political Arguments for Capitalism Before Its Triumph*, 1977) 佐々木毅・旦祐介共訳 (法政大学出版局、1985)。

Hobson, J. A. ホブソン、J. A. (1858-1940) イギリスの経済学者。*『帝国主義論』(*Imperialism: A Study*, 1902) 矢内原忠男訳 (岩波文庫、岩波書店、1951)。

Hobsbawm, Eric ホブスバウム、エリック (1917-) アレクサンドリア生まれの歴史学者で、ウィーン、ベルリン、ロンドンに移り住む。『20 世紀の歴史 (上・

下巻)』河合秀和訳 (三省堂、1996)、*『ナショナリズムの歴史と現在』(*Nations and Nationalism Since 1780: Programme, Myth, Reality*, 1990) 浜村正夫・嶋田耕也・庄司信共訳 (大月書店、2001)。

Hodge, Merle ホッジ、マール (1944-) トリニダード・トバゴの女性作家・批評家。代表作は小説『クリック・クラック・モンキー』(*Crick Crack Monkey*, 1970)。

Hove, Chenjerai ホーヴェ、チェンジェライ (1954-) ジンバブウェの小説家・詩人。『骨たち』(*Bones*, 1988) 福島富士男訳 (講談社、1990)、『影たち』(*Shadows*, 1991) 福島富士男訳 (スリーエーネットワーク、1994)。

Hughes, Langston ヒューズ、ラングストン (1902-67) アメリカの黒人詩人。1920年代のハーレム・ルネッサンスを代表する作家の一人。『ラングストン・ヒューズ詩集』(*Selected Poems of Langston Hughes*, 1959) 木島始訳 (思潮社、1993)、『ぼくは多くの河を知っている――ラングストン・ヒューズ自伝I』(*The Big Sea*, 1940) 木島始訳 (河出書房新社、1972)、『きみは自由になりたくないか?――ラングストン・ヒューズ自伝II』(*I Wonder as I Wander*, 1956) 木島始訳 (河出書房新社、1972)。

Hughes, H. Stuart ヒューズ、H. スチュアート (1916-99) アメリカ生まれの歴史学者。ハーバード大学で教える。『意識と社会――ヨーロッパ社会思想、1890-1930 年』(*Consciousness and Society: The Reconstruction of European Social Thought, 1890-1930*, 1958) 生松敬三・荒川幾男共訳 (みすず書房、1970)。

Hulme, Keri ヒューム、ケリ (1947-) ニュージーランドの女性詩人・小説家で、マオリのカイ・タフ族の血を引く。『骨の人々』(*The Bone People*, 1985) でブッカー賞を受賞した。

Hulme, Peter ヒューム、ピーター (1948-) イギリス生まれの英文学者で、エセックス大学英文学科教授を務める。*『征服の修辞学――ヨーロッパとカリブ海先住民 1492-1797 年』(*Colonial Encounters: Europe and the Native Caribbean, 1492-1797*, 1986) 岩尾龍太郎・正木恒夫・本橋哲也共訳 (法政大学出版局、1995)。

Hurston, Zora Neale ハーストン、ゾラ・ニール (1901?-60) アメリカの黒人女性小説家。『ヨナのとうごまの木』(*Jonah's Gourd Vine*, 1934) 徳末愛子訳 (リーベル出版、1996)、『騾馬と人』(*Mules and Men*, 1935) 中村輝子訳 (平凡社、1997)、『彼らの目は神を見ていた』(*Their Eyes Were Watching God*, 1937) 松本昇訳 (新宿書房、1995)、『路上の砂塵 ハーストン自伝』常田景子訳 (新宿書房、1996)、『ブードゥーの神々』(*Tell My Horse*, 1939) 常田景子訳 (新宿書房、1999)。

Ihimaera, Witi イヒマエラ、ウィティ (1944-) ニュージーランドのマオリ系作家。小説に『タンギ』(*Tangi*, 1973)、『クジラ島の少女』(*The Whale Rider*, 1987) 澤田真一・サワダ・ハンナ・ジョイ共訳 (角川書店、2003) がある。

James, C. L. R. ジェイムズ、C. L. R. (1901-81) トリニダード生まれの歴史家・作家。1932 年にイギリスに移住。『ブラック・ジャコバン――トゥサン゠ルヴェルチュールとハイチ革命』(*The Black Jacobins: Toussaint L'Ouverture and the*

San Domingo Revolution, 1938) 青木芳夫監訳 (大村書店、1991)。
Jameson, Frederick ジェイムソン、フレデリック　アメリカ人で、カリフォルニア大学サンタクルーズ校で文学文化史を教える。『弁証法的批評の冒険―マルクス主義と形式』(1971) 荒川幾男・今西仁司・飯田年穂共訳 (晶文社、1980)、『政治的無意識―社会的象徴行為としての物語』(1981) 大橋洋一・木村茂雄・太田耕人共訳 (平凡社、1989)、「ポストモダニズムと消費社会」("Postmodernism and Consumer Society") 〈ハル・フォスター編『反美学―ポストモダンの諸相』(*The Anti-Aesthetic: Essays on Postmodern Culture*, ed. Hal Foster, 1983) 所収〉室井尚・吉岡洋共訳 (勁草書房、1987)。
Jakobson, Roman ヤーコブソン、ロマーン (1896-1982) ロシア生まれのアメリカの言語学者。「言語の二つの面と失語症の二つのタイプ」田村すず子訳〈『一般言語学』(*Essais de linguistique générale*, 1963) 所収、川本茂雄監修、みすず書房、1973〉。
Jenkin, Tim ジェンキン、ティム (1948-) 南アフリカ共和国ケープタウン生まれで、イギリス南アフリカ国際経済擁護基金を受けて小説を書く。『脱獄』(*Escape from Pretoria*) 北島義信訳 (同時代社、1999)。
Joshi, Arun ジョウシ、アルン (1939-) インドの小説家。小説に『迷宮入り』(*The Last Labyrinth*, 1981) がある。
Kendall, Henry ケンダル、ヘンリー (1839-82) 19世紀オーストラリアの詩人。詩集に「オーストラリアの9月」収録の『オーストラリアの森を詠む歌草』(*Leaves from Australian Forests*, 1869) がある。
Keneally, Thomas ケニーリー、トマス (1935-) オーストラリアの小説家。代表作は『ジミー・ブラックスミスの歌』(*The Chant of Jimmie Blacksmith*, 1972年)。『シンドラーズ・リスト』(*Schindler's Ark*, 1982) 幾野宏訳 (新潮社、1989) はブッカー賞を受賞し、スティーブン・スピルバーグ監督によって映画化された。
Kennedy, Paul ケネディ、ポール (1945-) イギリス生まれの歴史学者で、イェール大学教授を務める。『大国の興亡―1500年から2000年までの経済の変遷と軍事闘争』(*The Rise and Fall of the Great Power: Economic Change and Military Conflict from 1500-2000*, 1987) 鈴木主税訳 (上・下、草思社、1993)、『21世紀の難問に備えて』(*Preparing for the 21th Century*, 1993) 鈴木主悦訳 (上・下、草思社、1995)。
Kissinger, Henry A. キッシンジャー、ヘンリー・A. (1923-) ドイツ生まれのアメリカの政治学者。『アメリカ外交政策の考察』(*American Foreign Policy*, 1974) 吉沢清次郎訳 (時事通信社、1970)。
Kroestch, Robert クロウチ、ロバート (1927-) カナダの小説家・詩人。72年アメリカのの批評誌『バウンダリー2』(*Boundary 2*) の創刊メンバーになるなど批評の分野でも活躍。
Lacan, Jacques M. ラカン、ジャック・M. (1901-81) フランスの精神分析学者。*『エクリ』(*Ecrits*, 1966) 佐々木孝次他訳 (全三冊、弘文堂、1972-1981)。

La Guma, Alex ラ・グーマ、アレックス (1925-85) ケープタウンの小説家。『まして束ねし縄なれば』(*And a Threefold Cord*, 1964) 玉田吉行訳 (門土社、1992)。
Lamming, George ラミング、ジョージ (1927-) カリブのバルバドス出身の小説家。小説に『わが皮膚の砦の中で』(*In the Castle of My Skin*, 1953)、『移住者たち』(*The Emmigrants*, 1954)、『わが土着の性』(*Natives of My Person*, 1972)、『木の実の入った水』(*Water with Berries*, 1971) などがある。他に『テンペスト論』収録のエッセイ集『亡命の喜び』(*The Pleasures of Exile*, 1960) がある。
Lane, Edward William レイン、エドワード・ウィリアム (1801-76) イギリスのオリエンタリスト。『エジプト風俗誌—古代と近代の奇妙な混稀』(*An Account of the Manners and Customs of the Modern Egyptians*, 1836) 大場正史抄訳 (桃源社、1977)。
Langford, Ruby ラングフォード、ルビー (1934-) オーストラリアのアボリジニの女性作家。代表作に『恋人を町には連れて行くな』(*Don't Take Your Love to Town*, 1988) がある。
Lawson, Henry ローソン、ヘンリー (1867-1922) オーストラリアの詩人・短編作家。『ブレティン』に寄せた詩、短編で評価される。ブッシュでの生活をいきいきと描いた国民的詩人としてオーストラリア文学を代表する。『ヘンリー・ローソン：短篇小説・自叙伝』平松幹夫監訳；古宇田敦子編 (勁草書房、1989)、『帽子を回せ：ヘンリー・ローソン傑作選』越智道雄編訳 (サイマル出版会、1987)、『ローソン短篇集』伊沢龍雄編訳 (岩波書店、1988)。
Leclerc, Gerard ルクレール、ジェラール『人類学と植民地主義』(*Anthropologie et Colonialisme: Essai sur l'histoire de l'africanisme*, 1972) 宮治一男・宮治実江子共訳 (平凡社、1976)。
Lenin, Vladimir Ilich レーニン、ウラディミール・イリッチ (1870-1924) ロシアの革命家。*「帝国主義論」('Imperialism, the highest stage of capitalism' in *Collected Works of V.I.Lenin*, 1917) 宇高基輔訳 (岩波書店、1956)。
Lévi-Strauss Claude レヴィ＝ストロース、クロード (1908-) フランスの社会人類学者で構造主義の代表的論客。『野生の思考』(*The Savage Mind*、1967) 大橋保夫訳 (みすず書房、1976)。
Lovelace, Earl ラブレイス、アール (1935-) カリブのトリニダード出身の小説家。「あの味の濃いケーキ」(*A Brief Conversion and Other Stories*, 1988、所収の短編、"Those Heavy Cakes") 山本伸訳 (『グリオ Vol. 2』所収、平凡社、1991)。
Lukács, György ルカーチ、ゲオルグ (1885-1971) ハンガリーのマルクス主義哲学者・文芸批評家。『小説の理論』(*The Theory of the Novels*, trans. Anna Bostock, 1971) 大久保健治訳 (『ルカーチ著作集 2』所収、白水社、1986)、『歴史小説論』(*The Historical Novel*, trans. Hannah and Stanley Mitchell, 1962) 伊藤成彦訳 (『ルカーチ著作集 3』所収、白水社、1986)、『歴史と階級意識』(*History and Class Consciousness: Studies in Marxist Dialectics*, trans. Rodony Livingstone) 城塚登・吉田光共訳 (『ルカーチ著作集 9』所収、白水社、1987)。
Lyotard, Jean-François リオタール、ジャン＝フランソワ (1924-98) フランスの哲

学者。『ポスト・モダンの条件―知・社会・言語ゲーム』(*The Postmodern Condition*, 1979) 小林康夫訳 (水声社、1986) は、ポストモダンの思想とポストコロニアル批評との交錯を扱っている。

Maina wa, Kynnati マイナ・ワ、キニャティ編著『マウマウ戦争の真実』(*Kenya's freedom struggle: The Dedan Kimathi papers*, 1987) 楠瀬佳子・砂野幸稔・峯陽一・宮本正興共訳 (第三書館、1992)。

Malek, Anwar Abdel マレク、アンウォー・アブデル「民族と革命」("Orientalism in Crisis", Diogenes44, Winter1963) 熊田了訳 (岩波書店、1977)。

Malouf, David マルーフ、デイヴィッド (1934-) レバノン系オーストラリアの詩人・小説家。長編に『仮想生活』(*An Imaginary Life*, 1978) がある。

Maniam, K. S. マニアム、K. S. (1942-) マレーシアの小説家・劇作家。小説に『帰還』(*The Return*, 1981)、戯曲に『ひも』(*The Cord*, 1983) がある。

Markandaya, Kamala マーカンダヤ、カマーラ (1924-) インドの女性小説家。処女作は『こし器の中の神酒』(*Nectar in a Sieve*, 1954)。

Malraux, André マルロー、アンドレ (1901-76) フランスの作家・政治家。『王道』(*La Voie royale*) 滝田文彦訳 (『新潮世界文学』所収、新潮社、1970)。

Marshall, Paule マーシャル、ポール (1929-) アメリカの黒人女性作家。両親はカリブのバルバドス出身。『ある讃歌』(*Praisesong for the Widow*, 1983) 風呂本惇子訳 (山口書店、1990)。

Marx, Karl マルクス、カール (1818-83) ドイツの経済学者・政治哲学者・社会主義者。『賃労働と資本』長谷部文雄訳 (岩波文庫、岩波書店、1935)、『帝国主義』宇高基輔訳 (岩波文庫、岩波書店、1956)、『資本論』(*Das Kapital*, 1867) 向坂逸郎訳 (岩波文庫、岩波書店、1969)、『イギリスのインド支配』(*Surveys from Exile*, ed. David Fernbach, 1973) 鈴木正四訳 (『マルクス・エンゲルス全集第九巻』所収、大月書店、1962)。

Memmi, Albert メミ、アルベール (1920-) チュニジアの小説家・評論家。*『植民地―その心理的風土』(*The Colonizer and the Colonized*, 1965) 渡辺淳訳 (三一書房、1959)。

Merrit, Robert メリット、ロバート (1945-) オーストラリアのアボリジニ系劇作家。代表作『ケーキ男』(*The Cake Man*, 1975) は、初めて海外で上演されたアボリジニ戯曲となった。

Mies, Maria ミース、マリア (1938-) ドイツの社会学者。『国際分業と女性―進行する主婦化』(*Patriarchy and Accumulation on a World Scale: Women in the International Division of Labour*, 1986) 奥田暁子訳 (日本経済評論社、1997)。

Mill, John Stuart ミル、ジョン・スチュアート (1806-73) イギリスの経済学者・哲学者。『自由論』(*On Liberty*, 1859) 塩尻公明・木村健康共訳 (岩波文庫、岩波書店、1971)。

Miller, David A. ミラー、デイヴィッド・A. (1948-) アメリカのコロンビア大学英文学教授。『小説と警察』(*The Novel and the Police*, 1988) 村山敏勝訳 (国文社、1996)。

Moffatt, Tracy モファット、トレーシー (1960-) オーストラリアのアボリジニ系女性写真家・映像作家。長編映画 *Bedevil* (1993) は、アボリジニが監督した最初の劇映画となった。

Mofolo, Thomas モフォロ、トーマス (1875-1948) アフリカ南部のレソトの小説家。ズールー族の英雄を素材にソト語で書いた小説に『チャカ王』(*Chaka*, 1925, 英語版 1931) がある。

Morgan, Sally モーガン、サリー (1951-) オーストラリアのアボリジニ系女性作家。代表作はベストセラー小説『マイ・プレイス』(*My Place*, 1987) 加藤めぐみ訳 (サイマル出版会、1992)。

Morrison, Toni モリスン、トニ (1931-) アメリカの黒人女性小説家・批評家。『青い眼がほしい』(*The Bluest Eye*, 1970) 大社淑子訳 (朝日新聞社、1981)、『鳥を連れてきた女』(*Sula*, 1973) 大社淑子訳 (早川書房、1979)、『ソロモンの歌』(*Song of Solomon*, 1977) 金田眞澄訳 (早川書房)、『誘惑者たちの島』(*Tar Baby*, 1981) 藤本和子訳 (早川書房、1985)、『ビラブト:愛されし者』(*Beloved*, 1987) 吉田廸子訳 (集英社、1990)、『ジャズ』(*Jazz*, 1992) 大社淑子訳 (朝日新聞社、1994)、『白さと想像力―アメリカ文学の黒人像』(*Playing in the Dark*, 1992) 大社淑子訳 (朝日新聞社、1994)。1993 年ノーベル文学賞受賞。

Mudrooroo マドルルー (1938-) オーストラリアのアボリジニ系小説家・詩人・劇作家・文芸批評家。1988 年の建国 200 年祭に抗議して、元の名前 Colin Johnson を Mudrooroo に改名。『山猫が落ちる』(*Wild Cat Falling*, 1965) は、アボリジニによって書かれ、出版された小説の草分けとされる。1996 年には彼のアボリジニとしての出自の信憑性をめぐって、メディアで論争が起きた。

Mungoshi, Charles ムンゴシ、チャールズ (1947-) ジンバブウェの小説家。『乾季のおとずれ』(*Coming of the Dry Season*, 1981) アメリカ文学ネットワーク訳 (スリーエーネットワーク、1995)。

Murray, Les マリー、レズ (1938-) オーストラリアの詩人。数冊の詩集の他に編著『新オックスフォード版オーストラリア詩集』(*New Oxford Book of Australian Poetry*, 1986) がある。

Nagarajan, K. ナーガラージャン、K. (1893-1986) インドの小説家。小説に『ケダラーム年代記』(*Chronicles of Kedaram*, 1961) がある。

Naipaul, V. S. ナイポール、V. S. (1932-) カリブのトリニダード・トバゴ出身の小説家。インド系移民の 3 世。小説に『神秘的なマッサージ師』(*The Mystic Masseur*, 1957)、『ビスワース氏の家』(*A House for Mr Biswas*, 1961)、『インド―闇の領域』(*An Area of Darkness*, 1964) 安引宏・大工原弥太郎共訳 (人文書院、1985)、*『ものまね人間』(*The Mimic Men*, 1967)、ブッカー賞受賞の『自由の国』(*In a Free State*, 1971) などがあり、文明評論に『インド―傷ついた文明』(*India: A Wounded Civilization*, 1977) 工藤昭雄訳 (岩波現代選書、1978)、『暗い河』(*A Bend in the River*, 1979) 小野寺健訳 (TBS ブリタニカ、

1981)、『イスラム紀行 (上・下)』(*Among the Believers: An Islamic Journey*, 1981) 工藤昭雄訳 (TBS ブリタニカ、1983)、『インド・新しい顔 上・下』(*INDIA: A Million Mutinies Now*, 1994) 与那原恵 (岩波書店、2002) などがある。

Narayan, R. K. ナラヤン、R. K. (1906-) インドの小説家。『菓子売り』(*The Vendor of Sweets*, 1967) を始め、架空の町マルグディを舞台にした数多くの小説がある。

Naylor, Gloria ネイラー、グロリア (1950-) アメリカの小説家。「キズワナ・ブラウン」(*The Women of Brewster Place*, 1982、所収の短編) 干刈あがた・斎藤英治共訳 (新潮社)。

Nerval, Gérard de ネルヴァル、ジェラール・ドゥ (1808-55) フランスの詩人・小説家。『東方の旅』(*Voyage en Orient, in Oeuvres*, 1960) 篠田知和基訳 (『幻想文学体系 31A-B 』所収、国書刊行会、1984)。

Ngugi wa, Thiong'o グギ・ワ、ジオンゴ (1938-) ケニアの小説家・劇作家・批評家。小説に『夜が明けるまで』(*Weep Not Child*, 1964) 松田忠徳訳 (門土社、1989)、*『一粒の麦』(*A Grain of Wheat*, 1967) 小林信次郎訳 (門土社、1981)、『血の花弁』(*Petals of Blood*, 1977)、評論に「英文学科の廃止について」を収録した『ホームカミング─アフリカおよびカリブの文学、文化、政治に関するエッセイ』(*Homecoming: Essays on Africa and Caribbean Literature, Culture and Politics*, 1972) や*『精神の脱植民地化』(*De-Colonising the Mind: The Politics of Language in African Literature*, 1987) 宮本正興・楠瀬佳子共訳 (第三書館、1987) などがある。

Nkrumah, Kwame エンクルマ、クワメ (1909-72) ガーナの政治家・初代大統領 (1960-66)。*『新植民地主義』(*Neo-colonialism*, 1965) 家正治・松井芳郎共訳 (『エンクルマ選集 13 』所収、理論社、1971)

Noonuccal, Oodgeroo / Walker, Kath ヌヌクル、ウジュルー / ウォーカー、キャス (1920-1993) オーストラリアのアボリジニ系女性詩人・エッセイスト。処女詩集『われらは行く』(*We Are Going*, 1964) はアボリジニによる最初の詩集とされる。

O'Grady, John Patrick オグラディ、ジョン・パトリック (1907-81) オーストラリアの小説家。イタリア人移民ニノ・カロッタを語り手にした『彼らは奇妙な人たちだ』(*They're a Weird Mob*, 1957) で、一世を風靡した。

Okara Gabriel オカラ、ゲイブリエル (1921-) イジョ族出身のナイジェリアの詩人・小説家。代表作は小説『声』(*Voice*, 1964)。

Okri, Ben オクリ、ベン (1959-) ナイジェリアに生まれ、現在はイギリスに暮らす。*『満たされぬ道』(上・下) (*The Famished Road*, 1991) 金平瑞人訳 (平凡社、1997)。

Ondaatje, Michael オンダーチェ、マイケル (1943-) スリランカ生まれの詩人・小説家で、カナダに在住。『イギリス人の患者』(*The English Patient*, 1993) 土屋政男訳 (新潮社、1996)。

Ong, Walter オング、ウォルター (1912-) アメリカのカンザスシティー生まれの古典学者で、セントルイス大学名誉教授。*『声の文化と文字の文化』(*Orality and Literacy*, 1982) 桜井直文他訳 (藤原書店、1991)。

Orwell, George オーウェル、ジョージ (1903-50) イギリスの小説家・エッセイスト。「ラドヤード・キプリング」("Rudyard Kipling," in *A Collection of Essays*, 1954) 川端康雄訳 (平凡社ライブラリー、川端康雄編『オーウェル評論集3』所収、平凡社、1995)、「マラケシュ」("Marrakech," in *A Collection of Essays*, 1954) 長沼節夫訳 (『オーウェル著作集 I 1920-1940』所収、平凡社、1970)。

Owens, Craig オーエンズ、クレイグ『アメリカの芸術』(*Art in America*) 誌のアメリカ人編集者。「他者の言説—フェミニズムとポストモダニズム」〈ハル・フォスター編『反美学—ポストモダンの諸相』(*The Anti-Aesthetic: Essays on Postmodern Culture*, ed. Hal Foster, 1983) 所収、室井尚・吉岡洋共訳、勁草書房、1987〉。

Paterson, Banjo パターソン、バンジョー (1864-1941) オーストラリアの国民詩人・ジャーナリスト。詩集『スノーウィ・リバーから来た男』(*The Man from Snowy River and Other Verses*, 1895)。1895年に書いたバラッド『ウォルシング・マチルダ』(Waltzing Matilda) は、国民的愛唱歌になった。

Petersa, Cozumo、Munro, Donaldo ピーターサ、コズモ (1930-?、南アフリカのナムビア生まれの詩人・劇作家) とマンロウ、ドナルドの共編『アフリカ文学の世界』(*Protest and Conflict in African Literature*, 1970) 小林信次郎訳 (南雲堂、1975) はアフリカ文学研究の基本図書に挙げられる。

Poliakov, Léon ポリアコフ、レオン (1910-) ペテルブルグ (レニングラード) に生まれ、フランスに住む。ジャーナリズム活動を通じて、学際的な人種主義批判を展開する。『アーリア神話—ヨーロッパにおける人種主義と民族主義の源泉』(*The Aryan Myth: A History of Racist and Nationalist Ideas in Europe*, trans. Edmund Howard, 1974) アーリア主義研究会訳 (法政大学出版局、1985)。

Praed, Rosa プレイド、ローザ (1851-1935) オーストラリアの女性作家。植民地時代に37編の小説を書いた。代表作は『才知と激情』(*Policy and Passion*, 1881)。

Prichard, Katharine Susannah プリチャード、キャサリン・スザンナ (1883-1969) フィジー島生まれのオーストラリアの小説家・劇作家。オーストラリアの奥地の生活に根ざした作品が多い。戯曲『ブランビー・イネス』(*Brumby Innes*, 1927) でアボリジニを作品に登場させた。小説に『クーナードゥ』(*Coonardoo*, 1929) がある。

Ramanujan, A. K. ラーマーヌージャン、A. K. (1929-) インド出身の詩人・言語学者。1968年からはシカゴ大学教授として言語学やインド文学を講じる。4冊の英語詩集の他にカンナダ語による詩や小説もある。

Rao, Raja ラオ、ラージャ (1909-) インドの小説家。代表作に小説『カンタプラ』(*Kanthapura*, 938) や『大蛇と縄』(*The Serpent and the Rope*, 1960) がある。

Reed, Ishmael リード、イシュメイル (1938-) アメリカの黒人小説家。『ループ・ガルー・キッドの逆襲』(*Yellow Back Radio Broke-Down*, 1969) 飯田隆昭訳 (ファラオ企画、1994)。

Reid, V. S. レイド、V. S. (1913-) ジャマイカの小説家・ジャーナリスト。小説に1865年のモラント・ベイの反乱に材を取った『新しい日』(*New Day*, 1949) がある。

Renan, Joseph-Ernest ルナン、ジョーゼフ＝アーネスト (1823-92) フランスの思想家・宗教史家・文献学者。『思い出―幼年時代・青年時代』(*Souvenirs d'enfance et de jeunesse, in Oeuvres complétes*, 1926) 杉捷夫訳 (岩波書店、1953)。

Rhys, Jean リース、ジーン (1894-1979) カリブのドミニカ島出身の女性作家。代表作にシャーロット・ブロンテの『ジェーン・エア』(*Jane Eyre*) を書き換えた小説『広い藻の海』(*Wide Sargasso Sea*, 1966) 篠田綾子訳 (河出書房新社、1973) がある。ほかに『カルテット』(*Quartet*, 1973) 岸本佐知子訳 (早川書房、1988)。

Richardson, Henry Handel リチャードソン、ヘンリー・ハンデル (1870-1946) オーストラリアの女性小説家。代表作は＊『リチャード・マーニーの運命』三部作 (*The Fortunes of Richard Mahony*, 1917-30)。1932年、ノーベル文学賞にノミネートされた。

Romeril, John ロメリル、ジョン (1945-) オーストラリアの劇作家。オーストラリアの植民地意識と、アジア、特に日本との関係に深い関心を寄せる。代表作『フローティング・ワールド』(*The Floating World*, 1974) 佐和田敬司訳 (オセアニア出版社、1993)、『ラブ・スーサイズ』(*Love Suicides*, 1997)。

Ross, Sinclair ロス、シンクレア (1908-) カナダの小説家。代表作は『私と私の家とは』(*As for Me and My House*, 1941)。

Rousseau, Jean-Jacques ルソー、ジャン＝ジャック (1712-78) ジュネーヴ生まれのフランスの思想家・文学者。＊『人間不平等起源論』(*A Discourse on Inequality*, translated by Maurice Cranston, 1755) 本田喜代治・平岡昇共訳 (岩波文庫、岩波書店、1972)、『社会契約論』(*Du contrat social*, 1762) 原武史・前川貞次郎共訳 (岩波文庫、岩波書店、1954))、『エミール』(*Émile ou de l'éducation*, 1762) 今野一雄訳 (岩波文庫、岩波書店、1964)。

Rubadiri, David ルバディリ、デイヴィッド (1930-) アフリカ中南部のマラウイの詩人・小説家。小説に『婚資はいらない』(*No Bride Price*, 1967) がある。駐米大使や国連大使も勤める。

Rudd, Steel ラッド、スティール (1868-1935) オーストラリアの小説家。本名はArthur Hoey Davis。自ら家族の一員という設定で、クィーンズランドのセレクター (selector) 一家、ラッド家の生活を描いた『俺たちの農場で』(*On Our Selection*, 1899) と続く一連のシリーズが代表作。

Rushdie, Salman ラシュディ、サルマン (1947-) インド出身でイギリス在住の小説家。作品にブッカー賞受賞の＊『真夜中の子供たち』(*Midnight's Children*, 1981) 寺門泰彦訳 (早川書房、上・下、1989)、『恥』(*Shame*, 1983) 栗原行雄訳

(早川書房、1989)、『悪魔の詩』(The Satanic Verses, 1988) 五十嵐一訳 (新泉社、1990)、『越境する世界文学』池沢夏樹訳 (河出書房新社、1992)、『ジャガーの微笑』(The Jaguar Smile: A Nicaraguan Journey, 1987) 飯島みどり訳 (現代企画室、1995)、『東と西』(East, west, 1994) 寺門泰彦訳 (平凡社、1997)、『ハルーンとお話の海』(Haroun and the sea of stories, 1990) 青山南訳 (国書刊行会、2002) などがある。

Said, Edward サイード、エドワード (1935-2003) アラブ・パレスチナ人としてイギリス委任統治下のイェルサレムに生まれ、カイロで教育を受けた後、アメリカに移住 (コロンビア大学で英文学・比較文化教授を務める)。『始まりの現象——意図と方法』(Beginnings: Intention and Method, 1975) 山形和美・小林昌夫共訳 (法政大学出版局、1992)、*『オリエンタリズム』(Orientalism: Western Conceptions of the Orient, 1978) 板垣雄三・杉田英明監修、今沢紀子訳 (平凡社、1993)、『イスラム報道——ニュースはいかにつくられるか』(Covering Islam: How the Media and the Experts Determine How We See the Rest of the World, 1981) 浅井信雄・佐藤成文共訳 (みすず書房、1986)、*『世界・テキスト・批評家』(The World, the Text, and the Critic, 1983) 山形和美訳 (法政大学出版局、1995)、『パレスチナとは何か』(After the Last Sky: Palestinian Lives, with photography by Jean Mohr, 1986) 島弘之訳 (岩波書店、1995)、『民族主義・植民地主義と文学』(Nationalism, Colonialism, and Literature, 1990) 増淵政史・安藤勝夫・大友義勝共訳 (法政大学出版局、1996)、『音楽のエラボレーション』(Musical Elaboration, 1991) 大橋洋一訳 (みすず書房、1995)、*『文化と帝国主義』(Culture and Imperialism, 1993) 大橋洋一訳 (全2冊、みすず書房、1998, 2001)、「民族主義、人権、解釈」('Nationalism, Human Rights, and Interpretation,' in Freedom and Interpretation, ed. Barbara Johnson, 1992) 大橋洋一訳 (『みすず』、第393号所収、1993)、『ペンと剣』(The Pen and the Sword: Conversation with David Barsman, 1994) 中野真紀子訳 (クレイン、1998)、『知識人とは何か』(Representations of the Intellectual, 1994) 大橋洋一訳 (平凡社、1988)、『遠い場所の記憶——自伝』(Out of Place: A Memoir, 1999) 中野真紀子訳 (みすず書房、2001)、『パレスチナに帰る』(Reflections on Exile and Other Essays, 1992) 四方田犬彦訳 (作品社、1999)。

Salif, Tayeb サーレフ、テーイエブ (1929-) スーダンの作家。『北へ遷りゆく時／ヤーンの結婚』(Seasons of Migration to the North, trans. Denys Johnson-Davies, 1970) 黒田壽郎・高井清仁共訳 (河出書房新社、1978, 1989)。

Sargeson, Frank サージソン、フランク (1903-82) ニュージーランドの短篇作家・小説家。開拓社会の現実を風刺たっぷりにニュージーランド英語で書いた。代表作『伯父との会話』(Conversations with My Uncle, 1936) はニュージーランドの古典と称えられている。

Saro-WiWa, Ken サロ＝ウィワ、ケン (1941-95) ナイジェリアの作家。『ナイジェリアの獄中から、処刑されたオルゴ人、最後の手記』(A Month and Day — A Detention Diary, 1995) 福島富士男訳 (スリーエーネットワーク、1996)。

Sartre, Jean-Paul サルトル、ジャン=ポール (1905-80) フランスの実存主義哲学者・劇作家・小説家。*『存在と無』(*Being and Nothingness: An Essay on Phenomenological Ontology*, 1957, I、II、III、仏語版、1943) 松浪信三郎訳 (人文書院、I-1956、II-1960)、『アンガージュマンの思想』鈴木道彦訳 (晶文社、1969)、『植民地の問題』(*Situations V: Colonialisme et néo-colonialisme*, 1964) 多田道太郎他共訳 (人文書院、2000)。

Satchell, William サッチェル、ウィリアム (1860-1942) ロンドン生まれのニュージーランドの作家。代表作は『グリーンストーン・ドア』(*The Greenstone Door*, 1914) で、情景描写を特徴とする。

Schiller, Herbert I. シラー、ハーバート・I.『世論操作』(*Mass Communications and American Empire*, 1973) 斎藤文男訳 (青木書店、1979)。

Sellassie, Sahle セラシェ、サーハレ (1936-) アジス・アベバの小説家。『扇動者たち』(*Firebrands*, 1979) 北島義信抄訳 (『グリオ Vol.3』所収、平凡社、1992)。

Selvon, Samuel セルヴォン、サムエル (1923-) カリブのトリニダード・トバゴのインド系小説家・ジャーナリスト。小説に『モーセ昇天』(*Moses Ascending*, 1975) がある。

Senior, Olive シニア、オリーブ (1941-) ジャマイカの小説家。「鳥の木」(*Summer Lightning and Other Stories*, 1986、所収の短編、"The Tenantry of Birds") 山本伸訳 (『グリオ Vol.4』所収、平凡社、1992)。

Senghor, Léopold サンゴール、レオポルド (1906-) セネガルの詩人・政治家・思想家。1930 年代のパリでエメ・セゼールなどとネグリチュード運動を起こす。1960 年のセネガル共和国独立から 80 年まで同国大統領を勤める。『レオポルド・セダール・サンゴール詩集』日本セネガル友好協会編 (日本セネガル友好協会、1979)。

Shumpeter, Joseph シュンペータル、ジョーゼフ (1883-1950) オーストリア生まれの経済学者。『帝国主義と社会階級』(*Imperialism and Social Classes*, 1951) 都留重人訳 (岩波書店、1956)。

Smith, Adam スミス、アダム (1723-90) スコットランドの哲学者・経済学者で、古典派経済学の祖。『国富論』(*The Wealth of Nations*, 1776) 水田洋監訳 (岩波文庫、岩波書店、2000)。

Southern, R. W. サザーン、R. W.『ヨーロッパとイスラム世界』(*Western Views of Islam in the Middle Ages*, 1962) 鈴木利章訳 (岩波書店、1980)。

Soyinka, Wole ショインカ、ウォーレ (1934-) ナイジェリアの劇作家・詩人・小説家・批評家。数多くの戯曲や詩の他に小説『通訳者たち』(*The Interpreters*, 1965) や評論『神話、文学、アフリカ世界』(*Myths, Literature and the African World*, 1976) 松田忠徳訳 (彩流杜、1992) などがある。1986 年にノーベル文学賞受賞。

Spivak, Gayatri スピヴァック、ガーヤットリー (1942-) インドのカルカッタに生まれる。1961 年にアメリカに留学後、主に「英語圏」で活躍するポストコロニアル理論家。*『文化としての他者』(*In Other Worlds: Essays in Cultural*

Politics, 1987) 鈴木聡他共訳 (紀伊國屋書店、1990)、*『ポスト植民地主義の思想』(*The Post-colonial Critic: Interviews, Strategies, Dialogues*, 1990) 清水和子・崎谷若菜共訳 (彩流社、1992)、*『サバルタンは語ることができるか』('*Can the subaltern speak?*' 1985) 上村忠男訳 (みすず書房、1998) については、『現代思想』(青土社、1999 年 7 月号) の特集「スピヴァク―サバルタンとは誰か」や、「サバルタンは語れない」本シリーズ所収の竹村和子『フェミニズム』(岩波書店、2000) を参照、『ポストコロニアル理性批判：消え去りゆく現在の歴史のために』上村忠男・本橋哲也共訳 (月曜社、2003)。

Stewart, Douglas スチュアート、ダグラス (1913-85) ニュージーランド生まれのオーストラリアの詩人・劇作家・批評家で、『ブレティン』文芸欄編集者を務める。詩劇『ネッド・ケリー』(*Ned Kelly*, 1943)。

Strachey, John ストレイチー、ジョン (1901-63) イギリスの政治家・著述家。『帝国主義の終末』(*The End of Empire*, 1959) 関嘉彦訳 (東洋経済新報社、1962)。

Starobinski, Jean スタロビンスキー、ジャン (1920-) ジュネーブ生まれの医学者・思想家。ジュネーブ大学でフランスの近代文学・思想史を教える。『自由の創出――一八世紀の芸術と思想』(*The Invention of Liberty, 1700-1789*, trans. Bernard C. Smith, 1964) 小西嘉幸訳 (白水社、1982)。

Stow, Randolph ストー、ランドルフ (1935-) オーストラリアの小説家・詩人。小説に『島へ』(*To the Islands*, 1958) や『宇宙からの訪問者』(*Visitants*, 1979) がある。

Suleri, Sara スレーリ、サーラ (1953-) パキスタン生まれの英文学者で、イェール大学で教える。『修辞の政治学―植民地インドの表象をめぐって』(*The Rhetoric of English India*, 1992) 川端康雄・吉村玲子共訳 (平凡社、2000)。

Sykes, Roberta サイクス、ロバータ (1943-) オーストラリアの女性作家で、アボリジニ活動家。14 歳で教育を終えた後、アボリジニの地位、福祉向上を目指すボランティア活動を行う。著作に、『黒い多数派』(*Black Majority*, 1989) がある。

Tagore, Rabindranath タゴール、ラビンドラナス (1861-1941) 近代ベンガルの文学者。イギリス留学を通じて、ヨーロッパのロマン派文学に親しむ。『ナショナリズム』(*Nationalism*, 1917) 蝋山芳郎訳 (『タゴール著作集 8 巻 人生論・社会論集』所収、第三文明社、1981) や、詩集に『ギータンジャリ』(*Gitanjali*, 1910、英語版、1912) がある。1913 年にノーベル文学賞受賞。

Tlali, Miriam トラーリィ、ミリアム (1933-) ヨハネスブルグの小説家。『アマンドラ―ソウェト蜂起の物語』(*Amandla*, 1985) 佐竹純子訳 (現代企画社、1989)、『二つの世界のはざまで：メトロポリタン商会のミュリエル』(*Muriel at Metropolitan*, 1979) 楠瀬佳子訳 (新水社、1990)。

Todorov, T. トドロフ、T. (1939-) ブルガリア生まれの文芸学者で、ロシア・フォルマリズムの流れを汲む。『他者の記号学―アメリカ大陸の征服』(1974) 及川馥・大谷尚文・菊池良夫共訳 (法政大学出版局、1986)。

Trinh, T. Minh-ha トリン、T. ミンハ (1953-) ヴェトナム系アメリカ人で詩人・批評

家・映画作家。『女性・ネイティヴ・他者　ポストコロニアリズムとフェミニズム』竹村和子訳 (岩波書店、1995)、『月が赤く満ちる時—ジェンダー・表象・文化の政治学』(*When the Moon Waxes Red: Representation, Gender and Cultural Politics*, 1991) 小林富久子訳 (みすず書房、1996)。

Tucker, James　タッカー、ジェイムズ (1808?-88?) イギリスのブリストルに生まれるが、脅迫状を書いた罪で 1827 年にオーストラリアへ流される。1840 年代に流刑囚として、小説『ラルフ・ラシュリーの冒険』(*Ralph Rashleigh*, 1844) を書く。

Turner, Brian S.　ターナー、ブライアン・S.『マルクスとオリエンタリズムの終焉』(*Marx and the End of Orientalism*, 1978) 樋口辰男訳 (第三書簡、1983)。

Tutner, Victor　タトナー、ヴィクター (1920-) スコットランド生まれの社会人類学者で、アメリカのヴァージニア大学で教える。『象徴と社会』(*Dramas, Fields, and Metaphors: Symbolic Action in Human Society*, 1974) 梶原景亜昭訳 (紀伊国屋書店、1981)。

Tutuola, Amos　チュツオーラ、エイモス (1920-97) ナイジェリアの小説家。ヨルバ族出身。代表作は小説『やし酒飲み』(*The Palm-Wine Drinkard*, 1952) 土屋哲訳 (晶文社、1981)。

Tuwhare, Hone　トゥファレ、ホーン (1922-) ニュージーランドのマオリ系詩人。1964 年に出版の『普通とちがう太陽』(*No Ordinary Sun*) は、大戦後のニュージーランドでもっとも広く読まれた詩集の一つ。

Twain, Mark　トウェイン、マーク (1835-1910) アメリカの小説家。代表作の一つに『ハックルベリー・フィンの冒険』(*The Adventures of Huckleberry Finn*, 1885) 西田実訳 (岩波文庫、1977) がある。

Unaipon, David　ユナイポン、デイヴィッド (1872-1967) アボリジニとして初めて本を出版した作家。代表作は『ネイティブ・レジェンズ』(*Native Legends*, 1929)。

Valéry, Paul　ヴァレリー、ポール (1871-1945) フランスの詩人・哲学者。『ヨーロッパの選択力』(*Oeuvres*, ed. Jean Hytier, 1960) 柴田三千雄訳 (『ヴァレリー全集 12 巻』所収、筑摩書房、1968)。

Walcott, Derek　ウォルコット、デレック (1930-) 西インド諸島セントルシア出身の詩人・劇作家。1992 年にノーベル文学賞受賞。『デレック・ウォルコット詩集』徳永暢三編訳 (小沢書店、1994)。

Walker, Alice　ウォーカー、アリス (1944-) アメリカの黒人女性作家。『アリス・ウォーカー短編集—愛と苦悩のとき』(*In Love and Trouble*, 1973) 風呂本惇子・楠瀬佳子共訳 (山口書店、1985)、『メリディアン』(*Meridian*, 1976) 高橋茅香子訳 (筑摩書房、1989)、『カラー・パープル』(*The Color Purple*, 1983) 柳沢由美子訳 (集英社、1986)、『喜びの秘密』(*Possessing the Secret of Joy*, 1992) 柳沢由美子訳 (集英社、1995)、『いい女をおさえつけることはできない：アリス・ウォーカー短篇集』(*You can't keep a good woman down : stories*, 1981) 柳沢由実子訳 (集英社、1986)、『母の庭をさがして』荒このみ訳 (東京書籍、

1992-3)。

Wallerstein, Immanuel ウォーラーステイン、イマニュエル (1930-) アメリカ生まれの社会学者。ニューヨーク州立大学社会学講座主任教授及びフェルナン・ブローデル・センター所長を兼任する傍ら、アフリカ文学会会長も務める。『重商主義と「ヨーロッパ世界経済」の凝集』(*The Modern World System: Capitalist Agriculture and the Origin of the European World-Economy in the Sixteenth Century*, 1974) 川北稔訳 (名古屋大学出版会、1993)、『階級・エスニシティの不平等・国際政治』日南田靜眞監訳 (名古屋大学出版会、1987)、『中核と周辺の不平等』藤瀬浩司・麻沼賢彦・金井雄一共訳 (名古屋大学出版会、1987)、『ポスト・アメリカ　世界システムにおける地政学と地政文化』丸山勝訳 (藤原書店、1991)、『新版　史的システムとしての資本主義』(*Historical Capitalism*, 1983) 川北稔訳 (岩波書店、1997)、『人種・国民・階級　揺らぐアイデンティティ』若森章孝他共訳 (大村書店、1997)、『ユートピスティクス』松岡利通訳 (藤原書店、1999)。

Webb, Francis ウェッブ、フランシス (1925-73) オーストラリアの詩人。詩集に『劇場のライカート』(*Leichhardt in Theatre*, 1952) がある。

Wiebe, Rudy ウィーブ、ルーディ (1934-) カナダの小説家。小説に『ビッグ・ベアの誘惑』(*The Temptations of Big Bear*, 1973) がある。

Weller, Archie ウェラー、アーチー (1957-) オーストラリアのアボリジニ系詩人・小説家。処女小説に映画化された『犬の日』(*The Day of the Dog*, 1981) がある。

White, Patrick ホワイト、パトリック (1912-90) オーストラリアの小説家・劇作家。小説の代表作に『ヴォス』(*Voss*, 1957) 越智道雄訳 (上・下、サイマル出版会、1975)、『伯母の物語』(*The Aunt's Story*, 1948) 岩淵寿津訳 (『パトリック・ホワイト；エイヴィンド・ユーンソン；ハリー・マーティンソン』〈『ノーベル賞文学全集 26』〉所収、主婦の友社、1976) がある。1973 年にノーベル文学賞受賞。

Williams, Eric ウィリアムズ、エリック (1911-81) トリニダード・トバゴの知識人・政治家・首相。*『資本主義と奴隷制度』(*Capitalism & Slavery*, 1961) 中山毅訳 (理論者、1978)、『コロンブスからカストロまで―カリブ海史 1942-1969 年』(*From Columbus to Castro: The History of the Caribbean, 1942-1969*) 川北稔訳 (岩波現代選書、岩波書店、1978)、『帝国主義と知識人：イギリスの歴史家たちと西インド』(*British historians and the West Indies*, 1972) 田中浩訳 (岩波書店、1979)。

Williams, Raymond ウィリアムズ、レイモンド (1921-88) イギリスの文化・歴史学者。『文化と社会』(*Culture and Society, 1780-1950*, 1958) 若松繁信・長谷川光昭共訳 (ミネルヴァ書房、1968)、『長い革命』(*The Long Revolution*, 1961) 若松繁信・妹尾剛光・長谷川光昭共訳 (ミネルヴァ書房、1983)、『田舎と都市』(*The Country and the City*, 1973) 山本和平・増田秀男・小川雅魚共訳 (晶文社、1985)、『文化とは何か』(*Culture*, 1981) 小池民男訳 (晶文社、1985)。

Wilson, August ウィルソン、オーガスト　アフリカ系アメリカ人劇作家。代表作に『ピアノ・レッスン』(*The piano lesson*, 1990) 桑原文子訳(而立書房、2000)がある。

Wright, Judith ライト、ジュディス (1915-2000) オーストラリアの女性詩人。代表的詩集に『移ろうイメージ』(*The Moving Image*, 1946) があり、評論に『オーストラリアの詩における諸関心』(*Preoccupation of Australian Poetry*, 1965) がある。

Wright, Richard ライト、リチャード (1908-60) アメリカの黒人小説家。第二次大戦後はフランスのパリに移住。小説に『アメリカの息子』(*Native Son*, 1940) や『ブラック・ボーイ』(*Black Boy*, 1945) がある。

Yeats, William Butler イェーツ、ウィリアム・バトラー (1865-1939) アイルランドの劇作家・詩人。19世紀末文化の中で、多くの芸術家や詩人たちの作品に接する傍ら、創作に励み、アイルランド文芸復興に貢献する。特に後年、世界史の展開を説く神秘思想を盛り込んだ『ヴィジョン』(*Vision*, 1925) を出版する。1923年にノーベル文学賞受賞。

その他

『アジアを犯す　新植民地主義の生態』マーク・セルデン編、武藤一羊・森谷文昭監訳(河出書房新社、1975)

『世界は周辺部から変る』サミール・アミーン著、北沢正雄監訳(第三書館、1982)

『帝国主義と植民地主義』ジョージ＝ネーデル、ペリー＝カーティス共編、川上肇他共訳(御茶の水書房、1983)

『ロマン主義と自由主義/帝国主義と印象主義』近代文化史　ヨーロッパ精神の危機/黒死病から第一次世界大戦まで3、エーゴン・フリーデル著、宮下啓三訳(みすず書房、1988)

『マルクス主義と言語哲学　言語学における社会学的方法の基本問題』V. ヴォロシノフ著、桑野隆訳(未来社、1989)

『世界システムと女性』マリア・ミース他共著、古田睦美他共訳(藤原書店、1995)

『民族主義・植民地主義と文学』テリー・イーグルトン他共著、増渕正史・安藤勝夫・大友義勝共訳(法政大学出版局、1996)

『文化帝国主義』ジョン・トムリンソン著、片岡信訳(青土社、1997)

『スポーツと帝国　近代スポーツと文化帝国主義』アレン・グットマン著、谷川稔他共訳(昭和堂、1997)

『フロイト・人種・ジェンダー』サンダー・ギルマン著、鈴木淑美訳(青土社、1997)

『国民とは何か』エルネスト・ルナン他共著、鵜飼哲他共訳(河出書房新社、1997)

『サバルタンの歴史　インド史の脱構築』R.グハ他共著、竹中千春訳(岩波書店、

1998)
『文化と真実　社会分析の再構築』レナート・ロサルド著、椎名美智訳(日本エディタースクール出版部、1998)
『生命の樹　あるカリブの家系の物語』マリーズ・コンデ著、管啓次郎訳(平凡社、1998)
『ディアスポラの知識人』周蕾著、本橋哲也訳(青土社、1998)
『セクシュアリティの帝国　近代イギリスの性と社会』ロナルド・ハイヤム著、本田毅彦訳(柏書房、1998)
『グローバリゼーション　文化帝国主義を超えて』ジョン・トムリンソン著、片岡信訳(青土社、2000)
『踊る帝国主義　宝塚をめぐるセクシュアルポリティクスと大衆文化』ジェニファー・ロバートソン著、堀千恵子訳(現代書館、2000)
『ポスト・マルクス主義と政治　根源的民主主義のために』エルネスト・ラクラウ、シャンタル・ムフ著、山崎カヲル・石澤武共訳(大村書店、2000)
『クレオール語』ロベール・ショダンソン著、糟谷啓介・田中克彦共訳(白水社、2000)
『第一次文明戦争　「新世界秩序」と「ポスト・コロニアリズム」をめぐって』マフディ・エルマンジェラ著、仲正昌樹訳(御茶の水書房、2001)
『ポストコロニアル理論入門』アーニャ・ルーンバ著、吉原ゆかり訳(松柏社、2001)
『越境するクレオール　マリーズ・コンデ講演集』マリーズ・コンデ述、三浦信孝編訳(岩波書店、2001)
『総動員帝国　満洲と戦時帝国主義の文化』ルイーズ・ヤング著、加藤陽子他共訳(岩波書店、2001)
『超帝国主義国家アメリカの内幕』マイケル・ハドソン著、広津倫子訳(徳間書店、2002)
『帝国主義と国民統合』ヴォルフガング・J.モムゼン編、川鍋正敏・酒井昌美共訳(未来社、2002)
『女たちは帝国を破壊したのか：ヨーロッパ女性とイギリス植民地』マーガレット・シュトローベル著、井野瀬久美惠訳(知泉書館、2003)
『ポストコロニアル理性批判：消え去りゆく現在の歴史のために』上村忠男・本橋哲也共訳(月曜社、2003)
『帝国』アントニオ・ネグリ、マイケル・ハート共著、水嶋一憲他共訳(似文社、2003)
『フランスと脱植民地化』レイモンド・F.ベッツ著、今林直樹・加茂省三共訳(晃洋書房、2004)
『虚飾の帝国：オリエンタリズムからオーナエンタリズムへ』D.キャナダイン著、平田雅博・細川道久共訳(日本経済評論社、2004)
『ニューインペリアリズム』デヴィッド・ハーヴェイ著、本橋哲也訳(青木書店、2005)

『憎悪の世紀』ニーアル・ファーガソン著、仙名紀訳 (上・下、早川書房、2008)

2. 邦文研究書・解説書 (年代順)
『帝国主義』幸徳秋水著 (岩波書店、1952)
『インドで考えたこと』堀田善衛著 (岩波書店、1957)
『歴史・人間・思想』岩波講座現代思想 別巻 (岩波書店、1957)
『現代の植民地主義』具島兼三郎著 (岩波書店、1958)
『植民地主義と民族革命』戦後世界の政治と経済 13、坂本徳松他共著 (三一書房、1960)
『黒人文学研究』黒人文学全集別巻、橋本福夫編 (早川書房、1960)
『教育学概論 2』岩波講座現代教育学 3 (岩波書店、1961)
『世界の歴史 17 現代』筑摩書房編集部編 (筑摩書房、1962)
『新植民地主義』岡倉古志郎・蝋山芳郎共編著 (岩波書店、1964)
『A.A.L.A と新植民地主義』アジア・アフリカ講座 第 1 巻、岡倉古志郎著者代表 (勁草書房、1964)
『植民地主義と民族解放運動』岡倉古志郎国際政治論集第 3 巻、岡倉古志郎著 (勁草書房、1969)
『帝国主義の時代』江口朴朗著 (岩波書店、1969)
『政治暴力と想像力』鈴木道彦著 (現代評論社、1970)
『植民地主義と経済発展』北村次一著 (啓文社、1970)
『黒人文学入門』古川博巳著 (創元社、1973)
『政治学』田口富久治編 (青木書店、1974)
『帝国主義』佐々木隆爾編集・解説 (校倉書房、1975)
『アメリカ黒人の文学』大内義一他共著 (早稲田大学出版部、1978)
『自由貿易帝国主義』毛利健三著 (東京大学出版会、1978)
『新植民地主義と南北問題』寺本光朗著 (大月書店、1978)
『日本植民地主義の政治的展開　その統治体制と台湾の民族運動 一八九五－一九三四年』春山明哲・若林正丈共著 (アジア政経学会、1980)
『ヴィクトリア時代の政治と社会』村岡健次著 (ミネルヴァ書房、1980)
『現代インド政治史研究』中村平治著 (東京大学出版会、1981)
『大航海時代へのイベリア　スペイン植民地主義の形成』飯塚一郎著 (中央公論社、1981)
『欧米地域の構造変化とそれにともなう文化変容　地域研究方法にもとづく実態分析』(東京外国語大学海外事情研究所、1982)
『北アイルランド紛争の歴史』堀越智著 (論創社、1983)
『コモンウェルスの文学』平野敬一他共編 (研究社選書、1983)
『国際関係論のフロンティア 2 近代日本とアジア　文化の交流と摩擦』平野健一郎編 (東京大学出版会、1984)
『社会科学論文集』在日本朝鮮人科学者協会編集 (在日本朝鮮人科学者協会、

1984)
『初期社会主義運動と万国社会党』西川正雄著 (未来社、1985)
『アメリカ黒人女性作家の世界』加藤恒彦著 (創元社、1986)
『帝国主義の時代』西川正雄・南塚信吾 共著 (講談社、1986)
『アメリカ黒人文学とフォークロア』風呂本惇子著 (山口書店、1986)
『国家をめぐって』歴史と社会 7、長幸男他共編 (リブロポート、1986)
『植民地主義と国際法 シッキムの消滅』落合淳隆著 (敬文堂、1986)
『シェークスピア式イギリス診断 この世はすべて舞台』秋島百合著 (朝日新聞社、1986)
『支配の代償 英帝国の崩壊と「帝国意識」』木畑洋一著 (東京大学出版会、1987)
『バフチン―〈対話〉そして〈解放の笑い〉』桑野隆著 (岩波書店、1987)
『幻想の東洋―オリエンタリズムの系譜』弥永信美著 (青土社、1987)
『私は黒人奴隷だった―フレデリック・ダグラスの物語』本田創造著 (岩波書店、1987)
『都市のドラマトゥルギー 東京・盛り場の社会史』吉見俊哉著 (弘文堂、1987)
『悲しきブーメラン―アボリジニーの悲劇』新保満著 (未来社、1988)
『太平洋の迷宮―キャプテン・クックの冒険』港千尋著 (リブロポート、1988)
『一九世紀フランス絵画とその外部』稲賀繁美著 (岩波書店、1989)
『大英帝国―最盛期イギリスの社会史』長島伸一著 (講談社、1989)
『シリーズ世界史への問い―1 歴史における自然』樺山紘一著 (岩波書店、1989)
『やさしさの存在証明 若者と制度のインターフェース』栗原彬著 (新曜社、1989)
『読み直すアメリカ文学』竹本憲昭編 (研究社、1990)
『「英語」イデオロギーを問う―西欧精神との格闘』大石俊一著 (開文社出版、1990)
『未完のポリフォニー』桑野隆著 (未来社、1990)
『女たちの世界文学』風呂本・楠瀬・池内 共編 (松香堂、1991)
『アメリカ黒人女性作家論』加藤恒彦著 (御茶の水書房、1991)
『カリブ海世界』石塚道子編 (世界思想社、1991)
『クレオール主義』今福龍太他共著 (青土社、1991)
『男性神話』彦坂諦著 (径書房、1991)
『日本人のオセアニア発見』石川栄吉著 (平凡社、1992)
『イギリス女性運動史―フェミニズムと女性労働運動の結合』今井けい著 (日本経済評論社、1992)。
『米ソ冷戦とアメリカのアジア政策』菅英輝著 (ミネルヴァ書房,1992)
『イギリス現代史』松浦高嶺著 (山川出版社、1992)
『国境の越え方―比較文化論序説』西川長夫著 (筑摩書房、1992)
『近代北方史 アイヌ民族と女性と』海保洋子著 (三一書房、1992)
『ユートピアの幻想』川端香男里著 (講談社、1993)
『現代アフリカ文学案内』土屋哲著 (新潮選書、1994)

『ダーウィニズム論集』八杉龍一著 (岩波文庫、岩波書店、1994)
『希望としてのクレオール』柴田翔著 (筑摩書房, 1994)
『ニュー・アメリカニズム』巽孝之著 (青土社、1995)
『現代批評のプラクティス―2 ニューヒストリシズム』富山太佳夫編 (研究社出版、1995)
『植民地幻想―イギリス文学と非ヨーロッパ』正木恒夫著 (みすず書房、1995)
『近代世界と奴隷制』池本幸三・布留川正博・下山晃 共著 (人文書院、1995)
『バフチン― 対話とカーニバル』北岡誠司著 (講談社、1995)
『文明の帝国　ジュール・ヴェルヌとフランス帝国主義文化』杉本淑彦著 (山川出版社、1995)
『トニ・モリスン―創造と解放の文学』大社淑子著 (平凡社、1996)
『アフリカ世界とのコミュニケーション』北島義信著 (文理閣、1996)
『植民地帝国日本の文化統合』駒込武著 (岩波書店、1996)
『カーニバル色のパッチワーク・キルト―トニ・モリスンの文学』藤平育子著 (学芸書林、1996)
『異文化への視線』佐々木英昭著 (名古屋大学出版部、1996)
『アメリカの女性平和運動史 1889-1931 』(ドメス出版、1996)
『国民の油断』西尾幹二・藤岡信勝 共著 (PHP研究所、1996)
『大英帝国のアジア・イメージ』東田雅博著 (ミネルヴァ書房、1996)
『思想化される周辺世界』岩波講座文化人類学第 12 巻、青木保編 (岩波書店、1996)
『南アジア系移民社会の歴史と現状　イギリス連邦諸国を中心に』内藤雅雄編 (東京外国語大学アジア・アフリカ言語文化研究所、1996)
『メディアと情報化の社会学』岩波講座現代社会学第 22 巻 (岩波書店、1996)
『死産される日本語・日本人』酒井直樹著 (新曜社、1996)
『沖縄の女たち』高里鈴代著 (明石書店、1996)
『差別と共生の社会学』岩波講座現代社会学第 15 巻 (岩波書店、1996)
『砂糖の世界史』川北稔著 (岩波ジュニア新書、1996)
『文化の未来』川田順造著 (未来社、1997)
『文学とアメリカの夢』川上忠雄編 (英宝社、1997)
『トニ・モリスンの世界』加藤恒彦著 (世界思想社、1997)
『帝国主義と世界に一体化』木谷勤著 (山川出版社、1997)
『大英帝国衰亡史』中西輝政著 (PHP研究所、1997)
『歴史の方法』義江彰夫・山内昌之・本村凌二 共編 (東京大学出版会、1997)
『ポストコロニアル状況における地域研究』文部省特定研究報告 no. 21 (東京外国語大学海外事情研究所、1997)
『差異と同一化　ポストコロニアル文学論』山形和美編 (研究社出版、1997)
『イギリス帝国とスエズ戦争：植民地主義・ナショナリズム・冷戦』佐々木雄太著 (名古屋大学出版会、1997)
『植民地主義と文化：人類学のパースペクティヴ』山下晋司・山本真鳥共編 (新

曜社、1997)
『文化の否定性』青木保著 (中央公論社、1998)
『女たちの大英帝国』井野瀬久美恵著 (講談社、1998)
『フェミニズム事典』リサ・タト編 (明石書店、1998)
『世界の歴史 25 ―アジアと欧米世界』加藤祐三・川北稔共著 (中央公論社、1998)
『大英帝国と帝国意識』木畑洋一編著 (ミネルヴァ書房、1998)
『現代インドの展望』古賀正則・内藤雅雄・中村平治 共編 (岩波書店、1998)
『歴史教育を考える』坂本多加雄著 (PHP 研究所、1998)
『現代史の読み方』西川正雄著 (平凡社、1998)
『〈複数文化〉のために ポストコロニアリズムとクレオール性の現在』複数文化研究会編 (人文書院、1998)
『ポストコロニアル状況における地域研究 2』文部省特定研究報告 no. 22 (東京外国語大学海外事情研究所、1998)
『シンポジウム 3』批評空間叢書 16、柄谷行人編著 (太田出版、1998)
『デザイン・テクノロジー・市場』情報社会の文化 3、嶋田厚・柏木博・吉見俊哉共編 (東京大学出版会、1998)
『工業化と国民形成 18 世紀末-20 世紀初』岩波講座世界歴史 18、樺山紘一他編集委員 (岩波書店、1998)
『トランスポジションの思想 文化人類学の再想像』太田好信著 (世界思想社、1998)
『性・暴力・ネーション』江原由美子著 (勁草書房、1998)
『つぶやきの政治思想』李静和著 (青土社、1998)
『グローバリゼーションのなかのアジア カルチュラル・スタディーズの現在』伊豫谷登士翁・酒井直樹・テッサ・モーリス＝スズキ共編 (未来社、1998)
『見えざるユダヤ人 イスラエルの〈東洋〉』臼杵陽著 (平凡社、1998)
『戦争と罪責』野田正彰著 (岩波書店、1998)
『多文化主義で読む英米文学』木下卓・笹田直人・外岡尚美 共編著 (ミネルヴァ書房、1999)
『プリミティヴへの情熱』周蕾著 (青土社、1999)
『アメリカ帝国主義成立史の研究』高橋章著 (名古屋大学出版会、1999)
『第一次世界大戦と社会主義者たち』西川正雄著 (岩波書店、1999)
『言語空間の崇高性』山形和美著 (彩流社、1999)
『台湾、ポストコロニアルの身体』丸川哲史著 (青土社、1999)
『世界の歴史 22 ―近代ヨーロッパの情熱と苦悩』横山紘一著 (中央公論社、1999)
『一九九〇年代のイギリス小説 ポストモダニズムとポストコロニアリズム』二十世紀英文学研究会編 (金星堂、1999)
『メディア空間の変容と多文化社会』青弓社ライブラリー 5、吉見俊哉他共著 (青弓社、1999)
『無為のクレオール』現代人類学の射程、大杉高司著 (岩波書店、1999)

『英米文学の原風景　起点に立つ作家たち』新生言語文化研究会編 (音羽書房鶴見書店、1999)
『近代日本の歴史的位相　国家・民族・文化』大濱徹也編 (刀水書房、1999)
『植民地経験　人類学と歴史学からのアプローチ』栗本英世・井野瀬久美惠共編 (人文書院、1999)
『ディアスポラの思考』上野俊哉著 (筑摩書房、1999)
『私という旅　ジェンダーとレイシズムを超えて』リサ・ゴウ・鄭暎恵共著 (青土社、1999)
『他文化主義とディアスポラ　Voices from San Francisco』戴エイカ著 (明石書店、1999)
『フランケチエンヌ　クレオールの挑戦』恒川邦夫著 (現代企画室、1999)
『越境する知』栗原彬著 (東京大学出版部、2000)
『歴史と英雄　フィリピン革命百年とポストコロニアル』神奈川大学評論ブックレット11、永野善子著 (御茶の水書房、2000)
『アメリカ文学史　コロニアルからポストコロニアルまで』別府恵子・渡辺和子共編著 (ミネルヴァ書房、2000)
『文化解体の想像力　シュルレアリスムと人類学的思考の近代』鈴木雅雄・真島一郎共編 (人文書院、2000)
『ラテンアメリカからの問いかけ　ラス・カサス、植民地支配からグローバリゼーションまで』西川長夫・原毅彦共編 (人文書院、2000)
『ジェンダーは超えられるか　新しい文学批評に向けて』武田悠一編 (彩流社、2000)
『イギリス帝国と世界システム』平田雅博著 (晃洋書房、2000)
『言語帝国主義とは何か』三浦信孝・糟谷啓介共編 (藤原書店、2000)
『イギリス帝国連邦運動と自治植民地』木村和男著 (創文社、2000)
『カルチュラル・スタディーズ入門』上野俊哉・毛利嘉孝共著 (ちくま新書、2000)
『彼女の「正しい」名前とは何か　第三世界フェミニズムの思想』岡真理著 (青土社、2000)
『歴史とトラウマ』下河辺美知子著 (作品社、2000)
『カルチュラル・スタディーズ』吉見俊哉著 (岩波書店、2000)
『台湾、ポストコロニアルの身体』丸川哲史著 (青土社、2000)
『歴史と英雄　フィリピン革命百年とポストコロニアル』永野善子著 (御茶ノ水書房、2000)
『民族誌的近代への介入』太田好信著 (人文書院、2001)
『歴史／修正主義』高橋哲哉著 (岩波書店、2001)
『ポストコロニアル文学の研究』丹羽良治著 (関西大学出版部、2001)
『カルチュラル・スタディーズ』吉見俊哉著 (講談社、2001)
『現代アメリカの政治文化　多文化主義とポストコロニアリズムの交錯』辻内鏡人著 (ミネルヴァ書房、2001)

『ポストコロニアリズム』姜尚中編 (作品社、2001)
『人類学的実践の再構築　ポストコロニアル転回以後』杉島敬志編 (世界思想社、2001)
『ポストコロニアル文学の研究』関西大学東西学術研究所研究叢刊 16、丹羽良治編 (関西大学出版部、2001)
『ポストコロニアル　思考のフロンティア』小森陽一著 (岩波書店、2001)
『クレオール主義』今福龍太著 (青土社、2001)
『サバルタンと歴史』崎山政毅著 (青土社、2001)
『同床異夢』陳培豊著 (三元社、2001)
『国民国家の動揺』弘前大学国際社会研究会著 (水星舎、2001)
『西洋近代文明と中華世界　京都大学人文科学研究所 70 周年記念シンポジウム論集』狭間直樹編 (京都大学学術出版会、2001)
『先住民族の「近代史」　植民地主義を超えるために』上村英明著 (平凡社、2001)
『異種混淆の近代と人類学　ラテンアメリカのコンタクトゾーンから』古谷嘉章著 (人文書院、2001)
『自由論　現在性の系譜学』酒井隆史著 (青土社、2001)
『「帝国」の文学：戦争と「大逆」の間』絓秀実著 (以文社、2001)
『ヘゲモニー国家と世界システム』松田武・秋田茂 共著 (山川出版社、2002)
『埋もれた風景たちの発見』中央大学人文科学研究所編・研究叢書 (中央大学出版部、2002)
『「王国」と「植民地」：近世イギリス帝国のなかのアイルランド』山本正著 (思文閣出版、2002)
『東南アジアのキリスト教』寺田勇文編 (めこん、2002)
『現代アフリカの社会変動　ことばと文化の動態観察』宮本正興・松田素二共編 (人文書院、2002)
『オセアニア・ポストコロニアル』太平洋世界叢書 3、春日直樹編 (国際書院、2002)
『カルチュラル・スタディーズの理論と実践 2　ポストコロニアルとグローバリゼーション』木村茂雄他共著、大阪大学言語文化部、大阪大学大学院言語文化研究科編 (大阪大学言語文化部、2002)
『ポストコロニアルと非西欧世界』神奈川大学評論叢書第 10 巻、神奈川大学評論編集専門委員会編 (御茶の水書房、2002)
『現代フランスを読む　共和国・多文化主義・クレオール』三浦信孝著 (大修館書店、2002)
『持ち越された世紀末　新帝国主義を検証する』岡庭昇著 (論創社、2002)
『モダンの黄昏　帝国主義の改体とポストモダニズムの生成』宮本陽一郎著 (研究社、2002)
『近代日中関係史再考』田中明編著 (日本経済評論社、2002)
『帝国主義の時代と現在　東アジアの対話』比較史・比較歴史教育研究会編 (未来社、2002)

『日本帝国主義下の朝鮮経済』金洛年著 (東京大学出版会、2002)
『英語圏文学　国家・文化・記憶をめぐるフォーラム』竹谷悦子他共編、横山幸三監修 (人文書院、2002)
『近代世界の形成　19世紀世界1』岩波講座近代日本の文化史1、小森陽一他共編 (岩波書店、2002)
『オセアニアの現在　持続と変容の民族誌』河合利光編著 (人文書院、2002)
『帝国の視線：博覧会と異文化表象』松田京子著 (吉川弘文館、2003)
『ヨーロッパ文明批判序説：植民地・共和国・オリエンタリズム』工藤庸子著 (東京大学出版会、2003)
『混在するめぐみ：ポストコロニアル時代の宗教とフェミニズム』川橋範子・黒木雅子共著 (人文書院、2004)
『ポストコロニアル文学の現在』木村茂雄編 (晃洋書房、2004)
『オーストラリアのマイノリティ研究』早稲田大学オーストラリア研究所編 (オセアニア出版社、2005)
『反・ポストコロニアル人類学：ポストコロニアルを生きるメラネシア』吉岡政徳著 (風響社、2005)
『継続する植民地主義：ジェンダー/民族/人種/階級』岩崎稔也編著 (青弓社、2005)
『ポストコロニアルの地平』島村輝・飯田裕子他編 (世織書房、2005)
『グローバル化とアジア社会　ポストコロニアルの地平』新津晃一・吉原直樹共編 (東信堂、2006)
『帝国への抵抗：抑圧の導線を切断する』戸田真紀子編 (世界思想社、2006)
『イギリス帝国と南アフリカ：南アフリカ連邦の形成 1899-1912』前川一郎著 (ミネルヴァ書房、2006)
『帝国論』山下範久編 (講談社、2006)
『ポストコロニアル国家と言語』砂野幸稔著 (三元社、2007)
『他者の自伝—ポストコロニアル文学を読む』中井亜佐子著 (研究社、2007)
『『嵐が丘』を読む　ポストコロニアル批評から「鬼丸物語」まで』川口喬一著 (みすず書房、2007)
『フランス帝国主義と中国』篠永宣孝著 (春風社、2008)
『アメリカ先住民の現代史』内田綾子 (名古屋大学出版会、2008)
『ポストコロニアル批評の諸相』岩田美喜・竹内拓史編 (東北大学出版会、2008)
『燃えるジンバブウェ　南部アフリカにおける「コロニアル」・「ポストコロニアル」経験』吉国恒雄著 (晃洋書房、2008)
『社会学の射程　ポストコロニアルな地球市民の社会学へ』庄司興吉著 (東信堂、2008)
『現代アフリカの紛争と国家　ポストコロニアル家産制国家とルワンダ・ジェノサイド』竹内進一著 (明石書店、2009)
『社会変動と宗教の(再選択) ポスト・コロニアル期の人類学研究)』宮沢千尋編 (南山大学人類学研究所叢書、2009)

『英語文学の越境　ポストコロニアル／カルチュラル・スタディーズの視点から』木村茂雄・山田雄三編著 (英宝社、2010)
『ポスト／コロニアルの諸相』岐阜聖徳学園大学外国語学部編 (彩流社、2010)
『ポストコロニアルを生きる　現代インド女性の行為主体性』常田夕美子著 (世界思想社、2011)
『ジーン・リース小説研究』小林英里著 (ふくろう出版、2011)
『空間と時間のなかのメルヴィル　ポストコロニアルの視点から解明する彼のアメリカと地球 (惑星) のヴィジョン』藤江啓子著 (晃洋書房、2012)
『先住民学習とポストコロニアル人類学』中山京子著 (御茶ノ水書房、2012)
『コンタクト・ゾーンの人文学　第4巻— Postcolonial/ポストコロニアル』京都大学人文科学研究所共同研究報告 (晃洋書房、2013)
『「持続可能性の哲学」への道　ポストコロニアル理性批判と生の地平』牧野英二著 (法政大学出版局、2013)
『「帰郷」の物語／「移動」の語り 戦後日本におけるポストコロニアルの想像力』伊豫谷登士翁・平田由美編 (平凡社、2014)

3. 原典の参考書目

Achebe, C. (1988) *Hopes and Impediments*, London and New York: Doubleday.
Ahmad, A. (1992) *In Theory: Classes, Nations, Literatures*, London: Verso.
Ahmad, A. (1995) 'The politics of literary postcoloniality', *Race and Class* (36) 3.
Albrow, M. (1994) *Globalization: Myths and Realities*, Inaugural Lecture, London: Roehampton Institute.
Albrow, M. and King, E. (1990) (eds.) *Globalization, Knowledge and Society*, London: Sage in association with the International Sociological Association.
Alexander, F. (1969) *Moving Frontiers: An American Theme and its Application to Australian History*, Port Washington, NY: Kennikat Press.
Alexander, M.J. and Mohanty, C.T. (1997) (eds.) *Feminist Genealogies, Colonial Legacies, Democratic Futures*, New York and London: Routledge.
Alexis, J.S. (1956) 'Of the magical realism of the Haitians', *Présence Africaine* 8-10.
Alleyne, M.C. (1980) 'Theoretical orientations in creole studies' in A. Valdman and A. Highfield (eds.), *Theoretical Orientations in Creole Studies*, New York: Academic Press.
Altbach, P.G. (1975) 'Literary colonialism: books in the Third World', *Harvard Educational Review* 15 (2) (May).
Althusser, L. (1984) *Essays on Ideology*, London: Verso.
Anderson, B. (1983) *Imagined Communities: Reflections on the Origin and Spread of Nationalism*, London: Verso.
Appadurai, A. (1991) 'Global ethnoscapes. Notes and queries for a transnational anthropology' in R. Fox (ed.) *Recapturing Anthropology: Working in the Present*, Santa

Fe, NM: School of American Research Press.
Appiah, K.A. (1992) *In My Father's House: Africa in the Philosophy of Culture*, London: Methuen.
Arac, J. and Ritvo, H. (1995) (eds.) *Macropolitics of Nineteenth-century Literature: Nationalism, Exoticism, Imperialism*, Durham, NC: Duke University Press.
Asad, T. (1973) (ed.) *Anthropology and the Colonial Encounter*, London: Ithaca.
Ashcroft, B., Griffiths, G. and Tiffin, H. (1989) *The Empire Writes Back: Theory and Practice in Post-colonial Literatures*, London: Routledge.
Ashcroft, B., Griffiths, G. and Tiffin, H. (1995) *The Post-Colonial Studies Reader*, London: Routledge.
Ashcroft, B. (1996) 'On the hyphen in post-colonial', *New Literatures Review* 32: 23-32.
Ashcroft, W.D., Cotter, M., Docker, J. and Nandan, S. (1977) *New Literature Review* 2 'Special issue: post-colonial literature'.
Ashcroft, W.D. (1989a) 'Intersecting marginalities: post-colonialism and feminism', *Kunapipi* (11) 2.
Ashcroft, W.D. (1989b) 'Is that the Congo? Language as metonymy in the post-colonial text', *World Literature Written in English* (29) 2 (Autumn).
Bakhtin, M. (1981) *The Dialogic Imagination: Four Essays*, edited by Michael Holquist; translated by Caryl Emerson and Michael Holquist, Austin: Universiry of Texas Press.
Bakhtin, M. (1994) *The Bakhtin Reader: Selected Writings of Bakhtin, Medvedev and Voloshinov*, edited by Pam Morris, with a glossary compiled by Graham Roberts, London: Edward Arnold.
Barber, K. (1991) *I Could Speak until Tomorrow: Oriki, Women and the Past in a Yoruba Town*, Edinburgh: Edinburgh University Press for the International African Institute.
Barber, K. and De Moraes-Farias, P. F. (1989) (eds.) *Discourse and its Disguises: The Interpretation of African Oral Texts*, Birmingham: University of Birmingham, Centre of West African Studies.
Barker, M. (1981) *The New Racism: Conservatives and the Ideology of the Tribes*, London: Junction Books.
Barker, M. (1982) *The New Racism: Conservatives and the Ideology of the Tribes*, Frederick, MD: Aletheia Books.
Barret, L.E. (1977) *The Rastafarians: The Dreadlocks of Jamaica*, Kingston, Jamaica: Sangster's Book Store.
Barrett, L.E. (1988) *The Rastafarians: Sounds of Cultural Dissonance*, Boston: Beacon Press.
Barrios de Chungara, D. (1977) *Let Me Speak: Testimony of Domatila, a Woman of the Bolivian Mines*, translated by Victoria Ortiz, London: Monthly Review Press.
Baumgart, W. (1982) *Imperialism: The Idea and Reality of British and French Colonial*

Expansion 1880-1914, translated by Ben V. Mast, Oxford: Oxford University Press.
Baxter, P. and Sansom, B. (1972) *Race and Social Difference: Selected Readings*, Harmondsworth: Penguin.
Berkhofer, R.F. (1978) *The White Man's Indian: Images of the American Indian from Columbus to the Present*, New York: Knopf.
Beverley, J. (1989) 'The margin at the center: On *testimonio* (testimonial narrative)', *Modern Fiction Studies* (35) 1 (Spring).
Beverley, J. and Zimmerman, M. (1990) *Literature and Politics in the Central American Revolutions*, Austin: University of Texas Press.
Bhabha, H.K. (1984a) 'Of mimicry and man: the ambivalence of colonial discourse', *October* 28 (Spring) (reprinted as Ch. 4 of Bhabha 1994).
Bhabha, H.K. (1984b) 'Representation and the colonial text: a critical exploration of some forms of mimeticism' in F. Gloversmith (ed.) *The Theory of Reading*, Brighton: Harvester.
Bhabha, H.K. (1985) 'Signs taken for wonders: questions of ambivalence and authority under a tree outside Delhi, May 1817', *Critical Inquiry* (12) 1 (Autumn) (reprinted as Ch. 6 of Bhabha 1994).
Bhabha, H.K. (1988) 'The commitment to theory', *New Formations* 5, 5-23 (also appears in an altered form in J. Pines and P. Willemen (eds.) *Questions of Third Cinema*, British Film Institute, 1989 and subsequently reprinted as Ch. 1 of Bhabha 1994).
Bhabha, H.K. (1990) (ed.) *Nation and Narration*, London and New York: Routledge.
Bhabha, H.K. (1994) *The Location of Culture*, London: Routledge.
Biddiss, M.D. (1970) *Father of Racist Ideology: The Social and Political Thought of Count Gobineau*, London: Weidenfeld & Nicholson.
Billington, R.A. (1966) (ed.) *The Frontier Thesis: Valid Interpretation of American History?*, New York: Holt, Rinehart.
Bishop, A. (1990) 'Western mathematics: the secret weapon of cultural imperialism', *Race and Class* 32 (2).
Blackburn, R. (1988) *The Overthrow of Colonial Slavery, 1776-1848*, London and New York: Verso.
Blassingame, J.W. (1971) (ed.) *New Perspectives on Black Studies*, Urbana, IL.: University of Illinois Press.
Blaut, J.M. (1987) *The National Question: Decolonizing the Theory of Nationalism*, preface by Juan Mari Bras, London: Zed Books.
Blomstrom, M. and Hettne, B. (1984) *Development Theory in Transition: The Dependency Debate and Beyond; Third World Responses*, London: Zed Books.
Bochner, S. (1982) (ed.) *Cultures in Contact: Studies in Cross-cultural Interaction*, Oxford and New York: Pergamon Press.

Boehmer, E. (1991) 'Stories of women and mothers: gender and nationalism in the early fiction of Flora Nwapa' in Susheila Nasta *Motherlands*, London: Women's Press.

Boehmer, E. (1995) *Colonial and Postcolonial Literature: Migrant Metaphors*, Oxford: Oxford University Press.

Boon, J.A. (1982) *Other Tribes, Other Scribes: Symbolic Anthropology in the Comparative Study of Cultures, Histories, Religions, and Texts*, Cambridge: Cambridge University Press.

Boons-Grafé, M.C. (1992) 'Other/other' (translated by Margaret Whitford) in Elizabeth Wright (ed.) *Feminism and Psychoanalysis: A Critical Dictionary*, Oxford: Blackwell.

Brathwaite, E.K. (1971) *The Development of Creole Society in Jamaica, 1770-1820*, Oxford: Oxford Universrty Press.

Brathwaite, E.K. (1974) *Contradictory Omens: Cultural Diversity and Integration in the Caribbean*, Mona, Jamaica: Savacou Publications.

Brathwaite, E.K. (1984) *History of the Voice: The Development of Nation Language in Anglophone Caribbean Poetry*, London: New Beacon Books. Cited in Ashcroft *et al.* (1995) pp. 309-313.

Bray, T. and Middleton, R. (1979) *Contemporary Modernism*, Milton Keynes: Open University Press.

Bremen, J. (1990) (ed.) *Imperial Monkey Business: Racial Supremacy in Social Darwinist Theory and Colonial Practice*, CASA Monographs 3, Amsterdam: VU University Press.

Brennan, T. (1989) *Salman Rushdie and the Third World: Myths of the Nation*, London: Macmillan.

Brotherston, G. (1992) *Book of the Fourth World: Reading the Native Americas through their Literature*, Cambridge: Cambridge University Press.

Brown, R. H. and Coelho, G.V. (1987) (eds.) *Migration and Modernization: The Indian Diaspora in Comparative Perspective*, Williamsburg, VA: Department of Anthropology, College of William and Mary.

Brydon, D. (1984) 'Re-writing *The Tempest*', *World Literature Written in English* (23) I (Winter).

Brydon, D. 'The white Inuit speaks: contamination as literary strategy' in I. Adam and H. Tiffin (eds.) *Past the Last Post: Theorising Post-Colonialism and Post-Modernism*, New York and London: Harvester Wheatsheaf.

Brydon, D. and Tiffin, H. (1993) *Decolonising Fictions*, Aarhus: Dangaroo.

Cabral, A. (1973) *Return to the Sources: Selected Speeches*, New York and London: Monthly Review Press.

Campbell-Praed, Mrs (1881) *Policy and Passion*, London: Richard Bentley and Sons.

Carby, H. (1982) 'White woman listen! Black feminism and the boundaries of sisterhood' in *The Empire Strikes Back: Race and Racism in 70s Britain*, Centre for

Contemporary Cultural Studies, University of Birmingham, London: Hutchinson.
Carothers, J.C. (1953) *The African Mind in Health and Disease: A Study in Ethnopsychiatry*, Geneva: World Health Organization.
Carter, E., Donald, J. and Squires, J. (1993) (eds.) *Space and Power: Theories of Identity and Location*, London: Lawrence & Wishart.
Carter, M. (1996) *Voices from Indenture: Experiences of Indian Migrants in the British Empire*, New York: Leicester University Press.
Carter, P. (1987) *The Road to Botany Bay*, London: Faber & Faber.
Carter, P. (1996) *The Lie of the Land*, London: Faber & Faber.
Cashmore, E. (1983) *Rastaman: The Rastafarian Movement in England*, London and Boston: Unwin.
Célestin, R. (1996) *From Cannibals to Radicals: Figures and Limits of Exoticism*, Minneapolis and London: University of Minnesota Press.
Chatterjee, P. (1986) *Nationalist Thought and the Colonial World: A Derivative Discourse*, London: Zed Books.
Chatterjee, P. (1993) *The Nation and its Fragments: Colonial and Postcolonial Histories*, Princeton, NJ: Princeton University Press.
Childs, P. and Williams, P. (1997) *An Introduction to Post-Colonial Theory*, London and New York: Prentice Hall/Harvester Wheatsheaf.
Chrisman, L. and Williams, P. (1993) (eds.) *Colonial Discourse and Postcolonial Theory: A Reader*, Hemel Hempstead: Harvester Wheatsheaf.
Clayton, D. and Gregory, D. (1996) (eds.) *Colonialism, Postcolonialism and the Production of Space*, Oxford: Blackwell.
Clifford, J. (1986) (ed.) *Writing Culture: The Poetics and Politics of Ethnography*. A School of American Research Advanced Seminar. Berkeley: University of California Press.
Clifford, J. (1988) *The Predicament of Culture*, Cambridge, MA: Harvard University Press.
Coetzee, J.M. (1980) *Waiting for the Barbarians*, Harmondsworth: Penguin.
Coetzee, J.M. (1989) *White Writing: The Culture of Letters in South Africa*, Yale, MA: Yale University Press.
Connor, W. (1984) *The National Question in Marxist-Leninist Theory and Strategy*, Princeton: Princeton University Press.
Coombes, A.E. (1994) *Reinventing Africa: Museums, Material Culture and Popular Imagination*, New Haven and London: Yale University Press.
Crosby, A. W. (1986) *Ecological Imperialism: The Biological Expansion of Europe, 900-1900*, Cambridge: Cambridge University Press.
Culler, J. (1981) *The Pursuit of Signs: Semiotics, Literature, Deconstruction*, London: Routledge.
Dale, L. and Ryan, S. (1998) (eds.) *The Body in the Library*, Amsterdam: Rodopi.

D'Andrade, R.G. (1995) *The Development of Cognitive Anthropology*, Cambridge and New York: Cambridge University Press.

Darian-Smith, K., Gunner, L. and Nuttall, S. (1996) (eds.) *Text, Theory, Space: Land, Literature and History in South Africa and Australia*, London: Routledge.

Dash, J.M. (1992) *Discours Antillais: Caribbean Discourse: Selected Essays by Edouard Glissant*, translated and with an introduction by J. Michael Dash, Charlottesville: University Press of Virginia.

Dash, J.M. (1995) *Edouard Glissant*, Cambridge and New York: Cambridge University Press.

Davidson, B. (1992) *The Black Man's Burden: Africa and the Curse of the Nation-state*, London: James Currey.

Davidson, B. (1994) *The Search for Africa, History, Culture, Politics*, New York: Random House.

Davis, J. and Hodge, B. (1985) (eds.) *Aboriginal Writing Today*, Canberra: Australian Institute of Aboriginal Studies.

DeCamp, D. (1977) 'The development of pidgin and creole studies' in A.Valman (ed.) *Pidgin and Creole Linguistics*, Bloomington: Indiana University Press.

DeFoigny, G. (1995) *The Southern Land, Known*, translated by D. Fausett, Syracuse, NY: Syracuse University Press.

Deleuze, G. and Guattari, F. (1972) *Anti-Oedipus: Capitalism and Schizophrenia*, translated by Robert Hurley, Mark Seem and Helen R. Lane, New York: Viking; reprinted Minneapolis: University of Minnesota Press, 1987.

Deleuze, G. and Guattari, F.(1980)*A Thousand Plateaus: Capitalism and Schizophrenia*, translated and foreword by Brian Massumi, London: Athlone Press.

de Moraes-Farias, P.F. and Barber, K. (1990) *Self-Assertion and Brokerage: Early Cultural Nationalism in West Africa*, University of Birmingham African Studies Series 2, Birmingham: Centre of West African Studies.

Denoon, D. (1979) 'Understanding settler societies', *Historical Studies* (18) 73: 511-527.

Denoon, D. (1983) *Settler Capitalism: The Dynamics of Dependent Development in the Southern Hemisphere*, Oxford: Clarendon. (Considers New Zealand, Australia, South Africa, Uruguay, Argentina, and Chile.)

Derrida, J. (1986) 'Racism's last word' (*Le Dernier mot du Racisme*), translated by Peggy Kamuf in Henry Louis Gates (ed.) *'Race', Writing and Difference*, Chicago: University of Chicago Press.

Devy, G.N. (1992) *After Amnesia: Tradition and Change in Indian Literary Criticism*, Hyderabad: Orient Longman and Sangam Books.

Docker, J. (1978) 'The neo-colonial assumption in university teaching of English' in Chris Tiffin (ed.) *South Pacific Images*, St Lucia, Queensland: SPACLALS.

Donaldson, L. (1993) *Decolonizing Feminisms*, London and New York: Routledge.

Douglas, M. (1991) *Purity and Danger: An Analysis of the Concepts of Pollution and Taboo*, London: Routledge.
Drescher, S. (1987) *Capitalism and Antislavery: British Mobilisation in Comparative Perspective*, Oxford: Oxford University Press.
Du Cille, A. (1996) *Skin Trade*, Cambridge, MA: Harvard University Press.
Dunn, R.S. (1973) *Sugar and Slaves: The Rise of the Planter Class in the English West Indies 1624-1713*, New York: Norton.
Easthope, A. and McGowan, K. (1992) *A Critical and Cultural Theory Reader*, Sydney: Allen & Unwin.
Easton, S.C. (1964) *The Rise and Fall of Western Colonialism: A Historical Survey from the Early Nineteenth Century to the Present*, New York: Praeger.
Eddy, J. and Schreuder, D. (1988) (eds.) *The Rise of Colonial Nationalism: Australia, New Zealand, Canada and South Africa First Assert Their Nationalities 1880-1914*, Sydney: Allen & Unwin.
Eysteinsson, A. (1990) *The Concept of Modernism*, Ithaca: Cornell University Press.
Fanon, F. (1952) *Black Skin: White Masks*, translated by Charles Lam Markmann, London: MacGibbon and Kee (1968).
Fanon, F. (1959) *Studies in a Dying Colonialism*, translated by Haakon Chevalier, New York: Grove (1965, reissued 1970).
Fanon, F. (1961) *The Wretched of the Earth*, translated by Constance Farrington, New York: Grove. Cited in Ashcroft *et al.* (1995).
Fanon, F. (1964) *Towards the African Revolution*, translated by Haakon Chevalier, Harmondsworth: Penguin (1967).
Fardon, R. (1990) (ed.) *Localizing Strategies: Regional Traditions of Ethnographic Writing*, Edinburgh: Scottish Academic Press.
Featherstone, M. (1990) (ed.) *Global Culture: Nationalism, Globalization and Modernity*, London: Sage.
Featherstone, M., Lash, S. and Robertson, R. (1995) (eds.) *Global Modernities*, London: Sage.
Fee, M. (1989) 'Why C.K. Stead didn't like Keri Hulme's *the bone people*: who can write as other?', *Australian and New Zealand Studies in Canada* 1.
Ferguson, M. (1993a) 'The myth about globalization', *European Journal of Communication* (7): 69-93.
Ferguson, M. (1993b) *Colonialism and Gender Relations from Mary Wollstonecraft to Jamaica Kincaid: East Caribbean Connections*, New York: Columbia University Press.
Ferguson, R. *et al.* (1990) (eds.) *Out There: Marginalization and Contemporary Cultures*, foreword by Marcia Tucker, images selected by Felix Gonzalez-Torres, New York: New Museum of Contemporary Art, Cambridge, MA: MIT Press.
Ferro, M. (1997) *Colonization: A Global History*, London and New York: Routledge.

Fieldhouse, D.K. (1981) *Colonialism 1870-1945: An Introduction*, London: Weidenfeld & Nicolson.
Fishman, J.A. (1985) *The Rise and Fall of the Ethnic Revival: Perspectives on Language and Ethnicity*, Berlin and New York: Mouton.
Fokkema, D.W. (1984) *Literary History, Modernism, and Postmodernism*, Amsterdam and Philadelphia: J. Benjamins Pub. Co.
Foucault, M. (1971) 'Orders of discourse: inaugural lecture delivered at the Collège de France', *Social Science Information* (10) 2: 7-30.
Foucault, M. (1977) *Discipline and Punish: The Birth of the Prison*, translated by Alan Sheridan, New York: Vintage.
Foucault, M. (1979) 'What is an author?', translated by Joseph Harari, in David Lodge (ed.) *Modern Criticism and Theory: A Reader*, London and New York: Longman.
Fox, R.G. (1990) (ed.) *Nationalist Ideologies and the Production of National Cultures*, Washington DC: American Anthropological Association.
Frank, A.G. (1979) *Capitalism and Underdevelopment in Latin America*, Harmondsworth: Penguin.
Friel, B. (1981) *Translations*, London and Boston: Faber & Faber. (First performed in September 1980.)
Fuss, D. (1994) 'Interior colonies: Frantz Fanon and the politics of identification', *Diacritics* (24) 2-3 (Summer/Fall): 20-42.
Gates Jnr, H. L. (1986) *'Race', Writing and Difference*, Chicago and London: University of Chicago Press.
Gates Jnr, H.L. (1991) 'Critical Fanonism', *Critical Inquiry* 17 (Spring).
Gibson, R. (1992) *South of the West: Postcolonialism and the Narrative Construction of Australia*. Bloomington: Indiana University Press.
Giddens, A. (1990) *The Consequences of Modernity*, Cambridge: Polity Press.
Gikandi, S. (1992) 'The politics and poetics of national formation: recent African writing' in Anna Rutherford (ed.) *From Commonwealth to Post-Colonial*, Aarhus and Sydney: Dangaroo Press.
Gilman, S.L. (1985) 'Black bodies, white bodies: toward an iconography of female sexuality in nineteenth-century art, medicine, and literature' in Henry Louis Gates (ed.) *'Race', Writing, and Difference*, Chicago and London: University of Chicago Press.
Glissant, E. (1989) *Caribbean Discourse: Selected Essays*, translated by J. Michael Dash, Charlottesville: University Press of Virginia. (French version, Paris: Editions Seuill 1981).
Gobineau, J.A. comte de (1853-5) *Essai sur l'inégalité des Races humaines*, (4 vols) Paris: Firmin Didot.
Gobineau, J.A. comte de (1856) *The Moral and Intellectual Diversity of Races (Essai sur l'inégalité des Races humaines)*, New York: Garland 1984 (originally published Philadelphia: Lippincott 1856).

Goffman, E. (1961) *Asylums: Essays on the Social Situation of Mental Patients and Other Inmates*, Harmondsworth: Penguin.
Gramsci, A. (1971) *Selections from the Prison Notebooks*, edited and translated by Quintin Hoare and Geoffrey Nowell Smith, London: Lawrence & Wishart.
Gramsci, A. (1988) *A Gramsci Reader: Selected Writings 1916-1935*, edited by David Forgacs, London: Lawrence & Wishart.
Gramsci, A. (1991) *Prison Notebooks*, New York: Columbia University Press.
Griffiths, G. (1994) 'The myth of authenticity' in C. Tiffin and A. Lawson (eds) *Describing Empire: Postcolonialism and Textuality*, London: Routledge.
Griffiths, G. (1997) 'Writing, literacy and history in Africa' in M.-H. Msiske and P. Hyland (eds.) *Writing and Africa*, London: Longman.
Grove, R. (1994) *Green Imperialism*, Cambridge: Cambridge University Press.
Gugelberger, G. (1996) *The Real Thing*, Durham and London: Duke University Press.
Gugelberger, G. and Kearney, M. (1991) (eds.) 'Voices for the voiceless: testimonial literature in Latin America', *Latin American Perspectives* Issue 70, (18) 3 (Summer); Issue 71, (18) 4 (Fall).
Guha, R. (1982) (ed.) *Subaltern Studies 1: Writings on South Asian History and Society*, (7 vols), Delhi: Oxford University Press.
Gunner, E. (1994) *Politics and Performance*, Johannesburg: Wits University Press.
Gunner, E. and Furniss, G. (1995) *Power, Marginality and African Oral Literature*, Cambridge and New York: Cambridge University Press.
Gunner, E. and Gwala, M. (1991) (trans. and eds.) *Musho! Zulu Popular Praises*, East Lansing: Michigan State University Press.
Gunew, S. (1994) *Framing Marginality: Multicultural Literary Studies*, Carlton, Victoria: Melbourne University Press.
Gurr, A. (1981) *Writers in Exile: The Identity of Home in Modern Literature*, Brighton: Harvester.
Habermas, J. (1981) 'Modernity versus postmodernity', *New German Critique* 22.
Habermas, J. (1987) *The Philosophical Discourse of Modernity*, Cambridge: Polity.
Hadjor, K.B. (1992) *Dictionary of Third World Terms*, Harmondsworth: Penguin.
Hall Jnr, R.A. (1988) *Pidgin and Creole Languages*. London and New York: Longman Linguistics Library.
Hall, S. (1989) 'New ethnicities' in *Black Film, British Cinema*, ICA Documents 7, London: Institute of Contemporary Arts.
Hall, S. (1991) 'The local and the global: globalisation and ethnicity' in A. King (ed.) *Culture Globalization and the World System*, London: Macmillan.
Hammersley, M. and Atkinson, P. (1983) *Ethnography: Principles in Practice*, London and New York: Tavistock.
Harlow, B. (1987) *Resistance Literature*, New York: Methuen.
Harris, W. (1981) *Explorations: A Selection of Talks and Articles 1966-1981*, edited by

Hena Maes-Jelinek, Aarhus, Denmark: Dangaroo.
Harris, W. (1983) *The Womb of Space: The Cross-Cultural Imagination*, Westport, CT: Greenwood.
Harrison, C., Frascina, F. and Perry, G. (1993) *Primitivism, Cubism, Abstraction: The Early Twentieth Century*, New Haven: Yale University Press, in association with the Open University.
Havinden, M. and Meredith, D. (1993) *Colonialism and Development: Britain and its Tropical Colonies, 1850-1960*, London: Routledge.
Healy, J. J. (1979) *Literature and the Aborigine in Australia*, St Lucia: University of Queensland Press (2nd ed. 1989).
Higman, B.W. (1984) *Slave Populations in the British Caribbean 1807-1834*, London and Baltimore: Johns Hopkins University Press.
Hiller, S. (1991) (ed.) *The Myth of Primitivism: Perspectives on Art*, London and New York: Routledge.
Hobsbawm, E.J. (1968) *Industry and Empire: An Economic History of Britain since 1750*, London: Weidenfeld & Nicolson.
Hobsbawm, E.J. (1990) *Nations and Nationalism Since 1780*, Cambridge: Canto (Cambridge University Press).
Hobson, J.A. (1902) *Imperialism*, Ann Arbor: University of Michigan Press.
Hodge, B. and Mishra,V. (1990) *The Dark Side of the Dream: Australian Literature and the Postcolonial Mind*, Sydney: Allen & Unwin.
Hofmeyer, I. (1993) *We Spend Our Years As a Tale that is Told: Oral Historical Narrative in a South African Chiefdom*, Johannesburg: Witwatersrand University Press; New Haven: Heinemann.
Holm, J.A. (1988) *Pidgins and Creoles: Theory and Structure*, Vol. I, Cambridge Language Surveys, Cambridge: Cambridge University Press 1-12.
Holquist, M. (1984) 'Introduction' to Mikhail Bakhtin *Rabelais and his World*, translated by Hélene Iswolsky, Bloomington: Indiana University Press.
Holst-Petersen, K. and Rutherford, A. (1985) *A Double Colonization: Colonial and Post- colonial Womens' Writing*, Aarhus, Denmark: Dangaroo.
Huggan, G. (1989) 'Decolonizing the map: post-colonialism, post-structuralism and the cartographic connection', *Ariel* 20 (4).
Hulme, P. (1986) *Colonial Encounters: Europe and the Native Caribbean 1492-1797*, London: Methuen (reissued Routledge 1992).
Husband, C. (1994) *'Race' and Nation: The British Experience*, Perth, WA: Paradigm.
Hyam, R. (1990) *Empire and Sexuality: The British Experience*, Manchester and New York: Manchester University Press.
Ingold, T. (1996) (ed.) *Key Debates in Anthropology*, London and New York: Routledge.
Institute of Commonwealth Studies (1982) *The Diaspora of the British*, London:

University of London (Institute of Commonwealth Studies).
Isajaw, W.W. (1974) 'Definitions of ethnicity', *Ethnicity* (1) 2: 111-174.
Jack, B. E. (1996) *Negritude and Literary Criticism: The History and Theory of 'Negro-African' Literature in French*, Westport, CT: Greenwood Press.
Jameson, F. (1986) 'Third World literature in the era of multinational capitalism', *Social Text* 15 (Fall).
JanMohammed, A.R. (1983) *Manichean Aesthetics: The Politics of Literature in Colonial Africa*, Amherst: University of Massachusetts Press.
JanMohammed, A.R. (1985) 'The economy of Manichean allegory: the function of racial difference in colonialist literature', *Critical Inquiry* 12 (1). In Ashcroft *et al.* (1995), pp. 18-23.
Johnson, G.A. and Snaith, M.B. (1990) (eds.), *Ontology and Alterity in Merleau-Ponty*, Evanston, IL.: Northwestern.
Jones, J. (1965) *Terranglia: The Case for English as World Literature*, New York: Twayne.
Jordan, G. and Weedon, C. (1995) *Cultural Politics: Class, Gender, Race, and the Postmodern World*, Oxford, UK and Cambridge, MA: Blackwell.
Kanneh, K. (1995) *The Difficult Politics of Wigs and Veils: Feminism and the Colonial Body* (Paper presented at the Conference on Gender and Colonialism, U.C. Galway, May 1992), in Ashcroft *et al.* (1995).
Kennedy, E.C. (1975) (ed. and introd.) *The Negritude Poets: An Anthology of Translations from the French*, New York: Viking.
Kilgour, M. (1993) *From Communion to Cannibalism: An Anatomy of Metaphors of Incorporation*, Princeton, NJ: Princeton University Press.
Kincaid, J. (1985) *Annie John*, London: Picador.
Kincaid, J. (1988) *A Small Place*, London: Virago.
King, A.D. (1991) (ed.) *Culture Globalization and the World System*, London: Macmillan.
King, B. (1974) (ed.) *Literatures of the World in English*, London: Routledge.
King, B. (1980) *The New Literatures in English*, London: Macmillan.
King, B. (1996) (ed.) *New National and Post-Colonial Literatures: An Introduction*, Oxford: Clarendon.
Kipling, R. (1889) 'The Ballad of East and West' in *Rudyard Kipling's Verse: The Definitive Edition*, London: Hodder & Stoughton (1940).
Kipling, R. (1897) 'Recessional' in *Rudyard Kipling's Verse: The Definitive Edition*, London: Hodder & Stoughton (1940).
Kipling, R. (1899) 'The White Man's Burden: The United States and the Philippine Islands' in *Rudyard Kipling's Verse: The Definitive Edition*, London: Hodder & Stoughton (1940).
Koebner, R. (1961) *Empire*, Cambridge: Cambridge University Press.

Koebner, R. and Schmidt, H.D. (1964) *Imperialism: The Story and Significance of a Political Word, 1840-1960*, Cambridge: Cambridge University Press.
Kofman, E. and Youngs, G. (1996) *Globalization: Theory and Practice*, London: Pinter.
Kroestch, R. (1974) 'Unhiding the hidden: recent Canadian fiction', *Journal of Canadian Fiction*, (3) 3. Cited in Ashcroft *et al.* (1995) pp. 391-396.
Lacan, J. (1966) *Ecrits*, Paris: Editions du Seuil.
Lacan, J. (1968) *The Language of the Self: The Function of Language in Psychoanalysis*, translated with notes and commentary, by Anthony Wilden, Baltimore, MD: Johns Hopkins University Press.
Lacan, J. (1977) *Ecrits: A Selection*, translated by Alan Sheridan, London: Tavistock.
Lapping, B. (1987) *Apartheid: A History*, London: Paladin.
Larson, C. (1973) 'Heroic ethnocentrism: the idea of universality in literature', *The American Scholar* (42) 3 (Summer).
Lawson, A. (1991) 'A cultural paradigm for the Second World', *Australian-Canadian Studies* (9) 1-2: 67-78.
Lawson, A. (1994) 'Un/settling colonies: the ambivalent place of discursive resistance' in Chris Worth *et al.* (eds) *Literature and Opposition*, Clayton,Victoria: Centre for Comparative and Cultural Studies, Monash University.
Lawson, A. (1995) 'Postcolonial theory and the "settler" subject', *Essays on Canadian Writing* 56 (Fall): 20-36.
Lee, D. (1974) 'Cadence, country silence: writing in colonial space', *Boundary 2* (3) I (Fall). Cited in Ashcroft *et al.* (1995) pp. 397-401.
Lefevere, A. (1983) 'Interface: some thoughts on the historiography of African literature written in English' in Dieter Riemenschneider (ed.) *The History and Historiography of Commonwealth Literature*, Tübingen: Gunter Narr Verlag.
Lenin, V.1. (1916) 'Imperialism, the highest stage of capitalism' in *Collected Works of V.I. Lenin*, Moscow: Foreign Language House, 1960-1969.
Lichteim, G. (1971) *Imperialism*, London: Allen Lane.
Locke, J. (1960) *Two Treatises of Government*, introduced by Peter Laslet, Cambridge: Cambridge University Press.
Low, G.C.L. (1996) *White Skins, Black Masks: Representation and Colonialism*, London: Routledge.
McClintock, A. (1995) *Imperial Leather: Race, Gender and Sexuality in the Colonial Context*, London and New York: Routledge.
McHoul, A. and Grace, W. (1993) *A Foucault Primer: Discourse, Power and the Subject*, Melbourne: Melbourne University Press.
Mackenzie, J.M. (1989) *The Empire of Nature: Hunting, Conservation and British Imperialism*, Manchester: Manchester University Press.
McNeill, W. H. (1983) *The Great Frontier: Freedom and Hierarchy in Modern Times*, Princeton, NJ: Princeton University Press.

Malik, K. (1996) *The Meaning of Race: Race, History and Culture in Western Society*, New York: New York University Press.
Manning, P. (1990) *Slavery and African Life: Occidental, Oriental and African Slave Trades*, Cambridge: Cambridge University Press.
Maolain, C.O. (1985) (ed.) *Latin American Political Movements*, Harlow: Longman.
Marshall, P. (1968) *The Chosen Place, The Timeless People*, New York: Vintage (1984).
Matthews, J. P. (1962) *Tradition in Exile*, Toronto: University of Toronto Press.
Maxwell, A. (1998) *Colonial Photography and Exhibitions*, London: Cassell.
Mba, E. (1982) *Nigerian Women Mobilised: Women's Political Activity in Southern Nigeria 1900-1965*, Berkeley Institute of International Studies, University of California.
Memmi, A. (1965) *The Colonizer and the Colonized*, translated by Howard Greenfield, Boston: Beacon Press.
Mercer, K. (1994) *Welcome to the Jungle: New Positions in Black Cultural Studies*, New York: Routledge.
Meyer, S. (1996) *Imperialism at Home: Race and Victorian Womens' Fiction*, Ithaca and London: Cornell University Press.
Middleton, R. (1979) *The Meaning of Modernism*, Milton Keynes: Open University Press.
Miller, N. and Aya, R. (1971) (eds.), introduction by Eric R. Wolf, *National Liberation: Revolution in the Third World*, New York: Free Press.
Mills, S. (1991) *Discourses of Difference: An Analysis of Women's Travel Writing and Colonialism*, London: Routledge.
Mishra. V. (1996a) 'The diasporic imaginary: theorising and the Indian diaspora', *Textual Practice* 10:421-427.
Mishra, V. (1996b) '(B)ordering Naipaul: indenture history and diasporic poetics', *Diaspora* 5 (2) Fall: 189-237.
Mitchell, W. J.T. (1992) 'Postcolonial culture, postimperial criticism', *Transition* 56. Cited in Ashcroft *et al.* (1995), pp. 475-480.
Mitchell, W. J.T. (1994) *Landscape and Power*, Chicago and London: Chicago University Press.
Mohanty, C.T. (1984) 'Under Western eyes: feminist scholarship and colonial discourse', *Boundary 2* (Spring/Fall): 71-92.
Mohanty, C.T., Russo, A. and Torres, L. (eds.) (1991) *Third World Women and the Politics of Feminism*, Bloomington: Indiana University Press.
Moikabu, J.M. (1981) *Blood and Flesh: Black American and African Identifications*, Westport, CT: Greenwood Press.
Moodie, S. (1852) *Roughing it in the Bush*, Toronto: McLelland & Stewart (1962).
Mosley, A.G. (1995) (ed.) *African Philosophy: Selected Readings*, Englewood Cliffs, NJ: Prentice Hall.

Msiska, M.H. and Hyland, P. (1997) (eds.) *Writing and Africa*, London: Longman.
Mudimbe, V.Y. (1992) (ed.) *The Surreptitious Speech: Présence Africaine and the Politics of Otherness, 1947-1987*, Chicago: University of Chicago Press.
Mudimbe, V.Y. (1994) *The Idea of Africa*, Bloomington: Indiana University Press/ London: J. Currey.
Mudrooroo (1990) *Writing from the Fringe: A Study of Modern Aboriginal Writing*, South Yarra, Vic.: Hyland House.
Mukherjee, A. (1990) 'Whose post-colonialism and whose post-modernism?' *WLWE* 30 (2): 1-9.
Mulhauser, P. (1986) *Pidgin and Creole Linguistics*, Oxford: Blackwell.
Murray, S. (1997) (ed.) *Not on Any Map: Essays on Post-Coloniality and Cultural Nationalism*, Exeter: Exeter University Press.
Muysken, P. and Smith, N. (1995) 'The study of pidgin and creole languages' in J. Arends, P. Muysken and N. Smith (eds) *Pidgins & Creoles: An Introduction*, Amsterdam and Philadelphia: John Benjamins, pp. 3-14.
Naipaul, V.S. (1967) *The Mimic Men*, London: Andre Deutsch.
Nederveen Pieterse, J. (1992) *White on Black: Images of Africa and Blacks in Western Popular Culture*, New Haven and London: Yale University Press.
Nederveen Pieterse, J. (1995) *The Development of Development Theory Towards Critical Globalism*, Working Paper Series, The Hague: Institute of Social Studies.
Nelson, E.S. (1993) (ed.) *Writers of the Indian Diaspora: A Bio-bibliographical Critical Sourcebook*, Westport, CT: Greenwood Press.
New, W. H. (1975) *Among Worlds*, Erin, Ontario: Press Porcepic.
Ngugi, wa T. (1981a) *De-Colonising the Mind: The Politics of Language in African Literature*, London: James Currey.
Ngugi, wa T. (1981b) *Writers in Politics*, London: Heinemann.
Ngugi, wa T. (1986) *Writing against Neocolonialism*, Wembley: Vita Books.
Ngugi, wa T. (1993) *Moving the Centre: The Struggle for Cultural Freedoms*, London: J. Currey/Portsmouth, NH: Heinemann.
Nkrumah, K. (1965) *Neo-colonialism: The Last Stage of Imperialism*, London: Nelson.
Obeyesekere, G. (1992) 'British cannibals: contemplation of an event in the death and resurrection of James Cook, explorer', *Critical Inquiry* 18 (Summer).
Ong, W. J. (1982) *Orality and Literacy: The Technologizing of the Word*, London and New York: Methuen.
Ortiz, F. (1978) *Contrapunto Cubano (1947-1963)*, Caracas: Biblioteca Ayacucho.
Owens, J.D. (1976) *The Rastafarians of Jamaica*, London: Heinemann.
Parker, A., Russo, M., Sommer, D. and Yaeger, P. (1992) *Nationalism and Sexuality*, London and New York: Routledge.
Parkinson, L. and Faris, W.B. (1995) (eds.) *Magical Realism: Theory, History, Community*, Durham, NC: Duke University Press.

Parry, B. (1987) 'Problems in current discourse theory', *Oxford Literary Review* 9: 27-58.
Parry, B. (1994) 'Resistance theory/theorising resistance: two cheers for nativism' in F. Barker, P. Hulme and M. Iversen (eds.) *Colonial Discourse/Postcolonial Theory*, Manchester and New York: Manchester Universitv Press.
Patterson, O. (1967) *The Sociology of Slavery: An Analysis of the Origins, Development and Structure of Negro Slave Society in Jamaica*, London: MacGibbon and Kee.
Phillips, A.A. (1958) *The Australian Tradition: Studies in a Colonial Culture*, Melbourne: F.W. Cheshire.
Phillips, A.A. (1979) *Responses: Selected Writings*, introduction and checklist by Brian Kiernan, Kew, Vic.: Australia International Press & Publications.
Philp, K.R. (1986) (ed.) *Indian Self-rule: First-hand Accounts of Indian-white Relations from Roosevelt to Reagan*, Salt Lake City, Utah: Howe Bros.
Philp, K.R. and West, E. (1976) (eds.) *Essays on Walter Prescott Webb*, Austin: University of Texas Press.
Plasa, C. and Ring, B.J. (1994) (eds) *The Discourse of Slavery: Aphra Behn to Toni Morrison*, London and New York: Routledge.
Pomeroy, W. J. (1970) *American Neo-Colonialism: Its Emergence in the Philippines and Asia*, New York: International Publishers.
Pratt, M. L. (1985) 'Scratches on the face of the country; or, what Mr Barrow saw in the land of the bushmen', *Critical Inquiry* (12) 1 Autumn: 138-162. Reprinted in Gates 1986.
Pratt, M. L. (1992) *Imperial Eyes: Travel Writing and Transculturation*, London: Routledge.
Press, J. (1965) (ed.) *Commonwealth: Unity and Diversity Within Common Culture*, London: Heinemann.
Price, R. and Rosberg, C.G. (1980) *The Apartheid Regime*, Berkeley: University of California Press.
Rabasa, J. (1993) *Inventing A>M>E>R>I>C>A: Spanish Historiography, and the Formation of Eurocentrism*, Norman Okla and London: University of Oklahoma Press. Cited in Ashcroft *et al.* (1995): pp. 358-364.
Radford, D. (1982) *Edouard Glissant*, Paris: Seghers.
Rajan, R.S. (1993) *Real and Imagined Women: Gender, Culture and Postcolonialism*, London and New York: Routledge.
Rajan, G. and Mohanram, R. (1995) (eds.) *Postcolonial Discourse and Changing Cultural Contexts: Theory and Criticism*, Westport, CT: Greenwood Press.
Reed, J. and Wake, C. (1965) (eds.) *Senghor: Prose and Poetry*, London: (reissued 1976).
Reynolds, H. (1982) *The Other Side of the Frontier: Aboriginal Resistance to the European Invasion of Australia*, Ringwood, Vic.: Penguin.

Rhodes, C. (1994) *Primitivism and Modern Art*, London: Thames & Hudson.
Rich, P.B. (1986) *Race and Empire in British Politics*, Cambridge and New York: Cambridge University Press.
Richardson, H.H. (1917) *The Fortunes of Richard Mahony*, London: Heinemann.
Robertson, R. (1992) *Globalization: Social Theory and Global Culture*, London: Sage.
Robinson, R. and Gallagher, J. (1981) *Africa and the Victorians: The Official Mind of Imperialism*, with Alice Denny, 2nd edn., London: Macmillan.
Romaine, S. (1988) *Pidgin and Creole Languages*, London and New York: Longman.
Ross, R. (1982) (ed.) *Racism and Colonialism*, Leyden: Martinus Nijhoff.
Rousseau, J.J. (1755) *A Discourse on Inequality*, translated by Maurice Cranston, London: Penguin (1988).
Rubin, W. (1984) (ed.) *Primitivism in 20th-century Art: Affinity of the Tribal and The Modern*, New York: Museum of Modern Art.
Rutherford, A., Holst Petersen, K. and Maes Jelinek, H. (1992) (eds.) *From Commonwealth to Post-Colonial*, Aarhus and Sydney: Dangaroo.
Ruthven, K.K. (1968) 'Yeats, Lawrence and the Savage God', *Critical Quarterly* (10) 1 and 2 (Spring/Summer).
Said, E. (1978) *Orientalism: Western Conceptions of the Orient*, London: Penguin (1991).
Said, E. (1983) *The World, the Text, and the Critic*, Cambridge, MA: Harvard University Press.
Said, E. (1993) *Culture and Imperialism*, London: Chatto & Windus.
Saini, M.K. (1981) *Politics of Multinationals: A Pattern in Neo-colonialism*, foreword by Rasheeduddin Khan, New Delhi: Gitanjali Prakashan.
Sanday, P.R. (1986) *Divine Hunger: Cannibalism as a Cultural System*, Cambridge: Cambridge University Press.
Sartre, J.-P. (1957) *Being and Nothingness: An Essay on Phenomenological Ontology*, translated by Hazel E. Barnes, London: Methuen.
Sauvy, A. (1952) *General Theory of Population*, translated by Christophe Campos, London: Methuen.
Schaffer, K. (1989) *Women and the Bush: Forces of Desire in the Colonial Cultural Tradition*, Cambridge: Cambridge University Press.
Schaffer, K. (1995) *In the Wake of First Contact: The Eliza Fraser Stories*, Cambridge: Cambridge University Press.
Schermerhorn, R.A. (1970) *Comparative Ethnic Relations: A Framework for Theory and Research*, New York: Random House.
Schermerhorn, R.A. (1974) 'Ethnicity in the perspective of the sociology of knowledge', *Ethnicity* (1) 1 (April).
Scholte, J. A. (1996) 'Beyond the buzzword: towards a critical theory of globalization' in E. Kofman and G. Youngs *Globalisation: Theory and Practice*, London: Pinter.

Seers, D. (1981) *Dependency Theory: A Critical Re-assessment*, London: Pinter.
Senghor. L. S. (1964) *'Négritude et humanisme'*, Ch. 1, *Liberté 1*, Paris: Seuil.
Seymour-Smith, C. (1986) *Dictionary of Anthropology*, Boston, MA: G.K. Hall.
Shoemaker, A. (1989) *Black Words, White Page: Aboriginal Literature 1929-1988*, St. Lucia, Queensland: University of Queensland Press.
Shoemaker, A. (1990) *Swimming in the Mainstream: Australian Aboriginal and Canadian Indian Drama*, London: Sir Robert Menzies Centre for Australian Studies, Institute of Commonwealth Studies, University of London.
Shohat, E. (1994) *Unthinking Eurocentrism: Multiculturalism and the Media*, London and New York: Routledge.
Slemon, S. (1987a) 'Monuments of empire: allegory/counter-discourse/post-colonial writing', *Kunapipi* (9) 3: 1-16.
Slemon, S. (1987b) 'Cultural alterity and colonial discourse', *Southern Review* 20 (March).
Slemon, S. (1988a) 'Magical Realism as post-colonial discourse', *Canadian Literature* 116 (Spring).
Slemon, S. (1988b) 'Carnival and the Canon', *Ariel*, (19) 3 (July).
Slemon, S. (1990) 'Unsettling the empire: resistance theory for the Second World', *World Literature Written in English* (30) 2: 30-41.
Slemon, S. (1992) 'Bones of contention: post-colonial writing and the "cannibal question" ' in *Literature and the Body*, edited by Anthony Purdy; Amsterdam: Rodopi.
Slemon, S. (1994) 'The scramble for post-colonialism' in C. Tiffin and A. Lawson (eds.) *Describing Empire: Postcolonialism and Textuality*, London: Routledge.
Smith, A. (1776) *An Inquiry into the Nature and Causes of the Wealth of Nations*, edited by Edwin Cannan, New York: Modern Library (1994).
Smith, B. (1992) *Modernism and Post-modernism: A Neo-colonial Viewpoint*, London: Sir Robert Menzies Centre for Australian Studies, Institute of Commonwealth Studies, University of London.
Smith, P. (1988) *Discerning the Subject*, Minneapolis: University of Minnesota Press.
Sollors,W. (1986) *Beyond Ethnicity: Consent and Descent in American Culture*, Oxford and New York: Oxford University Press.
Sollors, W. (1996) (ed.) *Theories of Ethnicity: A Classical Reader*, New York: New York University Press.
Spengler, O. (1926) *The Decline of the West*, translated by Charles Francis Atkinson, London: Allen & Unwin.
Spivak, G. (1984-5) 'Criticism, feminism and the institution', interview with Elizabeth Gross, *Thesis Eleven* 10/11 (November/March): 175-187.
Spivak, G. (1985a) 'The Rani of Simur' in Francis Barker *et al.* (eds.) *Europe and Its Others Vol. 1: Proceedings of the Essex Conference on the Sociology of Literature*. Colchester: University of Essex.

Spivak, G. (1985b) 'Can the subaltern speak? Speculations on widow sacrifice', *Wedge* (7) 8 (Winter/Spring). Cited in Ashcroft *et al.* (1995).

Spivak, G.C. (1985c) 'Three women's texts and a critique of imperialism', *Critical Inquiry* (18) 4 (Summer): 756-769.

Spivak, G. (1987) *In Other Worlds: Essays in Cultural Politics*, New York: Methuen.

Spivak, G. (1990) *The Post-colonial Critic: Interviews, Strategies, Dialogues*, edited by Sarah Harasym, New York: Routledge.

Spivak, G. (1991) 'Identity and alterity: an interview' (with Nikos Papastergiadis), *Arena* 97: 65-76.

Spurr, D. (1993) *The Rhetoric of Empire: Colonial Discourse in Journalism, Travel Writing and Imperial Administration*, Durham and London: Duke University Press.

Spybey, T. (1996) *Globalization and World Society*, Cambridge: Polity.

Stallybrass, P. and White, A. (1986) *The Politics and Poetics of Transgression*, London: Methuen.

Stocking, G.W. (1983) (ed.) *Observers Observed: Essays on Ethnographic Fieldwork*, Madison, WI: University of Wisconsin Press.

Stratton, F. (1994) *African Literature and the Politics of Gender*, London and New York: Routledge.

Suleri, S. (1992) 'Woman skin deep: feminism and the postcolonial condition', *Critical Inquiry* (18) 4 (Summer): 756-769.

Szwed, J.F. (1975) 'Race and the embodiment of culture', *Ethnicity* (2): 19-33

Taussig, M. (1993) *Mimesis and Alterity*, New York: Routledge.

Taylor, G.R. (1971) (ed.) *The Turner Thesis: Concerning the Role of the Frontier in American History*, Lexington, MA: Heath.

Terdiman, R. (1985) *Discourse/Counter-Discourse: The Theory and Practice of Symbolic Resistance in Nineteenth-Century France*, Ithaca and London: Cornell University Press.

Thayer, C.A. (1989) *War by Other Means: National Liberation and Revolution in Viet-Nam 1954-60*, Sydney: Allen & Unwin.

Thomas, N. (1994) *Colonialism's Culture: Anthropology, Travel and Government*, Oxford: Polity Press.

Thomas, S. (ed.) 'Decolonising bodies', Special Issue, *New Literatures Review* 30 (Winter).

Thompson, V.B. (1987) *The Making of the African Diaspora in the Americas, 1441-1900*, Harlow, Essex and New York: Longman.

Tiffin, H. (1987) 'Comparative literature and post-colonial counter-discourse', *Kunapipi* (9) 3.

Todd, L. (1984) *Modern Englishes: Pidgins & Creoles*, Oxford: Basil Blackwell.

Todorov, T. (1984) *Mikhail Bakhtin: The Dialogical Principle*, Minneapolis: University of Minnesota.

Torgovnik, M. (1990) *Gone Primitive: Savage Intellects, Modern Lives*, Chicago: Chicago University Press.
Trigger, D.S. (1992) *Whitefella Comin': Aboriginal Responses to Colonialism in Northern Australia*, Cambridge and Sydney: Cambridge Universiry Press.
Turner, B. S. (1990) (ed.) *Theories of Modernity and Postmodernity*, London: Sage.
Turner, F. J. (1961) *Frontier and Section: Selected Essays of Frederick Jackson Turner*, Englewood Cliffs, NJ: Prentice-Hall.
Turner, F. J. (1962) *The Frontier in American History*, with a foreword by Ray Allen Billington, New York: Holt, Rinehart.
Vidal, H. and Jara, R. (1986) (eds.) *Testimonio y Literatura*, Minneapolis: Institute for the Study of Ideologies and Literature.
Viswanathan, G. (1987) 'The beginnings of English literary study in India', *Oxford Literary Review* (9) 1 and 2.
Viswanathan, G. (1989) *Masks of Conquest: Literary Study and British Rule in India*, New York: Columbia University Press.
Walcott, D. (1974) 'The muse of history' in O. Coombes (ed.) *Is Massa Day Dead? Black Moods in the Caribbean*, New York, Doubleday.
Wallerstein, I. (1974a) *The Modern World System: Capitalist Agriculture and the Origin of the European World-Economy in the Sixteenth Century*, New York: Academic Press.
Wallerstein, I. (1974b) 'The Rise and future demise of the world capitalist system: concepts for comparative analysis', *Comparative Studies in Society and History* (16) 3: 387- 415.
Wallerstein, I. (1976) 'A world-system perspective on the social sciences', *British Journal of Sociology* (27) 3: 343-352.
Wallerstein, I. (1980) *The Capitalist World Economy*, Cambridge: Cambridge University Press.
Wallerstein, I. (1991) *Geopolitics and Geoculture: Essays on the Changing World System*, Cambridge: Cambridge University Press.
Walvin, J. (1992) *Black Ivory: A History of British Slavery*, London, Harper Collins.
Walvin, J. (1996) *Questioning Slavery*, London: Routledge.
Ware, V. (1993) *Beyond the Pale: White Women, Racism and History*, London: Verso.
Wasserman, R. (1984) 'Re-inventing the New World: Cooper and Alencar', *Comparative Literature* (36) 2 (Spring).
Wasserman, R. (1994) *Exotic Nations: Literature and Cultural Identity in the United States and Brazil, 1830-1930,* Ithaca: Cornell University Press.
Watt, I. (1957) *The Rise of the Novel*, London: Chatto & Windus.
Weber, D.J. and Rausch, J.M. (1994) (eds.), *Where Cultures Meet: Frontiers in Latin American History*, Wilmington, DE: SR Books.
Weber, M. (1968a) *Max Weber on Charisma and Institution Building: Selected Papers*,

edited with introduction by S.N. Eisenstadt, Chicago: University of Chicago Press.

Weber, M. (1968b) *Economy and Society* Vol. 1, New York: Bedminster Press.

Weber, M. (1970) *Max Weber: The Interpretation of Social Reality*, edited with an introduction by J.E.T. Eldridge, London: Joseph.

Weber, M. (1983) *Max Weber on Capitalism, Bureaucracy, and Religion: A Selection of Texts*, edited and in part newly translated by Stanislav Andreski, London and Boston: Allen & Unwin.

Weisbord, R.G. (1973) *Ebony Kinship: Africa, Africans, and the Afro-American*, Westport, CT: Greenwood Press.

Weston, R. (1996) *Modernism*, London: Phaidon.

White, J. (1985) *Black Leadership in America, 1895-1968*, London and New York: Longman.

Whitlock, G. (1995) *Outlaws of the Text: Women's Bodies and the Organisation of Gender in Imperial Space*. Paper presented at the Australia/Canada: Post-colonialism and Women's Texts research seminar, Calgary Institute for the Humanities, February, 1992; reproduced in Ashcroft *et al.* (1995).

Williams, D.W. (1969) 'Image & idea in the arts of Guyana', Georgetown, Guyana: Edgar Mittelholzer memorial lectures, National History and Arts Council, Ministry of Information.

Williams, E. (1964) *Capitalism & Slavery*, London: Andre Deutsch.

Williams, E. (1966) *British Historians and the West Indies*, London: Andre Deutsch.

Wittgenstein, L. (1958) *The Blue and Brown Books*, Oxford: Blackwell (1975).

Woddis, J. (1967) *Introduction to Neo-colonialism*, New York: International Publishers (1972).

Woods, D. (1986) *Apartheid: A Graphic Guide*, illustrated by Mike Bostock, London: Camden Press.

Wynter, S. (1990) 'Beyond Miranda's Meanings' in Carol Boyce Davies and Elaine Savory Fido (eds.) *Out of the Kumbla: Caribbean Women and Literature*, Trenton, New Jersey: Africa World Press. Reprinted in Alison Donnell and Sarah Lawson Welsh (eds.) *The Routledge Reader in Caribbean Literature*, London and New York: Routledge (1996).

Young, R. J.C. (1990) *White Mythologies: Writing History and the West*, London: Routledge.

Young, R. J.C. (1995) *Colonial Desire: Hybridity in Theory, Culture and Race*, London: Routledge.

Zamora, L.P. and Faris, W. B. (eds.) *Magical Realism: Theory, History*, Durham, NC: Duke University Press.

Zavala, I.M. (1992) *Colonialism and Culture: Hispanic Modernisms and the Social Imaginary*, Bloomington: Indiana University Press.

付録

オーストラリアのポストコロニアル状況

佐和田敬司

　本書はポストコロニアルの理論書である。この書の著者たちは揃って(一時的にせよ恒久的にせよ)オーストラリアにいたことがあり、さらに同じ3人の手による代表的著作 "*The Empire Writes Back*: *Theory and Practice in Post-colonial Literatures*" London; New York: Routledge, 1989. (邦訳『ポストコロニアルの文学』木村茂雄訳 青土社, 1998) を見ると、オーストラリアのポストコロニアル状況やその文学に少なからぬ関心を示している。一方で、わが国では、そのような議論の背景となるオーストラリアのポストコロニアル状況がどれほど知られているだろう？日本の読者(とくにこのような理論書の読者にとって)は、オーストラリアのポストコロニアル状況がどのような歴史的経緯で成立し、どのような様相を呈し、国内でどのような議論を喚起しているか、ほとんど馴染みがないというのが現状だろう。

　本稿は、本書でも取り上げられているオーストラリアに関するポストコロニアル状況をコンテクスト化することを第一の目標とする。なぜなら、それこそまさに、周縁化されたままのオーストラリアに対して、日本でほとんどなされてきた形跡のない作業だからだ。

ポストコロニアル状況とナショナリズム

　オーストラリアのポストコロニアル状況、そしてオーストラリアのネイションとしての成り立ちを考える上で、基本的に理解しておかなければならないのは、オーストラリアのナショナリズムの根幹にある国民国家的神話である。このオーストラリアの神話を、いくつか例示しよう。それから本稿全体を通じて、これらの神話とオーストラリアのポストコロニアル状況がどのような関わりを持っているのかを、探求していきたい。

《労働者が形づくる神話》
　オーストラリアの神話は、下層労働者の群像が大きな部分を占めている。
　中でもオーストラリアの精神性を象徴するものが、渡り労働者であるスワッグマン (swagman) だ。時代を通じて羊毛産業が国家産業の中枢であり続けたオーストラリアで、国土の奥深くまで果てしなく広がる羊牧場には、様々な人々、労働者が生きていた。例えば、シアラー (shearer) と呼ばれる羊の毛刈り職人、ストックマン (stockman) と呼ばれるカウボーイ、後述するセレクター (selector)、そしてその最下層に位置したのが、スワッグマンだ。これらの労働者をテーマにした文学や映画がたくさん生まれた。
　毛刈り職人は技術者であり、仲介者によって各農場の仕事につくが、腕一本で生きているという気概がある。例えば1970年代はじめのオーストラリア映画『サンデートゥーファーラウェー』では、そのような毛刈り職人の心意気と、それと裏腹の寂しい宿命が描かれている。[1] いっぽう、スワッグマンは農場の下働きであり乞食同然の暮らしである。スワッグ (荷袋) を提げて牧場と牧場を渡り歩くことは、ウォルシング・マチルダ (Waltzing Matilda) と呼ばれる。そしてこの情景は、オーストラリアでもっとも人気のある民謡となっている。バンジョー・パタソン[2] によって書かれた詞「ウォルシング・マチルダ」[3] に描かれる物語は、次のようなものだ。スワッグマンが牧場から逃げてきた羊を盗む。騎馬警官隊やスクオッター (squatter 大牧場主) に追いつめられる。捕まるくらいなら死んでやるといって、ついにスワッグマンは入水自殺をしてしまう。ここに歌われている金持ちや権力への対抗、そして一見惨めに見える暮らしでも自ら人生を選ぶ誇りこそが、オーストラリアの文化的伝統と考えられてきた。それ故に「ウォルシング・マチルダ」は、オーストラリアの心の国歌という地位を勝ち得ている。例えば、2000年のシドニー・オリンピック閉会式のフィナーレは観客席が一体となった「ウォルシング・マチルダ」の大合唱だった。そして、そのリードをとって歌い上げたのは、50年にわたってアウトバックに点在する町々のパブでながしをやっていたスリム・ダスティだった。ながしという、メインストリームとは対極のところで人気者になった歌手に世界が注目する大舞台でこの歌を歌わせることに、この歌が本来持つ反骨精神が演出されていたのである。

このような貧しい労働者の反骨精神は、文学や演劇・映画でもたびたび取り上げられてきた。その代表的な作品が『おれたちの農場で』である。この作品は、セレクター気質というものが、重要な要素になっている。セレクターとは、セレクション (公有地から選んだ1区画) を年賦によって買い取った小規模農業者のことである。その対極的な存在としてスクォッター、すなわち大地主・大牧場主がおり、彼らは無制限に広大な牧畜地へ虫食いのように入植してくるセレクターを厭わしく思い、警察や司法を操ってセレクターたちを苦しめた。セレクターに代表される、どんな苦難にも負けない労働者魂は、奥地開拓が終わった後もあらゆる労働者階級の中には生き残っており、バトラー (battler) とも呼ばれる労働者の典型として称揚される文化的伝統が存在する。小説『おれたちの農場で』は、1895年から文芸雑誌『ブレティン』に連載され、人気を博した。作者のペンネームはスティール・ラッドで、彼が自分の家族であるラッド一家、すなわちダッド (お父ちゃん) と、無口でまじめな息子のデイブ、そして心やさしい妻と子供たちの奥地開拓の奮闘ぶりを物語るという設定になっている。小説の人気に伴い、ラッド一家の物語は演劇・映画でもシリーズ化された。一番新しいダッド＆デイブ映画は、1995年、ジョージ・ウェイリー監督『ダッド＆デイブ　俺たちの農場で』である。注目すべきはそのキャスティングだった。アカデミー賞受賞俳優ジェフリー・ラッシュや、オーストラリアの世界的オペラ歌手ジョーン・サザーランドなど豪華な俳優陣で、しかもこの作品は、メル・ギブソンのアイコン・プロダクション製作による。この物語がオーストラリアでいかに今なお重要な位置を占めているか、これだけでも察せられる。
　『俺たちの農場で』や『ウォルシング・マチルダ』など、オーストラリアのブッシュを背景にした物語が19世紀末から生まれてくるために、もっとも重要な役割を果たしたのが、文芸誌『ブレティン』の存在だった。既に触れたように『俺たちの農場で』は『ブレティン』に連載されたものだし、「ウォルシング・マチルダ」の詞を書いたバンジョー・パタソンは文学雑誌『ブレティン』の中心的な投稿者であった。そもそも『ブレティン』とは、オーストラリアの歴史上最も重要な文芸誌であり、1880年に創刊されたものだ。『ブレティン』は、オーストラリア国粋主義という明確な編集姿勢を持っていた。それはまず、反イギリス、反英国王室という形となって、舌鋒鋭く王室批判を繰り返す論調に反映された。ま

た、オーストラリアの人種的な純粋性の尊重と孤立主義を提唱し、アジア人移民の増大に対する危機感を煽った。オーストラリア国内では、1890年代に最初のナショナリズム高揚期を迎えるが、『ブレティン』はその思想的支柱としての役割を果たした。だが、『ブレティン』のさらに重要な役割は、19世紀末のオーストラリア文学のメッカとも言うべき場所を提供したことだろう。レッド・ページと呼ばれた文芸特集号に掲載される詩や小説は、理想化されたブッシュマンの姿やメイトシップ(男性同士の友愛)のかたちを描き出し、今日オーストラリアに浸透している文化的神話の源泉となった。ヘンリー・ローソン、バンジョー・パタソンの両巨頭をはじめ、C. J. デニス、スティール・ラッドなど、文学史上に大きな足跡を残した文学者たちが誌面を彩った。リチャード・ホワイト[4]は、19世紀末から20世紀初めの『ブレティン』文人の果たした役割を、同時代ヨーロッパのロマンティシズムに触発され、理想郷としての「田園」をオーストラリアのブッシュの中に見、オーストラリアのナショナル・アイデンティティをブッシュに重ね合わせることに専心したのだと位置づけている。[5]

《荒々しい植民地人のイメージ》

オーストラリアの「ナショナルタイプ」として、ブッシュの開拓者に対置される存在としてよく指摘されるものに、都市部の「ラリキン」がある。「いつも博打と喧嘩ばかりしている、茶目っ気のある若いチンピラ」が、「ラリキン」という言葉のイメージである。「ラリキン」はもともと、19世紀前半のシドニー都市部で、オーストラリアで生まれた初期入植者たちの子弟たちが、徒党を組みながら往来で粗暴な振る舞いをしていたのを指して言われた言葉だった。19世紀末から20世紀初頭にかけては、シドニーではグリーブやウォータールー、メルボルンではフィッツロイやリッチモンドなど、都市部のいくつかのサバーブに、それぞれ若い無頼漢たちが徒党(プッシュと呼ばれる)を組んで、その名をとどろかせた。メイトシップの名の下に団結し、奇矯な服装をし、非行や犯罪を働くラリキンたちは、当時の多くの文学作品の中で取り上げられ、そのイメージを決定づけた。また文学作品の中で描かれたラリキンたちの生態は、愛嬌を感じさせる、どちらかと言えば好感の持てるような印象へと転化されていった。やがて「ラリキン」は、荒々しくも愛嬌のあるオースト

ラリア人男性の一典型を指す言葉として、一般に敷衍されていった。

　そのラリキンを扱った物語のもっとも初期の代表的な作品が、C. J. デニスの韻文物語『センチメンタル野郎の歌』(1915) であった。この作品は、『ブレティン』の作家たちが描いたブッシュのフロンティアに住むオーストラリア人ではなく、都市に棲むオーストラリア人の姿である、ラリキンを初めて描き出し、オーストラリア国内で非常な人気を集めた。物語はこのようなものだ。シドニーの下町ウルムルのラリキン、ビルが、悪友ジンジャー・ミックらと非合法のトゥーアップ (コインを投げて表裏を当てる博打。これも、オーストラリアの「ナショナルアイコン」の一つである) に興じていたところを警察に急襲され、ビルは刑務所行きとなる。数ヶ月のつとめを終えて娑婆に出たビルは、街で瓶詰め工場に勤める若い女性ドリーンに一目惚れ。最初は相手にされないが、友人を介して、やっと彼女とつきあえるようになる。だがドリーンの前にもう一人ハンサム男が現れ、ビルは激しく嫉妬し、お陰でビルはドリーンに嫌われてしまう。やがてビルとドリーンは和解、ドリーンの母の了承も得て、結婚する。だが新婚数ヶ月も経たない内に、ビルはジンジャー・ミックに誘われて再びトゥーアップに手を出してしまい、すっからかんになる。だが若妻ドリーンはそれを許し、やがて二人は都会を離れ農場で暮らすことになる。難産の騒ぎの末に赤ん坊も生まれ、夫婦は末永く幸せに暮らす。この物語を、レイモンド・ロングフォード監督が忠実に映画化し、1919 年に、サイレント映画『センチメンタル野郎』として公開された。1922 年には『センチメンタル野郎』の舞台も製作された。その後も『センチメンタル野郎』の物語はオーストラリアで愛され続け、1932 年のリメイク映画、1961 年初演のミュージカル、1985 年初演のバレエなども制作されている。このように、世代を超えて様々なメディアを通して再生産され続けた『センチメンタル野郎』は、ラリキンのイメージを確立するのに一役買ったが、今日「ラリキン」という概念は、後述のグレアム・ターナーの議論の中でも見られるとおり、きわめて広範に、オーストラリアのナショナルタイプを意味する表現として用いられるようになっている。

　このラリキンだけではない。ネッド・ケリー[6]に代表される 19 世紀のブッシュ・レンジャー、19 世紀半ばのゴールドラッシュ時の金鉱堀であるディッガーなど、オーストラリアで伝統的にナショナルタイプとして

認められてきた群像には、常に荒々しい植民地人のイメージが重ねられてきた。この荒々しい植民地人のイメージについて、カナダと共に、他人種と接触により完全に堕落した移住者として特徴づけられた、と本書にはある (本書「植民地主義」colonialism 項目参照)。興味深いのは、この「荒々しい植民地人」としての特色が、時にはナショナリズムと連動した強烈な自意識として、自ら高らかに宣言してきたことだ。一方、本書「植民地主義」項目にあるように、オーストラリアの「荒々しい植民地人」像には、つねに「アイルランドらしさ」がつきまとっていることも確認しておきたい。ネッド・ケリーはアイルランド系移民の子で、彼の官憲との対立やヴィクトリア共和国建設の夢想は、多分に自らのアイルランドの血統を意識したものであったと言われている。またヴィクトリアの金鉱では、金鉱夫と騎馬警官隊との対立構造があり、警察はアイルランドの悪名高い騎馬警察のイメージが重ね合わされた。またその対立が頂点に達したとき「ユリーカ砦の反乱」が勃発したが、反乱分子の金鉱夫たちはアイルランド人ピーター・ローラーをリーダーとして担ぎ、その反乱は金鉱夫の労働条件の改善要求という労働問題から次第にアイルランド的反英精神にもとづく反乱に、その色彩が変わっていったという。[7]

《ウォードとホワイトが描き出したナショナルなイメージ》

こういったコロニアル状況のコンテクストの中で、『ブレティン』や同時代の映画、演劇、美術を通じて描かれた世界は、オーストラリア人の意識の奥底に深く刻み込まれた。やがて、1950年代も終わりに近づいた頃、芸術やポピュラーカルチャーの中にとりとめなくちりばめられていたそのようなナショナルイメージを、客観的な立場でまとめあげようとする動きが出てくる。

1958年に出版されたラッセル・ウォードの『オーストラリアの伝説』[8]は、オーストラリアのナショナルイメージについての研究としては先駆的なものだった。彼はオーストラリアのナショナルイメージの源泉を19世紀のオーストラリアのブッシュという「フロンティア」に生きた人々の中に求め、19世紀のブッシュにまつわる神話を、同時代につくられた豊富なバラッドを手がかりに、丹念に掘り起こした。彼の提示したブッシュにまつわるイメージは、例えば次のようなものから成っている。セ

レクターとスクオッターの階級間闘争、『俺たちの農場で』、オヴァーランダー (家畜を追って渡り歩く人)、オーストラリア生まれの白人を意味するキャベジハット・モブやカレンシー、ワイルド・コロニアル・ボーイ。そしてアイルランド系オーストラリア人が身につけている反英精神。ブッシュマン、とりわけストックマンやバロックドライバー。ゴールドラッシュ時代になって生まれたディッガーと、彼らの規範としてのメイトシップ。対抗勢力としてのジョー (騎馬警察)。『ウォルシング・マチルダ』にも歌われる、アウトバックを遊牧する農場労働者、サンダウナーやスワッグマン、等々。ウォードは、それらに貫かれている反権威、平等主義こそがオーストラリア人の典型像だとする。これらはもちろんウォードがどこからか発見してきたというものというわけでは決してない。前述したような、オーストラリアで漠然と語り継がれ神話化したナショナルなイメージ群を、ウォードが体系的に収集整理してみせたものだ。19世紀のブッシュに生きるオーストラリア人のイメージを50年代に生き生きと掘り起こしたウォードはまさに、後述する60年代に左翼系知識人がオーストラリアン・ナショナリズムを復古させたムーヴメントの先駆としてみることが出来る。

　ウォードの次にオーストラリアのナショナルイメージを分析し、言論界に大きな影響力を持ったのが、既に触れた、1981年に出版されたリチャード・ホワイトの『オーストラリアの創造：イメージとアイデンティティ 1688-1980』[9]だった。大航海時代のヨーロッパ人が南洋に探し求めたテラ・オーストラリス・インコグニタから、1980年まで、めまぐるしく変転する「オーストラリア」のイメージを時代ごとに丹念に描き出しながら、結局「固定されたオーストラリアのイメージ」などというものは、時代の要請を受けてまるでとりとめもなく形を変えていき、最初から存在したことはなく、今後もないであろうと主張する。このホワイトの論考で重要な部分と思われるのはまず、二つのナショナリズム興隆期に関する記述だ。一つ目は、先に触れたように、19世紀末から20世紀初頭にかけて、文芸雑誌『ブレティン』が、オーストラリアのナショナリズムの創造に決定的な役割を担ったこと。二つ目は、メンジーズ首相の保守長期政権によって維持された長い保守的な時代が終わりを告げ、ベトナム反戦運動、カウンターカルチャーが台頭する60年代である。当時の物質的充足を第一義とする郊外生活を理想とした「オーストラリア

的生き方」からの疎外を感じていた左翼インテリは、その物質主義にあるアメリカの強い影響を批判、オーストラリアの伝統への回帰を主張した。すなわち、ナショナルキャラクター、典型的オーストラリア人のイメージの中に、平等主義、原始共産主義的な理想を見出したのである。アメリカニズムと対峙するために、ブッシュ・バラッドや、ヘンリー・ローソンの小説、トム・ロバーツ[10]の絵画を持ち出し、ここにオーストラリア文化の「ルネッサンス」とも言うべき現象が起きたとホワイトは言う。

《ナショナルなものを求めて》

　一方で、オーストラリアを特徴づける文化的事象に、「カルチュラル・クリンジ」がある。これは、オーストラリアは何も文化的な産物を産み出すことが出来ず、文化的に価値あるものはすべて宗主国からやってくるという感覚である。これはまた、特に60年代以前の文学者・芸術家が、オーストラリアで成功するとまもなくイギリスへ拠点を移す態度にも表れていた。本書で言うように政治的独立が認められた後も卑屈な態度から解放されず、帝国中枢部との「類縁的」関係によって生み出される独特のヘゲモニー関係に置かれ続けた(本書「脱植民地化」decolonization項目参照)。オーストラリアのカルチュラル・クリンジは、オーストラリア人は自らを遠隔地とみなし、自らを遠くから眺め、それが何かの中心になるなど考えたこともないことを意味している。カルチュラル・クリンジは、まさに自らを周辺と自覚するものであった。

　だが、カルチュラル・クリンジの蔓延が潮時を迎えたときに、すなわちメンジーズから政権を受け継いだゴートン首相が、メンジーズ時代とは明らかに違う時勢、すなわちベトナム反戦運動などに代表されるリベラルなムード、移民による国内の多民族化による価値観の多様化、国内経済の成長がもたらした豊かさなどに後押しされて、国内の芸術振興のための政策を次々と打ち出した。これらの政策はたちまち実を結んだ。映画では、公的な支援を受けて70年代を通じて映画制作本数は増加していった。そしてこのオーストラリア映画再生初期を彩ったのが、「オッカー・フィルム」と呼ばれる一連の"低俗な"低予算映画だった。「オッカー・フィルム」とは、主に"オッカー"としてのオーストラリア人のありのままの姿を、滑稽に描いた作品である。下品さ、セックス、オッカ

ーの好むくだらないジョークや悪ふざけ、オッカーの習性 (ビール漬けとラグビー狂い、権威嫌い、上流嫌い、インテリ嫌い、イギリス嫌い)、強烈なオーストラリア訛り、都市生活者の活写、などの要素が、オッカー・フィルムには盛り込まれる。いっぽう、「オッカー」は、19世紀の「ラリキン」というナショナルキャラクターの、70年代における再発見であると言うこともできる。二つのキャラクターは、特にそのマスキュリニティやメイトシップへの信奉などの点で、重なり合う点が多い。そしてまた、前述のカルチュラル・クリンジの中で「ハイ・カルチャーは常にイギリスからもたらされる」という認識が長らく存在していたが、その対抗軸として逆にロー・カルチャーの最たるものである「オッカー」文化を花開かせたとも言える。またこのキャラクターは、ラッセル・ウォードが指摘したナショナルタイプの群像にも通底していることは言うまでもない。オッカー・フィルムの代表的な作品としては、ブルース・ベレスフォード監督『バリー・マッケンジーの冒険』がある。オーストラリア青年バリー・マッケンジーが英国を旅行し、強烈なナショナリズムによる反英精神とバイタリティで、スノッブな英国人たちを次々にとっちめ、ついには英国在住のオージー軍団を率いてBBCに出演、放送局を大混乱に陥れるという破天荒なコメディだ。[11]

　さて、オッカー・フィルムをきっかけとするオーストラリア映画ルネッサンスは、オーストラリアの小劇場運動と連動していた。なぜなら、オッカー・フィルムのいくつかの代表作は、メルボルンの小劇場から生まれた作品だったからだ。メルボルンのオーストラリアン・パフォーミング・グループ (APG) は、1968年にラ・ママ・カンパニーとして創設された劇団である。[12]

　日本も含めてこの時代、全世界的に同様のオルタナティブ演劇の花が開いたが、オーストラリア小劇場運動においてみられた特徴的なものが、ナショナル・アイデンティティ探しだった。そして、それは興味深いことに、鈴木忠志、寺山修司、佐藤信、唐十郎らが牽引した日本の同時期の小劇場運動にも共通してみられたのである。歴史上、日本のエリートは学習の対象としての「中心」文明、つまり中国文明と西洋文明に対して自らを「周辺」と位置づけてきた。[13] この自己を「周辺」とみなす思考を、我々はオーストラリアの中にも見る。オーストラリアの演劇も、中心的な演劇からモデルを借りてきた。そして、60、70年代のオーストラ

リアの小劇場運動も、中心的な演劇と差異化を図るためには、ナショナル・アイデンティティ探しという形で、違いを強調しなければならず、個別性、特殊性が強調された。世界的な潮流であった小劇場運動が、「中心」で生み出されたとするなら、「周縁」である日本とオーストラリアにおいてそれが、ナショナル・アイデンティティへの希求へと変わっていったのは、決して偶然ではない。

　APGは、当時のオーストラリアのメインストリームの劇団が英米戯曲しか上演しない現状に反抗し、「オーストラリア人が戯曲を書く」ということにこだわった。だがそのようないわば「労働闘争」にとどまらず、APGの舞台はそのテーマの中心にナショナリズムをおいた。例えばまず、オーストラリア史、オーストラリア文化史への強い関心がある。APG初期の代表作『すばらしきメルボルン』は、ジャック・ヒバードとジョン・ロメリルの共作による作品だ。この作品はロメリルとヒバードがそれぞれ用意した戯曲を、演出家や俳優が皆で議論をする中で削り込まれ、継ぎ合わされたものなので、全編を通して統一的な物語はなく、各場面のつぎはぎにすぎない。一つの大きなストーリーを仮定するとしたら、それはメルボルンという街自体を主人公に見立て、その1888年から1901年までの、つまり栄光から没落までの移り変わりを描いたものである。そして重要なのは、作劇の過程に19世紀オーストラリア演劇史を専門とする研究者マーガレット・ウィリアムズの協力が大きなウェートを占めていることである。ウィリアムズが資料として劇団に提供したのは、当時すでに忘れ去られかけていた、19世紀末オーストラリア演劇の光景だった。その当時、マーカス・クラークの『命ある限り』やラルフ・ボルダーウッドの『武装強盗団』など当代の人気小説を翻案し、全豪で興業を成功させ、オーストラリア演劇の黄金時代を牽引していた人物、アルフレッド・ダンピアがいる。このダンピアが自ら筆を執ったメロドラマ『すばらしきメルボルン』で舞台となった世紀の変わり目にあるメルボルンの街が、APG版『すばらしきメルボルン』で借用された。さらにウィリアムズがもう一つAPGに紹介したのは、19世紀オーストラリアの演劇的伝統であった。それは、かつてのオーストラリアが、ヴォードビルなどの軽演劇のメッカであり、メルボルンやシドニーは世界中を巡業する軽業師が集結する世界的な軽演劇のショーケースのような存在だったという歴史的事実だった。こうして発見された「オーストラリアの

演劇的伝統としての軽演劇の要素も、APG 版『素晴らしきメルボルン』に持ち込まれた。

　もちろんそれは、祝祭劇や軽演劇を重視する当時の世界的なオルタナティブ演劇の潮流とも合致していたことは言うまでもない。しかし最も重要なことは、19 世紀に自国で既に存在していたが、忘れられていたオーストラリア独自の演劇を掘り起こし、再解釈して提示することでもあった。つまり自分たちの演劇史、文化史をきれいに洗い直し、その足跡を見つめ直すことだったのだ。ウィリアムズのような研究者の力を借りて過去の演劇史を掘り起こした『素晴らしきメルボルン』の成立過程はまさに、この流れを象徴するような出来事だったと言っていい。そしてこれこそが、60、70 年代オーストラリア演劇におけるナショナリズム発露の一形態であったのだ。

　植民地 (コモンウェルス国家) のポストコロニアリズムは、特に 1970 年代を通じて、反植民地主義に一層傾斜してゆくことで、英国的正典の中枢と英国的規範に挑戦した (本書「コモンウェルス文学」Commonwealth Literature 項目参照)。だが英国的規範への抵抗・挑戦も、詳細に見ていくと決して単純なオーストラリア・ナショナリズム礼賛を指向していたものではなかったことが分かる。例えば、ウォードの書の影響力の大きさは、たくさんの反論を呼び起こした。ニューレフトの代表的な論客として、著述家・歴史学者ハンフリー・マックィーンは、『ニュー・ブリタニア：オーストラリアのラディカリズムとナショナリズムの社会的起源に関する議論』(1970)[14] で、特にウォードの描き出したブッシュ神話とそれに基づくオーストラリアの典型像が、実は強固な女性差別や人種差別に基づくものだとする批判を展開した。ウォードのナショナル・イメージのもっとも大きな問題点は、彼の描き出したオーストラリアのナショナルキャラクターが、女性も、先住民も、もちろんアングロケルティック系の移民さえも除外する、「白人男性」そのものにすぎないという点だった。

　APG の演劇運動においても、そこには複雑さがある。例えば APG のリーダーシップをとった二人の劇作家、ジャック・ヒバードとジョン・ロメリルの方向性の違いは興味深い。ヒバードはよりナショナルな演劇を模索して、「民衆演劇」なるものを構想した。それはブレヒトの言うような政治的な「民衆劇」とは異なり、ヒバードは、自国の歴史的、伝説

的な事象や伝記、そして祝祭や民俗など、オーストラリアの一般大衆が共有している基盤を演劇の中に取り込み、普段劇場へ足を運ばないような人までを射程に含めた真のオーストラリア国民のための演劇を作り上げようとしたのだった。彼はその構想による具体的な作品として、オーストラリアの伝説的なボクサー、レズ・ダーシーを主人公とした『レズ・ダーシー・ショウ』や、19世紀末から20世紀初頭のオーストラリア出身で世界的オペラ歌手メルバを主人公とした『メルバに乾杯』などを書いている。だが、彼のそういった方向性は、やはりウォードがマックィーンらに批判されたのとほぼ同じように、「移民が多数を占めるオーストラリアで、19世紀や20世紀初頭の偉人を並べ立てたところで、それが国民的共感を呼び覚ますことなどできるのかという」痛烈な批判を受けている。[15] いっぽうジョン・ロメリルは、彼の代表作であり同時にAPGにとっての記念碑的作品でもある『フローティング・ワールド』(1974)[16] で、オーストラリアのナショナル・タイプであるオッカー、ディッガーを登場させながら、それらを批判的に扱ったことに、ロメリルの真骨頂があったとガレス・グリフィスは言う。[17]『フローティング・ワールド』は第二次大戦中日本軍の捕虜となりビルマ・タイ間鉄道建設工事で酷使され死線をさまよったディッガー[18]で、70年代に日本への観光旅行の船旅に出かけるが、船上日本兵や死んだ戦友の亡霊に悩まされ、やがて発狂する物語だ。ディッガーが「オッカー」よろしくビール漬けになって嘔吐しつづけ、元イギリス軍将校に猜疑心をぶつけ、船上のアジア人従業員にあからさまな人種差別意識をむき出しにし、空回りするマスキュリニティの裏で妻との溝は深まっていくばかりという、オーストラリアのナショナルタイプのネガティブな要素が、この主人公には凝縮されている。このようにオーストラリアニズムをほぼ手放しで礼賛するヒバードと、ナショナルなものを浮かび上がらせながらそこに批判的な目を向けるロメリルと、オーストラリア小劇場運動のナショナリズムを支えた二人の作家の方向性に差異は、この時代のオーストラリアの文化ルネッサンスにおけるナショナリズムの様相をよく伝えている。

《移住者植民地人としてゆらぐアイデンティティ》

　すでにオーストラリアのナショナル・アイデンティティの源泉としてのブッシュのイメージに触れたが、ここには実は大きな矛盾が存在する。

前述したラッセル・ウォードに対するマックィーンの反論のように、19世紀のブッシュは決して神話の登場人物の闊歩する理想郷ではなかった。本質的に、そこにはブッシュと一般的なオーストラリア人の関係性における矛盾が横たわっていることも指摘されてきた。例えばホッジ＆ミシュラは次のようにいう。「このキャラクターのパラドックスの一つは、奇妙なことに、キャラクターもその背景も、『典型』ではないということ。オーストラリアは世界でもっとも都市化された国の一つで、このタイプはアイデンティティが本当に体現されていると主張する非常に少ない人口からなっている。人口の 15 パーセントを超えることはない。」

「オーストラリアの神話を生み出し消費する者たちは、ふつう中流階級の都市の住人である。オーストラリア人としての彼らのアイデンティティは、ブッシュの神話との同一化によってなされるのではなくて、逆に神話と縁が切れていることによって形成される。本物のオーストラリア人は、神話のような人物ではなくて、神話に対して正しい態度をとる人物なのだ。」[19]

例えば、あるオーストラリア人は、実際のブッシュでの暮らしを体験したことなど全くないのに、シドニー・オリンピックの開会式セレモニーで、馬にまたがったストックマンたちが五輪の輪を描くシーンを見て、その世界の中にこそ「オーストラリア人のアイデンティティ」があると感じ取る。つまり現実にブッシュの中に入り込むことなくむしろ完全に隔絶した場所(現代の都会)にいるのに、自分のアイデンティティがそこにあると信じることが出来ること、それが「ブッシュの神話を消費する」「ブッシュの神話に正しい態度をとる」という意味だ。この移住者のアイデンティティ確立における複雑な状況を、本書では「移住者植民地」settler colony の項目で説明している。この項にある「『原住民』の様々な偶像を占有」するというのは、オーストラリアで一例を挙げるならば、1930 年代末から 50 年代まで続いた、ジンディウォロバック運動が思い浮かぶ。これは詩人 R. C. インガメルズによって唱道された芸術文化運動で、オーストラリア固有の自然環境・歴史・伝統を意識し、またアボリジニの文化を借用しながらオーストラリア独自の芸術や文学形態を生み出そうとした。ただし、引用されるアボリジニ芸術は、アボリジニの文脈とは無関係に取り入れられるなど、まさに「アボリジニの偶像を占有」するものだった。そしてこのような出来事も含めてオーストラリアにお

けるアイデンティティ希求の歴史を見てみると、本書の論じるところで最も重要なのは、「移住者自身が文字通り新たな空間に生まれた土着民になると、彼らは出自の大都市文化でも、初期の植民地局面に転移した「土着の」文化でもない一つの際だった独自な文化を偽造し始める」ということである。都市に生まれ育ち生活を営みながら、ブッシュにまつわる神話というフィクションを通じて「偽造」とまで言われかねない独自文化を主張することから生じる矛盾こそが、オーストラリア人にとってもっとも重要な問題なのである。そのために、神話が描きあげた風景の外側で、オーストラリアのブッシュは、オーストラリア人に対してもう一つの顔をのぞかせている。

　芸術作品の中でそのイメージがよく現れている作品に、オーストラリアのみならず日本でもヒットしたオーストラリア映画『ピクニック at ハンギングロック』(ピーター・ウィアー監督、1975 年) がある。これは次のような物語である。1900 年の聖バレンタインの日、ある女学校の生徒たちが、教師に引率されてヴィクトリア州マセドン山近くの岩山へピクニックに行く。一人の女学生が地質調査をしたいと申し出、遠いところへ行かないことを条件に教師はそれを許す。三人の女学生は魅せられるように頂上へと向かう。だが、三人は結局帰還せず、女教師一人も行方しれずとなる。物語は、過酷なブッシュに対峙する無力で儚げな植民地人という画を、鮮やかに描き出している。コルセットで体を縛り上げ優雅な日傘をさしたヴィクトリア朝人が、オーストラリアの灼熱の岩山に入り込んでいくというこのあからさまな対比は、オーストラリア近代史の大いなる矛盾を気づかせずにはおかない。岩山に呑み込まれていく女性たちは、コルセットを失っていたり、ストッキングやスカートを脱ぎ捨てて行く。それはどこか性的な暗示も感じさせるが、ブッシュの湛える圧倒的な「力」を前にしては、英国ヴィクトリア朝の文化など無に等しいということの象徴とも解釈できる。また、作品には人間の時間が次第に自然の時間に呑み込まれていくというイメージがある。例えばピクニックの始まりにおいて、教師から岩山の地質学的な説明を受けた女学生は、「100 万年も私たちが来るのを待ってたのね」と漏らす。そしてなぜか 12 時に、数人の登場人物の時計が同時に止まり、その時既にハンギングロックにいる人々は、気の遠くなるほど遠大な自然の時間の中に組み込まれている。失踪した少女のうちの一人が救出されるが、一週間岩

山に取り残されていたにもかかわらず、殆ど無傷である。一方で人間の世界では、目まぐるしく時間は進んでいる。この人間の時間と自然の時間の対比というテーマは、ピーター・ウィアーの次の作品『ザ・ラストウェーブ』で、古代の記憶と通底するアボリジニの時間の概念が、大都会シドニーの地下の裂け目から突如噴出してくるイメージにもつながっている。

　もう一つ、オーストラリア人にとってアイデンティティの源泉であったブッシュに対する畏怖をまざまざと見せつけた出来事が、1980年代のオーストラリアで起きたチェンバレン事件である。この事件は、小説化・映画化もされた、80年代オーストラリアでもっとも人々の耳目を集め議論を呼んだ出来事の一つだった。事件の発端はこうだ。クィーンズランド州マウント・アイザに住むマイケル・チェンバレンとその妻リンディが、エアーズロックへキャンプ旅行に出かけた際、彼らの9ヶ月になる赤ん坊が失踪した。そして、夫妻は赤ん坊がディンゴによって連れさらわれたのだと主張したことが、この事件がオーストラリア中の人々の関心を集める原因となった。オーストラリアの野犬ディンゴは、白人入植者にとっては牧場の家畜を殺して回る害獣として恐れられ、疎まれてきたが、さらに遡ればアボリジニの伝承の中で、ディンゴは人間やその他の動物をさらい、喰い、呪う魔性の動物として語り継がれてきた。「ディンゴが子供をさらった」という話は、人々にそうしたアボリジニの神話世界まで想起させる、オーストラリアの文化的コンテクストの深淵を突く物語だった。事件は95年に最終的な司法的決着がつけられることになったが、法廷で検死官はこう締めくくった。「アザライア(赤ん坊の名)の死の原因や方法は確定することが出来ず、また、分からないままにしておかなければならない」。チェンバレン事件はこうして、現代オーストラリア社会の神話の域にまで達したのである。ジョン・スレイヴィンはこう言う。「チェンバレン一家の事件は、オーストラリア人の心の底にある、アウトバックやブッシュや先史時代の風景(我々はそのはじっこの緑地にしがみついているに過ぎない)に対する強い畏れを、顕わにした。オーストラリアの都市とブッシュとのギャップ、国土獲得にまつわる国家的神話と植民地支配の悪しき信念とのギャップを、これほどはっきりと強調するものはなかった。センセーショナリズムだけのマスコミに煽られて、この悪しき信念は、「畏れ」の根元にあるものから甚だしくズレ

てしまい、深く悩むこの夫婦を、異質な他者として (夫婦はキリスト教の少数派の宗派に属しているために)、嘘つきとして、非人間として、何か違うものとして見なす心理に投射されることになったのである」。[20] スレイヴィンの言う「畏れ」の根元にあるものは、何万年もの間アボリジニが守り続けてきた土地を蹂躙し、植民地支配の下においたことへの後ろめたさから来るものである。またそれは、アボリジニの神話が支配する神聖な場所であるアウトバックやブッシュが、侵入者に対して復讐をするのではないかという不安感である。オーストラリアにおいてアボリジニと土地の結びつきがいかに植民者たちの法と秩序、想像力の埒外にあるものだったかを、本書は「土地を所有するのではなく、『土地によって所有される』という考えは、個人による場所の有効な確保も新たな支配体制を通じて根本的に無効にされてしまうような、物質化や商品化に重きを置く植民地化勢力の世界観とは異なる、今ひとつの世界認識に通じている」と説明している (「場所」 place の項目)。

　チェンバレン事件は、19世紀から入植者によって畏怖と共に語り継がれてきた負のブッシュ神話、アウトバック神話を、現代の都市に住むオーストラリア人に直視するよう迫るものだった。だがそれは自らの侵略者としての歴史と直面すること、そして「オーストラリア人」という存在の正当性に疑いを持つことを意味し、それに耐えられぬ大衆は、内なるアウトバックへの畏怖の裏返しとして、チェンバレン一家への攻撃に血道を上げることになったともいえる。オーストラリアの歴史と精神文化の根本部分に起因するこの社会のゆがんだ構造こそ、このエピソードから浮かび上がってくるものだ。ホッジ＆ミシュラは言っている「オーストラリアは南太平洋における帝国主義の代理人になっただけでなく、その形成においてアボリジニの扱いにおいて古典的帝国主義の態度を採用した。さらに、この重要な帝国主義的企ては、国家的神話の中に全く組み込まれていない。そしてそれは、このことについて全く語らないということのために、国家の正当性に対する大きな脅威を内包している」と。[21] 同じようにガッサン・ハージは、飼い慣らされていない「文化的他者」に対する憂慮の念から生じる脆弱な感覚を、「白人の植民地パラノイア」と呼び、それをオーストラリアの植民地的不安の特性と位置づけている。[22]

アボリジニとポストコロニアル状況

　確かに、過去のオーストラリアの歴史家たちの、特に白人とアボリジニの関わりについての歴史についての態度は、今日とは大いにかけ離れていた。オーストラリア連邦成立後、歴史家たちは連邦が前進していく物語をもっぱら記述して、アボリジニを除外した。アボリジニは非友好的だが、人口があまりに少なく散らばっていて、力がない。アボリジニは白人の土地の法律を理解できない、手に負えないものと考えられた。アボリジニの存在は「Great Australian Silence」と表現され、学校の教科書では、ほとんどのオーストラリア人はその国が「平和裡に入植され」それは「静かな大陸だった」と教わった。アボリジニが登場する記述は唯一、「過去の原始的な人々」としてだった。ある保守的な歴史家は、アボリジニの原始性は、現代オーストラリアの真の歴史へはいる前の序章であると言った。

　60年代の市民権運動の潮流に呼応して、このような歴史の記述が転換を迎え、アボリジニの側からの歴史の記述が始まるのは、80年代頃になる。それ以前まで、学校の歴史のテキストは、歴史学者の間違いを繰り返し、拡大させてきた。現在、多くの歴史学者が記録を修正し始め、学校教科書はもはやかつてのような偏見を含んではいないという。[23]

　このように移住植民者がアボリジニの歴史をあいまいにしてきたのは、土地は誰の者かという根本的な大問題に目を向けていなかったからだ。次に土地という観点でアボリジニを取り巻く問題を考えてみよう。

《土地とアボリジニ》

　白人の神話の背景となっているブッシュは、実は白人がアボリジニから収奪してきた土地だという事実がクローズアップされてきたのも、90年代に入ってからのことだ。入植以来白人が支配してきた「土地」に対する概念は、今日大きく揺らいでいる。もともとこれは、1770年にオーストラリア東岸を測量し、英国領と宣言したジェームズ・クックや植物学者ジョセフ・バンクスの誤解に端を発する。彼らの「ほんの少数のアボリジニが、もっぱら海岸沿いに住んでいるに過ぎない。白人が入植してきたら、彼らは土地を明け渡すだろう」という報告を前提に、1788年、

アーサー・フィリップ率いる第一船団は、今日のシドニー港に上陸した。彼らの入植に際して前提となった法的「フィクション」、テラ・ヌリアス(住民のいない土地)という概念は、例えばニュージーランドでマオリとの間にワイタンギ条約が結ばれたことと比較しても、オーストラリアのアボリジニの運命に際だった特徴を与えることになった。

　90年代に、マボ判決とウィク判決という、先住民の先住権に関する歴史的判決がオーストラリア最高裁から出された。マボ判決は、クィーンズランド州の小島の返還を求める、トレス海峡諸島人エディー・マボの訴えに対する判決で、オーストラリア大陸の土地に対する先住民の先住権源(土地利用権)は今でも存在すると判断された。つまり、「テラ・ヌリアス」という前提が覆され、白人入植者は不法占拠しているのと同じだとされた。アボリジニが土地の返還を求めた場合には、現在土地が白人によって所有されていても有効に利用されていない場合には、返還するか補償しないと差別として罰せられることになった。この判決を受けて、当時の労働党連邦政府は、先住民の土地利用権である先住権源を認定し補償するための手続きを定めた先住権源法を急遽制定し、翌年より施行した。一方ウィク判決は、ケープヨーク半島の「ウィク」族が起こした訴訟に対する判決である。マボ判決は土地に対する所有権が設定されて有効に利用されている場合には、先住権源は消滅しているとしたが、借地権しか設定されていない土地に対しては曖昧なままだった。ウィク判決では、借地権を設定しただけでは先住権源は消滅していないことになった。この判決は白人側に大きな混乱をもたらし、特に広大な土地を借地している牧畜業者や鉱山業者は、先住権源の消滅を法的に決定するか、認定手続きを難しくするように、先住権源法を修正せよと政府に迫った。

　歴史家ジェフリー・ブレイニーはこの両判決による結末を以下のようにまとめている。「90年代前半までに、それまでの土地法の結果、オーストラリアの土地の広大な地域が、アボリジニの集団や信託機関の所有となった。(中略) オーストラリアの15パーセントの領土を1.5パーセントの人口が手に入れた」。[24] このようにオーストラリアでは、歴史に対する認識や、土地に対する認識が、さらにはアイデンティティを巡る認識でも、アボリジニという存在を軸として、特に80年代以降、劇的に変化している。では、アボリジニの側から、今オーストラリアで、どんなことが語られているのか、そして、アボリジニでないオーストラリア人は、

それをどのように受け止めようとしているのだろうか。

《ストールン・ジェネレーションと『ストールン』》

　オーストラリアのポストコロニアル状況を考える上で、一つ興味深いテクストを提示したい。オーストラリアの 90 年代を代表する演劇作品『ストールン』だ。[25] 1998 年、メルボルンのモルトハウス劇場でジェーン・ハリソン作、ウェスリー・イノック演出によるアボリジニ演劇『ストールン』が上演された。この作品は、題材として今日オーストラリアでもっとも重要な社会問題の一つといえるストールン・ジェネレーションを扱っている。

　ストールン・ジェネレーションとは、子供時代に強制的に親から引き離されたアボリジニの人々のことである。アボリジニに対する政策は、敵対から保護、同化、民族自決、そして今日の和解に向けての試みへと時代ごとに変転した。とくに、保護政策、同化政策の理論的支柱になっていたのは、社会進化論である (本書「人種」race の項目参照)。社会進化論を根拠にすれば、アボリジニは死にゆく人種であり、その保護は急務であった。20 世紀初頭、人類学者ウォルター・スペンサーはノーザンテリトリーを視察し、アボリジニと白人の混血が進み、アボリジニが純血の血と伝統的文化を失いつつあると考え、純血アボリジニと混血との隔離を訴えた。そして混血は白人社会と交わり、白人と「生物学的同化」をするうちに白人へと戻っていくという考え方が取られたのである。

　19 世紀には、おもにキリスト教会によって人道主義の名の下にアボリジニの子供の親からの隔離が行われていたが、20 世紀になってからは、上記のような理由で、特に混血のアボリジニの白人同化政策として、子供の隔離が行われるようになった。1910 年頃から 1970 年頃まで、子供の施設送りが、各州で「合法的」に、本格的に行われ、この期間その対象となった人数は、10 万人とみつもる意見もある。70 年までに各州が徐々にこの政策を放棄したが、この悪政の影響の調査や補償への動きは、90 年代まで見られなかった。90 年代にキーティング政権のもとで人権機会平等委員会がこの問題を調査、97 年に報告書が出された。報告書は、この政策が、アボリジニの子供の育成や文化継承に、取り返しのつかない被害をもたらしたとして、被害者に対する補償と謝罪を勧告した。実際、裕福な白人家庭の養子として幸せな人生を送った子供もいたいっぱ

うで、奴隷同然の労働力として扱われたり、性的虐待の対象になったことによる、精神的問題を抱えるようになった事例も多い。現在のジョン・ハワード首相は、今日まで謝罪をこばみ続け、国内で大きな批判にさらされてきた。

『ストールン』の上演は、オーストラリアで一つの社会現象のようになった、と演出のイノックは証言する。ちょうど、ハワード首相がストールン・ジェネレーションに対する謝罪を拒絶していた時期と重なる。劇場につめかけたオーストラリア人の観客たちは、悲惨な過去をともに見つめ、ともに涙を流して贖罪を果たし、民族同士の和解へと進もうとする一つのムーヴメントになっていたという。[26]『ストールン』は次のような物語である。親から引き離され、「子供の家」に連れてこられた五人のアボリジニの子供たちの人生を描く物語。五人はみな子供の家に収容された子供たちだが、物語的には子供たちのエピソードは時代がバラバラで、同時にその場所を共有してはいないはずなのだ。が、舞台上ではまるで五人がそこに揃っているかのように展開していく。ジミーは陽気ないたずら坊主だったが、施設にいるうちに暗い、怒りっぽい男になった。母親は死んだと言われ続け、それを信じていた。が、ある日母親が実は生きていると知り、喜び勇んで再会しようとした矢先、母の急死を知る。最後は刑務所で首をつって死ぬ。ルビーは使用人として白人家庭で酷使され、やがて発狂する。シャーリーは自分自身が「盗まれた」子供であり、成人してからは自分の子供を「盗まれる」。しかし、孫の世代でもう二度とその悲劇が繰り返されないよう、決意を新たにする。サンディはいつも追い払われ、放浪する詩人。最後に自分の居場所、自分の家を見つける。アンは幼少時に裕福な白人の家にもらわれ、何の不満もなく幸せに暮らしていたが、ある時自分のアボリジニの母親が死ぬ前に会いたがっていると知らされ、苦悩する。五人それぞれのエピソードが入り交じりながら展開された上で、最後にシャーリーの孫が五人のアボリジニの胸に抱かれる。「盗まれた」子供たちは、やっとここに取り戻されるのだ。

数人のアボリジニの人生がオムニバスのように重なり合い、登場人物の年齢や時空間が自由奔放に変転する。実際に一緒にいるはずのない別世代の子供たちが空間を舞台共有することで、ストールン・ジェネレーションというオーストラリアに長く尾をひいている悲劇の歴史の総体を

浮かび上がらせている。こうして浮かび上がってきた現実の重さは、例えば親が奪われた子を案じて書いた手紙が何度もファイル棚に放り込まれる場面で、何重にも重ねられたファイルと同じ数だけ、アボリジニの親子の悲劇が積み重ねられていたことを感じさせる演出などで強調される。いっぽう、子供が突然連れ去られる瞬間や、施設の光景は、他のアボリジニ演劇や映画などすべてが共有しているものであり、それを見ていると、これはある特定の誰かの経験でなく、多くの人が共有した体験なのだと言うことを感じさせるのだ。

　さらにウェスリー・イノックの演出では、最後の場面で、アボリジニである役者一人一人の現実の体験談を、それぞれ独白で即興により語らせる。イノックは意識的に、「ストールン」が演出のレヴェルで(原作者ジェーン・ハリソンのテクストにはト書きにそのような指示は一切見あたらない)、ポストコロニアルの作品であることを強く認識させようとしているようだ。イノックは、プロフェッショナルの役者に混じってセミプロと言えなくもない役者を起用し、俳優としての技巧、技術的な完成度を犠牲にしてでも、真実の物語を語るストールン・ジェネレーションの当事者としての真正性、あるいは「証言」(本書同項目 testimony 参照)を、最優先させていることが分かる。

《アボリジニの表現とハイブリディティ》

　アボリジニの芸術的表現について我々はどう考えるべきか。そして『ストールン』のようなアボリジニ演劇がその議論にどんな視座をもたらすか、考えてみたい。

　文化人類学者は研究上、アボリジニを辺境のアボリジニ、地方のアボリジニ、都市のアボリジニという三つの範疇に分類する。白人入植以前の伝統的な文化がより多く保存されている辺境のアボリジニに対する研究が主流だった時期が長かったが、日本でも近年、都市に移り住み、あるいは強制移住させられ伝統を喪失した都市のアボリジニに対する研究も始まった。しかし研究の手法が、辺境のアボリジニの伝統と比べ都市のアボリジニは何が失われたのかを探求することにとどまっていた事への反省から、都市のアボリジニを、その生活の実態から探る研究も重要と見なされるようになってきた。だが、辺境と都市という二項対立の上に「都市」という概念を設定し続ける限り、反省されつつあるはずの「純

粋なもの」を基準として現代アボリジニへの評価としてしまうという「呪縛」からは逃れることは出来ないのではないだろうか。

　先に触れたウォルター・スペンサーに代表される1950年代までの人類学者は、アボリジニの文化的純粋性に拘泥し、それを他者化することによって多くの過ちを犯してきた。今日でも先住権法に関連して、アボリジニの側から文化の純粋性を証明するために文化人類学者の働きが要請されているという現実が一方でありながら、文化人類学者は過去に対する反省から、アボリジニ芸術の「他者化」の忌避に努めようとしているように一見見えるが、少なくとも日本におけるアボリジニ研究やアボリジニに対する関心を見てみると、関心を集める先住民芸術は、エックス線画法や点描などの手法からなる伝統的なアボリジニ芸術のみである。アボリジニの多様な表現よりも、伝統性に拘泥しすぎる態度は、本書「原始主義」primitivism の項目にあるように、異国化し、他者化する危険を孕んでいる行為である。とくに「アボリジニ演劇」が、少なくとも日本のアボリジニ研究者からこれまで全く関心を持たれてこなかったことは暗示的だ。アボリジニ演劇に移入されたストーリー・テリングの伝統は、西洋現代演劇の枠組みに収まりきらない力を持つ[27]と言え、厳密には辺境のアボリジニが持っていない芸術形式である。それを都市のアボリジニが用いて表現をした場合、評価分析する術を日本のアボリジニ研究者たちの多くはまだ持ち得ていない。こうした意味でアボリジニ演劇には、つねに疑問がつきつけられる。例えば、白人作家や演出家が作ったものは、アボリジニ演劇なのかどうなのか？さらにいえば、アボリジニ自身が語っていると言っても、その作家や芸術家が本当に「アボリジニ」なのかという批判も考えられる。そもそもアボリジニに対してロマンティックな幻想を抱く態度が、我々のどこかに依然としてあるのではないだろうか。アボリジニは、白人入植以前の姿でいることが本来の姿であり、西洋的な文明を活用した暮らしはすべきではない。演劇や文学に関連づけると、白人側からアボリジニによる文化的適応（アボリジニの小説、アボリジニの詩、アボリジニの映画）を、汚れた妥協だとして非難される可能性もある。

　この問題を考えるために、『ストールン』を作り上げた人々のバックグラウンドを確認してみよう。まず、プレイボックスと共に『ストールン』を初演したイルビジェリ・アボリジナル＆トレス海峡諸島人演劇コーポ

ラティヴは、ヴィクトリア州で1990年に結成されたコミュニティ演劇のグループである。すべて先住民によって運営されている演劇集団としては草分け的存在だ。さらに、五人の役者はそれぞれ何らかのかたちでアボリジニの血を受け継ぐもので、多くが大学で演劇等を学び、国内主要劇団の舞台やテレビ・映画で活躍している。劇作家のジェーン・ハリソンは1960年生まれの女性で、『ストールン』が処女戯曲である。ハリソン自身は、いわゆる「ストールン・ジェネレーション」には属していない。ハリソンは純血のアボリジニを曾祖母に持つ。曾祖母はニューサウスウェールズ州内のムラワリ部族の出身で、アイルランド系の男性と結婚した。以後、祖父、母ともに白人と結婚し、ハリソンが生まれたという。したがってハリソン自身にとってこの作品は、自分の血脈の中に流れるアボリジナリティ、その文化的遺産を探し求めるために書かれたものだと言い、彼女自身の立場は作品の中ではアンのキャラクターの中に投影されていると見ることもできる。演出家のウェスリー・イノックは、現在、オーストラリアで最も注目される新鋭の演出家・劇作家のひとりである。クィーンズランド州のブリズベン、ゴールドコースト沖に浮かぶストラドブローク島の出身である両親の長男として1969年に生まれた。母は白人である。1994年に先住民劇団クーエンバ・ジャダラに創設メンバーとして加わり、1997年まで同劇団の芸術監督を務め、その後オーストラリア随一の劇団シドニー・シアターカンパニーの演出家をつとめている。以上のことから分かるように、『ストールン』を作り上げたのは、決して「血」という意味では純粋でなく、多くが白人社会の中で西洋式の教育を受け表現者となった「アボリジニ」であることが分かる。

　まず、英語や、西洋の「演劇」というメディアを用いた表現について考えてみよう。本書では文学で用いられる言語、とくに植民者によってもたらされた非土着言語を使用する問題について、「非土着言語は土着言語では容易に生み出し得ないような成果をいろいろともたらす点で、文化的ヘゲモニーに対してこれまでとは異なるポストコロニアル抵抗姿勢を提示することになろう」と言っている(「占有」 appropriation 参照)。ウェスリー・イノックや、アボリジニ演劇の父と称される劇作家ジャック・デーヴィス[28]などによるアボリジニ演劇のテクストは、土着言語と非土着言語とを自由にスイッチすることで、高度に抵抗的な表現を手にしていると言える。さらに、そもそも文化を、伝統的文化と称して一連

の固定化した物ととらえることが不可能なのは自明だ。文化は常に変化する宿命を負わされている。ホッジ＆ミシュラは次のように言う。アボリジニの文化的産物はいつも、より伝統的位置にみえるもの、より伝統的でない位置にみえるものの間でゆれている状態そのものが、その文化的特徴なのだ。入植前のアボリジニの文化からつながっている物と、アボリジニの白人への適応の結果による文化、この両者は、矛盾しながらも同居している状態にある。それこそがアボリジニの特色という考え方がある。すなわち北部・中央オーストラリアの多くのアボリジニ集団は、現在可能な限り伝統的な領域に近づけながら、伝統的な生活を再建しようとしている。ウェスタンデザートの人々のアクリル塗料のアートと、伝統的な言語の維持は、その再建にとって重要な方法である。だが、多くの都市部のアボリジニにとって、再建への道はたたれている。こういった戻る道をたたれたアボリジニたちの文芸活動は、伝統的な生活を再建した中で行われているアボリジニアートと同じように、アボリジニのもので、すべての伝統的な「アボリジニ文化」と同じように重要だ。なぜならあるものはアボリジニの本質を立証し、またあるものは「変化の自由」をすべてのアボリジニに対して提示している。その変化の自由というのは、適応の結果生まれてきた文化もまた、アボリジニの文化なのだという認識である。

　文化の真正性に拘泥しすぎると、それ以外のものを雑種的であるとか、汚染されているとして排除することになり、文化のダイナミックな変化や発展が無視される危険がある（「真正の／真正性」authentic/authenticity の項目参照）。真正性をめぐる問題の一つ例を挙げよう。アボリジニ画家アルバート・ナマジラは、西洋の水彩画法によって奥地の風景を描き、50年代に一世を風靡した。アボリジニの目を通して描かれたオーストラリアの風景は、当時の白人たちに熱狂的に支持されたが、伝統的なアボリジニの画法が「発見」され、それこそが「真の」アボリジニ芸術だとの評価が白人の間で確立すると、彼は人気画家としての地位からみるみる転落した。しかし今日、社会学者ミーガン・モリスは、ナマジラの絵画はアボリジニとしての自分の故地を描く基準を変えようとした注目すべき実験であったと位置づける。人種を問わずオーストラリアの人々の生活と共にあるナマジラの芸術は、その実験性にこそ価値を見出すべきであり、伝統的アボリジニの画法と比較して優劣をつけるべきものでは

ないのである。[29] しかし現実に今日でも、より「オーセンティックな」アボリジナル・アートが国際マーケットで高値で取引され、一方、アボリジニ研究者でも、「アボリジニ演劇」のような、「真正性」と微妙な関係を保ち、しかも高度にハイブリッドな芸術に関しては関心を払ってこなかったのは厳然たる事実である。

　ここで『ストールン』に立ち返って考えてみよう。舞台で描き出される物は、アボリジニの伝統的な生活や儀式ではない。けれども、上記の文脈で考えると、この作品はアボリジニを扱った作品であることは明らかである。作品にみられる次のようなイメージ、トタンの壁の家、机、素足にはかれた運動靴。さらには、公団住宅に住みながらオージーフットボールのテレビ中継に熱中する家族の姿、白人宅で、エプロンを掛けて、白人の家電を使いこなして女中として働く姿。これらは、アボリジニ自身がこの数十年で体験した「自分たちのいる風景」の、普遍化しつつあるアイコンである。歴史学者ベイン・アトウッドは、アボリジニである、ということは、生まれつきアボリジニであるということではなくて、アボリジニに「なる」ということだと指摘した。[30] こういう場合の「アボリジニ」になる、という「アボリジニ」という言葉ですら、白人のつけた名称であって、アボリジニ自身が自分たちを「アボリジニ」というまとまりを意識するようになったのは、植民地化以降である。その瞬間にすでに、「アボリジニ」という名称は、「土地を奪われた人たち」であり、「西洋文明に接触して、伝統文化を奪われた人たち」という意味も含むことになる。この奪われた物、その伝統的な物、そのものだけが「アボリジニ」の証なのではなくて、奪われたことにより、離散したり、それを取り戻そうとしたりする、過程や戦いも、「アボリジニの証」なのではないか。90年代以降、アボリジニをあつかった映画や演劇をひとつひとつみていくと、先にいったようなイメージ群が、アイコンとして、共通の心象風景とか共感を呼び起こす物として、アボリジニの伝統的なアートや音楽と全く同等に、扱われている。そこにあるのは戦略的なハイブリディティである。

　ポストコロニアル文学は、西洋の手法を模倣し、占有し、そしてそこに自分たち独自の手法をハイブリッドさせる。西洋の支配的な芸術的キャノンを混乱させることで、作品は力を持つ。コロニアリズムに見る二項対立の概念がこれまで植民者達の支配の論理を支えてきたのに対して、

それに抵抗するためにハイブリッドという概念は重要である。
　『ストールン』の作劇法におけるハイブリディティについて、ベルギーの演劇研究者マーク・モーフォートは、ホミ・バーバのいうような「西洋のキャノンの芸術的支配を揺るがすために、模倣／ハイブリッドに訴える」手法が、『ストールン』にも見られることを指摘する。『ストールン』は西洋と非西洋の伝統に依っていると彼は指摘する。モーフォートに拠れば、ストールンは、西洋の手法として、「詩的リアリズムの西洋の伝統」と「20世紀初頭のヨーロッパの表現主義」「ヴァージニア・ウルフやマンスフィールドの『意識の流れ』を思い出させる」手法も用いている。一方、ストーリー・テリングという伝統的なアボリジニの表現手法が、「作品の最も刺激的な、西洋リアリズムの慣例からの脱却」を導いていると指摘する。また、「様々なナラティブのコラージュが、複声のストーリー・テリングの図式を通してアボリジニの歴史を変更することを可能にさせる。また、サンディのナラティブはアボリジニの魔術の世界を白人文化の合理主義の中に侵略せしめる。このように、つまらない日常への超自然の介入が、西欧のリアリズムを作り直すという作者の欲望を表している」とモーフォートは論じている。[31]
　ハイブリディティの戦略は、ウェスリー・イノックの最新の作品『クッキーズ・テーブル』[32]でより明確に表れてくる。『クッキーズ・テーブル』はこんな物語だ。一九世紀後半に一本の木の下に生まれ落ちたアボリジニの少女クッキーが、その木が白人に伐採されテーブルに加工されてしまうと、そのテーブルの後を追って、ある屋敷の台所の料理人になる。彼女は白人男性に翻弄され不幸な運命を辿ったが、その物語とテーブルは、彼女の子孫に残されていった。それが、祖母フェイス、その娘アニー、そしてアニーの息子ネイサンであり、祖母の死後、アニーとネイサンは、クッキーのテーブルの所有権をめぐって争うことになる。
　アボリジニ青年ネイサンは、大学を優秀な成績で卒業したエリート官僚である。彼はもはやアボリジニの言語を喋ることは出来ないが、学校教育で習得した日本語を流暢に喋り、日本のビジネスマンとやりとりをしている。一方で、彼の母親アニーはベトナム戦争に従軍したこともある元歌手だったが今では身を持ち崩し、アルコールに溺れるアボリジニである。このコミュニティのアボリジニたちも、アルコール中毒や、ドメスティック・バイオレンスという悲痛な状況に置かれている。そして

その母フェイスは、敬虔なクリスチャンとして信仰に身を捧げている。戯曲では、ネイサンが「ゲイ」であることを、アニーに執拗に揶揄されて、アボリジニ文化におけるゲイ差別が見られる。女が常に殴られる側であるドメスティック・バイオレンスも、アボリジニ文化における男性中心主義が批判的に表出されている。作品に描かれるアボリジニの現実は、ポジティブな面も、ネガティブな面も含めて多様であり、ハイブリッドな状態にある。演劇研究者ピーター・エッカサールは、『クッキーズ・テーブル』について「現代のマリー(クィーンズランドとニューサウスウェールズのアボリジニの総称)の人々のハイブリッドな現実を描くことは、演劇としての反・コロニアリズムと政治的な行動の表出である」と指摘する。[33]

『ストールン』などの作品を見ても分かるとおり、アボリジニ演劇は、アボリジニのドリーミングや神話が中心的に扱われていなくても、アボリジニの新しく生み出している文化を描き出している。演出のウェスリー・イノックは、自分の演劇というのは、ストーリー・テリングの伝統をふまえているという。自分たちが経験したことや歴史を書き留めるのが、ストーリー・テリングやそれに基づく身体表現である。例えば第二次世界大戦中日本軍の飛行機がオーストラリアのダーウィンを爆撃したとき、飛行機の姿を身体表現でまねて伝えようとするアボリジニのダンスがあったという。イノックの演劇も全く同じである。彼が描き出そうとした、アボリジニの人々の現代史における経験、これこそが、先に述べた、神話や伝説やドリーミングが主軸ではない、アボリジニ演劇の扱う「今を生きるアボリジニのハイブリッドな現実」なのである。[34]

多文化社会とポストコロニアル状況

ここでは、アングロケルティック系オーストラリア人、非アングロ系オーストラリア人の構図について、オーストラリアの歴史的コンテクストをふまえて確認しておく。

《多文化国家の成り立ちと移民の流れ》
オーストラリアは突如今日のような多文化社会になったのではなく、

いくつかの段階を経てできあがっている。1830年代に流刑植民地としての役割を終え、自由移民が計画的に始まったが、1850年代にはゴールドラッシュが始まり、中国人労働者をふくむ移民が流入してきた。また、1860年代には、カナカ人のプランテーションへの導入、1870年代の日本人の真珠貝ダイバーの導入などが続き、すでに植民地時代にアングロケルティック以外の移民社会が国内に存在していた。その副作用として有色人種の移民と白人との間で摩擦が断続的に発生し、各植民地にはそれぞれ有色人種規制法が成立していた。その流れの中で1901年のオーストラリア連邦成立と同時に、言語テストの実施をふくむ移民制限法が成立し、アングロケルティック系移民を選別するため効力を発揮した。こうしてオーストラリアの国是となった白豪主義が、揺らぎを見せ始めるのはそう遅い話ではなかった。第二次大戦後の1947年、東欧、南欧の戦争難民の大量移民計画がスタートし、イタリア人、ドイツ人、ユーゴスラビア人、ギリシャ人などが移住してくる。1958年には言語テストが廃止され、1965年には労働党がその綱領から「白豪主義」政策をはずした。だが戦後から70年代初頭までの期間、ヨーロッパ系移民、すなわちニューオーストラリアンに対する差別は、公には現れてこなくても社会のそこここに厳然と存在した。アングロケルティックがもっとも優位を占め、北ヨーロッパ人がその次を占め、イタリア人、ギリシャ人などの南ヨーロッパ人はその下に位置するという社会構造の風向きが変わったのは、1973年にはホイットラム労働党政権のグラスビー移民相が、同化主義を廃し、多文化主義を移住政策・社会統合政策の基本的イデオロギーとして採択することを発表してからのことである。いっぽう、アジア系移民流入の転機も、この70年代に始まる。オーストラリアがアジアの一員として受け止められることが、国家の発展にとって不可欠であるというイデオロギーが推進力となり、加えて、コロンボ計画(1950年に南アジアや東南アジアの経済、社会開発の推進を目的に、イギリス連邦諸国を中心に合意された計画)の奨学金を受けアジア諸国からやって来た留学生の存在を目の当たりにして、大学のキャンパスから反白豪主義の声が挙がったことも一因となった。70年代はじめから導入されたポイントシステムで優秀なアジア人を受け入れていたが、さらに70年代後半を通じてベトナム難民、チモール難民、インドシナ難民受け入れなど、近隣諸国の政治情勢に即していわばなし崩し的にアジア系人口は増大し、さらに家

族呼び寄せプログラムによって、アジア系移民社会はできあがっていった。いっぽう、80年代、90年代に、大量移民政策への環境論的疑念や、多文化政策に要する経済負担への批判、言語・文化・価値観の上で伝統的アングロ・オーストラリア社会回帰への欲求などを原因とした多文化社会批判は、断続的にオーストラリア社会で議論され続けている。

さらに、2000年代にはいると、オーストラリアは多文化主義の根幹の問い直しを迫られる幾多の出来事が立て続けに発生する。2001年、オーストラリア・クリスマス島沖で木製フェリーに乗ったアフガン人難民434人をノルウェイの貨物船タンパ号が救助、しかしオーストラリア政府は難民の受け入れを拒絶し、結局難民はナウルとニュージーランドに受け入れられた。このタンパ危機と呼ばれる事件や、同様にオーストラリア沖で密航船が沈没して353人の犠牲者が出たSIEV X事件、さらにはサウスオーストラリアの砂漠にあるウーメラ難民収容所で起きたハンガーストライキを機に明るみに出た難民への過酷な扱いは、国内に大きな衝撃と論争を呼び起こした。2004年には、シドニーのレッドファーンで、警官に追われたアボリジニ少年の事故死をきっかけに、暴動が発生する。2005年には、シドニーのクロナラ・ビーチで、白人と中東系の若者が衝突する人種暴動が発生した。

《80年代以降のナショナリズムを背景にした、多文化主義と白人性の相克》
　ホワイトのエポックメイキングな著書の後、80年代以降のオーストラリアの、特にメディアやポップカルチャーにおけるナショナリズムの表象を綿密に記録したのが、グレアム・ターナーの『"ナショナル"にすること：ナショナリズムとオーストラリアの大衆文化』(1994)[35]ある。この著作は、オーストラリアが本格的な多文化主義時代を迎えた80年代以降、それらの遺産はどのように受け継がれ、あるいは遺棄され、あるいは改変され、あるいは潜伏するようになったのかを、明らかにしている。

　ターナーの描き出す80年代以降のナショナリズムは、次のような形で記述されていく。建国200年にむけてメディアがナショナリズムの言説を加速させていった80年代は、厚顔で自信に満ちたナショナリズムの時代として見なされる。企業家、資本家などは伝統的にオーストラリア文化において、労働者を搾取する憎しみの対象だった。それが80年代の経済新聞、経済雑誌の急速な増大を背景に、ルパート・マードックや、ア

ラン・ボンドなどの企業家が、オーストラリア人の生活を象徴し、国民的ヒーローになり、ナショナリズムを鼓舞する存在になった。彼ら「ラリキン企業家」は男性で、全くのオッカーやラリキン的要素を備えながら、次々とアメリカやイギリスの会社を買収していく剛腕が報道され、オーストラリア人のナショナリズムをかき立てる。これと同種の、メディアを通じた反英精神の発露は、例えば、イギリスのオーストラリアに対する言論統制に猛然と反発した、あるオーストラリア人弁護士と、それを熱狂的に支持したオーストラリアのメディアや、50年代にイギリスがオーストラリアのマラリンガで行った核実験に対して、80年代に政府、メディアがイギリス批判を展開、国内で反英的なムードが蔓延したことなどがある。いっぽう、建国200年は新たな問題も提起した。60年代以降、オーストラリアでは文化的アイデンティティが求められてきたが、この国の文化政策が19世紀末に起源を見るラッセル・ウォード的なアイデンティティを捨て始めると、新しい定義が必要になってきた。この必要性が明らかに目に見えるようになった場が、1988年の建国200周年であり、国民の多くは、テレビ中継を通して建国200周年の祝典に感動し、今まで感じていなかった「ナショナルなもの」を実感するようになった。すなわち、テレビというメディアが、国が最も「ナショナル」でありうる場所になったということである。また、すでにこの時点で大きく膨れ上がっていた先住民、また移民の存在感は、建国200周年を報じるメディアを通して、オーストラリア社会の「複雑性」として広く認められるようになった。結果的に、オーストラリアのナショナルキャラクターを将来どのように創造するとしても、それは複数でなければならず、またそのナショナル・キャラクターは、自然に現れる現象と考えることは出来ない、人工的・政治的なものにならざるをえないということも、明らかになってきたのである。80年代、90年代におけるオーストラリアのナショナリティ、ナショナリズムの以上のような変遷をたどりながら、ターナーはその結論として、これまで培ってきたナショナリズムと、移民文化、先住民文化のハイブリッド型という理想を提示している。

　いっぽう、90年代に展開したナショナリズム批判の中で最も影響力のある論考として、スティーブン・カッスルズ他『誤ったアイデンティティ』[36]がある。この本の一番の主張は「単一的なアイデンティティは、移民の流入によって存続し得ないものになった。ナショナリズムを働か

せるために必要な『単純化』は、もはやもっともらしいものではなくなっている。確かに未だ残存しているナショナリズムに関するシンボルやイメージはあるが、それらはオーストラリア社会の『現実』によってもう上塗りされている」とする。ターナーは、80、90年代のナショナリズムにまつわる社会現象を証左として、「これらの出来事が現代のメディアで表象される、その中で行われているのが、まさにこの『単純化』の過程そのものなのだ」と反論する。オーストラリアの「違い」をイギリスあるいは大英帝国との比較を通して規定しようとする戦略は、多くの非アングロ系オーストラリア人にとってアナクロに見えるのも不思議はない。それにもかかわらず、ここ10年のある出来事が、ナショナリストの表象から圧倒的に形作られてきたこと、これらの表象の中に用いられているとりとめもないものの中にある強力な戦略が、「英国性と対峙するオーストラリア性」を規定することだったのだと、ターナーは論じている。[37]

　一方、ターナーの描き出したのと同じ現象を捉えながらも、まったく違う立場から、ナショナリズムと多文化主義について論じた代表的な論者に、ガッサン・ハージがいる。[38] 彼は、多文化主義という制度そのものよりも、オーストラリアの主流の白人たちの主観の中で、彼らの内部における多文化主義の経験を、精神分析学を応用した切り口で考察を加える。「白人の幻想」と彼が言うとき、それは白人が抱いている「ネイションの管理者」という想像であり、「白人オーストラリア人が統合の偉大な管理者として存在する」という幻想を意味する。オーストラリア国内に頻繁に発生するレイシストの暴力は、単に差別意識から引き起こされるわけではなく、彼らが信じる故郷＝祖国というナショナルな空間をかき乱す「他者」としてみなされたものを、管理者として排除しようとすることから生じると言う。さらに、「寛容な白人」でさえも、ナショナリストとして、管理者としての行動を取る。つまり、国の移民や出身民族の統計・数字に偏執し、「この国に移民は多すぎる」などと、そのバランスを決めるのは自分たちに権限があるのだと思いこむ。それは、実際に何の権力も持たない下層の白人でさえも、そのバランスを憂慮する資格があると信じている事実こそが、白人の持つ「幻想」の存在を裏付けているのである。さらにハージは、オーストラリアの多文化主義を、「ホワイト・マルチカルチュラリズム」と位置づける。そして、オーストラリアの多文化主義は、エスニシティを白人による管理下に置いた状態で、

様々な文化を展示しているものと断じる。それは、かつて植民地における収集物を博物館や博覧会で展示に供したのと同じ構造であり、いわば民族誌的なショーケースであり、つまり、白人植民地主義の伝統の延長線上にあるに過ぎないと言うのである。多文化主義の中枢的な概念である「寛容」でさえも、文化的利用価値のあるなしという判断基準から切り離されることは決してない。白人ナショナリストにとって、移民たちの存在は、その他者性を生産的、経済的に利用するためのものであり、そのために移民は、「意志無きエスニックな客体」でなければならない。さらに、近年のアジアという近隣の拡大は、多文化主義に、オーストラリアというネイションが抱えてきた問題を解決するための「方策」という役割を付加した、とハージは論じる。つまり、多文化主義国家という看板を掲げることは、非ヨーロッパ的な態度とアイデンティティを身につけ、軌道修正している国際的な集団としてオーストラリアを位置づけることを意味する。それは未成熟だった国家から成熟した国家への成熟であり、結局は「アングロ・ケルト系の白人オーストラリアの連続性」にすぎない、とハージは言う。しかし一方で、そして、アジアのプレゼンスの拡大が、白人性の危機を招いている事実をも彼は指摘する。白人ナショナリストにとって優越性を信じさせる唯一の希望だった「白人性」が、アジアの発展を前にしてもはや希望の光ではなくなってしまったことへの焦燥感は、80年代のアジア移民の増大に対する危機感をあおった「ブレイニー論争」、90年代の過激なナショナリスト、ポーリン・ハンソンの台頭を説明することが出来るというのである。

　ベイルートからの移住者であるハージの挑発的な論考は、オーストラリアの言論界に多大なインパクトを与えた。特に、グローバリゼーションの大波の中で進展する新植民地主義（本書同項目参照）において、オーストラリアが多文化主義、そしてそれを構成するエスニックな文化を、経済的、生産的に利用する方策として用いているという指摘は、現行の多文化主義に対する重要な批判となるだろう。一方、ハージの論考はアボリジニについてはほとんど及んではいないのだが、アボリジニの多文化主義へのネガティブな姿勢をも説明することが出来るだろう。鎌田真弓が言うように、アボリジニは「多文化社会の一エスニック集団としてのマイノリティ集団化を拒否し、『和解』によるオーストラリア国民国家への統合にも懐疑的である。彼らこそオーストラリア大陸と『自然なき

ずな』をもつ先住『民族』であり、植民開始を歴史の起点とする国民国家に対峙する存在であることを主張してきた」のである。[39] さて、特に第二次世界大戦後の非白人の移民労働者は「周縁化と排除をもたらす確かなプロセスにかれらが従属していた一方で、このプロセスは、移民労働者を社会空間の外側にまで追い出して周縁化する意図を持っていなかった、という点である。これは、たとえば社会空間の外側へと追い出された、多くのアボリジニの場合とは異なっていた」とハージは指摘する。この、社会から甚だしく周縁化された歴史を持ち、また1990年代以降飛躍的に認識され始めた「先住性」を根拠として、先住民が、ネイションの管理者としての幻想を維持し続ける白人、管理され「意志無きエスニックな客体」を強いられる非・白人を目の前にして、多文化主義に装いを変えただけのネイションから、距離をとり続けるのは、至極当然のことだからである。

《同化への抵抗、植民地の神話を転覆する試み》

オーストラリアには、移民を主人公とし、とても成功した二つのフィクションがある。1960年代の『彼らは奇妙な人たちだ』と、90年代から2000年代初頭にかけての「ウォグ」シリーズである。しかし両者は、どちらもオーストラリアのアングロ・ケルティック系が創りあげたメインストリーム文化を吸収しながら、対照的な様相を見せる。

『彼らは奇妙な人たちだ』は、50年代に南ヨーロッパからきたニューオーストラリアンたちに対して、アングロケルティックの文化に同化するかあるいは異物として差別されるかが迫られた時代の空気をよくあらわしていた物語だ。イタリア人ジャーナリスト・ニノは、オーストラリアへ移住し、やがてオーストラリア人たちと心が通じ合い、左官屋になるという物語である。スタンダードな英語を喋るニノがオーストラリア社会で出会う様々なとまどいによって、オーストラリア独特な言葉やメンタリティや生態が浮き彫りになる。特にテレビをつけても映画館や劇場に足を運んでもオーストラリアで作られたものをいっさい見ることができなかったこの時代、そして一方でラッセル・ウォードの『オーストラリアの神話』が書かれたこの時代に、作品の中に見られた「オーストラリアの独自性」は明らかに多くの人々が希求していたものだった。原作小説は主人公のニノが書いたことになっているが、実際にはアイルラン

ド系オーストラリア人のジョン・オグラディが作者である。小説はベストセラーになり、また1966年に制作されたその映画化作品は、オーストラリア映画復興の狼煙の象徴的な存在となった。作品は国内で熱狂的に支持され、300万豪ドルという、記録的な売り上げを記録した。

　ホッジ＆ミシュラは、ニノというキャラクターが、当時差別の対象だったイタリア人であったにもかかわらず、北部イタリア人であったため、髪がブロンドで肌も浅黒くなく、短躯でもないことから、外観の上で移民から典型的オーストラリア人に変身するのがより難しくないような設定になっていることを指摘する。また、80年代以降、この作品は同化政策のプロパガンダとしてみられるようになったという。[40]

　一方、同じように「オーストラリア人化」する移民を描きながら、ニック・ジアノポロスの「ウォグ」シリーズは、まったく別の物語を映し出す。80年代末、ギリシャ系の血を引く青年ジアノポロスが、「自分はウォグ(地中海系移民の蔑称)である」というアイデンティティを前面に押し出し、自ら主演をつとめるコメディーショーを創案。その後計4作に及ぶ「ウォグ」シリーズはオーストラリア全土で興行的成功を収めた。その余勢をかってジアノポロスは主演、脚本、制作をこなす映画『ザ・ウォグ・ボーイ』(日本未公開)を2000年に発表、これも国内で記録的な大ヒットとなったのである。

　彼の舞台の内容を知るために、『ウォグ・ストーリー』という演目を例にとろう。

　冒頭、ジアノポロスは半ズボンをはいたギリシャ人のタクシー運転手の役で登場し、ひどいギリシャ訛で、大声で観客に「○○人はいるか！」というおきまりの点呼をする。呼ばれた民族に属する観客は、大歓声で答える。イタリア人、レバノン人、ギリシャ人が、一番多く、後はアングロ系オーストラリア人である。これは、アングロ系が観客の大多数をしめるオーストラリアの劇場ではきわめて珍しい人種比率である。ジアノポロスは中国人にも呼びかけるが、中国人からの返事はない。さらに「イギリス人いるか！」と彼が尋ね、客の一人が手を挙げると、「ファッキン・ポミー・バスタード」(イギリスの糞野郎)とジアノポロスが言い、客席が沸く。ギリシャ人のジアノポロスが、アングロ系オーストラリア人になりかわって英国嫌いの決まり文句を口にすることから起きる笑いだ。

別の幕では、ジアノポロスはギリシャ人の掃除のおばさんになり、やはりひどいギリシャ訛で、新入りのベトナム人にちょっかいを出す。「中国語しゃべらなければ、友達になってあげる。あれ怖いのよあたし」と言ったり、かと思うと20年前に移住してきた時は「ウォグ」といじめられたルサンチマンをさらりと笑いにする。共演者のレバノン人パフォーマーは、マッチョイズムを前面に押し出して、その姿がオーストラリア社会におけるレバノン人のステレオタイプと通底しているものだから、やはり笑いが起きる。最後には、テレビの子供番組のパロディーで、子供相手なはずなのに下品なジョークを山盛りにして、ジアノポロスと共演者たちは大暴れをする。

この舞台をはじめとする一連のジアノポロスの作品は、「ウォグであること」を逆手にとって、自由自在に人種・民族を笑いの対象に出来るのを最大の強みにしている。アングロ系オーストラリア人が、同様の手法を用いるのはもちろん不可能だ。もうひとつの特色が、下品さへの過剰な傾斜だ。70年代小劇場運動において、アングロケルティック系オーストラリア人たちは、19世紀以来の荒々しい植民地人像である「ラリキン」を現代化して、下品でバイタリティ溢れたオーストラリア人「オッカー」という典型像を発明した。ジアノポロスは意図的に、その典型像を「ウォグ」と重ね合わせる。多文化社会の中で、アングロ系オーストラリア人がもはや植民地人としての屈折を見えやすい形で吐露できなくなったいっぽうで、「ウォグ」にその継承者の名乗りを上げさせているとも言える。戦後まもなくオーストラリアに渡ってきた彼の両親の世代は、オーストラリア社会への同化という強い抑圧の下にあった。彼の幼少期も、その残滓は残っていたはずだ。だが、その青年期を、彼は多文化主義国家となったオーストラリアで送ることになり、その時代にはギリシャ人は同化を迫られることはなく、独自の文化の維持がまったくの自由になった。だが彼は、ギリシャ人としての文化ではなく、まさにかつては同化させられるはずだったアングロケルティック系オーストラリア人の文化の核心部分、その神話のエッセンスを明らかに継承していることが興味深いのだ。

一方、映画『ザ・ウォグ・ボーイ』は、アングロケルティック系オーストラリア人の生み出したラリキン／オッカー的資質が「ウォグ」である移民に継承され、アングロケルティック系がかつての荒々しい反逆児

から、ラリキン／オッカーである「ウォグ」に挑戦を挑まれる権力となった様子がより明白な形で描かれている。

　映画の主人公、ジアノポロス演じるギリシャ系移民の青年スティーブは、「ドール・ブラジャー」(オーストラリア英語で、福祉に頼って暮らす無職の人間を意味する) である。いつもギリシャ人の仲間と遊びあるきながら、いっぽうではギリシャ人コミュニティの顔役としても多忙である。アングロ系オーストラリア人である政府労働省の女性大臣は、このようなブラジャーたちを懲らしめて働かせることを新しい方針として打ち出した。ひょんなことからスティーブは、そのやり玉にあがる。テレビの公開討論番組にブラジャー側の代表者として出演させられた。当初は、批判される一方だったが、スティーブは自分がウォグであるというアイデンティティ論を展開。批判的だった司会者も彼の主張に感銘をうける。このテレビ討論を境に、スティーブは「ウォグ・ボーイ」として一躍有名人となり、テレビコマーシャルに出演するなど国民的スターにまで上り詰めようとする。しかし、彼の仲間や、彼を応援していたギリシャ人コミュニティは、あまりにも有名人になり、また政府に利用されているスティーブから離れてしまう。このようなスティーブの人気に着目した労働大臣は、労働を促すプロパガンダに利用しようと画策しはじめる。スティーブは、そのことを偶然にも知り、のぼせ上がっていた自分に対してわれを取り戻し、かつての仲間達と協力して大臣の野望をくじく。

　ここでスティーブは、「ウォグ」のみならず「ブラジャー」をも自らのアイデンティティとして身にまとう。社会保険を食いつぶす無職者が国民的人気を得るというストーリーがオーストラリアで決して無理を感じさせないのは、もちろん社会的栄達よりも無力だが反抗心を持った低層労働者 (例えばスワッグマン) こそがオーストラリアの神話を体現してきたという歴史と決して無縁ではない。むしろブラジャーこそ新しい「スワッグマン」であり、アングロ系オーストラリア人に握られた権力に反抗するギリシャ人移民のブラジャーこそ、オーストラリアの神話を現代版に書き換える者なのだとジアノポロスは宣言しているのである。

　いっぽうで、ジアノポロスが創造した新しい「ウォグ」というまとまりさえも、すでに差別をバネにした抵抗のあかしだけとは、単純に見ることはできなくなっているとも考えられる。『ザ・ウォグ・ボーイ』で、スティーブは労働省の広告塔として利用され始めたとき、官庁内で写真

撮影に臨み、様々な衣装に着替えながら、オーストラリアのニューヒーローのイメージを模索する。そのいくつかの衣装の中に、「クロコダイルダンディ」のイメージがある。ただし、「クロコダイルダンディ」であるのはそのアキューブラハットと鰐皮のジャケットだけで、その下はギリシャの民族衣装を身にまとっており、その上下のアンバランスが導く違和感が、笑いを誘う。だが、もし仮にスティーブが上から下まで完全に「クロコダイルダンディ」の衣装を着込んだとしたら、果たしてそこに現代のオーストラリアにおいて笑いを誘うような違和感は生じただろうか？アジア系オーストラリア人写真家 HOU LEONG は、90 年代に興味深い一連の作品を制作している。それは合成により、まさにオーストラリアの神話の中の登場人物たちの様々な写真に、アジア人の顔を当てはめてみる、というものだ。サーファー、ブッシュマンなど、彼が取り上げたオーストラリアの神話の題材はさまざまあるが、もっとも有名な作品が、「クロコダイルダンディ」の有名なスチール写真を合成したもので、そこではオーストラリアのブッシュを背景に、脇にグラマラスなニューヨーク美女をはべらせて立っているクロコダイルダンディの顔だけが、アジア人なのである。この一連の作品から醸しだされる「違和感」は、見るものに、アジア人がオーストラリアの神話の登場人物にはなり得ないことを納得させる。それは同時に、スティーブがダンディの衣装とギリシャの民族衣装とのミスマッチでしか表現できない程度の違和感でもある。ここで、われわれはアジア人と「ウォグ」でくくられるエスニックグループの中に、ある差異が横たわっていることに気づく。アジア系移民と、かつてニューオーストラリアンと呼ばれたヨーロッパ系移民の、オーストラリア社会における立場の違いは明らかにある。

　だが、にもかかわらず、「ウォグ」の一連の作品の中にオーストラリアの神話の継承にまつわる逆のメッセージを読みとることもできる。映画『ザ・ウォグ・ボーイ』に、ジアノポロスの舞台の常連でもあるベトナム人パフォーマー、ハン・リー演じる人物が登場する。彼とその舎弟は、スティーブやその仲間の生き方にあこがれ、ことあるごとに身のこなし、しゃべり、服装、髪型と、彼らを模倣する。彼らのあこがれの対象になっているのは明らかに、「ウォグ」という名を借りたスティーブの「ラリキン／オッカー」としての資質である。ここに、ギリシャ人によって占有されたオーストラリアの神話が、さらにアジア系へと受け継がれてい

くことが示されていく。アングロ・ケルティック系の人々にとっての伝統であった「権力への反骨精神」は、やがてそれ以外の移民の増大によって、別の物語に書き換えられた。つまり彼らは今や権力の側にあり、様々な地域からの移民こそが、それに対抗する「反骨精神」を謳う資格を得る。オーストラリアの神話が、クロコダイルダンディやサーファー、ライフセーバーのようなシンボル化された表象において、アングロケルティック以外を他者として排除してきた。しかし、ジアノポロスがその「荒々しい植民地人」のエッセンスを占有することで、ネイションの管理者としての白人と、管理される者としての移民という二項対立が、その根底から突き崩される。このように、ジアノポロスの「ウォグ」シリーズには、移住者植民地として成立したオーストラリアにおける複雑なコロニアル状況への、移民によるさらなる介入を見ることが出来るのである。

＊

今日のオーストラリア社会を語る際に、ポストコロニアルの視点を避けて通るわけにはいかない。本書で詳述されている幾多のポストコロニアルの理論が、オーストラリアの移住者植民地としての過去や、多文化主義国家として国際的な場面に存在感を増しつつある現在を読み解く上で、有効なものと言える。コロニアリズムが創出した先住民を取り巻く問題、多文化主義を取り巻く問題は、今日でもこのネイションの中枢で根深くくすぶり続けている。

註
 1 佐和田敬司『オーストラリア映画史：映し出された社会・文化・文学』オセアニア出版社, 1998. pp. 104-110 参照。
 2 Andrew Barton Paterson (1864-1941)。オーストラリアの国民的詩人。他の代表作に『スノーウィ・リバーから来た男』など。
 3 準国歌とも呼ばれるオーストラリアの国民的愛唱歌。1895 年にパタソンが詩を書き、スコットランド民謡を参考にした曲がつけられた。
 4 Richard White "Inventing Australia: images and identity 1688-1980" Sydney: George Allen & Unwin, 1981. pp.85-109.
 5 全盛期以後の『ブレティン』のたどった運命についても簡単に触れておく。文芸編集長のアルフレッド・スティーブンが同誌を去ってから、『ブレティン』の文壇における影響力は程なく衰退していった。また雑誌全体を見ても、時代の流れと共に初期の

若々しい先鋭的な論調も色あせたものとなり、保守的な色彩が強まっていった。ちなみに第一次世界大戦でオーストラリアがイギリスに援軍を送ったことを『ブレティン』が支持したことで、同誌の保守的姿勢が露見し、後に残ったのは偏狭なレイシズムぐらいのものだった。例えば、まさに白豪主義の思想を体現する「オーストラリア人のためのオーストラリア」という同誌のスローガン (初期には「白人のためのオーストラリア」となっていた) は、60年代まで誌面に堂々と掲げられていたのである。第二次世界大戦が終わってから『ブレティン』の部数は激減し、1962年にオーストラリア合同プレスに身売りされた。現在は、アメリカの「ニューズウィーク」と提携し、総合ニュース雑誌として生まれ変わっており、かつてのオーストラリア文壇をリードした『ブレティン』の面影は、殆ど残されていない。

6 Ned Kelly (1855-1880)。オーストラリアの、最後にして最も有名なブッシュレンジャー (山賊)。アイルランド系移民の子そしてヴィクトリアに生まれ、1870年代後半に親族らと共に「ケリー・ギャング」という一味を結成。警察隊と激しい抗争を繰り広げた。銀行を襲い、虐げられていた民衆の支持を集めた。またヴィクトリアに独自の共和国を設立しようと夢想していた。グレンローワンホテルで警官隊の焼き討ちに合い、捉えられて処刑された。その鎧甲で身を固めた独特の様相は、人々の想像力を刺激し、今日までナショナルな記号として流布してきた。

7 F. G. Clarke "The big history question : snapshots of Australian history" East Roseville, N.S.W. : Kangaroo Press, 1998. pp.142-147. ユリーカ砦の反乱は大英帝国統治下のオーストラリアで初めての大規模な反乱であり、それゆえ反乱はごく小規模なもので終息したとはいえ、大きなシンボルとしての意義が見いだされ、反乱自体やその名称、用いられた反乱旗などは長い間オーストラリアの共和制論者のシンボルとなってきた。

8 Russel Ward "The Australian Legend" Melbourne: Oxford UP, 1958.

9 Richard White "Inventing Australia: images and identity, 1688-1980" Sydney: Allen & Unwin, 1981.

10 Henry Lawson (1867-1922)。オーストラリアの詩人、短編作家。ブッシュでの生活を生き生きと描いた国民的詩人。Tom Roberts (1856-1931) オーストラリアの画家。オーストラリアの印象派とも言うべきハイデルバーグ派のひとり。オーストラリアの奥地、都市の多くの風景画を創作した。毛刈り職人を描いた Shearing the Rams (1890) やブッシュレンジャーを描いた Bailed Up (1895) など奥地の光景を描いた作品は、オーストラリアの原風景とも言える文化的象徴になっている。

11 だが、70年代前半を風靡したオッカーフィルムは、その後急速に失速していく。そもそも政府はオーストラリアにおけるハリウッド映画の支配を排除するために、ハリウッド映画に対抗できる商業性をもち、しかもオーストラリアという国をテーマに扱う映画作品の育成のために援助を行い、その初期のビジョンにぴったり当てはまるのが、一連のオッカーフィルムだった。しかし、そのあまりに低俗な内容が政府の映画政策を批判する動きを生じさせ、70年代半ばより政府は映画政策の見直しを迫られ、「商業性」よりも「芸術性」を重視する政策へと変換し、「芸術」の香りのする「時代物」の映画が、何本も制作されるようになったのである。

12 アメリカ帰りのベティ・バーストルという女性が、オフオフブロードウェイのカ

フェ・ラママのような劇場にしたいという夢を抱いて、メルボルンの学生街カールトンに開設した。その小さな芝居小屋ラ・ママに集った役者や劇作家、演出家、美術家などを含む一グループが、後の APG となった。APG はメルボルンの大劇団と対抗するため、当時世界的に流行していた演劇形式に対して手当たり次第に挑戦し、その実験的な取り組みの数々、そして多くのオーストラリアの劇作家、俳優、演出家を輩出した功績のために、シドニーのニムロッド・ストリート・シアターと共に、同時期のオーストラリア演劇を牽引した二大勢力のうちの一つに数えられる。

13　吉野耕作『文化ナショナリズムの社会学：現代日本のアイデンティティの行方』名古屋大学出版会, 1997.

14　Humphrey McQueen "New Britannia: an argument concerning the social origins of Australian radicalism and nationalism" Ringwood, Vic.: Penguin, 1970.

15　Tom Burvill 'The Politics of the Popular in Contemporary Australian Theatre' "Australasian Drama Studies" 1983 1:2, pp.19-32.

16　John Romeril "The floating world" Sydney: Currency Press, 1975. (佐和田敬司訳『フローティング・ワールド』オセアニア出版社, 1993)

17　"John Romeril" edited by Gareth Griffiths. Amsterdam: Rodopi, 1993. 150-164.

18　オーストラリア兵に対する愛称。スラウチハットと呼ばれる軍帽も含めて、ディッガーはオーストラリアのナショナルな記号の一つになっている。

19　Bob Hodge and Vijay Mishra "Dark side of the dream: Australian literature and the postcolonial mind" Sydney: Allen & Unwin, 1991. p.173.

20　John Slavin 'Australian cinema: the eighties' "Australian future films" CD-ROM.

21　前掲書 "Dark side of the dream: Australian literature and the postcolonial mind" p.xiii.

22　Ghassan Hage "White nation: fantasies of white supremacy in a multicultural society" Melbourne: Pluto Press, 1998. (保刈実、塩原良和訳『ホワイト・ネイション：ネオ・ナショナリズム批判』平凡社, 2003)

23　前掲書 "Dark side of the dream: Australian literature and the postcolonial mind" p.102.

24　Geoffrey Blainey "A shorter history of Australia" Port Melbourne: Mandarin, 1995. (加藤めぐみ、鎌田真弓 訳『オーストラリア歴史物語』明石書店, 2000)

25　Jane Harrison "Stolen" Sydney: Currency Press, 1998. (佐和田敬司訳『アボリジニ戯曲選：ストールン、嘆きの七段階』オセアニア出版社, 2001)

26　2001 年東京・中野あくとれにて、和田喜夫演出『ストールン』上演後のディスカッションに参加したウェスリー・イノックによる証言。

27　本書の Orality (口述性) の項目を見よ。

28　Jack Davis (1917-2000) 。劇作家、詩人。代表作に The Dreamers (1980) 、No Sugar (1985) (佐和田敬司訳『アボリジニ戯曲選Ⅲ：ドリーマーズ／ノー・シュガー』オセアニア出版社, 2006) がある。

29　ミーガン・モリス「同化を越えて──アボリジニ性／メディア・ヒストリー／パブリック／メモリー」(中条献訳)『思想』 890, 1998 年 8 月, pp.5-34.

30　Bain Attwood "The making of the Aborigines" Sydney: Allen & Unwin, 1989.

31　Marc Maufort 'Jane Harrison's Stolen and the international postcolonial context,'

"Crucible of cultures: Anglophone drama of a new millennium" Bruxelles & New York: Peter Lang, 2002.

32 『クッキーズ・テーブル』Cookie's table は、2006 年 11 月、ドラマチック・オーストラリアおよび楽天団によって、日本語の翻訳 (佐和田敬司&須藤鈴訳)、全キャスト日本人俳優を起用し、作者ウェスリー・イノック自身の演出により、オーストラリアでの初演よりも早く東京で世界初の上演をみた。このきわめて特殊な上演形態だけを見ても、この作品は高度なハイブリディティを受け入れている。

33 Peter Eckersall 「文化を越える演劇：初演のコンテクストと翻訳上演のコンテクスト」シンポジウム (早稲田大学 21COE 演劇研究センター＆ドラマチック・オーストラリア共催, 2006 年 11 月 10 日) での基調報告。

34 アボリジニの芸術的表現のハイブリディティについては、以下を参照。佐和田敬司『現代演劇と文化の混淆：オーストラリア先住民演劇と日本の翻訳劇との出会い』早稲田大学出版部, 2006。佐和田敬司「俳優ガルピリルとアボリジニの表象」早稲田大学オーストラリア研究所編『オーストラリアのマイノリティ研究』オセアニア出版社, 2005。

35 Graeme Turner "Making it national: nationalism and Australian popular culture" Sydney: Allen & Unwin, 1994.

36 Stephen Castles[et al.] "Mistaken identity: multiculturalism and the demise of nationalism in Australia" Sydney: Pluto Press, 1988.

37 前掲書 "Making it national: nationalism and Australian popular culture" pp.49-50.

38 前掲書 "White nation: fantasies of white supremacy in a multicultural society".

39 鎌田真弓「国民国家のアボリジニ」小山修三・窪田幸子編『多文化国家の先住民：オーストラリア・アボリジニの現在』世界思想社, 2002. p.131.

40 前掲書 "Dark side of the dream : Australian literature and the postcolonial mind" pp.188-196.

佐和田敬司 (さわだ・けいじ)

1968 年、茨城県に生まれる。1995 年、早稲田大学大学院文学研究科演劇専攻博士課程修了。2005 年、マッコーリー大学大学院批評文化研究専攻博士課程修了 (Ph.D. 取得)。現在、早稲田大学法学学術院教授。
主な著書・訳書には、『現代演劇と文化の混淆：オーストラリア先住民演劇と日本の翻訳劇との出会い』(早稲田大学出版部, 2006 年)、『演劇学のキーワーズ』(共著、ぺりかん社, 2007 年)、『オーストラリア映画史：映し出された社会・文化・文学 (増補改訂版)』(オセアニア出版社, 2003 年)、『オーストラリアのマイノリティ研究』(共著、オセアニア出版社, 2005 年)、『海外戯曲アンソロジーⅠ』(共訳、れんが書房新社, 2007 年)、『オーストラリア演劇叢書Ⅰ～Ⅱ巻』(編訳、オセアニア出版社, 1993 – 2007 年) などがある。

人名索引（本文に掲載した人名のみ）

ア

アードリー、R.　R. Ardry　236
アーノルド、デイヴィッド　David Arnold　249
アーマ、アイ・クウェイ　Ayi Kwei Armah　23
アイシュタインソン、A.　A. Eysteinsson　169
アイゼンク、ハンス　Hans Eysenck　236
アウーノー、コフィ　Kofi Awoonor
　『この大地、わが同胞』(*This Earth My Brother*) 24
アウグストゥス、シーザー　Caesar Augustus　146
アサド、T.　T. Asad　104, 108
アチェベ、チヌア　Chinua Achebe　34, 241-2, 273
アッシュクロフト、B.　B. Ashcroft　71, 122, 212, 216-7, 222, 240
アッシュクロフト、W.D.　W. D. Ashcroft　161-2
アトキンソン、P.　P. Atkinson　104
アパドュライ、A.　A. Appadurai　108
アピア、K. A.　K. A. Appiah　20, 82, 84, 237
アマド、アイジャズ　Aijaz Ahmad　23-4, 56, 82, 84, 142, 144, 182, 217, 219, 221
アミン、シャイド　Shahid Amin　249
アヤ、R.　R. Aya　183
アラク、J.　J. Arac　228
アルチュセール、ルイ　Louis Althusser　22, 216, 254-5
アルトー、アントニン　Antonin Artaud　169
アルトバック、P. G.　P. G. Altbach　61
アレクサンダー、M. J.　M. J. Alexander　125
アレクシス、J. S.　J. S. Alexis　155-6, 188
アレン、M. C.　M. C. Alleyne　206
アンダーソン、B.　B. Anderson　29, 177-8, 180

イ

イーストホープ、A.　A. Easthope　260
イーストン、S. C.　S. C. Easton　67
イェイツ、W. B.　W. B. Yeats
　『野蛮な神』(*Savage God*) 169
イェーガー、P.（パーカー）　P. Yaeger (Parker)　180
イサジョー、W. W.　W. W. Isajaw　99-100, 103
イリガライ、L.　L. lrigaray　257
インゴールド、T.　T. Ingold　108

ウ

ウィードン、C.　C. Weedon　159
ヴィシュワナータン、G.　G. Viswanathan　61, 113, 139, 270
ヴィダル、H.　H. Vidal　266
ヴィットゲンシュタイン、ルートヴィヒ　Ludwig Wittgenstein　221
ウィリアムズ、D. W.　D. W. Williams　50-2
ウィリアムズ、P.　P. Williams　220, 222
ウィリアムズ、エリック　Eric Williams　223
ウィンター、S.　S. Wynter　125
ウェーク、C.　C. Wake　188
ウェーバー、D. J.　D. J. Weber　130
ウェーバー、マックス　Max Weber　100, 103, 171
ウェスト、E.　E. West　128
ウェストン、R.　R. Weston　169
ウォーラーステイン、イマニュエル　Immanuel Wallerstein　273-6
ウォディス、J.　J. Woddis　190
ウォルヴィン、J.　J. Walvin　248
ウォルコット、デレク　Derek Walcott　92, 194
ウッズ、D.　D. Woods　33

エ

エンクルマ、クワメ　Kwame Nkrumah　81, 84, 152, 183, 189-90
エンゲルス、フリードリヒ　Friedrich Engels　55

オ
オーウェル、ジョージ　George Orwell　164
オーエンズ、J. D.　J. D. Owens　239
オースティン、ジェイン　Jane Austen
　　『マンスフィールド・パーク』(*Mansfield Park*)　72, 223
オクタロニー少将　Major-General Ochterlony　199
オクリ、ベン　Ben Okri　191
　　『満たされぬ道』(*The Famished Road*)　156
オベイセスケア、G.　G. Obeyseskere　46
オルティス、F.　F. Ortiz　268-9
オルブロウ、M.　M. Albrow　132-3, 136
オング、W. J.　W. J. Ong　194

カ
ガー、アンドリュー　Andrew Gurr　111-3
ガーヴィー、マーカス　Marcus Garvey　20, 41, 188, 238
カーター、E.　E. Carter　212
カーター、M.　M. Carter　87
カーター、P.　P. Carter　49, 91, 204 The Road to Botany Bay (『ボタニー湾への道』) 202-4, 211-2
カーニー、M.　M. Kearney　266
カービー、H.　H. Carby　122
カーライル、トマス　Thomas Carlyle　233
ガタリ、F.　F. Guattari　239-40
カネ、K.　K. Kanneh　214
カブラル、アミルカル　Amilcar Cabral　29-31, 66, 98, 119, 121, 183
カムデン、ウィリアム　William Camden　233
カラー、J.　J. Culler　259
ガラファー、J.　J. Gallagher　148-9, 151
ガルシア・マルケス、ガブリエル　Gabriel Garcia Marquez　155
ガルトン、フランシス　Francis Galton　235
カント、イマニュエル　Immanuel Kant　230

キ
ギアーツ、クリフォード　Clifford Geertz　106-8
ギカンディ、S.　S. Gikandi.　82-4
キケロ　Cicero　146
ギデンズ、A.　A. Giddens　170-2, 206

キプリング、ラドヤード　Rudyard Kipling　63, 130, 164
　　『キム』(*Kim*) 49, 112, 184-5
　　「退場の歌」('*Recessional*')　234
　　「白人の重荷」('*The White Man's Burden*')　63
キャッシュモア、E.　E. Cashmore　239
キャロザース、J. C.　J. C. Carothers　109
キュヴィエ、ジョルジュ　Georges Cuvier　231
キルグール、M.　M. Kilgour　46
ギルマン、S. L.　S. L. Gilman　124
キング、A. D.　A. D. King　136
キング、B.　B. King　71, 191
キング、E.　E. King　136
キング、トマス　Thomas King
　　『緑草、流水』(*Green Grass, Running Water*) 156
キンケイド、J.　J. Kincaid　118

ク
クームズ、A. E.　A.E. Coombes　214-5
グギ、ジオンゴ・ワ　Thiong'o wa Ngugi　31, 34, 82-4, 152
　　『一粒の小麦』(*A Grain of Wheat*)　161
グジェルバーガー、G.　G. Gugelberger　266
クッツェー、J. M.　J. M. Coetzee
　　『野蛮人を待ちながら』(*Waiting for the Barbarians*)　23, 201
グナー、E.　E. Gunner　194
グナー、L. (ダリアン=スミス)　L. Gunner (Darian-Smith)　212
グニュー、S.　S. Gunew　159
グハ、R.　R. Guha　249-53
クラーク、マーカス　Marcus Clark.　91
グラムシ、アントニオ　Antonio Gramsci　127, 138-9, 248-9, 253
クラメル、アレクサンダー　Alexander Crummell　20, 42, 188
グラント、チャールズ　Charles Grant　27-8
グリーン、ルネ　Renee Green　153
クリステヴァ、ジュリア　Julia Kristeva　257
クリスマン、L.　L. Chrisman　220
グリッサン、E.　E. Glissant　92-3, 161, 213

人名索引　375

グリドン、G.　G. Gliddon　232
グリフィス、G. G. Griffiths　36, 61, (Ashcroft) (アッシュクロフト)　71, 122, 212, 222, 240
クリフォード、ジェイムズ　James Clifford　106-8
グレイス、W.　W. Grace　91
クレイトン、D.　D. Clayton　212
グレゴリー、D.　D. Gregory　212
クロウチ、R.　R. Kroestch　210
グローヴ、R.　R. Grove　95
クロスビー、アルフレッド・W.　Alfred W. Crosby　94-5, 212
グワラ、M.　M. Gwala　194

ケ

ゲイツ・ジュニア、H. L.　H. L. Gates Jnr　76-7
ケネディ、E. C.　E. C. Kennedy　188
ゲバラ、チェ　Ché Guevara　183
ケブナー、R.　R. Koebner　146, 151

コ

コエーリョ、G. V.　G. V. Coelho　87
コター、M.（アシュクロフト）　M. Cotter (Ashcroft)　216
コナー、W.　W. Connor　183
コナン・ドイル、アーサー　Arthur Conan Doyle　64
ゴビノー伯爵、J. A.　J. A., comte de Gobineau　54, 167-8, 231-2
コフマン、E.　E. Kofman　136
ゴフマン、E.　E. Goffman　261
コモンウェルス研究所　Institute of Commonwealth Studies　87
コロンブス、クリストファー　Christopher Columbus　44-6, 243, 245
コンラッド、ジョーゼフ　Joseph Conrad　65
『闇の奥』（*Heart of Darkness*）　39, 137, 169, 241

サ

サイード、E.　E. Said　30, 62, 68, 72, 76, 89-91, 98, 117, 120, 125-8, 145, 149, 216, 224
　　『オリエンタリズム』（*Orientalism*）　57, 69, 89-90,

サイニ、M. K.　M.K. Saini　190
サモラ、L. P.　L. P. Zamora　155
サルトル、ジャン＝ポール　Jean-Paul Sartre　187, 197, 199
サンゴール、L. S.　L. S. Senghor　187-8
サンソム、B.　B. Sansom　236, 238
サンデー、P. R.　P. R. Sanday　46

シ

シアーズ、D.　D. Seers　85
シーモア＝スミス、C.　C. Seymour-Smith　205-6
シェイクスピア、ウィリアム　William Shakespeare
　　『あらし』（*The Tempest*）　117, 223
ジェイムズ、C. L. R.　C. L. R. James　29, 98, 119
ジェイムソン、F.　F. Jameson　23-4, 181-2
シェマホーン、R. A.　R. A. Schermerhorn　98, 102-3
ジオプ、アリオーネ　Alioune Diop　187
ジオプ、シャク・アンタ　Cheik Anta Diop　188
ジオプ、ビラゴ　Birago Diop　187
シクスー、エレーヌ　Hélène Cixous　257
シストレン・コレクティブ　Sistren Collective　194
ジャック、B. E.　B.E. Jack　188
ジャラ、R.　R. Jara　266
ジャリ、アルフレッド　Alfred Jarry　169
ジャンモハメド、アブドゥル・R.　Abdul R. JanMohammed　157-8
シュペングラー、O.　O. Spengler　162-3
シュミット、H. D.　H. D. Schmidt　151
ショー、ジョージ・バーナード　George Bernard Shaw　64
ジョーダン、G.　G. Jordan　159
ジョーンズ、ジョーゼフ　Joseph Jones　67, 71
ショハト、E.　E. Shohat　111
ショルティ、J. A.　J. A. Scholte　132
ジョンソン、G. A.　G. A. Johnson　25-6

ス

スウィフト、ジョナサン　Jonathan Swift
　　『ガリバー旅行記』（*Gulliver's Travels*）

117
スクワイアーズ、J.　J. Squires　212
スズキ、デイヴィッド　David Suzuki　272
スターリン、ヨセフ　Joseph Stalin　176, 182
スタンリー、ヘンリー・モートン　Henry Morton Stanley　263
ストウ、ランドルフ　Randolph Stow『トルマリン』(Tourmaline)　24
ストッキング、G. W.　G. W. Stocking　108
ストラットン、F.　F. Stratton　186
ストリブラス、P.　P. Stallybrass　167
スパー、デイヴィッド　David Spurr　33, 39, 262-4
スパイビ、T.　T. Spybey　134, 136
スピアーズ、D.　D. Spears　236
スピヴァック、ガーヤットリー　Gayatri Spivak　22, 26, 49-50, 59, 76, 96-8, 124, 185, 199-201, 216, 251-3, 277-8
スペンサー、エドマンド　Edmund Spenser　233
スペンサー、スタンリー　Stanley Spencer　227
スミス、B.　B. Smith　169
スミス、M. B.　M.B. Smith　25-6
スミス、N.　N. Smith　206
スミス、アダム　Adam Smith『国富論』(The Wealth of Nations)　147
スミス、チャールズ・ハミルトン　Charles Hamilton Smith　231
スミス、ポール　Paul Smith　259-60
スミス、マイケル　Michael Smith　194
スレーリ、S.　S. Suleri　122-4
スレモン、スティーヴン　Stephen Slemon　22-4, 26, 31, 46, 73, 156, 218-9, 245, 268

セ
セアー、C. A.　C.A. Thayer　183
セゼール、エメ　Aimé Césaire　187, 212
セレスティン、R.　R. Célestin　115
聖モーリス　Saint Maurice　230

ソ
ソーヴィ、A.　A. Sauvy　266-8

ソシュール、F. ドゥ　F. de Saussure　37, 78, 257
ソマー、D. (パーカー)　D. Sommer (Parker)　180
ソラーズ、W.　W. Sollors　103

タ
ダーウィン、チャールズ　Charles Darwin『種の起源』(The Origin of Species)　232
ターディマン、リチャード　Richard Terdiman　72-3
ターナー、B. S.　B.S. Turner　170, 172
ターナー、フレデリック・J　Frederick J. Turner　128-30
タウシッグ、M.　M. Taussig　26, 268
ダグラス、フレデリック　Frederic Douglas　41
ダリアン＝スミス、K.　K. Darian-Smith　212
ダンドラーデ、R. G.　R. G. D'Andrade　109
ダンバー、ウィリアム　William Dunbar　230

チ
チャイルズ、P.　P. Childs　222
チャタジー、P.　P. Chatterjee　29, 180, 226, 249

ツ
ツィンマーマン、M.　M. Zimmerman　265-6

テ
デ・モラエス＝ファリアス、P. F.　P.F. de Moraes-Farias　20, 81, 84, 113, 193-4
デイヴィッドソン、B.　B. Davidson　31, 66, 180, 226, 230, 247-8
ディズレーリ、ベンジャミン　Benjamin Disraeli　64-5, 149
ティフィン、H.　H. Tiffin　73, 224, 245, (Ashcroft)(アッシュクロフト)　71, 122, 212, 222, 240
テイラー、G. R.　G. R. Taylor　128, 130
デイル、L.　L. Dale　215
デヴィ、G. N.　G. N. Devy　82, 84
デカルト、ルネ　René Descartes　253
デキャンプ、D.　D. DeCamp　205

人名索引　377

デヌーン、D.　D. Denoon　245
デフォー、ダニエル　Daniel Defoe
　『ロビンソン・クルーソー』(*Robinson Crusoe*)　117
デュ・キレ、A.　A. Du Cille　19-21
デュ・ボワ、W. E. B.　W. E. B. Du Bois　41, 188
デリダ、ジャック　Jacques Derrida　33, 78, 96, 194, 216, 223, 257, 259

ト
トゥーサン=ルーヴェルテュール、ピエール　Pierre Toussaint-L'Ouverture　247
トゥーレ、セクゥ　Sekou Touré　183
ドゥルーズ、G.　G. Deleuze　239-40
ドッカー、J.　J. Docker　84, (Ashcroft) (アッシュクロフト)　216
トッド、L.　L. Todd　206
トドロフ、T.　T. Todorov　25-6
ドナルド、J.　J. Donald　212
ドナルドソン、L.　L. Donaldson　125
トマス、N.　N. Thomas　108, 115
トマス、S.　S. Thomas　215
トムプソン、V. B　V.B. Thompson　87, 248
トルゴフニク、M.　M. Torgovnik　137, 185, 228, 241-3

ナ
ナイポール、V. S.　V.S. Naipaul　164-6
　『物真似人間』(*The Mimic Men*)　165-6, 262
ナトール、S. (ダリアン=スミス)　S. Nuttall (Darian-Smith)　212
ナンダン、S. (アッシュクロフト)　S. Nandan (Ashcroft)　216

ニ
ニーダヴィン・ピータシェ、J.　J. Nederveen Pieterse　108, 115, 132, 199, 243
ニュー、W. H.　W.H. New　71

ネ
ネルソン、E. S.　E.S. Nelson　87
ネロ、アゴスティーノ　Agostino Nero　183

ノ
ノックス、ロバート　Robert Knox　231
ノット、J.　J. Nott.　232

ハ
パーカー、A.　A. Parker　180
バーカー、M.　M. Barker　236
パーキンソン、L.　L. Parkinson　156
バークホファー、R. F.　R.F. Berkhofer　129
バーチ、ジェフリー　Geoffrey Birch　199
ハーディマン、デイヴィッド　David Hardiman　249
バーバ、H. K.　H. K. Bhabha　22, 26-8, 57-9, 76-9, 140-1, 143-4, 153-4, 164-6, 174, 176, 179-80, 185, 216, 226, 260,
バーバー、K.　K. Barber　20, 81, 84, 113, 193-4
ハーロー、B.　B. Harlow　183
ハイアム、R.　R. Hyam　125
ハイデッガー、マルティーン　Martin Heidegger　91, 276
ハヴィンデン、M.　M. Havinden.　67
ハウエル、レオナード・パーシヴァル　Leonard Percival Howell　238
バウムガート、W.　W. Baumgart　145, 151, 209
ハガン、G.　G. Huggan　118
バクスター、P.　P. Baxter　236, 238
バクストン、トマス・ファウェル　Thomas Fowell Buxton　209
ハズバンド、C.　C. Husband　238
ハーバーマス、ユルゲン　Jürgen Habermas　169-72
バフチン、M.　M. Bakhtin　25-6, 143-4
ハマースリー、M.　M. Hammersley　104
パリー、ベニタ　Benita Parry　22, 97-8, 141-2, 144, 166, 185, 187, 221
バリオス・デ・チュンガラ、D.　D. Barrios de Chungara,　123
ハリス、ウィルソン　Wilson Harris　92-3, 161, 194, 203-4, 212
　『オマイへの坂道』(*Ascent to Omai*)　40-1
ハリソン、C.　C. Harrison　228
バレット、L. E.　L.E. Barrett　238-9
バロウ、ジョン　John Barrow　200

パンディー、ジャン　Gyan Pandey　249

ヒ

ピカソ、パブロ　Pablo Picasso　169, 227-8
ビショップ、A.　A. Bishop　272-3
ビディス、M. D.　M.D. Biddis　54
ヒューム、P.　P. Hulme　44-6, 65, 68, 71
ヒューム、ケリ　Keri Hulme
　『骨の人々』(*The Bone People*)　156
ヒラー、S.　S. Hiller　228
ビリントン、R. A.　R.A. Billington　130

フ

ファーガソン、M.　M. Ferguson　132
ファードン、R.　R. Fardon　104-5, 107-8
ファーニス、G.　G. Furniss　194
ファス、D.　D. Fuss　199
ファノン、F.　F. Fanon　22, 29, 31, 42, 78-9, 98, 109, 157, 183, 212-3, 237-8
　『黒い肌、白い仮面』(*Black Skin: White Masks*)　119, 259-60。
　Critical Fanonism (批判的ファノン主義)　19, 76-7
　『肌が黒いという事実』(*The Fact of Blackness*)　42, 121
　Fanonism (ファノン主義)　93, 119-121
　『地に呪われたる者』(*The Wretched of the Earth*)　119
ファリス、W. B.　W.B. Faris　155-6
フィー、M.　M. Fee　36
フィールド、バロン　Barron Field　91
フィールドハウス、D. K.　D.K. Fieldhouse　67
フィッシュマン、J. A.　J.A. Fishman　102-3
フィリップス、A. A.　A.A. Phillips　84
フィルプ、K. R.　K.R. Philp　128, 130
フーコー、ミシェル　Michel Foucault　22, 88-91, 96, 216, 261
　『規律と処罰』(*Discipline and Punish*)　261, discourse (言説)　57-8, 88-91, 195, 257-8
ブーン、J. A.　J.A. Boon　108
ブーンズ・グラフェ　Boons-Grafé　198-9
フェザーストーン、M.　M. Featherstone　135-6
フェロ、M.　M. Ferro　67, 111
フォースター、E. M.　E.M. Forster　164

フォケマ、D. W.　D.W. Fokkema　169
プライス、R.　R. Price　33
ブライデン、エドワード・ウィルモット
　Edward Wilmot Blyden　29, 42, 188
ブライドン、D.　D. Brydon　245
ブラウン、R. H.　R.H. Brown　87
プラサ、C.　C. Plasa　248
ブラザーストン、G.　G. Brotherston　268
ブラシンゲイム、J. W.　J.W. Blassingame　43
ブラスウェイト、エドワード・カマウ
　Edward Kamau Brathwaite　63, 74-6, 173-4, 194
ブラックバーン、R.　R. Blackburn　248
フラッシナ、F. (ハリソン)　F. Frascina (Harrison)　228
プラット、M. L.　M.L. Pratt　118, 200-1, 268-9
フランク、アンドレ　André Frank　85
ブランクーシ、コンスタンティン　Constantine Brancusi　226
フリエル、ブライアン　Brian Friel
　『翻訳』(*Translations*)　47, 204
ブレイ、T.　T. Bray　169
フレーザー、イライザ　Eliza Fraser　114
ブレナン、ティモシー　Timothy Brennan　175, 179, 180
ブレメン、J.　J. Bremen　238
フロイト、ジークムント　Sigmund Freud　242, 253-4, 256
ブロート、J. M.　J.M. Blaut　180, 183
ブロバー、E.　E. Brodber　194
ブロムストロム、M.　M. Blomstrom　85
ブロンテ、シャーロット　Charlotte Brontë
　『ジェーン・エア』(*Jane Eyre*)　223

ヘ

ベイマー、E.　E. Boehmer　71, 180, 191, 222
ベヴァリー、J.　J. Beverley　265-6
ヘースティングズ侯爵　Marquess of Hastings　199
ベドー、ジョン　John Beddoe　234
ヘトネ、B.　B. Hettne　85
ペリー、G. (ハリソン)　G. Perry (Harrison)　228
ベルニエール、フランソア　François Bernier

230
ベンサム、ジェレミー　Jeremy Bentham　261

ホ
ホイットロック、ジリアン　Gillian Whitlock　125, 214
ホー・チ・ミン　Ho Chi Minh　183
ホートン、ジェイムズ・アフリカヌス　James Africanus Horton　29
ホーマー　Homer
『オデュッセイア』(*Odyssey*)　241
ホーム、J. A.　J.A. Holm　206
ホール、スチュアート　Stuart Hall　43, 103, 112, 133, 135-6
ホール・ジュニア、R. A.　R. A. Hall Jnr　205-6
ボールドウィン、ジェイムズ　James Baldwin　34
ホッジ、B.　B. Hodge　220, 244
ホブズバウム、E. J.　E.J. Hobsbawm　148, 151, 180
ホブソン、J. A.　J.A. Hobson　147-9, 151, 177
ホフメイヤー、I.　I. Hofmeyer　193-4
ポメロイ、W. J.　W. J. Pomeroy　190
ホルクウィスト、M.　M. Holquist　140
ホルスト＝ピーターセン、K.　K. Holst-Petersen　125,（Rutherford）（ラザフォード）　71, 191
ホワース、R. G.　R.G. Howarth　68
ホワイト、A.　A. White　167
ホワイト、J.　J. White　43

マ
マーサー、K.　K. Mercer　43
マース・ジェリネック、H.（ラザフォード）　H. Maes Jelinek (Rutherford)　71, 191
マーリー、ボブ　Bob Marley　194, 239
マイスケン、P.　P. Muysken　206
マオレイン、C. O.　C.O. Maolain　183
マクガワン、K.　K. McGowan　260
マクスウェル、A.　A. Maxwell　214-5
マクスウェル、D. E. S.　D.E.S. Maxwell　69
マクニール、W. H.　W.H. McNeill　129-30
マクホウル、A.　A. McHoul　91
マクラウド、A. L.　A.L. McLeod　68

マクリントック、A.　A. McClintock　125, 215
マコーリー、トマス　Thomas Macaulay　80, 113, 163-5
マシューズ、J. P.　J.P. Matthews　245
マニング、P.　P. Manning　248
マリー、S.　S. Murray　180
マリック、K.　K. Malik　231, 238
マリノフスキー、ブロニスラフ　Bronislaw Malinowski　223
マルクス、カール　Karl Marx　55, 254-5

ミ
ミシュラ、V.　V. Mishra　87, 220, 244
ミッチェル、W. J. T.　W.J.T. Mitchell　61, 212
ミドルトン、R.　R. Middleton　169
ミュラウザー、P.　P. Mulhauser　206
ミラー、N.　N. Miller　183
ミルズ、S.　S. Mills　118
ミロ、ジョーン　Joan Miro　226

ム
ムーディ、S.　S. Moodie　130
ムカジー、A.　A. Mukherjee　244
ムディンベ、V. Y.　V.Y. Mudimbe　82-4, 188
ムバ、E.　E. Mba　186

メ
メイヤー、S.　S. Meyer　125
メミ、アルベール　Albert Memmi　76-7
メレディス、D.　D. Meredith　67

モ
モイカブ、J. M.　J.M. Moikabu　43
モイラ卿　Lord Moira　199
モーズリー、A. G.　A.G. Mosley　188
モーゼズ、グランマ　Granma Moses　227
モハンティ、C. T.　C.T. Mohanty　122-5, 141, 221
モハンラム、R.　R. Mohanram　87, 93
モリス、デズモンド　Desmond Morris　236
モリソン、ファイネス　Fynes Moryson　233

ヤ

ヤング、R. J. C.　R. J. C. Young　26, 28, 56-7, 76, 142-4, 167-8, 215, 220-2, 264
ヤングズ、G.　G. Youngs　136

ラ

ラーソン、チャールズ　Charles Larson　271-2
ラウシ、J. M.　J.M. Rausch　130
ラカン、J.　J. Lacan　22, 96, 158, 197-9, 216, 256-7, 260
ラザフォード、A.　A. Rutherford　71, 125, 191
ラジャン、G.　G. Rajan　87, 93
ラジャン、R. S.　R.S. Rajan　125
ラシュディ、サルマン　Salman Rushdie　83
　『真夜中の子供たち』(Midnight's Children)　156
ラス・カサス、バルトロメ・デ　Bartolomé de Las Casas　245
ラッシュ、S.（フェザーストーン）　S. Lash (Featherstone)　135-6
ラッソ、M.（パーカー）　M. Russo (Parker)　180
ラッピング、B.　B. Lapping　33
ラバサ、J.　J. Rabasa　48-9, 109-11, 211
ラマ、アンヘル　Angel Rama　268
ラミング、ジョージ　George Lamming
　『わが土着の性』(Natives of My Person)　23
ランボー、アルチュール　Arthur Rimbaud　169

リ

リー、D.　D. Lee　210-1
リース、ジーン　Jean Rhys
　『広大なサルガッソー海』(The Wide Sargasso Sea)　223
リード、J.　J. Reed　188
リヴィングストン、デイヴィッド　David Livingston　150
リチャードソン　Richardson　236
リチャードソン、H. H.　H.H. Richardson
　『リチャード・マーニーの運命』(The Fortunes of Richard Mahony)　112
リッチ、P. B.　P.B. Rich　233, 235
リトヴォ、H.　H. Ritvo　228
リヒタイム、G.　G. Lichteim　147, 151
リャン、S.　S. Ryan　215
リング、B. J.　B. J. Ring　248

ル

ルスヴェン、K. K.　K.K. Ruthven　169
ルソー、アンリ　Henri Rousseau　226
ルソー、ジャン＝ジャック　Jean-Jacques Rousseau　39, 242
ルナン、エルネスト　Ernest Renan　174-5, 178
ルビン、W.　W. Rubin　228
ルフェヴェール、A.　A. Lefevere　61

レ

レーニン、V. I.　V.I. Lenin　148, 151, 182, 189

ロ

ロウ、G. C. L.　G. C. L. Low　130, 215
ローズ、C.　C. Rhodes　228
ローソン、A.　A. Lawson　245, 268
ローレンツ、コンラート　Konrad Lorenz　236
ロス、R.　R. Ross　238
ロスベルク、C. G.　C.G. Rosberg　33
ロック、J.　J. Locke　208-9
ロバートソン、R.　R. Robertson　136, (Featherstone)（フェザーストーン）　135-6
ロビンソン、R.　R. Robinson　148-9, 151
ロメイン、S.　S. Romaine　74, 206
ロレンス、D. H.　D.H. Lawrence　169

ワ

ワシントン、ブッカー・T.　Booker T. Washington　41
ワッサーマン、レナータ　Renata Wasserman　114-5
ワット、I.　I. Watt　117

編訳者について

木村公一（きむら　こういち）
1946 年、大阪府に生まれる。
1975 年、早稲田大学大学院文学研究科英文学専攻博士課程修了。1994 年-96 年、2006 年-7 年、ロンドン大学・ノッティンガム大学交換客員研究員。現在、早稲田大学国際教養学術院教授。

　主な著書・訳書には、『文学とことば』（共著、荒竹出版社、1990 年）、『英米小説序説』（共著、松柏社、1992 年）、『オーストラリアのマイノリティ研究』（共著、オセアニア出版社、2005 年）、『言語表現と創造』（共著、鳳書房、2005 年）、『ヘンリー・ミラーを読む』（共著、水声社、2007 年）、『ケンブリッジ版評伝——若き日のＤ・Ｈ・ロレンス』（編訳、彩流社、1998 年）、『Ｄ・Ｈ・ロレンス事典』（編訳、鷹書房、2002 年）、『Ｄ・Ｈ・ロレンス短編全集——第五巻』（共訳、大阪教育図書出版社、2006 年）、『ヘンリー・ミラー・コレクション——迷宮の作家たち』（編訳、水声社、2006 年）、『ロレンス　愛と苦悩の手紙——ケンブリッジ版Ｄ・Ｈ・ロレンス書簡集——』（共編訳、鷹書房弓プレス、2011）などがある。

ポストコロニアル事典　　　　　　　　　　　　　　　　　　　　　　［D-46］

2008 年 8 月 5 日　第 1 刷発行
2014 年 5 月15日　第 2 刷発行

編訳者　木村公一
発行者　南雲一範
装幀者　岡　孝治
発行所　株式会社　南雲堂
　　　　〒162-0801　東京都新宿区山吹町 361
　　　　振替口座　00160-0-46863

　　　　［書店関係・営業部］☎ 03-3268-2384　FAX 03-3260-5425
　　　　［一般書・編集部］☎ 03-3268-2387　FAX 03-3268-2650

印　刷　壮光舎印刷
製本所　長山製本所
コード　ISBN978-4-523-31046-4 C0536

Printed in Japan

南雲堂 / 好評の既刊書

新版 アメリカ学入門　古矢旬・遠藤泰生　46判 2,400円

レイ、ぼくらと話そう　レイモンド・カーヴァー論集　平石貴樹・宮脇俊文編著　46判 2,500円

反アメリカ論　野島秀勝　46判 3,500円

アメリカの文学　八木敏雄・志村正雄　46判 1,748円

女というイデオロギー　アメリカ文学を検証する　海老根静江・竹村和子　46判 3,800円

かくも多彩な女たちの軌跡　英語圏文学の再読　海老根静江・竹村和子　46判 3,800円

目覚め　ケイト・ショパン　宮北恵子・吉岡恵子訳　46判 2,800円

異神の国から　文学的アメリカ　金関寿夫　46判 3,000円

エミリ・ディキンスン　露の放蕩者　中内正夫　46判 5,000円

シルヴィア・プラスの愛と死　井上章子　46判 2,800円

＊定価は本体価格です

南雲堂 / 好評の既刊書

アメリカの英語　語法と発音　藤井健三　A5判 4,500円

言語・思考・実在　ウォーフ論文選集 B.L.ウォーフ / 有馬道子訳　A5判 7,087円

沈黙のことば　E.T.ホール / 國弘正雄・長井善見・斎藤美津子訳　46判 1,942円

日本語の意味　英語の意味　小島義郎　46判 1,942円

英語再入門　読む・書く・聞く・話す〈対談〉　柴田徹士・藤井治彦　46判 1,748円

翻訳再入門　エッセイと対談　加島祥造・志村正雄　46判 1,748円

わが国における英語学研究文献書誌 1900-1996　田島松二責任編集　A5判 35,000円

わが国の英語学100年　回顧と展望　田島松二　46判 2,500円

ことばの楽しみ　東西の文化を越えて　田島松二編　A5判函入 8,000円

中世の心象　それぞれの「受難」　二村宏江　A5判 15,000円

＊定価は本体価格です

南雲堂 / 好評の既刊書

- フィロロジーの愉しみ　小野茂　46判 3,900円
- ミステリアス・サリンジャー　隠されたものがたり　田中啓史　46判 1,748円
- 世界を覆う白い幻影　メルヴィルとアメリカ・アイデオロジー　牧野有通　46判 3,689円
- ぼくがイグアナだったこと　テネシー・ウィリアムズの七つの作品　市川節子　46判 4,300円
- エドガー・アラン・ポオの世界　罪と夢　水田宗子　46判 3,553円
- 印象と効果　アメリカ文学の水脈　武藤脩二　46判 3,800円
- 汝故郷に帰るなかれ　トマス・ウルフの世界　古平隆　46判 3,800円
- メランコリック・デザイン　フォークナー初期作品の構想　46判 3,998円
- ウィリアム・フォークナー研究　大橋健三郎　A5判函入 33,981円
- ウィリアム・フォークナーの世界　自己増殖のタペストリー　田中久男　46判 8,932円

＊定価は本体価格です